PAUL GOUT
Architecte en chef des Monuments historiques

LE MONT-SAINT-MICHEL

Histoire de l'Abbaye et de la Ville
Étude archéologique et architecturale des Monuments

« Le Mont-Saint-Michel est pour la
« France ce que la grande Pyramide est
« pour l'Égypte.
« Il faut le préserver de toute mutilation.
« Il faut que le Mont-Saint-Michel reste
« une île.
« Il faut conserver à tout prix cette
« double œuvre de la nature et de l'art. »
VICTOR HUGO.
14 Janvier 1884.

Tome II

245 GRAVURES DANS LE TEXTE ET 25 PLANCHES HORS TEXTE

LIBRAIRIE ARMAND COLIN
RUE DE MÉZIÈRES, 5, PARIS

1910

LE
MONT-SAINT-MICHEL
II

DU MÊME AUTEUR

L'Histoire et l'Architecture française au Mont-Saint-Michel. In-8° de 250 pages, avec 84 gravures (Paris, Aulanier, 1899).

Guide du visiteur au Mont-Saint-Michel. In-12, 74 pages (Paris, Neurdein, 1906; 2e édition, 1909).

TROISIÈME PARTIE

ARCHITECTURE

CHAPITRE I

PÉRIODE ANTÉRIEURE A L'ABBAYE ROMANE

I

LES ORATOIRES DES ERMITES

Leur extrême pauvreté et la crainte de tenter la cupidité des barbares et des populations indigènes interdisaient aux ermites d'apporter le moindre élément d'art dans leurs demeures. Ils se réunissaient cependant pour prier en commun dans de petits oratoires établis à la faveur d'excavations naturelles ou construits rustiquement soit avec des pierres sèches, soit à l'aide de branchages maçonnés de terre.

Le manuscrit du xe siècle nous signale l'existence de deux oratoires de ce genre au Mont-Saint-Michel. D'après Guillaume de Saint-Pair, deux « églises » se trouvaient sur la montagne quand elle reçut la visite de l'évêque Aubert : l'une dédiée à saint Étienne était en haut, et l'autre à saint Symphorien était au pied du rocher. Suivant certains auteurs cette dernière relevait du monastère de Mandane[1].

1. Abbé Pigeon. *Les monastères mérovingiens de Sessiac et de Mandane* [Keepsake avranchinais]. Avranches, 1863, in-8°.

La question de l'évangélisation de la région normande (*Deuxième Lyonnaise*) est encore

Édifiés vers le milieu du VIe siècle, ces deux oratoires furent occupés par des ermites envoyés sur ce rocher par saint Pair, évêque d'Avranches. Ces solitaires, à la subsistance desquels s'appliquait la sollicitude du curé d'Asteriac (Beauvoir), durent, au cours du VIIe siècle, quitter leurs asiles, soit devant l'envahissement du continent par la mer, soit pour quelque autre raison qui nous est inconnue. Dans les premiers temps de l'épiscopat d'Aubert, le Mont était à peu près désert. Les documents sont muets sur l'emplacement exact et la forme de ces oratoires. Nous savons seulement que l'un se trouvait au pied, l'autre sur le flanc de la montagne. Toutes les autres explications tentées par les auteurs modernes ne sont que conjecturales. Cependant il semble probable que celui de ces deux oratoires qui était consacré à saint Étienne était situé en dehors du périmètre qu'occupait l'abbaye à la fin du XIIe siècle, puisqu'une charte datée de 1190 rapporte qu'un chanoine du nom de Pierre en fit alors l'acquisition[1]. Quant au second, la dénomination donnée à la fontaine Saint-Symphorien permet de supposer qu'il se trouvait dans le voisinage de cette fontaine avant que la construction des remparts du XVe siècle n'entraînât sa disparition complète. Tous deux pouvaient avoir emprunté leurs dispositions à des excavations rocheuses[2], ou peut-être même leurs matériaux à quelques *Fana* gallo-romains détruits ou transformés par les religieux pour les besoins du nouveau culte[3].

En résumé, les quelques renseignements fragmentaires que nous possédons autorisent la conclusion suivante : Au VIe siècle, il existait sur le flanc et au pied du Mont-Tombe deux chapelles auxquelles se rattachaient sans doute des cellules à l'usage de pieux ermites.

fort obscure. L'expansion du culte chrétien dans l'Avranchin ne nous est guère connue avant les premières années du VIe siècle. Le siège épiscopal d'Avranches était occupé à cette époque par Nepos qui assista au concile d'Orléans en 511.

1. Mgr Germain, *Saint Michel et le M.-S.-M.*, p. 208.

2. « Les lieux déserts n'offrant que rarement des cavernes habitables, les ermites s'en creusèrent de leurs mains et construisirent des cellules ou cabanes en pierre et en bois, selon les matériaux offerts par la contrée.... En France, selon la tradition la plus répandue, saint Martin de Tours aurait, sous le règne de Julien, en 356, réuni aux environs de Poitiers, au lieu nommé Ligugé, un certain nombre de cénobites, sous d'étroites cellules construites avec des branches d'arbres entrelacées.... Les grottes de Marmoutier ne sont plus aujourd'hui ce qu'elles étaient autrefois, mais certaines localités en font voir encore de bien conservées.... » (Albert Lenoir, *Architecture monastique*, première partie, page 6.)

3. Il existait dans la contrée qui nous occupe de petits temples gallo-romains dont les ermites chrétiens utilisèrent parfois les dispositions ou les matériaux à la confection de leurs oratoires. Nous avons vu sur la carte de 1406 l'indication de deux de ces *Fana* dans le voisinage du Mont-Saint-Michel. L'un d'eux, désigné sur ce document sous le nom de Fanaff Scissy, avait été transformé par saint Pair en un oratoire sur l'emplacement duquel s'éleva plus tard le monastère du même nom. Ces petits édifices présentent un type bien déterminé de temples périptères, c'est-à-dire composés d'une cella de forme carrée et entourée d'un portique ou galerie supportée par des colonnes. Généralement placés à l'orée des bois, ils étaient orientés suivant les points cardinaux : mais contrairement aux églises chrétiennes leur porte était ouverte à l'orient. Le *Fanum* gallo-romain se rapportait au culte des divinités les plus diverses mais plus fréquemment à celui de Mercure. (Voir Léon de Vesly, *Les Fana ou petits temples gallo-romains de la région normande*. Rouen, 1909, in-8°.)

II

L'ORATOIRE DE SAINT AUBERT

L'histoire architecturale de l'abbaye du Mont-Saint-Michel présente un exemple complet des transformations successives qui marquèrent le développement de la plupart des grands établissements monastiques. Le plus souvent, d'humbles oratoires obtenus par des moyens directement empruntés à la nature furent l'embryon de ces immenses édifices. « Bientôt les aumônes permirent d'élever auprès de ces grottes de simples et étroites chapelles qui furent, avec celles qu'on établit au milieu des laures, les premières églises monastiques. Généralement, des matériaux sans valeur formèrent les murailles de ces édifices; plus tard on les rétablit d'une façon plus durable, mais encore généralement sur des proportions peu étendues. »[1]

Le manuscrit du xe siècle nous fournit quelques indications nous permettant d'entrevoir ce que pouvait être l'oratoire fondé par saint Aubert au commencement du VIIIe siècle. L'auteur entoure par surcroît ses exposés de récits miraculeux propres à exalter l'importance de cette fondation religieuse par le concours de circonstances surnaturelles dues à l'intervention divine.

Cependant, au milieu des mirages du merveilleux, certains points précis s'accusent, grâce auxquels nous pouvons imaginer, avec assez de vraisemblance, la situation et la disposition de cet édifice. La légende du taureau caché par son ravisseur et celle du terrain demeuré sec alors que toute la montagne était couverte d'une abondante rosée, s'accommodent bien de l'hypothèse d'une excavation préexistante dans le flanc du rocher. Cette sorte de grotte était située sur le côté Ouest du sommet de la montagne. Son emplacement exact est celui de la chapelle dite de Notre-Dame-sous-Terre. Après avoir recueilli ce renseignement dans les manuscrits eux-mêmes, Dom Thomas Le Roy ajoute que cette chapelle était située au « dessoubs de la nef de l'église[2] ». Elle répondait donc à la partie des

1. Albert Lenoir, *Architecture monastique*, première partie, p. 89.

2. « On veoit encore aujourd'huy dans la chappelle Nostre-Dame-Soubs terre, qui est dessoubs de la nef de l'église de ce Mont, l'autel (quoyque à moitié démoly) sur lequel ce Sainct (Aubert) célébra, et cela seul reste dans le monastère de présent de tout ce qui fust basty pour lors et de l'église que nous disons que saint Aubert fit construire en l'honneur de saint Michel, où est maintenant cette chappelle. Tout cecy est tiré des manuscripts de ce Mont, lesquels sont différents d'opinion; néantmoins nous estimons avoir mis le plus probable, imitant les modernes. » (Dom Th. Le Roy, t. I, ch. I, § 6, p. 81.)

substructions de l'Ouest adossée à la pointe du rocher. Un plan de 1775[1], où elle est encore indiquée avec la dénomination de chapelle, démontre qu'elle ne perdit entièrement son affectation que lorsque l'établissement des fondements du portail Ouest eut pour conséquence de masquer toute sa partie orientale. Or, nous prouverons plus loin que la chapelle dite « de Notre-Dame-sous-Terre » n'était autre que la petite église collégiale élevée au xe siècle sur l'emplacement de l'oratoire primitif.

Au nombre des auteurs sur l'autorité desquels s'appuyait Dom Th. Le Roy pour désigner ce lieu, se trouvait évidemment Guillaume de Saint-Pair qui l'indique comme suit d'après d'antiques témoignages :

« Dierre soleit li anceisor
Que li mostiers, à icel jor
Que seint Autbert le commencha,
Fut en mie cest lu oue a,
Soy une volte, une chapele
De Nostre Dame ; si est bele[2]. »

A en croire le manuscrit du xe siècle, cet oratoire de saint Aubert ne présentait pas les dispositions ordinaires d'une église « s'élançant dans les airs par retraites successives » : c'était une crypte circulaire pouvant contenir environ une centaine de personnes, creusée dans le rocher « en forme de grotte »[3] et reproduisant les dispositions de celle que l'Archange avait, suivant la tradition, taillée lui-même dans le flanc escarpé du Mont Gargan[4]. Pour l'établir, saint Aubert, aidé d'une multitude de paysans, s'était mis en devoir de nettoyer l'endroit choisi et d'en aplanir le sol. Il s'y trouvait deux énormes pierres[5] dans lesquels certains auteurs ont cru voir des monuments druidiques, mais qui n'étaient sans doute que deux blocs volumineux de granit dont on ne put se débarrasser que par des moyens prétendus miraculeux[6]. La rapidité avec laquelle fut exécuté cet

1. Voir la planche XXX. Ce plan est l'un des trois qui furent dressés en 1775 par l'ingénieur Fontiac. Lorsque, pour parer au danger d'écroulement des trois travées occidentales de la nef, on se décida à recourir au procédé barbare consistant à les démolir, on chargea au préalable cet ingénieur de dresser ces trois plans de l'abbaye dont nous donnons des reproductions. Planches XXX, XXXI et XXXII.

2. *Le Roman du Mont-Saint-Michel*, vers 411 à 416.

3. Dom Jean Huynes, *Hist. gén.*, t. I, p. 34.

4. Ms. n° 280 bibl. d'Avr. « Extruxit itaque fabricam non culmine subtilitatis celsam sed in modum criptæ rotondam, centum, ut estimatur, hominum capacem, illius in monte Gargani volens exequare formam, in monte prerupti silicis, angelico apparatu facta terrigenis ad laudem et gloriam Dei habitatione. »

5. *Ibid.* « Congregataque rusticorum maxima multitudine locum purgavit atque in spacium complanavit. In cujus medio duæ præeminebant rupes.... »

6. Légende de Bain. L'existence de ces deux énormes blocs n'a rien que de très naturel. C'est un phénomène normal dans les régions de formation granitique : « L'entraînement de l'arène dans les dépressions dégage les parties les plus dures de la roche qui résistent à la décomposition. Il en résulte des chaos de blocs énormes généralement arrondis, tantôt perchés sur les croupes, tantôt entassés sur les vallons à pente rapide. » (E. de Martonne, *Traité de géographie physique*, Paris, Colin, 1909, p. 453-454.) Les exemples les plus typiques sont les chaos du Huelgoat en Bretagne et les « compayrés » du Sidobre de Castres.

oratoire, dont l'année suivante[1] on célébra la dédicace, vérifie une hypothèse : celle de l'utilisation de dispositions naturelles ingénieusement aménagées, excluant la possibilité de la construction de toutes pièces d'une église entièrement maçonnée, qui eût nécessité l'emploi d'ouvriers spéciaux et l'apport de matériaux et d'un matériel de construction au haut d'un promontoire d'accès très difficile.

Il subsiste encore aujourd'hui quelques oratoires de ce genre. Les bords de la Creuse en conservent un parmi les excavations pratiquées par les moines qui fondèrent au XIIe siècle l'abbaye de Fontgombaud[2]. Albert Lenoir[3] donne les plans d'une de ces chapelles creusées dans le roc et sise à Sutri. Nous citerons encore l'oratoire de Saint-Émilion et l'église monolithe creusés au IXe siècle dans le rocher calcaire de la petite localité bordelaise de ce nom[4].

Phot. Ch. Besnard.

FIG. 226. — Roches éboulées du haut de la montagne contre le massif où fut élevée la chapelle Saint-Aubert.

L'excavation rocheuse aménagée par saint Aubert sur le Mont Tombe était donc de forme circulaire. Faut-il entendre par là une rotonde complète ou une sorte d'hémicycle creusé dans le roc et délimité d'autre part par des murs maçonnés ou composés de branchages hourdés en terre? Toutes les suppositions sont permises, en raison même des termes imprécis suivant lesquels le manuscrit nous transmet cette tradition. La seule certitude autorisée est celle de son emplacement que, joint au témoignage des textes, l'examen des lieux fixe dans la région du rocher

1. Le XVIIe des Calendes de novembre de l'année 709.

2. *Architecture monastique*, première partie, p. 88. Sur l'emplacement de grottes habitées par de pieux solitaires, une abbaye bénédictine fut élevée à la fin du XIe siècle par Pierre de l'Étoile. L'église romane construite entre 1110 et 1140 subsiste encore aujourd'hui.

3. *Ibidem*.

4. Saint Émilien ou Émilion, ermite du VIIIe siècle, s'était retiré dans une grotte du plateau crayeux situé au confluent de l'Isle et de la Dordogne. A sa mort ses disciples creusèrent au IXe siècle la fameuse *église monolithe*, œuvre extraordinaire entièrement taillée dans le roc. L'ancienne grotte remaniée et agrandie reçut la sépulture de saint Émilion et forma une annexe de l'église monolithe. Ainsi prirent naissance le monastère et la ville auxquels on donna le nom de ce saint ermite.

contre laquelle s'adossaient les deux autels de l'ancienne chapelle de Notre-Dame-sous-Terre. En cet endroit le roc s'élevait à pic et présente encore, contre les degrés montant de l'Aquilon au promenoir, une convexité caractéristique de l'excavation qu'il possédait intérieurement. Le sol et une partie du mur Nord de cette chapelle sont taillés dans le granit qui se dresse à peu de distance derrière la voûte abritant l'autel de saint Aubert. Les divergences et les hésitations des auteurs ne sauraient prévaloir contre la découverte aujourd'hui certaine de l'ecclésiole bâtie au xe siècle sur le lieu même désigné à saint Aubert par la révélation angélique. D'ailleurs, nul autre endroit ne répond mieux aux conditions topographiques fixées par la tradition. De ce point, la chute légendaire d'un bloc énorme roulant au pied de la montagne où a été érigée la petite chapelle Saint-Aubert, est aisément plausible, alors qu'il faudrait renoncer à l'expliquer dans une autre situation. Tout, depuis l'établissement du petit sanctuaire sur ce lieu vénéré jusqu'à la construction de l'abbatiale dont il devint comme le noyau embryonnaire, tout démontre que la grotte circulaire taillée dans le rocher du Mont Tombe à l'imitation de celle creusée, suivant la légende, au Mont Gargan par l'Archange lui-même, était bien là et non ailleurs. Nombre d'auteurs ont persisté à la vouloir placer dans les substructions du Saut-Gaultier. Le seul examen des lieux suffit à infirmer cette supposition, dépourvue d'ailleurs de l'appui du moindre argument valable.

D'après Dom Thomas Le Roy, l'autel sur lequel saint Aubert avait officié aurait existé encore au XVIIe siècle dans cette chapelle[1]. Qu'était cet autel que l'historien montois déclare en ruine, et sur quelle preuve était basée son authenticité ? Nous l'ignorons. Toutefois, l'emplacement qu'il occupait au fond d'une des deux nefs de l'ecclésiole carolingienne ne permet guère d'admettre l'hypothèse qu'il fût encore là, sur le point même de la grotte primitive où l'avait élevé le saint évêque.

Les bâtiments de la communauté rayonnaient séparément autour du sanctuaire. « Il existe, dit l'abbé Brin[2], des détails importants sur l'habitation, la règle de vie et les ressources temporelles de cette communauté naissante. Les chanoines habitaient douze cellules construites autour de l'église ; ils devaient partager les heures de la journée entre la prière publique, la garde du sanctuaire, l'étude et le travail manuel ; ils avaient aussi la mission de recevoir les pèlerins et de remplir auprès d'eux les diverses fonctions du ministère sacerdotal. Les repas se prenaient en commun ; le même vestiaire servait pour toute la collégiale et les revenus étaient affectés aux frais du culte, à l'entretien de chaque membre ou au soulagement des malheureux. »

1. Voir note 2, page 385.
2. *Saint-Michel et le Mont Saint-Michel*, p. 112.

III

L'ÉGLISE CAROLINGIENNE ET L'ABBAYE DU Xe SIÈCLE

Une lacune de plus de deux siècles et demi interrompt l'histoire de la montagne de l'Archange depuis la dédicace de l'oratoire de saint Aubert jusqu'au jour où le duc Richard Ier, chassant les chanoines indignes, confia la garde du sanctuaire aux moines de l'ordre de Saint-Benoît (966). Dans cet intervalle, l'oratoire primitif et ses dépendances avaient évidemment été l'objet d'importantes modifications, sinon d'une reconstruction totale. Le bourg du Mont-Saint-Michel était né de la présence même du sanctuaire. L'affluence des pèlerins avait déterminé un groupement de petits commerçants qui se chargeaient de fournir aux visiteurs tout ce dont ils pouvaient avoir besoin. La situation topographique du Mont, extraordinairement privilégiée au point de vue de la défense, en faisait un asile sûr contre les invasions qui semaient l'effroi parmi les populations de toute la région. Le sanctuaire et ses desservants séculiers avaient été les premiers à profiter de cette sécurité relative à cette époque d'anarchie et de brigandage.

Les envahisseurs, qui avaient apporté la dévastation partout sur leur passage, semblent l'avoir épargné. Peut-être même Rollon converti et repentant avait-il, en compensation des ravages dont il s'était rendu coupable en Normandie, compris le Mont au nombre des établissements monastiques qu'il combla ensuite de ses faveurs[1]. Quoi qu'il en soit, lorsque le duc Richard Ier fonda l'abbaye bénédictine, l'église n'était certainement plus l'oratoire primitif de saint Aubert. L'humble sanctuaire établi à l'origine dans l'anfractuosité du rocher granitique et où ne pouvaient trouver place plus de cent personnes, s'était étendu en raison de la foule sans cesse grandissante des pèlerins accourus; il avait acquis déjà le caractère d'une église collégiale. Enrichis par l'afflux des aumônes, adonnés aux plaisirs, aux chasses, aux ripailles et habitués au luxe inséparable des débordements d'une vie joyeuse, les chanoines devaient s'être bâti, depuis longtemps déjà, des cellules plus confortables que celles des clercs des premiers temps.

1. Il inaugura là une politique qui devint traditionnelle chez les princes normands, surtout quand ils eurent joint à leur couronne ducale le royaume d'Angleterre. Ils favorisèrent de leurs largesses les églises et les monastères de la Normandie, qui connurent entre le xe et le XIIIe siècle une situation matérielle florissante.

L'ÉGLISE

D'après le Cartulaire, le duc Richard, en installant les moines bénédictins dans l'antique collégiale montoise, décora somptueusement les autels du sanctuaire, enrichit le trésor d'une précieuse orfèvrerie, construisit de spacieux logements pour les moines et enveloppa le monastère d'une ceinture de murailles le protégeant contre les criminelles entreprises des pillards. On remarquera qu'il n'est fait mention que de la décoration des autels : ce qui implique évidemment l'existence de l'église antérieurement aux constructions dues aux libéralités du duc Richard. Une autre preuve repose sur la présence, à cette époque, contre ladite église, de la cellule du chanoine Bernier, que nous y verrons subsister jusqu'à la prélature d'Hildebert II, époque à laquelle on y découvrit les reliques de saint Aubert. Ces transformations des lieux n'avaient pas seulement laissé intact ce logis qui devint dès lors la demeure de l'abbé; elles avaient aussi respecté le mur de l'église contre lequel il était appuyé, puisque le comble de cette cellule, dont le faux plancher dissimulait la cachette du chanoine simoniaque, garda son secret pendant

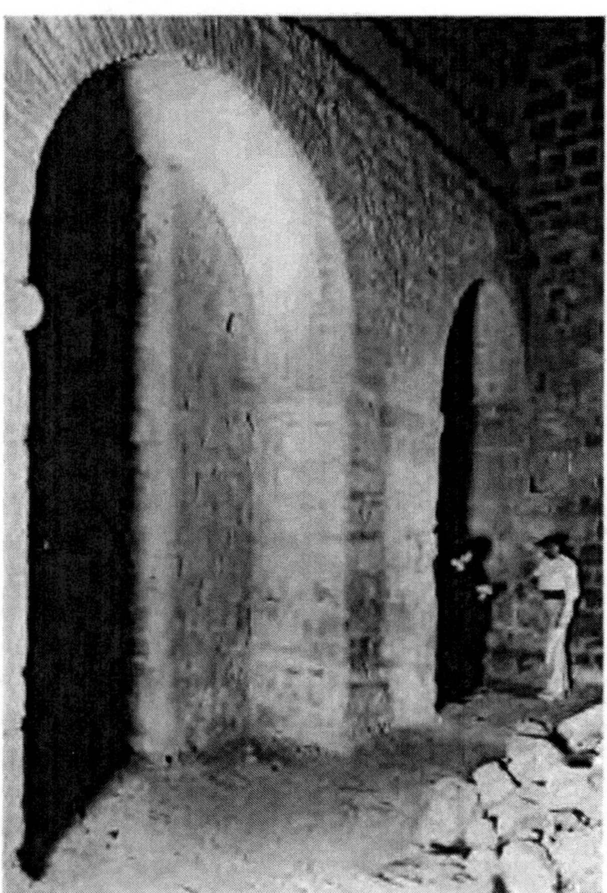

Phot. Neurdein.

Fig. 227. — Arcades de l'église carolingienne (xe siècle)[1].

1. On aperçoit nettement au-dessus de la première retraite la naissance de la voûte faite en 996 en remplacement de la charpente incendiée en 992, laquelle voûte fit place ensuite à celle supportant le sol de l'église abbatiale romane.

plus de quarante ans. Nous conclurons donc que lors de la fondation de l'abbaye bénédictine, en 966, il existait sur l'emplacement consacré par la révélation angélique une église qui n'était plus l'oratoire de saint Aubert; qu'à ce moment précis, le duc Richard Ier enrichit ce sanctuaire par ses dons princiers; qu'en remplacement des locaux conventuels existants et qui n'étaient « autre chose pour lors que diverses petites cellules autour de l'église[1] », il construisit des bâtiments monastiques répondant aux exigences de la règle de Saint-Benoît qui prescrivait aux religieux l'existence en commun; qu'enfin il protégea le monastère par des murailles sur les côtés où celui-ci ne se trouvait pas défendu naturellement par sa seule situation sur les escarpements rocheux.

Phot. Neurdein

FIG. 228. — Débouchement en 1908 des fenêtres Sud de l'église carolingienne.

Nous ajouterons que ces édifices incendiés en 992 furent, grâce à la générosité du duc Richard II et de la duchesse Gonnor sa mère, réparés, remaniés et agrandis en 996, époque à laquelle on substitua notamment des voûtes à la charpente apparente de l'église incendiée et l'on prolongea, après l'avoir restauré, le bâtiment conventuel qui avait été la proie des flammes. Cette petite église, qui n'avait pas beaucoup souffert de ce sinistre dans son gros œuvre, et que son caractère et son genre de structure, aussi bien que son histoire, autorisent à faire remonter au commencement du xe siècle, existe encore en grande partie. Ses dispositions, profondément altérées par des remaniements postérieurs et masquées,

1. Dom Louis de Camps, *Additions à l'Hist. gén.*, t. I, chap. VII, p. 242.

du XVIIIe siècle. Ces arcades déterminent à mi-hauteur du vaisseau deux réduits (*c'*) et (*d'*) (fig. 230 et 240) auxquelles on accéda, dès que les cellules des chanoines furent remplacées par l'établissement monastique couronnant la montagne, par un degré (*k*) partant de la nef septentrionale et se prolongeant jusqu'au niveau des logis abbatiaux. Le premier de ces réduits (*c'*), situé sur le trajet de cet escalier (*k*), était probablement la sacristie où les religieux revêtaient leurs vêtements sacerdotaux en descendant dire leur messe. Son voisin (*d'*), plus retiré, était avantageusement situé pour servir de trésor : il renfermait l'orfèvrerie et les reliquaires [1]. La châsse de saint Aubert, placée au centre de l'ouverture donnant dans l'église, au-dessus de l'autel, était constamment exposée à la vénération des pèlerins. Il serait assez conforme à des usages antérieurs à cette époque et qui se perpétuèrent longtemps après, que ces reliques eussent été accompagnées d'un autel [2]. Quoi qu'il en soit, leur situation en ce point était excellente à tous égards. Isolées des foules qui devaient fréquemment se presser dans ce petit sanctuaire, elles étaient à l'abri des coups de main auxquels étaient habituées ces populations en butte à des incursions barbares.

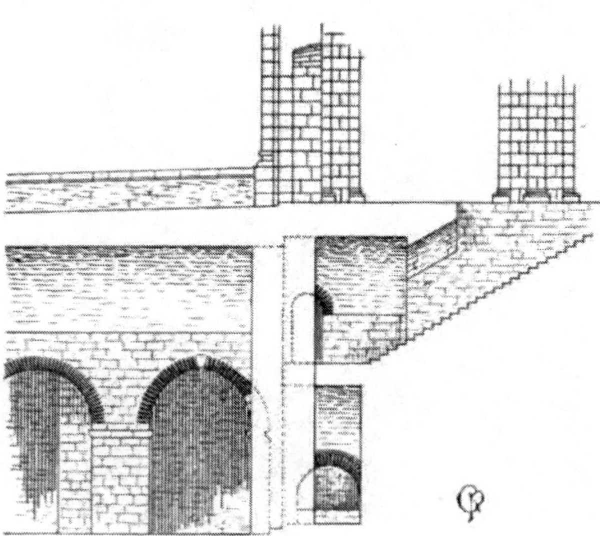

FIG. 231. — Coupe longitudinale sur l'église carolingienne (Notre-Dame-sous-Terre), indiquant le remaniement de la moitié de l'arcade attenante au mur qui, depuis 1780, bouche le chevet de cette église.

L'absidiole du Nord (*c*) était dédiée à la Vierge [3], pour laquelle les Bénédictins avaient une vénération particulière. Nous avons relevé, sur des fragments d'enduit existant encore sur le mur du fond, des traces de peintures figurant une bordure formée d'une série d'M juxtaposées. Dans la chapelle (*d*) de la nef méridionale s'élevait l'autel dédié à la Sainte-Trinité, où la tradition voulait que saint Aubert eût officié et au-dessus duquel les religieux, après avoir réparé le désastre, « replacèrent », en

1. Le trésor ne fut transféré dans l'ancienne cellule du chanoine Bernier que sous la prélature d'Hildebert Ier.
2. Voir Viollet-le-Duc, *Dict. rais. de l'Arch.*, t. III, p. 22.
3. Le nom de Notre-Dame-sous-Terre remonte à l'époque où cette chapelle devint souterraine par le fait de la superstruction de l'église romane.

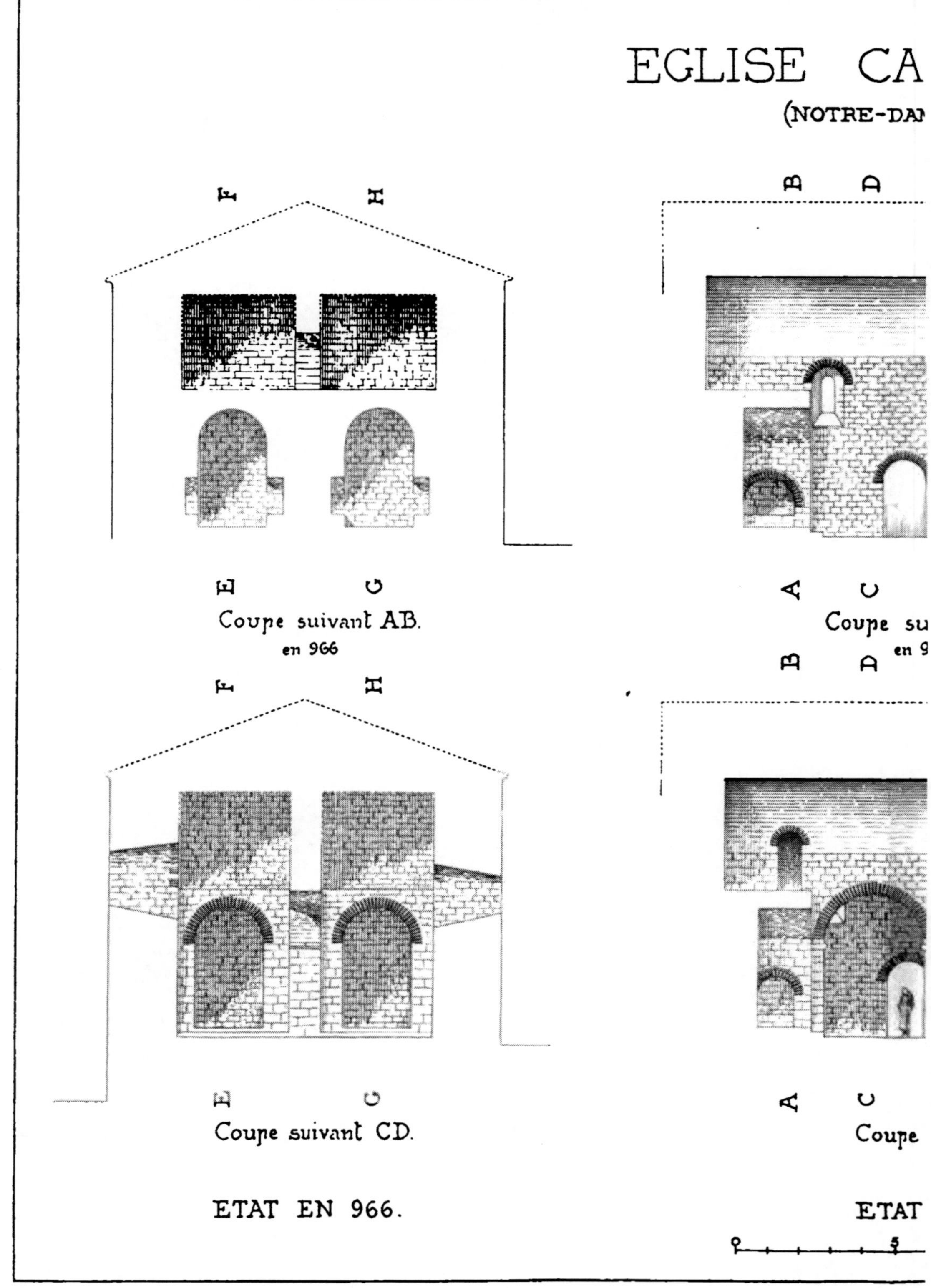
EGLISE CA
(NOTRE-DA
F
H
E
G
Coupe suivant AB.
en 966
B
A
A
C
Coupe su
en 9
F
H
E
G
Coupe suivant CD.
ETAT EN 966.
B
A
A
C
Coupe
ETAT
0
5

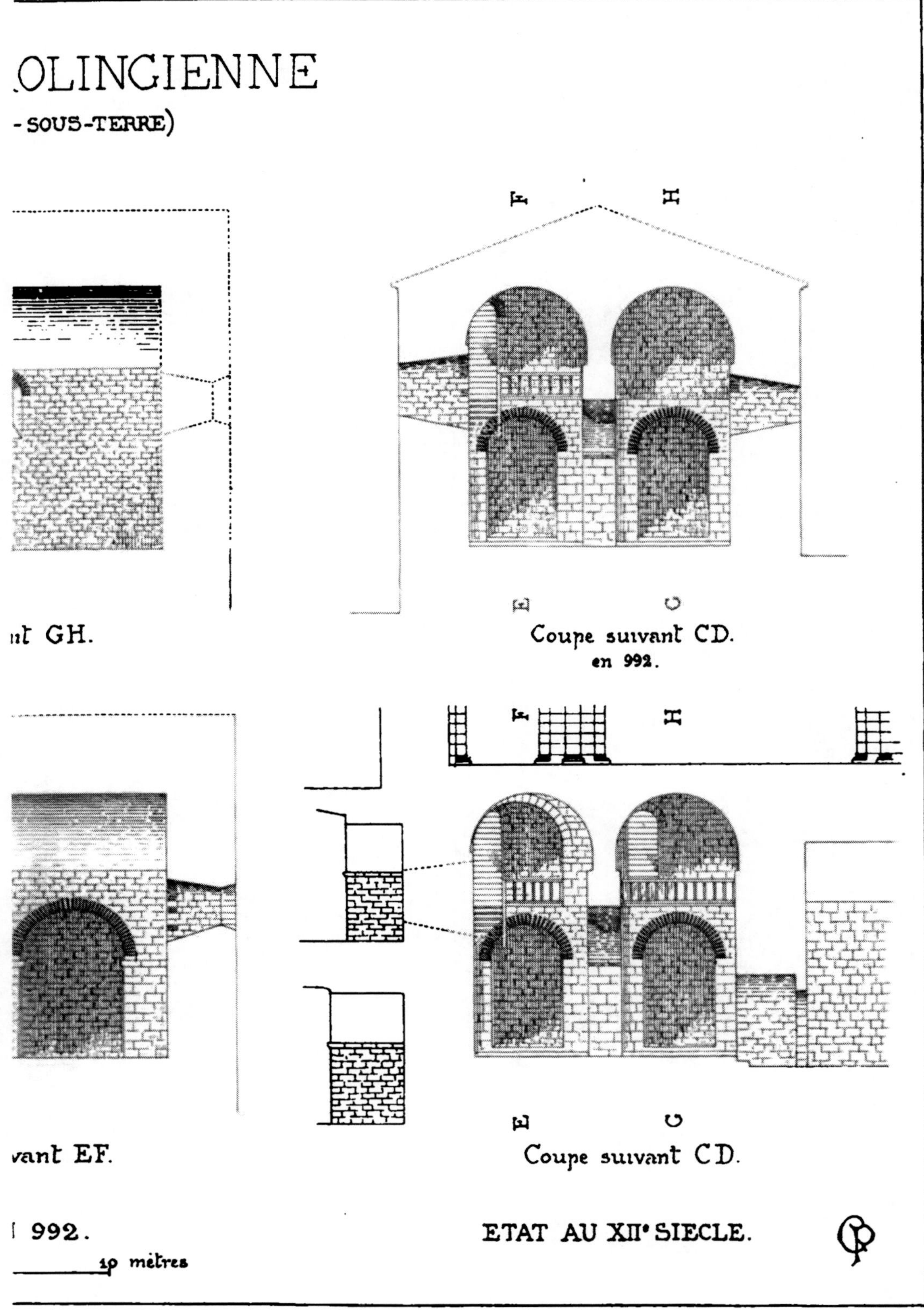
OLINGIENNE
-SOUS-TERRE)
nt GH.
Coupe suivant CD.
en 992.
vant EF.
Coupe suivant CD.
I 992.
ETAT AU XIIe SIECLE.
10 mètres

996, la châsse contenant les reliques du saint évêque. Cette locution des textes anciens exprime bien le rétablissement d'un état antérieur; elle ajoute une preuve aux présomptions en faveur d'une simple restauration de l'église incendiée en 992 et exclut toute idée d'une reconstruction de

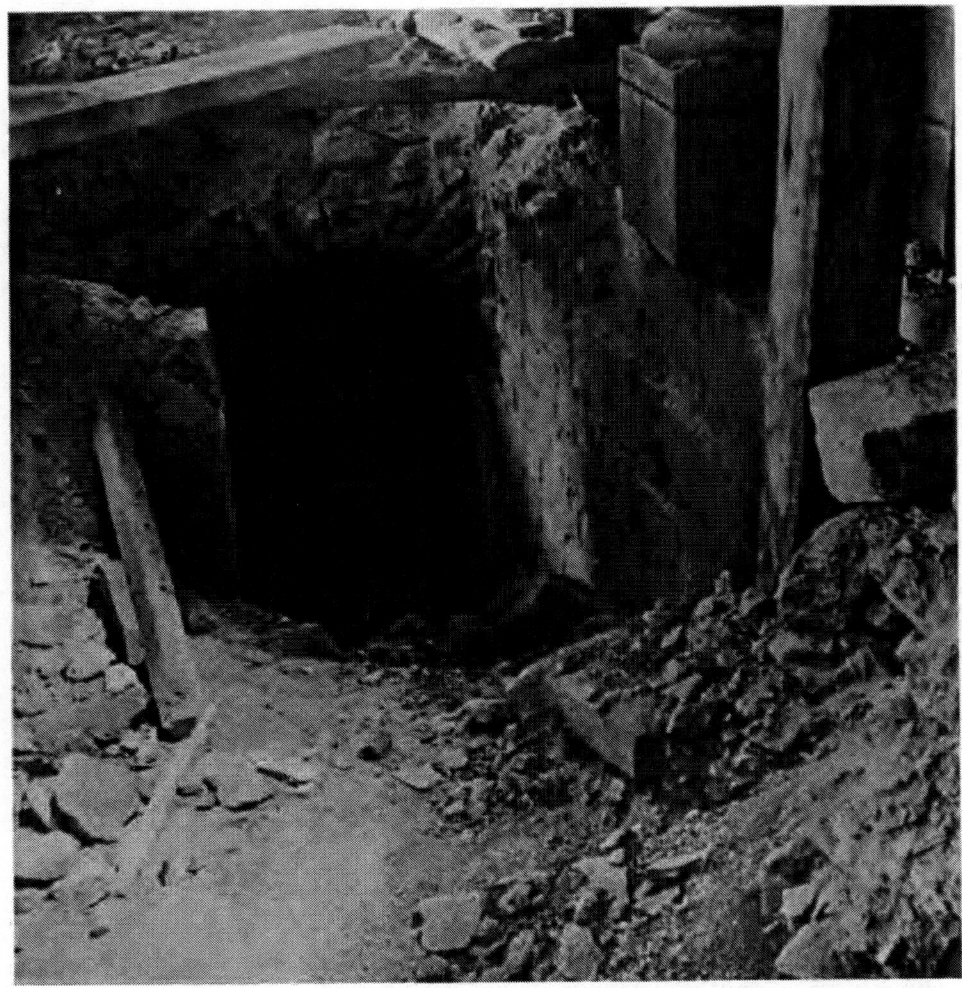

Phot. Ch Besnard.

Fig. 232. — Descente de l'Abbaye du xe siècle à l'église carolingienne (avant restauration).

fond en comble suggérée aux historiens par une interprétation exagérée des expressions dont se servent les manuscrits sur la gravité de ce sinistre[1]. En dehors des charpentes et des objets mobiliers, on ne voit

1. Dom Th. Le Roy dit formellement (T. 1, p. 97) : « Ils firent au plus tôt réparer le grand autel et faire au-dessus un petit plancher sur lequel ils remirent la châsse qu'ils avaient osté auparavant. » Ce texte est la copie presque littérale faite par Dom Th. Le Roy de celui de D. J. Huynes, t. I, p. 65. Nous avons donné aussi le texte du Cartulaire qui parle d'une « toiture de bois ».

guère où le feu aurait trouvé un aliment tel qu'il ait entièrement anéanti des constructions composées de murs d'une épaisseur aussi formidable[1]. Nous ferons remarquer, en passant, et une fois pour toutes, que les chroniques du Mont-Saint-Michel ont toujours tendu à exagérer les conséquences des incendies successifs dont les constructions abbatiales ont été la proie. A prendre leurs dires à la lettre, il ne devrait plus rester une

Phot. Ch. Besnard.

Fig. 235. — Fouilles de 1908. Découverte de la corniche en briques, G, de l'église carolingienne. En F, les arases du mur prolongeant le soubassement méridional de l'Abbaye du xe siècle.

seule pierre datant de l'origine de ces bâtiments. Aussi doit-on considérer comme certaine l'antériorité de cette église à la catastrophe de 992 dont, du reste, elle porte sur certains points des traces évidentes.

Le mode de structure des arcs en briques minces reposant sur des sommiers en granit; les piédroits des fenêtres composés d'une alternance de rangées de briques et de pierres; le petit appareil des murs, et enfin la composition naïve du plan basée sur les procédés constructifs rudimentaires de l'architecture carolingienne, permettent d'attribuer à cet

1. « Cujus tempore ex brevi chronico, combustum fuit monasterium cum omnibus officinis. » (*Gallia Christiana*.)

édifice une date voisine du commencement du xe siècle, et, en tous cas, très sensiblement antérieure à celle de 996 où s'achevèrent les constructions de la primitive abbaye. Quand on considère la conception architecturale entreprise en 1023, on se refuse à admettre que vingt-sept années seulement la puissent séparer de celle qui nous occupe.

Nous insistons cependant sur ce point que les premiers berceaux plein-cintre qui recouvrirent ces deux nefs ne sont pas antérieurs à l'incendie de 992, et qu'ils eurent probablement pour origine le désir, chez les moines, de parer, dans toute la mesure possible, au retour d'un désastre comme celui de cet incendie qui s'était propagé jusqu'à l'église à cause de l'aliment qu'offrait aux flammes la charpente apparente supportant la couverture.

Phot. Ch. Besnard.

Fig. 234. — Fouilles de 1908. Prolongement de la vue de la figure 233. En H reste de l'aire en mortier du préau précédant à l'Ouest le bâtiment conventuel du xe siècle.

De ces voûtes du xe siècle il ne subsiste plus aujourd'hui que la partie du berceau méridional cachée derrière le mur du xviiie siècle (encore qu'elle ait été légèrement remaniée au xie siècle) et les reins sur lesquels on posa les naissances mêmes des voûtes refaites au xiie siècle. L'examen des lieux donne à cet égard les résultats les plus concluants.

Nous avons dit qu'à l'origine de l'abbaye carolingienne, on n'accédait aux petites salles *c'* et *d'* (fig. 240), communiquant entre elles par une porte (*e*), que par un escalier de bois montant du sol de l'église à celle *c'*, et prolongé par des degrés en pierre pour aboutir au niveau des bâtiments abbatiaux construits au-dessus. Notre figure 232 donne une vue du débouché de cet escalier tel que nous l'avons trouvé dans le collatéral nord de l'église romane. Notons aussi que la descente directe de la nef à la salle *d'* affectée à l'exposition des reliques est contemporaine de la grande basilique.

La petite église carolingienne empruntait toute sa décoration à la peinture. On n'y rencontre d'autre mouluration que les chanfreins des tailloirs supportant la naissance des arcades et dont la saillie était motivée par les nécessités du cintrage. Tout l'édifice était enduit de

Phot. Ch. Besnard.

Fig. 235. — Fouilles de 1908. Vue générale du soubassement méridional de l'Abbaye carolingienne faite de l'Est à l'Ouest. C, contrefort du pignon occidental de l'Abbaye. S, excavation laissée par une sépulture paraissant remonter au xviie siècle. E, entrée de l'Abbaye.

chaux tant intérieurement qu'extérieurement et couronné d'une simple corniche composée d'une rangée de briques en pente dont nous avons eu l'aubaine de trouver en place (voir G, fig. 235) une partie enfouie dans le terre-plein de l'église romane. Cette corniche recevait l'égout pendant de deux versants de couverture en lames de schiste ou en tuiles. La toiture, terminée à l'Ouest par un pignon en pierre, butait à l'Est contre les bâtiments monastiques qui s'étendaient en arrière de cette petite église sur une plate-forme établie au sommet du rocher.

Phot. Ch. Besnard.

Fig. 236. — Vue générale des fouilles exécutées en août et septembre 1908 dans le sol de l'église abbatiale, à la recherche des substructions de l'Abbaye carolingienne.

L'ABBAYE

Les fouilles auxquelles nous avons procédé en septembre 1908 ont mis à découvert les soubassements presque complets de ces bâtiments dans le sol de la nef romane et au milieu d'une quantité innombrable de squelettes dans un état de conservation surprenant[1]. Notre figure 236 donne une vue générale des opérations prise du triforium du chœur xve siècle de l'Abbatiale. Nos figures 232, 233, 234, 235,

1. Les ossements étaient complets. Tous les crânes étaient intacts; à certains adhéraient encore quelques fragments de chevelure. Certaines sépultures conservaient encore

237, 238 et 239 reproduisent des vues des principaux points de ces fouilles dont notre plan fig. 240 complète la description. Enfin notre planche XIV donne les plan et élévation des soubassements de cet ancien monastère, tels qu'ils existent encore sous le dallage de la nef et de la croisée des transepts dont ils suivent, du reste, la dénivellation. Ils se composent d'abord d'un quadrilatère d'environ 25 mètres sur 12 mètres, assis au sommet du rocher en prolongement des murs latéraux de la petite église bâtie à l'Ouest au temps des chanoines. A l'extrémité Est, une aile de 9 m. 50 de largeur, sur une longueur qu'il faut renoncer à connaître, la crypte romane en ayant fait disparaître une partie indéterminée, continuait le corps de logis principal avec lequel il communiquait par une large baie. Mais le défaut absolu de liaison (voir fig. 237) prouve que c'est là une annexe construite après coup et très probablement à l'aide des subsides accordés par le duc Richard II. En ajoutant à ces bâtiments une cellule subsistant encore de l'époque des chanoines, contre le flanc de l'église au Midi, celle du fameux chanoine Bernier occupée après lui par l'abbé Maynard[1], on connaîtra l'agglomération conventuelle qui abritait les Bénédictins du Mont-Saint-Michel dans les dernières années du xe siècle.

Phot. Ch. Besnard.

Fig. 237. — Fouilles de 1908. Raccordement des soubassements des deux bâtiments R et T de l'Abbaye carolingienne, où l'on constate leur défaut de liaison J démontrant la postériorité de l'annexe T.

Pour sauvegarder le monastère des attaques des pillards, le duc

des sandales et des morceaux de vêtements roussis par la chaux vive employée pour l'inhumation. Par contre, le bois des cercueils était complètement pulvérisé. Ces dépouilles, rencontrées à une profondeur moyenne d'un mètre au-dessous du sol de l'église abbatiale, devaient pour la plupart être celles de religieux de la Congrégation de Saint-Maur : les sépultures ne remontaient donc guère au delà du xviie siècle. Certaines des plus récentes, rencontrées à peu de distance de la croisée des transepts, dégageaient une odeur assez forte pour incommoder les recherches. Les gaz qui s'y étaient confinés en pression pendant deux ou trois siècles avaient moulé dans la terre la forme des corps dont ils étaient le produit de la décomposition.

1. « *Isdem itaque, ut plerisque abbatibus moris est, prope ecclesiam separatim cubiculum habebat.* Nempe ut facilius nuntiarent opus Dei, die noctuque ». (Dom Th. Le Roy, t. I, p. 472.)

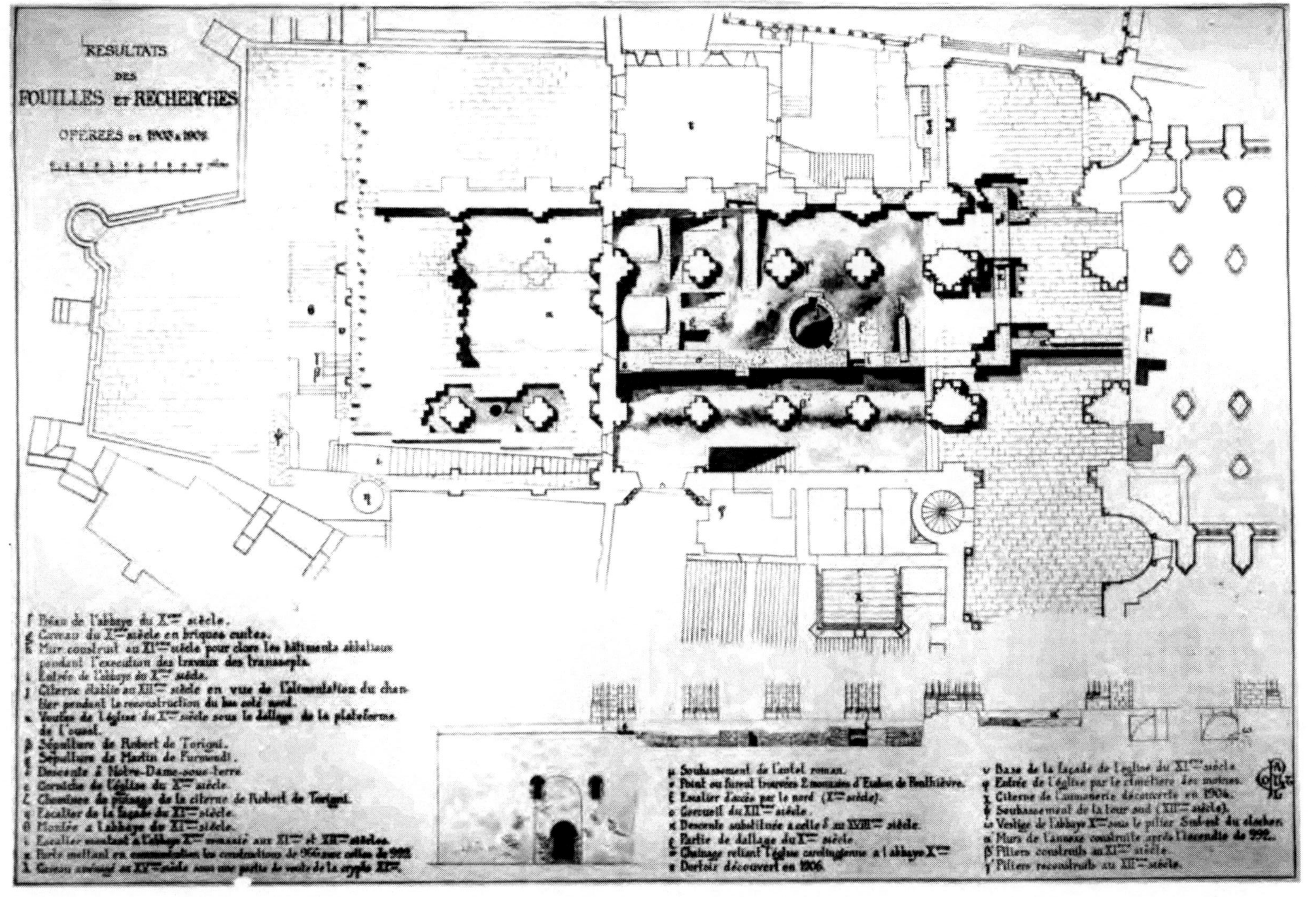

PLAN GÉNÉRAL DES FOUILLES, RELEVÉ EN SEPTEMBRE 1908.

Richard établit, des deux côtés Sud et Ouest, des murailles de soutènement qui déterminèrent, tant à l'entrée de l'église que sur le flanc méridional des bâtiments conventuels, deux plates-formes leur procurant, de ces deux côtés, les avantages de la situation défensive que les escarpements rocheux leur

Phot Ch. Besnard

Fig. 258. — Fouilles de 1908. Vue du soubassement méridional de l'Abbaye carolingienne prise de l'Est à l'Ouest.
E, entrée de l'Abbaye; C, contrefort du pignon occidental; G, corniche de l'église.

offraient naturellement au Nord et à l'Est. Comme permet de s'en rendre compte une superposition des plans, les fondements de ces murs de clôture et de soutènement furent utilisés par les constructeurs de la basilique romane qui s'ingénièrent, non sans adresse, à affecter à l'assiette de la nef la majeure partie des substructions et des murs de l'église et de l'abbaye carolingiennes. Nous retrouvons les uns et les autres supportant les bas côtés Nord et Sud et le pignon occidental de la nef du xie siècle (voir planche XIV). Le soutènement du Midi était pourvu d'emmarchements (*i*) accédant à la terrasse qui longeait de ce côté tout le bâtiment conventuel et d'où l'on embrassait le panorama de la rive normande, tandis qu'une sorte de préau (*f*), occupant l'extrémité du pignon occidental, ouvrait une large vue sur les côtes bretonnes et sur l'immensité de la pleine mer. La figure 234 montre (en H) des vestiges de l'aire en mortier de ce préau sur l'arase du soubassement du mur latéral du couvent. L'on se demande si cette espèce d'enclos à air libre, au chevet de l'église, ne se confondrait pas avec le « petit jardin » où les auteurs placent la sépulture des abbés Ménard et Hildebert[1]. Quoi qu'il en soit de cette hypothèse, nous devons signaler la découverte en cet emplacement d'un petit caveau (*g*), contenant deux squelettes qu'il serait assurément fort osé de supposer être ceux de ces abbés, mais qu'on peut, sans témérité, faire remonter à l'époque où ces religieux gouvernaient l'abbaye montoise. La profondeur à laquelle se trouvait cette double sépulture sous un épais béton dont le mortier remonte à cette époque, ne laisse place à aucun doute[2]. Cette sorte de cercueil, dont les dispositions particulières dénotent l'utilisation d'une excavation existante, est fermé à l'Ouest par le mur du fond de l'église, et au Midi par un muret fait pour l'enclore de ce côté. Au Nord, il est limité par un fort mur dont les pierres d'un rouge sombre sont rongées et éclatées par le feu; et à l'Est, par une espèce de talus formé de briques dont le parement porte des coulées noirâtres dénotant une cuisson intense poussée jusqu'à la vitrification. Au fond et aux alentours une épaisse couche de charbon de bois, des morceaux de terre glaise et des fragments de métal fondu[3] démontrent péremptoirement qu'on est là en présence d'un ancien four. C'est probablement celui où furent fabriquées les briques entrant dans la construction de l'abbaye carolingienne et qui servit peut-être à la fonte de la cloche au son de laquelle l'abbé Maynard appelait ses religieux à la prière[4].

L'examen général de ces maçonneries épuisées par les emprunts de matériaux qu'on leur fit avant de les recouvrir du terre-plein des quatre travées subsistantes de la nef abbatiale, ne renseigne que très vaguement

1. « Humatus in hortulo juxta presbyterium ecclesiae ». (*Gallia Christ.*, p. 334, col. 514.)

2. Malgré cette ancienneté, ces squelettes étaient relativement bien conservés, les crânes principalement. L'un d'eux est celui d'un vieillard; l'autre celui d'un homme jeune. Nous avons déposé provisoirement ces ossements dans le Chartrier.

3. L'analyse que nous en avons fait faire a donné du métal de cloche.

4. Dans la vie conventuelle, l'abbé devait sonner lui-même les offices ou en confier le soin à un frère connu par son exactitude. Du premier novembre à Pâques les moines se levaient à deux heures du matin, et il ne leur était pas permis de se recoucher après matines. Jusqu'au lever du jour le temps devait être employé à la méditation et à la lecture. A la sortie de prime, c'est-à dire vers six heures, et jusqu'à dix heures du matin, de Pâques au premier octobre, les religieux se livraient au travail. Depuis ce jour jusqu'au carême le travail commençait à neuf heures et finissait à midi. Dans les premiers temps de l'établissement de l'ordre on ne disait aucune messe en dehors des dimanches et jours fériés où l'obligation de communier était alors générale.

sur les distributions intérieures des bâtiments qui les surmontaient. On a cependant l'impression que le corps de logis principal était occupé par les locaux indispensables à la vie monastique et que l'annexe élevée à l'Est postérieurement contenait une grande salle de réunion. La plate-forme qui occupait l'extrémité occidentale est très nettement accusée. Sous cette terrasse et intérieurement au soubassement qui prolonge au Midi le mur latéral de l'église, nous avons rencontré un long vide(σ), (planche XIV)

Phot. Ch. Besnard.

Fig. 239. — Fouilles de 1908. Entrée de l'Abbaye carolingienne. PP', piédroits de la porte. M, seuil. D, dallage en schiste du vestibule.

moulé par l'encastrement d'une pièce de bois de châtaignier de 6 mètres de longueur et de 0,35 × 0,28 d'équarrissage, qui servait de chaînage entre ces deux bâtiments et dont il ne restait plus que quelques fragments se réduisant en poudre au toucher.

Ouverte sur la plate-forme méridionale, l'entrée était en ι : elle s'accuse nettement par les piédroits en pierre de taille d'une ouverture de 2 m. 60 de largeur munie de deux marches formées d'une maçonnerie de brique recouverte de dalles de schiste qui se poursuivent également dans le vestibule(ρ). La largeur de cette porte fut réduite comme on le constate sur notre fig. 239, lors de la construction du petit mur(*h*), (planche XIV) devenue nécessaire pour clore provisoirement le corps de logis central, quand, au XIe siècle, l'entreprise de la croisée des transepts rendit obligatoire la démolition de tout le surplus des bâtiments vers l'Est.

Tous les sols sont formés de dalles rectangulaires en schiste de 0 m. 04 c. d'épaisseur sur un béton de chaux grasse et de sable granitique (voir D, fig. 239). Ils témoignent d'une profonde usure et présentent de nombreux raccords faits souvent avec de la brique à plat. Leurs niveaux s'élèvent graduellement par ressauts successifs vers l'Est. Les marches intérieures sont également maçonnées en briques parementées ou recouvertes de dalles de schiste semblables à celles des dallages. Les briques sont de plusieurs modèles selon l'emploi qui en est fait : les unes ont 0,39 × 0,195 × 0,040; les autres 0,200 × 0,116 × 0,035; celles de la corniche de l'église ont 0,26 × 0,13 × 0,05. Nous en avons trouvé une de forme triangulaire suivant le modèle des briques romaines. Bien qu'un peu poreuses et friables, ces briques ont résisté aux siècles.

Lors de l'établissement du chœur roman, le pignon et une partie du bâtiment ajouté à l'Est par le duc Richard II, disparurent dans la section du rocher qu'on tailla à pic en vue de l'excavation nécessaire à l'emplacement de la crypte. Il est par suite impossible de savoir comment se terminait ce corps de bâtiment à cette extrémité.

Au milieu de ces substructions du Xe siècle, nous avons rencontré en *j* une citerne de forme cylindrique portant latéralement deux cheminées de puisage. Notre méthode d'investigation par l'examen comparatif des mortiers nous a permis d'établir que cette citerne ne se rattachait pas à l'abbaye primitive; on remarque même qu'elle a été construite avec les matériaux extraits des murs environnants de l'abbaye carolingienne. Elle ne date que du XIIe siècle et a dû procurer l'eau nécessaire à la reconstruction du côté Nord de la nef et des bâtiments conventuels. Le charbon que nous y avons retrouvé sur la couche de glaise qui en garnit le fond laisserait supposer avec assez de vraisemblance qu'elle a été employée à l'alimentation de l'abbaye au moyen d'une tuyauterie aboutissant à ces bâtiments qui contenaient les cuisines et d'autres locaux où l'eau était de première nécessité.

Reste à envisager ce que pouvaient être les abords de ce monastère. La plupart des ouvrages qui servaient à y accéder de l'extérieur ou qui en composaient l'entrée ont naturellement disparu, englobés dans les constructions de l'abbaye romane. Il en subsiste cependant quelques vestiges dans le soubassement du mur sur lequel a été fondé, au XIe siècle, le côté Est de la grande galerie Nord Sud. On trouve aussi, sur le rocher, et rejoignant suivant un angle aigu le même soubassement (voir plan, fig. 240), quelques fragments du soutènement de la rampe dont les lacets évoluaient jusqu'au pied des emmarchements de cette entrée[1].

1. Un archéologue a cru deviner dans ces quelques pierres d'un mur oblique par rap-

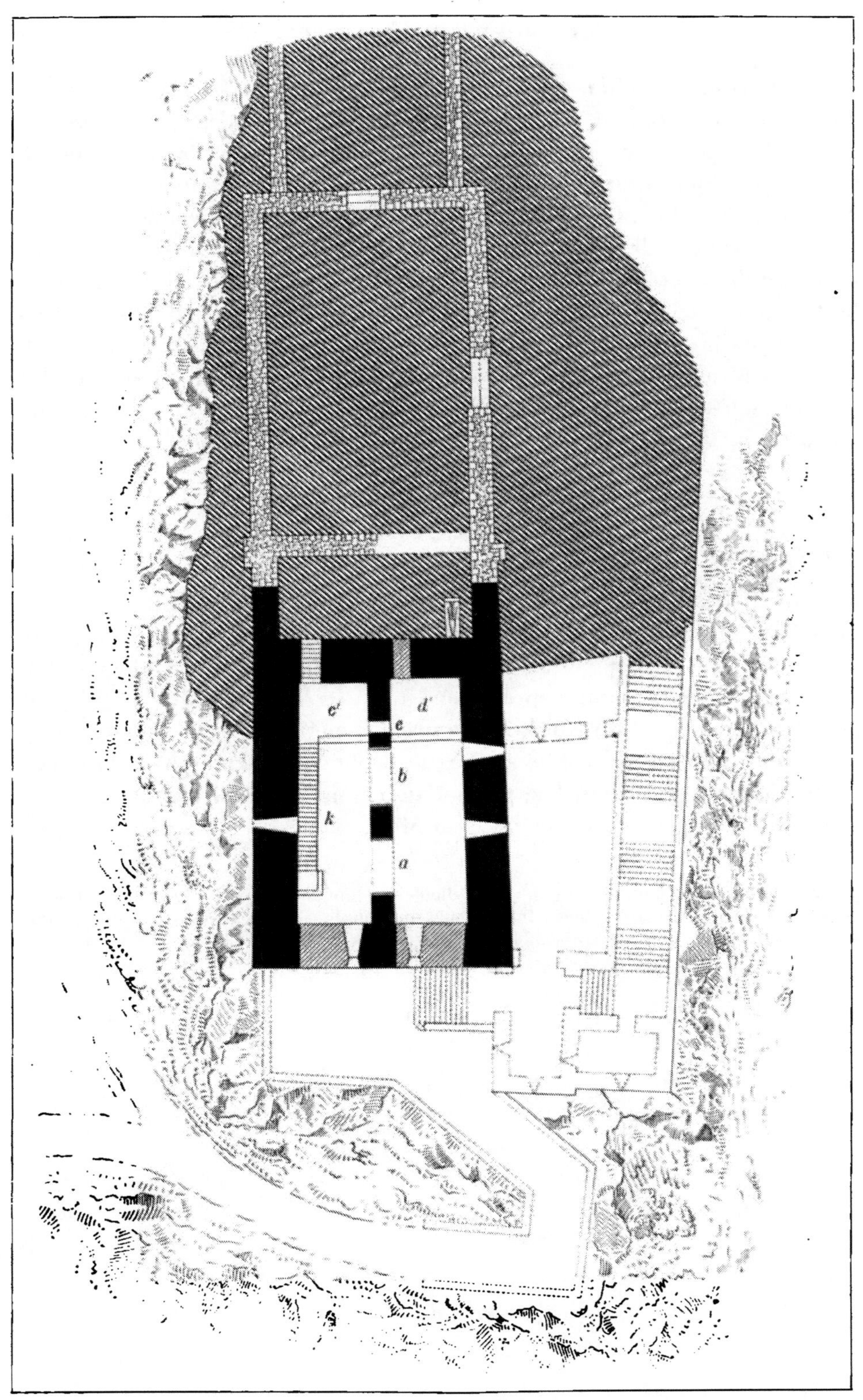

Fig. 240. — Plan général des restes de l'abbaye carolingienne.

En terminant l'étude de ce monastère primitif du Mont Saint-Michel dont on ne soupçonnait jusqu'ici ni les dispositions ni même l'emplacement, une remarque s'impose : c'est la singularité de la situation de l'église par rapport aux bâtiments conventuels qui la dominent en arrière de son chevet. Il est bien évident que cette disposition spéciale est motivée par les considérations d'ordre mystique qui déterminèrent la construction de la collégiale sur l'emplacement de l'oratoire primitif fondé lui-même sur le lieu désigné par la révélation angélique. Il existe néanmoins dans la situation de cette église, dont la toiture se trouve à un niveau inférieur à toute la hauteur des bâtiments monastiques qui lui sont rattachés, un fait exceptionnel, et peut-être unique, qu'il importait de signaler.

LE BOURG

Au xe siècle, le petit bourg du Mont-Saint-Michel groupait au pied du moustier, sur le côté Nord du rocher, ses maisons de bois, recouvertes de chaume. Cette disposition explique les ravages de l'incendie de 992 dans lequel les flammes, propagées par les maisons de la ville, et poussées par le vent du Nord, atteignirent la petite église abbatiale.

Notre figure 48, dressée d'après les données fournies par les documents lapidaires et les textes, permet au lecteur de se faire une idée assez exacte de la physionomie générale du Mont-Saint-Michel à cette époque.

port aux bâtiments abbatiaux, le côté d'un édicule polygonal qui aurait été annexé à l'église de saint Aubert. Cette hypothèse, fondée sur un simple sentiment de son auteur, nous semble dépourvue de toute vraisemblance.

CHAPITRE II

LE MOYEN AGE

I

L'ABBAYE ROMANE AU XIe SIÈCLE

Lorsqu'en 1017 le duc Richard II ordonnait la substitution d'une vaste basilique à la petite église carolingienne, il décidait, par le fait même, la reconstruction complète du monastère. Les bâtiments conventuels allaient faire place au nouveau vaisseau qui devait les englober tous et les faire disparaître, à l'exception toutefois de la vieille église construite sur le lieu vénéré de l'oratoire primitif. Une autre abbaye allait surgir, conçue d'après un programme nouveau et comportant de grandioses dispositions plus en rapport avec la destination de l'édifice et le nombre des religieux qu'il allait abriter.

L'ÉGLISE ET LES SUBSTRUCTIONS CONTEMPORAINES DE SA CONSTRUCTION

Le chœur et les transepts. — Suivant une habitude qui, dans l'espèce, répondait à la nécessité de respecter les vieilles constructions jusqu'à ce que les nouvelles fussent en état d'être mises en service, l'église romane fut commencée par le chœur, qui s'étendit sur le versant oriental du rocher. Les *Annales du Mont-Saint-Michel* donnent l'année 1023 comme date de début de l'entreprise[1]; et les manuscrits que Dom Th. Le Roy a eus entre les mains s'accordaient, dit-il, à reconnaître qu'à la mort du duc Richard, survenue le 23 août 1026, il n'y avait encore d'exécuté que « les fondements et quelque peu d'avantage[2] ». Doit-on entendre par « fondements » les seules fondations jusqu'à l'arase du sol des cryptes ?

1. « Anno MXXIII inchoata est nova ecclesia Beati Michaelis a Ricardo secundo comite, et Hildeberto secundo abbate, qui abbas eodem anno obiit : cui successit Almodus. » (*Chron. de Robert de Torigni*, t. II, p. 231.)

2. T. I, p. 112.

Il semble difficilement admissible que trois ans aient été nécessaires pour cet ouvrage, quand on considère que la proximité du rocher dispensait de profondes fondations. Quoi qu'il en soit, il ne fallut pas moins de vingt-cinq ans comprenant, en outre de la dernière année de l'administration d'Hildebert II, la durée entière des prélatures d'Almod, de Théodoric et de Suppo, pour qu'on entreprît en 1048, sous Raoul de Beaumont, les « quatre gros piliers du chœur de l'église, les arcs et les voultes[1] ». Les textes établissent qu'à cette époque on travaillait à l'achèvement des parties hautes du chœur et à la croisée des transepts qui, dix ans après, à la mort de cet abbé, étaient entièrement terminés. Les deux pièces de monnaie ci-contre, que nous avons trouvées sous le dallage au centre même de cette croisée des transepts, viennent à l'appui de cette assertion. Elles étaient contenues dans une excavation ayant conservé la forme cubique de la boîte qui les renfermait et dont le bois était réduit en poussière[2].

Phot. J. Billon

Fig. 241. — Fouilles de 1908. Monnaie d'Edon de Penthièvre trouvée sous le dallage, au centre de la croisée des transepts.

A ce moment le chœur de l'église présentait les dispositions figurées dans nos planches XVI et XVII. Les trois cryptes étaient voûtées en berceau plein-cintre comme l'est encore aujourd'hui celle du Sud appelée chapelle Saint-Martin (3'). Le berceau plein-cintre de la crypte du Nord (4), désignée sous le nom de chapelle des Trente Cierges, fut remanié au XIIIe siècle lors de la construction de la salle des Chevaliers[3]. En considérant ces plans on

Phot. J. Billon

Fig. 242. — Fouilles de 1908. Monnaie d'Edon de Penthièvre, de même provenance que la précédente.

1. Dom Th. Le Roy, t. I, p. 121.

2. MM. de la Tour et de Castellane ont eu l'amabilité d'identifier pour nous ces deux pièces. Elles remontent à Edon de Penthièvre et ont été frappées à Rennes de 1040 à 1047.

La première (fig. 241) porte sur sa face : REDONIS CIVITAS, et au revers : EDO DUX BRITONIS avec, au centre, le monogramme carolingien dégénéré.

La seconde (fig. 242) porte également : REDONIS CIVITAS ; au revers : EDO DUX BRITANNIÆ et au centre le monogramme du duc Conan dégénéré. Cette dernière monnaie, dont on ne connaît qu'un seul autre exemplaire au Cabinet des Médailles, est décrite et gravée dans la *Revue de Numismatique*, 1er fascicule. Blois, 1846, p. 57, et Planche V, n° 3. Voir, pour son histoire, A. de la Borderie, *Histoire de Bretagne*, t. III.

3. Ce remaniement eut pour effet de transformer le berceau en voûte d'arête dont les pénétrations favorisèrent des prises de jour et d'air dans le cloître supérieur. En même temps on ajouta contre la face Nord de la première travée vers l'Est un arc-doubleau ogival destiné à supporter le pignon du transept Nord reconstruit suivant une obliquité consécutive de l'implantation du cloître. Ces modifications, auxquelles il faut ajouter les deux baies ogivales ouvertes sur la salle des Chevaliers, datent du XIIIe siècle. Mais primitivement, c'est-à-dire aux XIe et XIIe siècles, la crypte du Nord appelée par la suite chapelle des Trente Cierges, l'une des plus fréquentées par les moines, était identique à la chapelle Saint-Martin.

est frappé des irrégularités d'implantation de ces deux transepts : on remarque le défaut de rectangularité de leurs murs et la dissymétrie de l'un par rapport à l'autre et à l'ensemble de l'édifice auquel ils se rattachent chacun de façon différente. Ces difformités échappent devant l'édifice; mais elles n'en sont pas moins réelles et s'expliquent aisément par la difficulté des opérations géométriques de l'implantation des fondations qui s'effectuèrent en terrain extrêmement accidenté, sur deux points séparés par des éminences rocheuses et par les bâtiments de l'abbaye carolingienne qui n'étaient peut-être pas encore démolis[1].

Phot. Ch. Besnard.

Fig. 243. — Fouilles de 1908. Fondations du bâtiment annexe de l'Abbaye carolingienne sous la croisée des transepts. A, le point où ont été trouvées les monnaies d'Edon de Penthièvre.

La chapelle Saint-Martin (3'), à laquelle on accédait de la plate-forme du cimetière des moines (5'*a*) par une large porte cintrée (*k*) demeurée intacte, communiquait avec la crypte absidale par un passage coudé (*l*) subsistant encore en partie, mais remanié au xve siècle.

Voûtée semblablement à ses deux voisines et terminée comme elles par une abside en cul-de-four, la crypte absidale était en outre flanquée de deux collatéraux (A et B) voûtés à la romaine. Nos fouilles de 1908 nous ont fait rencontrer (en *m*) la moitié de la première travée à l'Ouest du collatéral méridional (B), transformée en caveau funéraire au xve siècle et remplie d'ossements[2]. En rallongeant d'un nouveau coude le passage de communication entre la chapelle Saint-Martin et la crypte des gros piliers, l'architecte du xve siècle établit, dans la hauteur de ce rallongement, un dallage déterminant au-dessus une sorte de caveau qu'on utilisa, dans l'église haute, comme ossuaire. Dans le parement Ouest de ce caveau, qui n'était autre que la paroi du mur limitant le bas côté

1. Un curieux exemple des conséquences qu'eurent, sur l'édification de cette absidiole, les difficultés que nous signalons se trouve dans la présence, en contre-bas du niveau du dallage, d'une moulure de socle dont l'état de conservation montrait qu'elle devait avoir toujours été enfouie dans le sol.

2. Ces ossements étaient tous régulièrement disposés au milieu d'un amas d'humus et de débris de bois provenant des cercueils. Nous avons compté 71 crânes dont l'un avait été scié pour permettre l'enlèvement du cerveau.

crypto-absidal, nous avons constaté une singularité dans la présence d'une ouverture cintrée, bouchée il est vrai, mais directement située au-dessous du gros pilier Sud-Est de la croisée des transepts. Le petit clavage en pierre de cette baie autorise à lui attribuer la date du commencement du XIe siècle. Or, comment admettre que les constructeurs de cette époque aient été assez mal avisés pour pratiquer systématiquement un vide au-dessous d'un pilier aussi chargé? Une fouille opérée

Phot. Neurdein.

FIG. 244. — Chapelle Saint-Martin, face Est (Crypte du transept Sud). XIe siècle.

à côté dans la traversée du chœur, pour rechercher la limite de la crypte romane à l'Ouest, nous réservait aussi des constatations intéressantes. Nous y avons d'abord rencontré, entre les fondations des gros piliers de l'arc triomphal, un mur du XIe siècle allant de l'un à l'autre et percé en son milieu d'une ouverture de 3 m. 50 de largeur portant amorce d'un arc qui, s'il existait, dépasserait de beaucoup le sol du chœur (voir O, fig. 246). A côté de ce mur s'en trouve un autre de la même époque, mais qui ne lui est pas parallèle (voir plan, planche XIV), et contre lequel buttent les voûtes de deux galeries qu'eurent pour conséquence de rétrécir latéralement et de boucher à leur autre extrémité les remaniements du XVe siècle. Ce ne fut pas sans regret que nous arrêtâmes la fouille avant d'être renseigné; mais, outre la dureté des maçonneries du XVe siècle qu'il aurait fallu démolir, leur liaison complète avec celles que nous cherchions à dégager aurait entraîné la destruction des unes et des autres sans profit pour le résultat recherché. Toutefois l'impression qui se dégagea de cet examen fut que nous nous trouvions là en présence de dispositions accessoires d'une descente à la crypte par le dessous du maître-autel. Peut-être encore était-ce là une sorte de réminiscence des réduits surmontant les autels de l'église carolingienne, disposition ayant pour but d'utiliser le vide que laissait libre la pente du rocher en arrière du mur partant de son pied pour clore à l'Ouest la crypte romane. On demeure toutefois perplexe devant l'obliquité du mur contre lequel s'appuient ces constructions, par rapport à la crypte à laquelle il est naturel de supposer qu'elles se rattachaient ; car on ne saurait guère admettre que ce pût être là une indice de la déviation (prétendue symbolique) du chœur roman sur l'alignement de la nef. Cet ensemble de faits fortifie chez nous l'opinion que nous avons déjà émise, au sujet des soutènements du Midi. Il s'agit là d'un état des constructions antérieur à la conception générale de l'église romane et datant vraisemblablement des premières années du XIe siècle, où il n'était pas encore question de la reconstruction de l'abbaye carolingienne. Bon nombre de substructions de la basilique, gauchement disposées par rapport aux édifices qu'elles supportent, ne sont autres que des restes de constructions de cette période transitoire, utilisées par les constructeurs de l'abbaye romane.

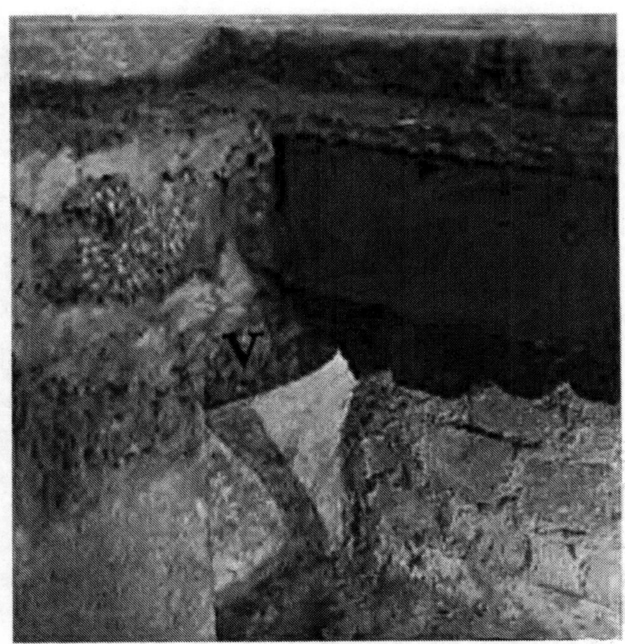

Phot. Ch. Besnard.

Fig. 245. — En V la naissance de la voûte d'arête du collatéral Sud de la crypte absidale (XIe siècle), trouvée sous le dallage en 1908.

Suivant les mêmes dispositions planimétriques, le chœur proprement dit s'élevait au milieu de deux travées de bas côtés, voûtées en voûtes d'arête et surmontées d'un triforium semblablement aux travées de la nef; puis il se terminait également par une abside en cul-de-four[1]. Des

1. « Les Normands furent bientôt d'habiles et actifs constructeurs ; aussi leurs églises des XIe et XIIe siècles sont-elles grandes si on les compare aux églises de l'Ile-de-France ;

contreforts de faible épaisseur renforçaient les murs extérieurs, insuffisamment sans doute puisqu'ils n'empêchèrent pas, en 1421, l'effondrement complet de toute cette partie de l'église.

Les transepts ont toujours été voûtés en berceau plein-cintre comme ils le sont aujourd'hui. Le berceau primitif existe encore du côté Sud. La grande portée et la lourdeur de cette voûte avaient déterminé, dans les murs, des désordres que les consolidations opérées au XVe siècle par

Phot Ch. Besnard

FIG. 246. — Fouilles de 1908. P, pilier Sud-Est de la croisée des transepts. O, naissance d'un arc et mur du XIe siècle.

Guillaume de Lamps n'avaient pu conjurer. Nous exposerons plus loin, en parlant des restaurations, le procédé que nous avons employé pour y mettre un terme. Au nord, la voûte, plus éprouvée par son exposition et par les ébranlements consécutifs aux travaux de réfection du pignon au XIIIe siècle, menaçait de s'écrouler : nous dûmes la refaire en 1899. Ces transepts étaient, à l'origine, éclairés comme ils le sont aujourd'hui, sauf, bien entendu, en ce qui concerne le pignon Nord entièrement refait suivant l'obliquité des bâtiments adjacents de la Merveille et qui eut pour conséquence de raccourcir notablement ce transept. Signalons aussi la

les nefs sont allongées, ainsi que les transepts ; les chœurs ne furent enveloppés de bas côtés que vers le milieu du XIIe siècle. » (Viollet-le-Duc, *Dict. rais. de l'architecture*, t. V, p. 167. Voir également : Ruprich-Robert, *L'architecture normande aux XIe et XIIe siècles*, Paris, 1887, 2 vol. in-4°.)

disparition d'une petite fenêtre plein-cintre située sur les faces Est au droit des bas côtés du chœur, et l'agrandissement, sous Pierre Le Roy[1], (au xve siècle, époque à laquelle on recherchait plus d'air et de lumière), de l'œil-de-bœuf du pignon méridional dont la clef dépasse maintenant l'intrados de la voûte (Voir fig. 247).

Le bel escalier à vis (D, pl. XVI) du transept Sud monte du sol de la chapelle Saint-Martin (3') à la toiture de ce transept. Dans cette hauteur il dessert l'église haute et le triforium méridional de la nef. A en juger par ses vastes dimensions, il devait avoir une importance particulière pour les moines.

Phot. Neurdein

Fig. 247. — Faces Sud et Ouest du transept Sud (xie siècle).

Du côté Nord un autre escalier (E) partait de la Crypte du Nord (4') et montait également jusqu'à la toiture du transept, desservant sur son passage l'église haute et le triforium du bas côté absidal[2]. Celui qui lui était symétrique au Midi ne partait que du sol du transept.

Un autre escalier (F, pl. XVII) prolongeait, avec une fonction analogue, un degré droit[3] (G, pl. XVI) partant du petit porche (*n*) de ladite Crypte du Nord où

1. Ms. d'Avranches, n° 214.
2. Nous en avons trouvé des vestiges.
3. En partie détruit et bouché quant au reste par un mur circulaire qu'on avait pris jusqu'alors pour un départ d'escalier à vis, ce degré nous a été révélé par une fouille que l'apparence précaire de ce bouchement nous avait engagé à faire. Cette galerie rampante nous est apparue alors dans toute la bizarrerie de sa conception osée, c'est-à-dire à demi engagée sous le mur du transept, mais obstruée à proximité de son issue supérieure par d'énormes blocs de granit placés là dans un but de consolidation. Nous avons pu opérer le débouchement dans la mesure nécessaire à l'intelligence de cette curieuse disposition.

aboutissait la galerie (1'), le mettant en communication avec les bâtiments abbatiaux par le promenoir des moines (5'). Deux portes pratiquées à la hauteur convenable dans l'escalier (F) lui faisaient desservir, l'une, le transept Nord et l'autre la terrasse s'étendant du même côté.

On ne saurait dire ce qu'était originairement la voûte à l'intersection des transepts et du chœur, ni même s'il en existait une. Il se pourrait qu'*il* n'y ait encore eu que la charpente d'une couverture provisoire, en attendant qu'on eût pris un parti pour la construction d'un clocher central.

Phot Neurdein.

Fig. 248. — Faces Ouest et Nord du transept Nord (xie et xiiie siècle).

L'abside et les transepts étant ainsi terminés, on boucha dans toute leur hauteur le grand arc triomphal et les deux arcs des bas côtés. On put dès lors livrer au culte le nouveau chœur et démolir l'abbaye carolingienne sur l'emplacement de laquelle devait s'élever la nouvelle nef.

Avec l'année 1065 nous atteignons la prélature de l'abbé Ranulphe qui, dit Dom Th. Le Roy[1], fit faire « le cymetière des religieux » (6'), ce qui veut dire les constructions soutenant la plate-forme méridionale, utilisées à la fois pour les emmarchements accédant au portail latéral Sud et au lieu de sépulture des moines; « les galleries et haultes murailles du chasteau du costé du septentrion », ce qui indique la succession d'arcades et de murailles enveloppant l'entrée de l'abbaye par les rampes d'accès du Nord; « et celles qui environnent le cloistre qui auparavant n'estoient faictes que de bois » : par là il faut entendre les substructions des bâtiments conventuels élevés sous son successeur, Roger Ier, en

1. T. I, p. 126.

remplacement de baraquements provisoires qu'on avait dû faire pour loger les moines quand fut décidée la démolition définitive des bâtiments carolingiens.

Phot. Ch. Besnard.

Fig. 249. — Chapiteau au Nord de l'absidiole du transept Nord.

L'achèvement, sous l'abbé Ranulphe, de la nef à laquelle son successeur n'eut qu'à mettre la dernière main, comporte l'existence du parvis (7", pl. XVII) où s'ouvrait le portail occidental de ladite nef, comme aussi celle de la plate-forme méridionale à laquelle donnait accès une porte latérale située à l'emplacement où se trouve aujourd'hui le portail donnant sur le Saut-Gaultier et datant du XIIIe siècle.

Avant d'aller plus loin il nous faut entrer dans l'étude analytique des édifices composant l'abbaye romane du XIe siècle et examiner la méthode qui a présidé à leur construction.

Phot. Ch. Besnard.

Fig. 250. — Chapiteau au Sud de l'absidiole du transept Nord.

Substructions de la nef et du parvis[1]. — Reportons-nous par la pensée à la fin de la prélature de l'abbé Raoul de Beaumont, en 1058. Le chœur et les transepts sont terminés. Après avoir été raccourcis, comme nous l'avons dit, pour faciliter l'exécution de ces derniers, les bâtiments du monastère carolingien sont définitivement rasés jusqu'à 0 m. 45 environ au-dessous des sols à établir. Les matériaux les plus proches sont utilisés dans les nouvelles constructions : ils serviront plus tard à la confection d'une citerne (Pl. XIV) recueillant les eaux des toitures existantes pour l'alimentation du chantier[2]. Seule la petite

1. On lit dans le ms. n° 212 datant du XVe siècle que, sous « l'abbé Ranulphe, qui commença à gouverner en l'an mil LX, fut commencée à faire la nef de l'église, le porche et sépulture des moines, la clôture ancienne de cette abbaye et autres édiffices quont esté depuis faitz d'autre manière comme il appariert ».

2. Voir chap. I, p. 402, la description de cette citerne.

église du xe siècle, dont les voûtes (α et α) affleurent approximativement le niveau du plateau à créer, reste debout. On démolit sa couverture ; puis sur ses voûtes dont l'épaisseur semble rassurante, et sur l'épine médiane de ses arcades carolingiennes, on se décide imprudemment à asseoir deux des piliers du collatéral Nord. En même temps, on poursuit vers l'Ouest les substructions de la nef romane au moyen d'un système d'arcades et de voûtes qui déterminent, en sus d'un agrandissement du sanctuaire carolingien, une succession de galeries abritant les abords de l'entrée abbatiale. Le mur du bas côté Nord s'élève sur le mur nord de la vieille église et sur les fondations de l'abbaye carolingienne ; tandis que celui du bas côté Sud utilise le soutènement de l'ancienne plate-forme méridionale. Toutefois, pour remédier au défaut de parallélisme de ce soutènement avec le bas côté à construire, on le double et on couvre l'intervalle par un berceau suivant la pente des emmarchements accédant au porche latéral Sud de l'église abbatiale. Ainsi se trouvent utilisés non seulement la vieille muraille construite par le duc Richard II, mais encore ses dégrés interceptés de larges paliers auxquels correspondent des accouplements de meurtrières protégeant les abords de la basilique[1]. La bizarrerie de la disposition vicieuse consistant à asseoir obliquement sur un berceau plein-cintre le mur du collatéral Sud de la nef, ne peut guère s'expliquer que par la préexistence du soutènement et par le désir de l'utiliser pour les fondements de la nef romane.

Les constructions qui se trouvaient entre cette muraille et la face méridionale de l'église carolingienne répondaient mal au plan de la nouvelle entreprise. On les noya dans d'épaisses maçonneries ne laissant entre elles qu'une galerie (9', pl. XVI) contrecoudée obliquement, afin d'augmenter l'épaisseur du mur proportionnellement à l'accroissement de sa hauteur et de la poussée de la voûte qu'on lui donnait à porter[2].

A l'extrémité de cette galerie (9') et communiquant avec l'église par une petite porte latérale, se trouve une salle (G') voûtée en berceau pleincintre perpendiculairement aux murailles carolingiennes. Cette salle ser-

1. Nous avons trouvé des traces certaines de cette disposition primitive qui avait donné lieu à des marches d'une très grande hauteur. Les degrés que notre restauration a rétablis d'après les amorces existantes dans les murs sont conformes aux modifications apportées au XIIe siècle à ces emmarchements. Ils avaient été complètement détruits au XVIIe siècle par les moines de la Congrégation de Saint-Maur qui s'en étaient servis pour daller l'église.

2. Cette sorte de passage a reçu de la part des auteurs diverses destinations : les uns en font une cachette où, pendant les guerres, on déposait les reliques et les objets précieux ; d'autres y voient une citerne ; cette dernière destination est la plus vraisemblable et doit remonter au XIIe siècle, époque à laquelle Robert de Torigni, en établissant un plancher intermédiaire dans la grande galerie s'étendant du Nord au Sud, fit murer les deux portes extrêmes de ce passage et pratiquer dans la voûte une ouverture cylindrique qui devait, à son débouché dans l'église, se terminer par une margelle. Il n'en est pas moins certain que telle ne fut pas sa destination primitive et que les deux grandes et belles portes couvertes d'arcs plein-cintre doubles et admirablement appareillés n'avaient pas été faites pour être bouchées.

vait de sacristie : elle était accessible aux clercs du dehors qui y pénétraient par la porte (*t*) voisine du grand portail (*s*). C'était par ce portail que s'écoulait la foule des pèlerins toujours avides de visiter la vieille église agrandie et transformée, mais nullement abandonnée malgré l'avènement de la grande basilique dont les splendeurs allaient solliciter l'admiration générale. Cette église souterraine demeurait pour tout le monde le lieu sanctifié par la révélation céleste. Les religieux y descendaient de la basi-

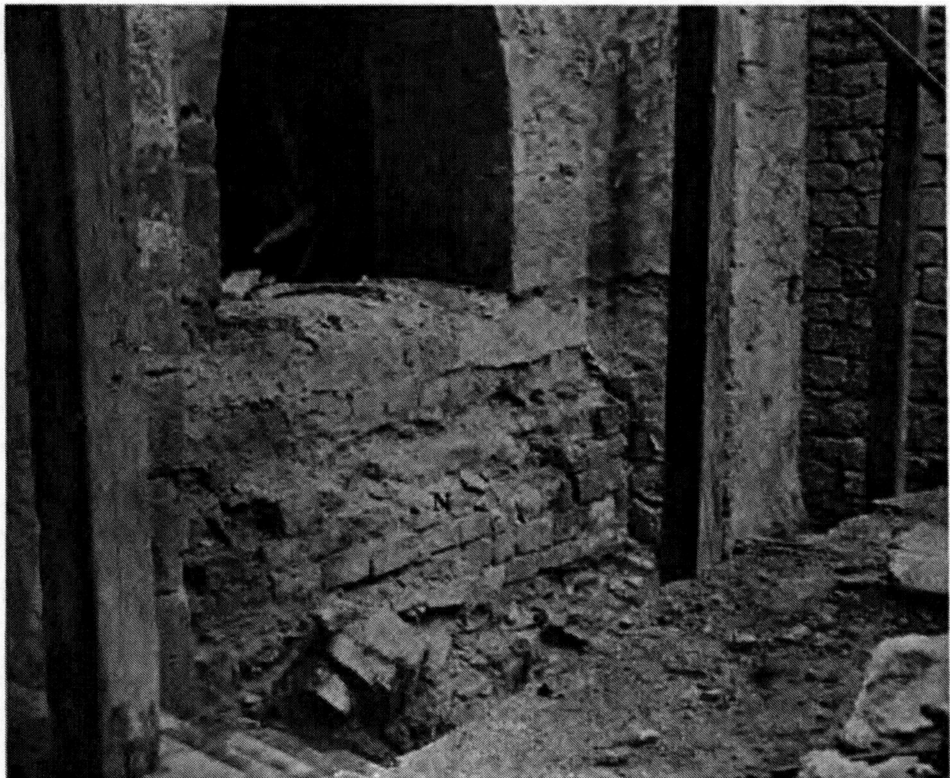

Phot Ch. Besnard

Fig. 251. — Vue extérieure du collatéral Nord de la nef romane. En N. restes du mur Nord de l'abbaye carolingienne servant de soubassement à ce collatéral.

lique par l'escalier qui la reliait à son bas côté Nord, et ils en occupaient une partie de la nef septentrionale. Les fidèles y accédaient par les degrés de la galerie s'étendant du Nord au Sud et remplissaient la nef méridionale. Au fond de cette dernière s'élevait l'autel miraculeux que surmontaient les châsses exposées dans la tribune supérieure (*d'*), que l'on mit dès lors en communication directe avec l'église haute.

Cimetière des Moines[1]. — A cette époque on n'enterrait pas les moines

1. « Il est dit de luy (Ranulphe) qu'il fit faire le cymetière des religieux. » (Dom Th. Le Roy, t. I. p. 126.)

dans la partie de cette église souterraine annexée à l'Ouest aux constructions carolingiennes, comme on le fit bien plus tard. A l'origine de l'abbaye romane, le cimetière des religieux se trouvait au Midi, dans un terre-plein (5'*a* et 6', pl. XVI), s'étendant au niveau de la chapelle Saint-Martin[1] (3') et en partie couvert par les substructions de la plate-forme méridionale (6'') connue sous le nom de Saut-Gaultier. Cette plate-forme, qui doit son nom à une légende antérieure au XIIIe siècle[2], était assise sur un quillage de piliers portant une série d'arcades sur lesquelles s'appuyaient transversalement quatre rangées de voûtes en berceau d'égale

FIG. 252. — Coupe sur l'ancien cimetière des moines au XIe siècle.

La première travée à gauche est subdivisée dans sa hauteur par l'ossuaire construit à cette époque. Le bâtiment adjacent présente la disposition que Robert de Torigni avait donnée à la salle des morts et à celle immédiatement au-dessous.

hauteur (fig. 252). Sous cet immense abri évoluaient les emmarchements nécessaires pour gravir la différence de niveau entre l'entrée extérieure du Sud (10, pl. XV), le terre-plein du cimetière des moines (5'*a*, pl. XVI) et

1. « De laquelle chapelle Saint-Martin (auparavant que cet abbé [Guillaume de Lamps] eut fait bastir l'aumosnerie et la cysterne), on allait de plain-pied en cet endroit où estoit pour lors le cymetière dans lequel on enterroit les moynes. » (Dom Th. Le Roy, t. II, chap. XXXIV, § 10, p. 18). Il est présumable que cette chapelle était spécialement affectée aux cérémonies funèbres.

On lit d'autre part dans la *Gallia Christiana* (t. XI, p. 514) : « Dolensis vero antistes Rollandus inibi sepeliri voluit ubi et Conanus Britanniæ dux pro voto sepultus est in capella Sancti Martini veteris ecclesiæ nec non Gaufridus filius ejus et successor. » Le duc Conan est mort en 992, et la chapelle Saint-Martin actuelle ne peut remonter au delà de 1025. Deux suppositions sont possibles : la première, qu'il ait existé un autel dédié à saint Martin dans l'église carolingienne ; la seconde, que l'auteur de la *Gallia Christiana* ait, dans la lecture des manuscrits, confondu *l'emplacement* de la chapelle romane qui devait déjà au Xe siècle être un lieu de sépulture, et cette chapelle elle-même qui, dans tous les cas, ne pouvait exister à cette époque.

2. Voir appendice à la partie architecturale : *Vocabulaire*.

enfin, le sol du porche latéral (H′, pl. XVI). En faisant abstraction, dans notre figure 252, des constructions que, au XIIe siècle, Robert de Torigni accola à l'Ouest, on se représentera l'état, au XIe siècle, de ces arcades dont notre figure 253 achève d'expliquer les dispositions, en montrant les transformations qu'elles subirent au XVe siècle lors de l'établissement du grand degré aboutissant à la plate-forme du Saut-Gaultier.

Les espaces inoccupés par les degrés servaient aussi à la sépulture des religieux. Le cimetière des moines demeura longtemps dans cet enclos; nos fouilles de 1908 nous y ont fait rencontrer, malgré les boule-

FIG. 253. — Coupe sur l'ancien cimetière des moines indiquant les transformations qu'il a subies jusqu'à nos jours.

On remarquera dans cette figure les modifications apportées à la salle des morts au XIIIe siècle, par Raoul de Villedieu, pour la construction de la chapelle Saint-Étienne. (Voir en même temps le plan fig. 284 et la coupe fig. 285.)

versements répétés dont fut l'objet ce terrain au cours des XIIIe et XVe siècles, une innombrable quantité d'ossements très anciens. Ce ne fut guère qu'à la fin de ce dernier siècle qu'il fut remplacé par l'espace des substructions occidentales prolongeant à l'Ouest la petite église carolingienne. A cette époque, la fréquentation du sanctuaire souterrain s'était ralentie. Accoutumés au confort, les religieux ne se souciaient guère d'exercer leur piété dans l'obscurité de ce lieu de mystère. Les solennités de l'église haute répondaient mieux à leurs goûts fastueux. Les remaniements que Guillaume de Lamps fit subir aux substructions du Saut-Gaultier, joints à la construction de l'aumônerie, de la citerne et du grand degré abbatial, réduisirent les disponibilités d'un emplacement déjà encombré de sépultures. On se décida alors à procéder aux inhumations dans la partie *st* du plan (fig. 270) de l'église souterraine où une rapide déclivité du rocher procurait une épaisseur de remblai favorable aux inhumations. C'est ainsi qu'insensiblement la piété et l'attention même se détachèrent du sanctuaire primitif qui, deux siècles plus tard, disparut complètement derrière une muraille élevée par l'indifférence et le mauvais goût des moines de la Congrégation de Saint-Maur.

La Nef. — Durant les vingt et une années de la prélature de l'abbé Ranulphe, les travaux avaient marché sans interruption. Déjà puissamment riche, l'abbaye était en état de faire face aux importantes dépenses qu'ils entraînaient. La nef avait avancé en même temps que s'élevaient les constructions en facilitant les abords. A la mort de Ranulphe (1084), elle était presque entièrement terminée. Elle se composait de sept travées couvertes d'une charpente lambrissée intérieurement[1] et flanquées de deux collatéraux voûtés de pierre en forme de voûtes d'arêtes romaines. Il est hors de doute qu'à l'origine les deux côtés de la nef étaient semblables et offraient la disposition que comporte aujourd'hui le côté Sud dont la structure présente une recherche intéressante eu égard à l'époque où cette œuvre a été conçue. Sur les piliers cubiques s'élancent des piédroits recevant la retombée d'arcs qui, par l'élégissement qu'ils procurent aux murs, déchargent d'autant les fenêtres hautes du vaisseau et les arcatures du triforium. Cette disposition allégeait en outre la partie centrale des travées, du poids des charpentes qu'elle reportait directement sur les piles. Elle dénote de la part du constructeur des connaissances qu'on s'étonne de rencontrer dans cette période de l'art roman. Du reste le Mont-Saint-Michel est fécond en surprises pour l'archéologue : car s'il est une conception déconcertante, c'est bien celle de cette abbatiale commencée dans le premier quart du XIe siècle d'après un plan aussi vaste et suivant des dimensions et des formes qu'ailleurs on ne retrouve guère que dans des édifices du siècle suivant.

Les manuscrits que Dom Th. Le Roy avait entre les mains rapportaient, selon lui, que Roger Ier avait déjà, en 1094, refait une grande partie de la nef. Ne trouvant pas dans ces documents le motif de cette reprise, cet auteur[2] l'attribua tout simplement à une première chute de cette partie de

1. « Les églises normandes antérieures au XIIe siècle étaient couvertes par des charpentes apparentes, sauf les sanctuaires qui étaient voûtés en cul-de-four. C'est d'après ce principe que furent élevées les deux églises abbatiales de Saint-Étienne et de la Trinité de Caen, fondées par Guillaume le Bâtard et Mathilde, sa femme. Ces dispositions primitives se retrouvent dans un assez grand nombre d'églises d'Angleterre, tandis qu'en France elles ont été modifiées dès le XIIe siècle; les voûtes remplacèrent les anciennes charpentes. » (Viollet-le-Duc, *Dict. rais. de l'Architecture*, t. V, p. 167).

2. « Il eut soing (Roger I) qu'une grande partie de la nef de l'église fust refaicte qui estoit chute, à ce que je présume; toutefois je n'aye point trouvé quel temps de sa décadence depuis que l'abbé Ranulphe l'avoit faict faire. Cette même partye que l'abbé Roger fit refaire tomba de rechef comme je diray. — J'ay tiré cecy des manuscripts de ce Mont et l'ay icy remarqué le 7 janvier 1647. » (T. I, p. 156.) La confusion est évidente : elle nous four-

l'édifice qui ne s'écroula, en réalité, comme nous le verrons plus loin, qu'en 1103. Il s'agit probablement des remaniements extérieurs des bas côtés, nécessités par la construction, sous Roger Ier, des bâtiments adja-

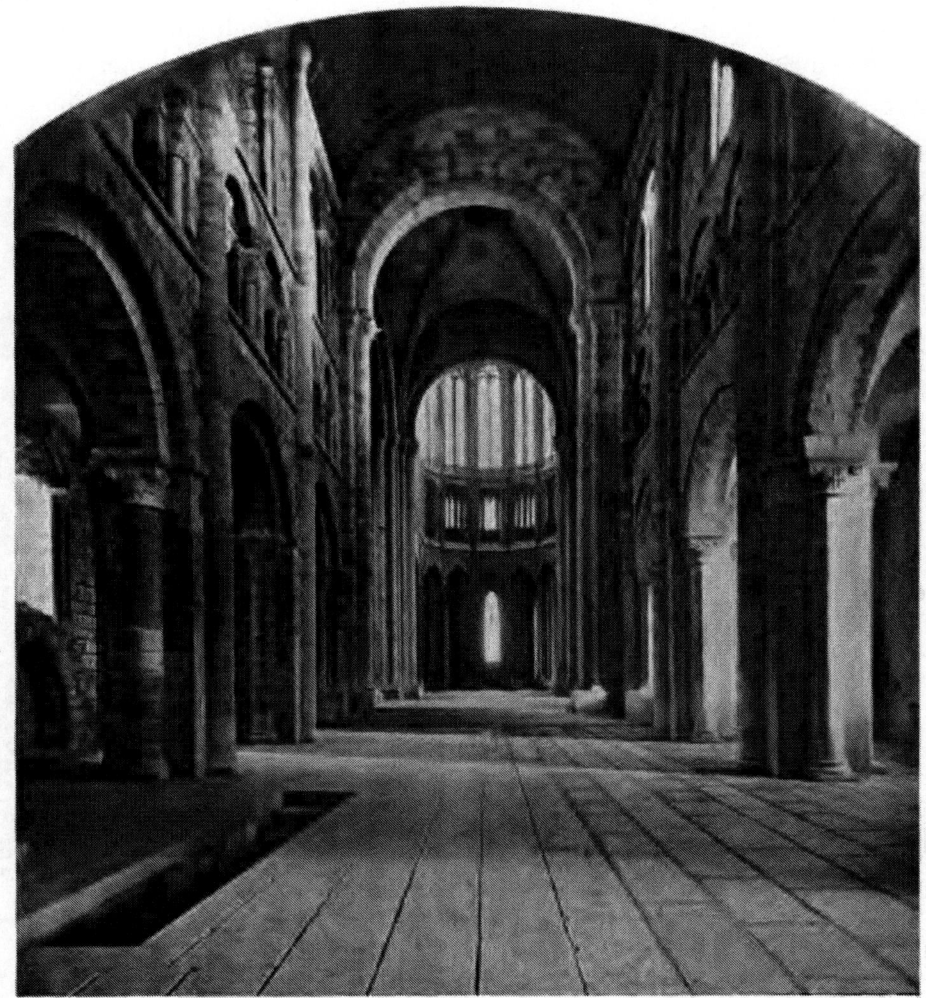

Phot. Ch. Besnard

Fig. 254. — Vue générale intérieure de l'église abbatiale restaurée.

cents au Nord, dont les dispositions, imprévues lors de l'édification de la nef abbatiale, durent entraîner une reprise de cette dernière.

Nous avons dit que, comme toutes les nefs normandes antérieures au XIIe siècle, celle-ci était couverte par une charpente habillée en dessous d'un lambrissage de bois. Cette disposition ne contribua pas peu à propager les nombreux incendies allumés par la foudre. Explicable par

nit cependant un indice précieux sur la date approximative des constructions adjacentes du Nord.

l'inexpérience des premiers architectes romans en matière de voûtes à élever à une grande hauteur, elle fut le plus souvent modifiée au XIIe ou au XIIIe siècle, dans tous les édifices où l'on put appliquer les mesures propres à combattre les poussées des voûtes. Mais ces transformations et leurs accessoires entraînaient toujours la nécessité d'un développement de l'assiette et un surcroît de charges que les substructions de certaines parties de la nef du Mont-Saint-Michel ne pouvaient comporter. On dut donc y

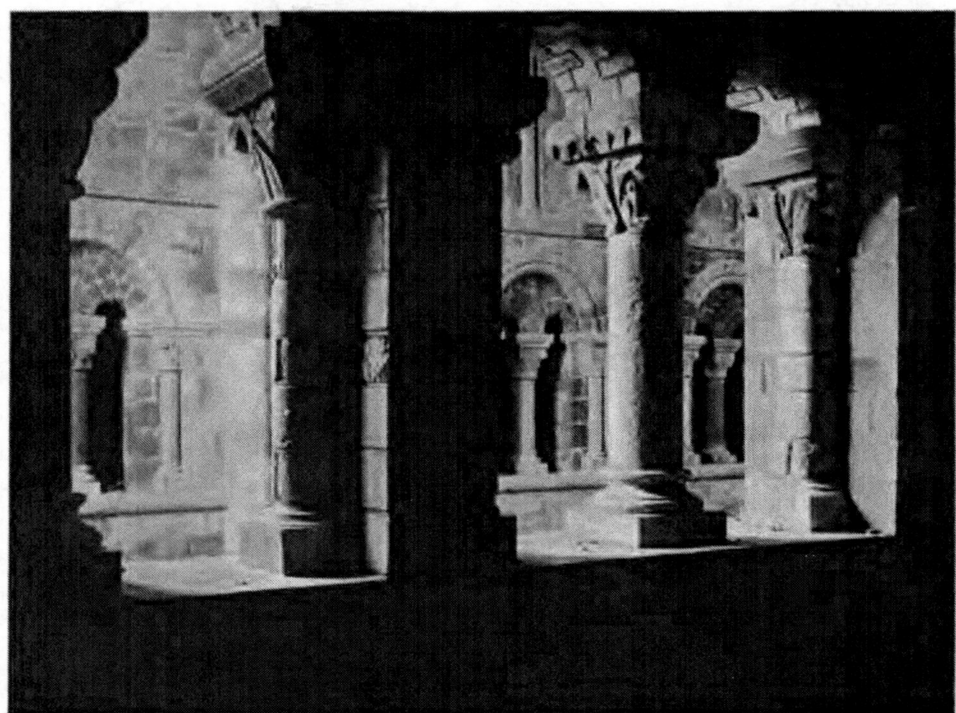

Phot. Ch. Besnard

FIG. 255. — Vue du triforium de l'abbatiale du XIe siècle prise sous le comble du collatéral Sud (après restauration).

renoncer, et cette nef est demeurée lambrissée de bois jusqu'à nos jours[1]. Les bas côtés seuls ont toujours été munis de voûtes d'arêtes romaines avec doubleaux de pierre de taille qui se sont tous plus ou moins déformés sous l'action de poussées mal contrebutées par des contreforts insuffisants. Les triforiums et les combles étaient desservis par des escaliers à vis dont il ne reste plus aujourd'hui que celui (D) du transept méridional. Toutefois, ceux que rétablissent nos plans d'après des vestiges subsistant ou des plans contemporains d'une époque où ils existaient encore, ne sauraient faire l'objet d'aucun doute.

1. Il est à peine utile de mentionner les fausses voûtes en bois et plâtre exécutées au siècle dernier par les religieux de Saint-Edme de Pontigny.

L'extrémité occidentale du vaisseau se terminait par un pignon au centre duquel s'ouvrait un portail (J) élevé de plusieurs marches au-dessus du parvis (7'', pl. XVII). Des colonnes engagées, surmontées sans doute d'arcatures, renforçaient l'épaisseur du mur au droit des poussées des arcades de la nef.

Les toitures de la nef, du chœur et des transepts étaient faites de tuiles ou de lamelles de schiste et avaient une pente très inférieure à 45 degrés. Un chevronnage à égouts pendants reposait sur des corniches supportées par des corbeaux. A l'origine, et jusqu'à la chute (en 1103) du côté Nord de l'église, les bas côtés étaient couverts en terrasses composées de dalles de schiste. Du côté Sud, on retrouve encore, à hauteur d'appui des arcatures du triforium, des fragments du bandeau qui formait larmier au-dessus de ces terrasses; on y remarque aussi les rainures qui, engravées dans les chapiteaux et les fûts, sertissaient les vitraux à mi-épaisseur de ces fenestrages (voir fig. 255)[1].

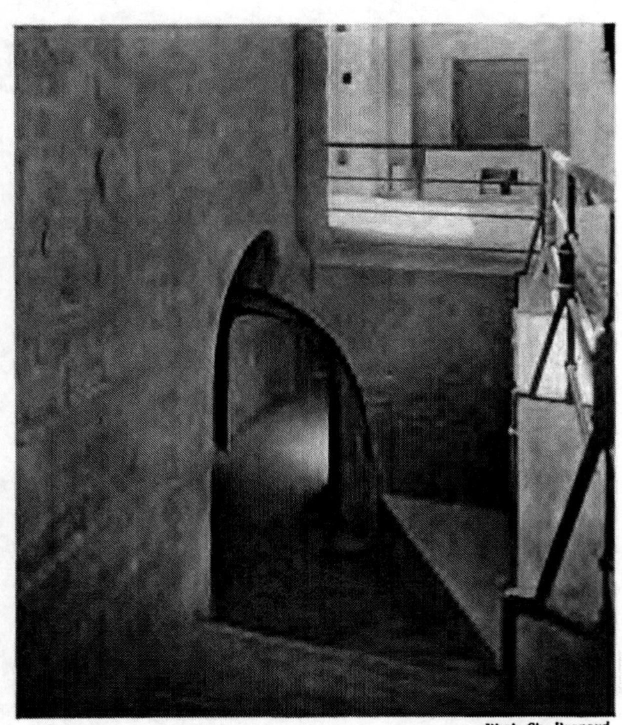

Phot Ch. Besnard.

Fig. 256. — Débouché des galeries montant à l'église haute. Découvert en 1903 et rétabli en 1904.

L'édifice se trouvait ainsi brillamment éclairé par les baies du triforium; quatre baies, malheureusement détruites aujourd'hui, mais dont on retrouve un spécimen dans notre figure 404 reproduisant un dessin fait en 1848, prenaient également du jour au-dessus de ces terrasses, dans la travée des transepts attenante au clocher. Cette disposition de couverture en terrasse subsista sur le bas côté Sud jusqu'en 1633[2], mais des

1. Ces rainures ne subsistent que dans les morceaux de pierre anciens : il n'y avait pas de raison pour les reproduire dans les morceaux remplacés par la restauration.

2. « L'an 1633, au mois de mars, fut parachevé de couvrir d'ardoises le cloistre et la partie de l'aisle de la nef de l'église du costé du midy, laquelle auparavent, depuis la tour de l'Horloge (tour Nord de Robert de Torigni) jusque au vis de la chappelle de la Saincte-Trinité (transept Sud), estoit couverte de plomb sur lequel on marchoit de plain-pied comme

infiltrations s'étaient produites par les joints du dallage, qui ne furent certainement pas étrangères à la déformation des arcs et des voûtes de tout ce bas côté. Aussi avait-on été obligé, dès le XIIIe siècle, de recouvrir cette terrasse de lames de plomb, destinées à lui procurer l'étanchéité qui lui faisait défaut. Cet inconvénient avait dû se manifester peu de temps après la construction : car lorsque Roger Ier reconstruisit le côté Nord de l'église après sa chute en 1103, il abandonna le système de toiture en terrasse sur le bas côté; il adossa une charpente et une couverture au triforium qui dès lors forma, sur ce collatéral, une galerie sous comble intérieure à l'église. En effet, de ce côté, il n'existe nulle part de rainure, et il n'y a jamais eu de vitraux dans les arcatures du triforium reconstruit. Ces modifications avaient entraîné une surélévation notable du mur du collatéral pour y asseoir la charpente qui, à sa partie supérieure, prenait naissance sous un bandeau filant au-dessous de l'appui des fenêtres hautes de la nef.

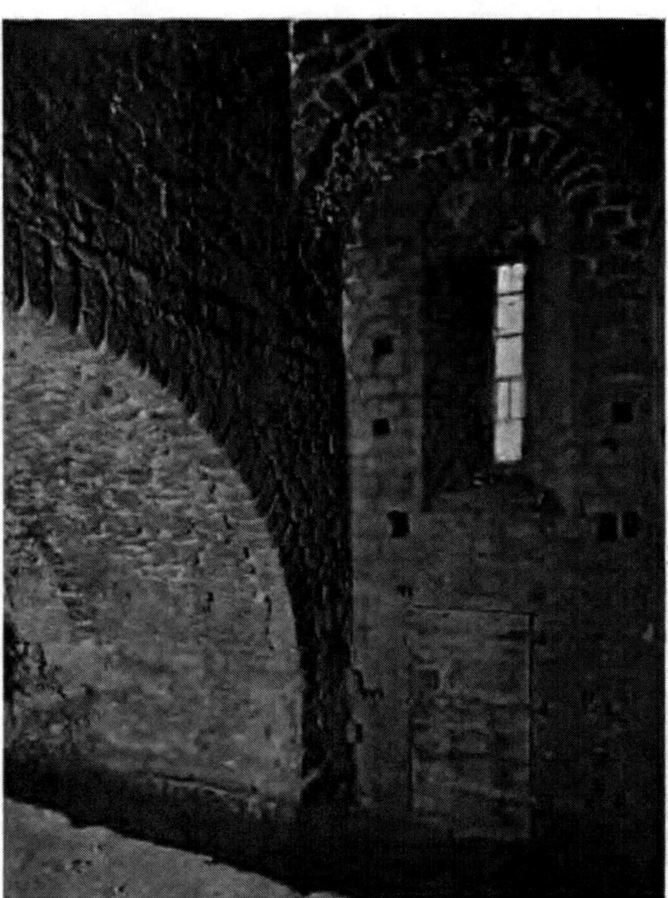

Phot Neurdein.

FIG. 257. — Entrée Nord de l'Abbaye du XIe siècle.

Le sol de l'église se composait de dalles schisteuses. Dans les transepts et le chœur son niveau était de huit centimètres inférieur au dallage actuel que la restauration n'a fait que réparer et compléter en continuation

aussy estoit led. cloistre sur son chevron, lequel plomb dud. cloistre le sieur de Brouhé avoit faict oster comme aussy celuy de lad. aisle d'église, surtout quoy il fit mettre lad. ardoise qu'on y voit cejourd'huy et sur lad. aisle il fit applicquer de la charpente pour supporter lad. ardoise. » (Dom Th. Le Roy, t. II, p. 208, 209.)

de celui établi au XVIIe siècle par les moines de la Congrégation de Saint-Maur. Le sol actuel de la nef correspond à très peu près au niveau qu'il avait anciennement.

Longeant intérieurement le mur du bas côté Nord, un escalier (K′) mettait en communication la basilique avec l'église souterraine par l'intermédiaire d'un palier s'étendant au-dessus de l'autel de Notre-Dame-sous-Terre (I′). Notre figure 252 donne l'état de cette descente à l'église souterraine avant restauration. Dans la nef, un autre escalier construit, celui-là, en même temps que la basilique romane, descendait parallèlement dans la petite salle des reliques (*d′*) située au-dessus de l'autel de la Trinité.

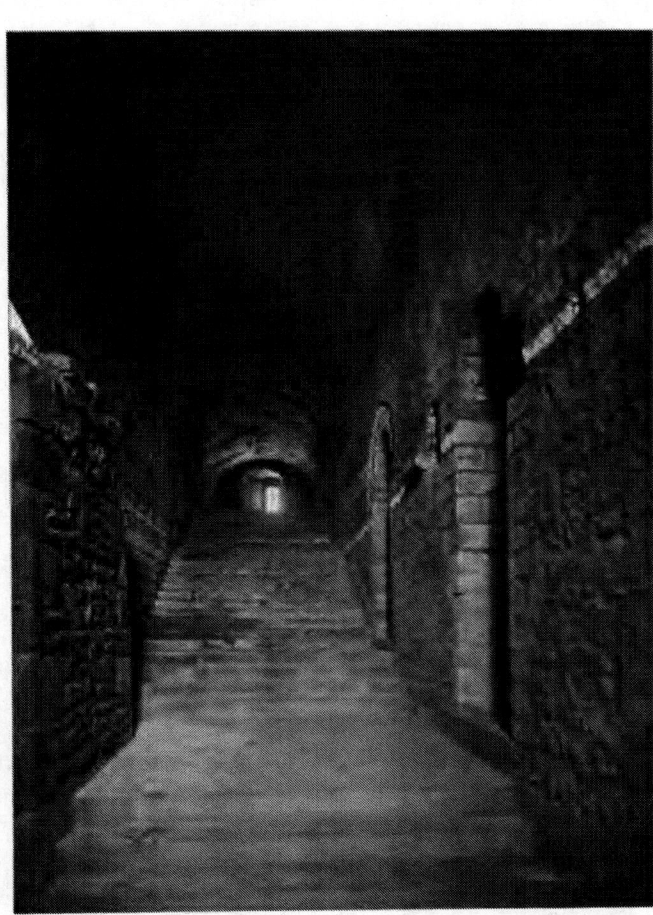

Phot. Ch. Besnard

FIG. 258. — Galerie montant au monastère (XIe siècle)[1].

Nous avons vu comment on accédait à la nef par un degré (voir figure 256), disposé aux dépens du bas côté Sud et partant du porche où convergeaient les emmarchements de la galerie rampante et ceux du cimetière des moines. L'extérieur de l'église présentait à ce moment un état complet répondant aux dispositions préconçues pour l'adossement des bâtiments qui commençaient à s'élever au Nord alors que la basilique touchait à son achèvement[2]. Ainsi terminée, elle allait rester plus de quarante ans encore sans clocher.

1. La bande blanche sur le mur de droite indique la hauteur du plancher qui, au XIIe siècle, divisa en deux la hauteur de cette galerie pour établir une communication avec l'étage de l'infirmerie installée au-dessus de l'hôtellerie construite par Robert de Torigni.

2. C'est ainsi que le cordon mouluré filant extérieurement au-dessous des fenêtres du collatéral Nord, convenablement placé tout d'abord par rapport à la hauteur du dortoir

LES ENTRÉES DU MONASTÈRE

On cheminait du niveau des grèves à l'abbaye par des rampes plus ou moins tortueuses disposées sur les flancs Nord et Sud du rocher. Par celles du Nord qui longeaient la ville au pied du monastère on aboutissait aux galeries (7, pl. XV) supportant la terrasse du parvis occidental de l'église et servant d'abri aux abords pour les visiteurs et les mendiants. On distingue fort bien (en *m n o p*, fig. 257), autour de la porte construite sous l'administration pénitentiaire, le bouchement de

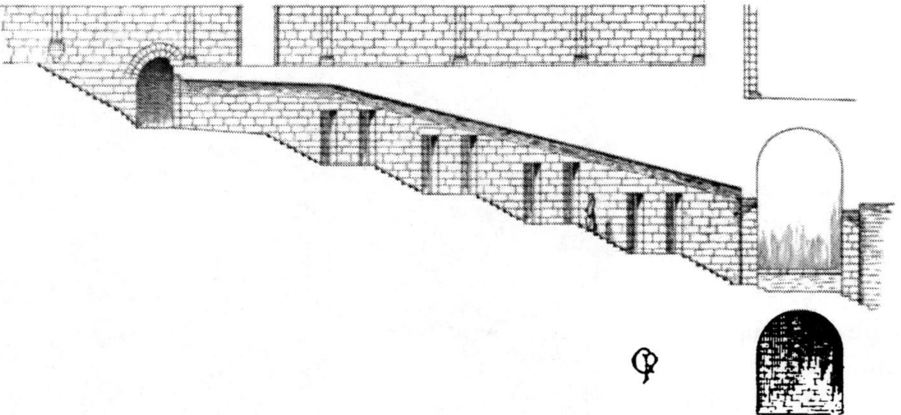

Fig. 259. — Coupe longitudinale sur la galerie méridionale montant à l'église haute, au xie siècle.

l'arcade plein-cintre à laquelle aboutissaient les emmarchements extérieurs. Au xie siècle la grande arcade à gauche de cette même figure était également vide : le mur qui la bouche est contemporain des constructions dont Robert de Torigni enveloppa toute cette région occidentale du monastère.

En s'engageant sous ces galeries on trouvait (en *q*) l'entrée des approvisionnements par la salle (5; aumônerie primitive désignée sous le nom de « l'Aquilon ») où devait se faire aux pèlerins nécessiteux la distribution des vivres et des aumônes. En poursuivant à droite on rencontrait une série de marches[1] accédant à l'entrée proprement dite de l'abbaye (*r*.) Après l'avoir franchie on est dans la grande galerie (7', pl. XVI) dont les hauts degrés desservent, en S, l'église souterraine (1); en *t*, l'entrée spéciale de la sacristie des clercs (G); en *u*, la porte de l'apparte-

primitif, s'est trouvé caché derrière la surélévation du mur adossé à ce collatéral, lors des modifications apportées dans la reconstruction de ce bâtiment.

1. Ces emmarchements subsistent en grande partie. Ils ont été modifiés au xiie siècle, époque à laquelle le renforcement des substructions de la tour Sud détermina le rétrécissement du passage où Robert de Torigni reporta dès lors l'entrée abbatiale.

ment de l'abbé (11'); et enfin, en *v*, celle du promenoir (5') des moines.

A droite de l'entrée (*r*), la galerie rampante (8) montait à l'église haute par une série d'emmarchements interrompus de paliers au droit desquels étaient percées des meurtrières aussi nécessaires à l'éclairage qu'à la défense. Voir la coupe longitudinale et la vue que nous en donnons figures 259 et 260.

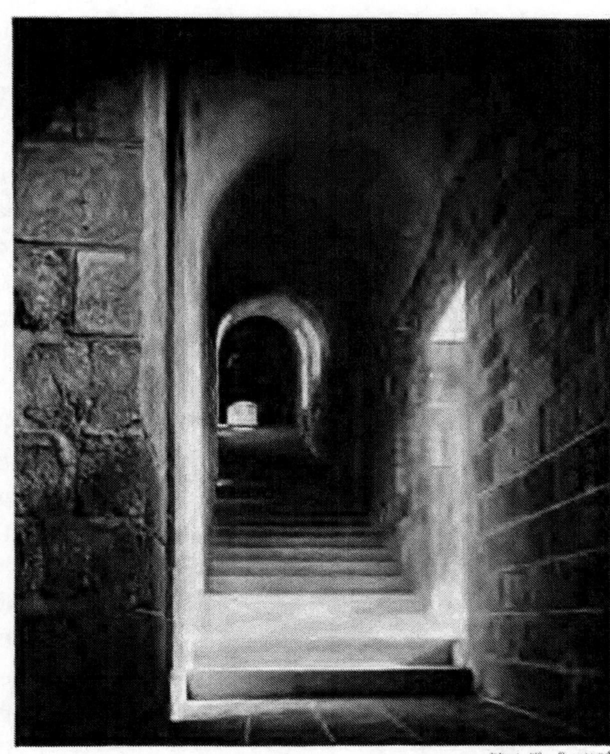

Phot. Ch. Besnard.

Fig. 260. — Galerie méridionale montant à l'église haute, après restauration des emmarchements selon le mode adopté au xiie siècle sous Robert de Torigni.

Du côté Sud les rampes extérieures pratiquées sur les escarpements acheminaient vers une seconde entrée abbatiale (10) pratiquée dans le soubassement de la plate-forme du cimetière des moines (6') à laquelle on accédait par un degré gravissant le terre-plein sous le portique (L). De cette plate-forme, dont le niveau coïncidait à peu près avec le sol de la chapelle Saint-Étienne, on rejoignait, par des degrés, le palier haut de la galerie montante dont le rôle était également défensif pour le cas où l'ennemi se serait emparé de la plate-forme.

BATIMENTS CONVENTUELS

L'Aumônerie. — Nous conserverons à la salle de l'Aquilon (5) sa dénomination, bien qu'elle présente le danger d'une méprise contre laquelle cependant nous avons mis en garde le lecteur. Il importe, en effet, de ne pas confondre cette salle avec la « crypte du Nord »[1] dont parle la chronique de Robert de Torigni; cette dernière n'était autre que la chapelle dédiée à la Vierge sous le transept Nord et fut désignée au xiiie siècle sous le nom de chapelle des Trente Cierges.

1. « In cripta aquilonali. (Chr. de Robert de Torigni, t. I, p. 299.)

Au XIe siècle, la salle de l'Aquilon, par où l'on faisait pénétrer les approvisionnements du monastère, servait à la réfection des voyageurs et à la distribution des aumônes[1]. Les deux grandes arcades du Nord, aujourd'hui bouchées, s'ouvraient sur une salle (15, pl. XV), de moindres dimensions, voûtée comme elle de voûtes romaines et éclairée par une seule petite baie du côté Ouest. Le personnel du couvent y faisait le service aux visiteurs réunis dans la salle de l'Aquilon. Au Nord, une porte, à laquelle accédait un escalier mobile en bois, donnait entrée à un étroit couloir (M), pratiqué dans l'épaisseur du mur et qui faisait partie d'un réseau de dégagements constituant, en même temps qu'une communication entre les divers locaux monastiques, tout un système de défenses que nous étudierons plus loin[2]. Nul autre moyen de communication n'existait avec le monastère proprement dit que ce couloir qui, à gauche, permettait de monter au promenoir et, à droite, de se diriger vers la cuisine et ses dépendances[4]. Seule une fenêtre (*w*,

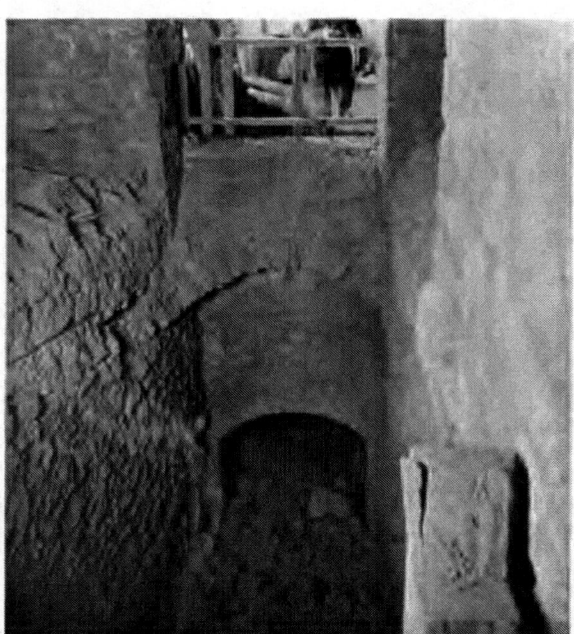

Phot. Ch. Besnard.

Fig. 261. — Vestiges de l'entrée abbatiale qui existait au Midi dans le soubassement occidental de l'ancien cimetière des moines (XIe siècle)[3].

1. « Dans les monastères peu étendus, on n'avait point de maison complète pour les pèlerins et les pauvres ; on les recevait dans une salle nommée *aumônerie*, qui était placée vers l'entrée principale, ou près de l'église, et même fréquemment dans le cimetière. Dans cette salle se faisaient les aumônes en vivres et en argent. Les auteurs parlent de salles de prêtres auprès des aumôneries, et du séjour qu'y faisaient certains écoliers.

« Le religieux *hostelier* avait la direction de la maison des hôtes, de celle des pèlerins et des pauvres ; à leur arrivée il devait leur faire laver les pieds et pourvoir à leur nourriture.

« Au départ, il remettait de l'argent à ceux qui en manquaient pour continuer leur route. Dans les villes, bourgs et villages dépendants de l'abbaye, il exerçait les fonctions de voyer ». (Albert Lenoir, *Architecture monastique*, II et IIIe partie, p. 402.)

2. Nous nous trouvons ici, dès le XIe siècle, en présence d'un exemple très intéressant et des plus complets du système de double mur dont M. Anthyme Saint-Paul reproche à Viollet-le-Duc de n'avoir pas signalé le rôle important dans l'architecture normande des XIIe et XIIIe siècles. (Voir *Viollet-le-Duc, ses travaux d'art et son système archéologique*. Paris, 1881, in-8°, p. 74.)

3. Découverte au cours des fouilles de 1908.

4. Les plans de 1775, où sont figurées ces dispositions ne laissent subsister aucun doute à leur sujet. (Voir Pl. XXX.)

(Plan fig. 270), plus propre à procurer de l'air que du jour, prenait dans cette salle une très faible lumière qu'elle transmettait à l'église souterraine.

Alors que la grande œuvre de l'église s'était achevée d'après un plan dont la conception remontait à plus de soixante ans, les bâtiments adjacents avaient pris naissance sous l'empire de nouvelles méthodes constructives. Les larges doubleaux en arcs brisés soutenant le lourd blocage des voûtes de l'Aquilon diffèrent sensiblement des doubleaux au clavage grêle bordant un remplissage en menue pierraille qui, au côté Sud de la nef, caractérise les constructions élevées sous Ranulphe. Tandis que ceux-ci dérivent d'une méthode fondée sur l'inertie des blocages et la cohésion des mortiers, ceux-là accusent déjà un système de construction procédant des actions réciproques des matériaux clavés. Au lieu du plein cintre surhaussé employé dans l'abbatiale pour mettre de niveau, dans les voûtes sur plan barlong, les arcs d'ouvertures différentes, on rencontre ici une application d'autant mieux justifiée de l'arc brisé, qu'il n'est pas de mesure superflue contre des poussées s'exerçant sur des murs élevés à de pareilles hauteurs. En même temps, au massif pilier carré trahissant une origine carolingienne, succède déjà la colonne monolithe d'où se dégage nettement l'expression esthétique de la fonction du support isolé. La mouluration précise son modelé, et la sculpture toujours large prend, dans le chapiteau du fût engagé de la dernière travée, un caractère de grâce et de souplesse inconnu jusqu'alors.

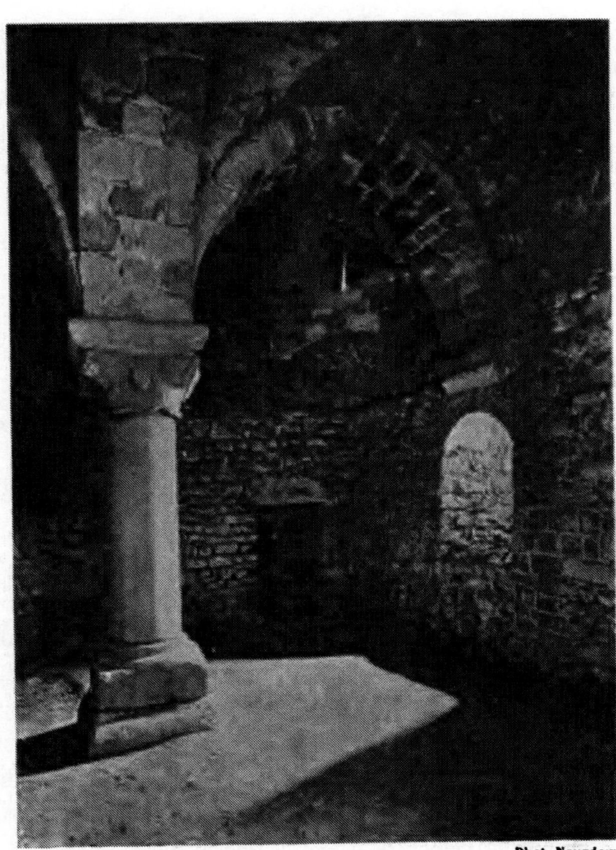

Phot. Neurdein.

Fig. 252. — Angle Nord-Ouest de l' « Aquilon » (ancienne aumônerie).

On remarque le pan coupé sur trompe du passage existant dans l'épaisseur des murs et qui servait à accéder de la salle annexe de cette aumônerie (au Nord) au promenoir des moines sis directement au-dessus.

Pour en revenir au caractère générique de la salle dont il s'agit, nous dirons que l'Aquilon était une salle fréquentée par des personnes du dehors. Ainsi s'explique son isolement relatif qui n'excluait pourtant pas sa participation discrète au réseau des communications générales dans la mesure nécessaire à sa destination spéciale.

LE PROMENOIR. — Il en était tout autrement des salles élevées au-dessus et dont l'affectation aux services purement monastiques nécessitait un groupement ordonné en vue des exigences de la vie en communauté. Indépendamment de la montée par le couloir (M, pl. XVI), qui n'était en quelque sorte qu'accessoire en passant par la salle de l'Aquilon, on pénétrait dans le promenoir par la porte (v) qui constituait définitivement l'accès des lieux réguliers dont le promenoir était pour ainsi dire le vestibule. Cette galerie, dont ne subsistent plus de l'époque primitive que les parties teintées en noir sur nos plans du XIe siècle, s'étend au delà du périmètre de l'Aquilon, sur le rocher qui la limite vers l'Est. Son sol était alors dallé en schiste[1] comme celui de la plupart des logis abbatiaux à cette époque. Son plafond, moins élevé que les voûtes actuelles (voir coupe, fig. 263), se composait d'un solivage de bois portant sur des poutres que soulageaient en leur milieu des poteaux montés sur des socles en pierre. De ce promenoir originel il ne nous est guère parvenu que la plus grande partie des murs, et peut-être les voûtes en berceau bandées d'un contrefort à l'autre de l'église comme dans l'aumônerie (salle de l'Aquilon). A l'extrémité orientale, un escalier de bois accédait au dortoir situé directement au-dessus. On voit encore (en *y*, pl. XVI) un *librarium* pour renfermer les

FIG. 263. — Coupe transversale sur les bâtiments conventuels du XIe siècle remaniés au XIIe.

1. Il fut plus tard carrelé en carreaux vernissés.

livres de lecture servant aux moines durant leurs heures de récréation[1]. En face, dans le mur séparant cette salle de celle contiguë au Nord, on aperçoit les traces de deux autres excavations géminées qui ont été bouchées aux fins de consolidation. Ce pouvaient être d'une part le *lavatorium* qu'alimentait alors la citerne de la nef au moyen d'une tuyauterie qui devait se prolonger jusqu'à la cuisine; et d'autre part le *concavarium*, armoire contenant les essuie-mains dont faisaient usage les religieux après leurs ablutions.

Deux salles s'ouvraient de plain-pied sur le côté Nord du promenoir : le réfectoire et la cuisine.

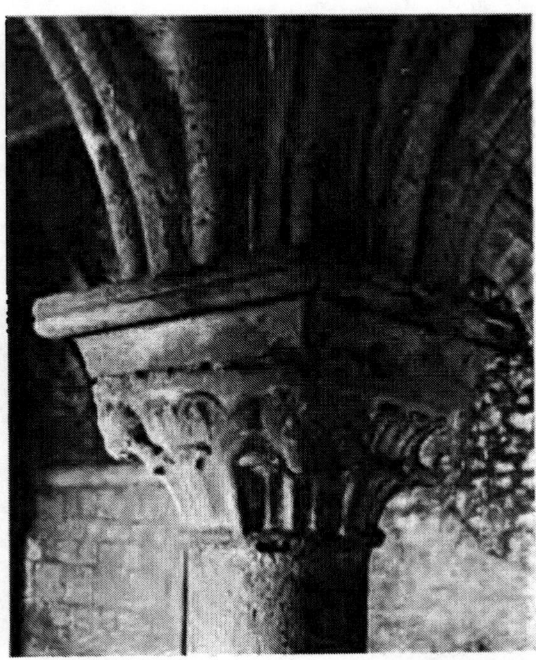

Phot. Neurdein

Fig. 264. — Chapiteau dans le promenoir (Commencement du XIIe siècle).

Le Réfectoire. — Contigu au promenoir, le réfectoire (15') était couvert dans le sens longitudinal par une toiture à deux pentes dont la charpente était lambrissée intérieurement. Ainsi disposée, cette couverture permettait d'ouvrir des jours directs pour éclairer le promenoir au-dessus du chéneau de noue qui reposait sur la surépaisseur du mur de cette dernière salle. Une disposition identique fut usitée dans les remaniements opérés au XIIe siècle (voir coupe, fig. 265).

La Cuisine. — La cuisine (14') était à côté et en prolongement du réfectoire. Indépendamment de la porte (z) donnant dans le promenoir, on y accédait par le couloir (M) qui la reliait à l'aumônerie pour le fonctionnement du service des approvisionnements et la distribution des vivres aux pèlerins et aux indigents.

Le Cellier[2]. — La cave (14) qui s'étendait au-dessous de la cuisine servait de cellier. On y descendait par un petit escalier de pierre dont subsistent encore quelques marches (Voir Pl. XXXV). Le mur de refends,

1. Cette excavation, dont la couverture en segment de cercle a été retouchée au XVIIe siècle, longe depuis cette époque l'escalier pratiqué par les religieux de la Congrégation de Saint-Maur pour établir la communication entre les substructions de l'Ouest et les bâtiments de la Merveille nouvellement aménagés par eux.

2. « Dans les monastères peu importants, ils (les celliers) se réduisaient à des souterrains. » (A. Lenoir, *Arch. mon.*, IIe et IIIe part., p. 357.)

d'une extrême épaisseur dans la hauteur de cette sorte de sous-sol, contient deux caveaux voûtés en prolongement l'un de l'autre et séparés entre eux par un fort mur au-dessus duquel se trouvait une trappe servant à y pénétrer. Rien ne permet de déterminer à quel usage étaient destinés ces caveaux qui, lorsque nous les avons ouverts, contenaient de la terre, des os d'animaux et quelques fragments de carrelage.

Phot. Ch. Besnard.

FIG. 265. — Pignon occidental du dortoir des moines restauré en 1909 (XIe et XIIe siècles).

LES LATRINES. — Ce même passage desservait les latrines (*w.c.*) superposées en deux étages[1]. Il se branchait ensuite perpendiculairement sur une autre galerie voûtée (M) établissant la communication des bâtiments conventuels avec la crypte du Nord (4'), l'église haute (12") et la terrasse septentrionale (15").

LE DORTOIR. — Au-dessus du promenoir s'étendait le dortoir (5")[2]. Il est peu probable qu'à l'origine, pour un si petit nombre de moines, il ait occupé toute la longueur du bâtiment. Une partie pouvait être affectée au travail des religieux et

1. « Généralement, auprès des dortoirs s'élevait une construction isolée, dans laquelle étaient placées les latrines; un passage couvert y conduisait. Les règles voulaient que ces bâtiments fussent isolés et divisés de telle sorte que le religieux qui s'y trouvait ne pût être aperçu.... Dans les monastères peu importants, les latrines s'établissaient en encorbellement sur les murailles extérieures ... On lit dans les usages de Citeaux, que les religieux, en entrant dans ces lieux, tiraient leur capuchon sur leur visage, afin de n'être pas reconnus. Les cellules où étaient les sièges n'étaient pas fermées ou ne l'étaient qu'à moitié de leur hauteur. » (A. Lenoir, *Arch. mon.*, IIe et IIIe part., p. 365 et 366.)

2. « A costé de la nef de l'église vers le dit septentrion, entre le dit cloistre d'un bout

servir, par exemple, de *scriptorium*. Sa situation en bordure de la plate-forme de l'Ouest lui attribuait l'avantage d'un éclairage particulièrement favorable à cette destination. Cependant rien ne nous permet de vérifier aujourd'hui l'exactitude de cette hypothèse. L'abbé couchait alors dans le dortoir au milieu de ses religieux[1] et ne se rendait au parloir, servant aussi de prétoire, que pour les devoirs de sa charge.

En jetant les yeux sur la coupe fig. 263, on se rend compte que, à cette

Phot. Ch Besnard.

FIG. 266. — Vue extérieure du dortoir des moines, raccourci en 1780, et de l'infirmerie restaurée en 1909 (XIe, XIIe et XVIIIe siècles).

époque primitive, le sol du dortoir et de la salle de travail devait être à un niveau très inférieur à celui auquel il fut monté au XIIe siècle, par suite de l'établissement, dans le promenoir, de voûtes qui en augmentèrent la hauteur d'étage. C'est de cette façon qu'on peut expliquer comment, à l'origine, la couverture à deux pentes du dortoir laissait à découvert le cordon de pierre filant au-dessous des fenêtres du bas côté Nord de

et icelle nef, est une grande salle fort large belle et spacieuse pleine de cartes et tableaux dévots en laquelle les moines se promènent quand il fait mauvais temps. Autrefois c'estoit le dortoir des moynes. » (Dom Th. Le Roy, t. I, p. 65.)

1. « Dans les plus anciens monastères, l'abbé couchait dans le dortoir ; son lit était placé au milieu, contre le mur ; auprès de lui était un timbre ou une cloche pour éveiller les religieux. Le lit du prieur était établi de même dans une place spéciale.... En général ces dortoirs n'étaient pas plafonnés, et la charpente y était apparente. » (A. Lenoir, *Arch. monast.*, IIe et IIIe part., p. 362.)

l'église. Ce ne fut que par la suite, lorsque les voûtes du promenoir eurent entraîné la surélévation du sol du dortoir et de sa couverture, que le chéneau de cette dernière vint empiéter sur la partie basse des baies de l'église. Par le même motif, on conçoit que la grande différence de niveau entre l'église et la terrasse n'ait pas permis d'établir alors, de ce côté, le portail qu'on y ouvrit plus tard. La porte (a_2) donnait du dortoir sur la terrasse d'où les moines pouvaient se rendre à l'église par l'escalier à vis (F).

De ce dortoir primitif il ne reste plus qu'une partie du mur Nord et des matériaux qui ont servi à le réédifier après son écroulement sous la chute de l'église en 1103.

Phot. Ch. Besnard.

FIG. 267. — Vue des bâtiments conventuels du XIe siècle, au Nord.

L'INFIRMERIE. — A côté était l'infirmerie (14″)[1] dont subsistent les murs Nord et Ouest, ce dernier portant des vestiges des nombreux remaniements dont il fut l'objet à des époques successives. Les baies du Nord principalement témoignent de transformations opérées dès le XIIe siècle en vue de les agrandir. La grande infériorité du niveau de cette salle avec le sol du dortoir voisin étonnerait si l'on n'observait que ce dernier a été considérablement surélevé lors de la construction des voûtes du promenoir situé immédiatement au-dessous.

1. La règle de Saint-Benoit prescrivait l'établissement d'une salle à part pour les malades : « sit cella super se deputata... » (Dom Calmet, c. 35, p. 558.)

Pour la lecture des plans, voir la note explicative à la Table des Planches hors-texte.

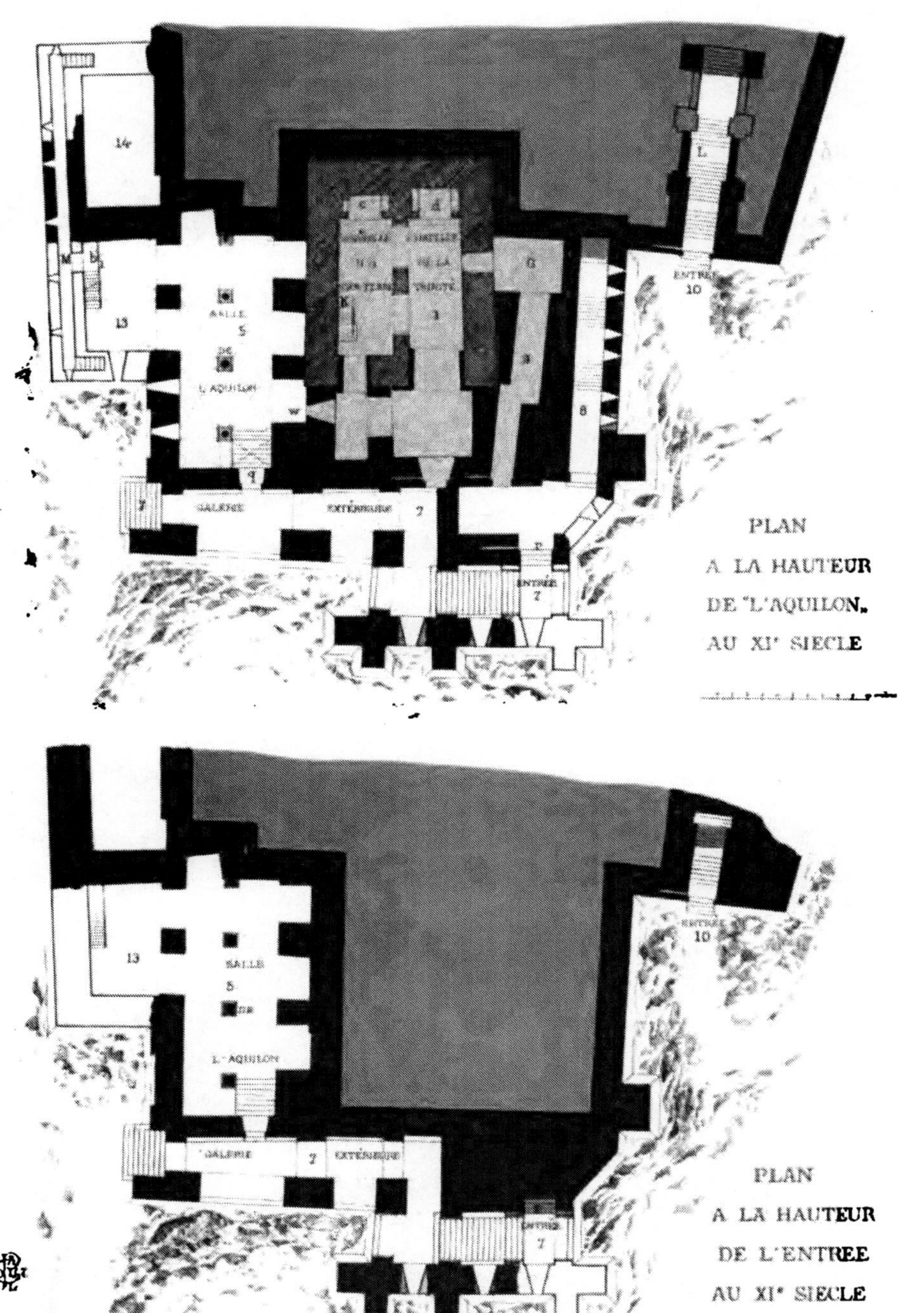

LIBRAIRIE ARMAND COLIN

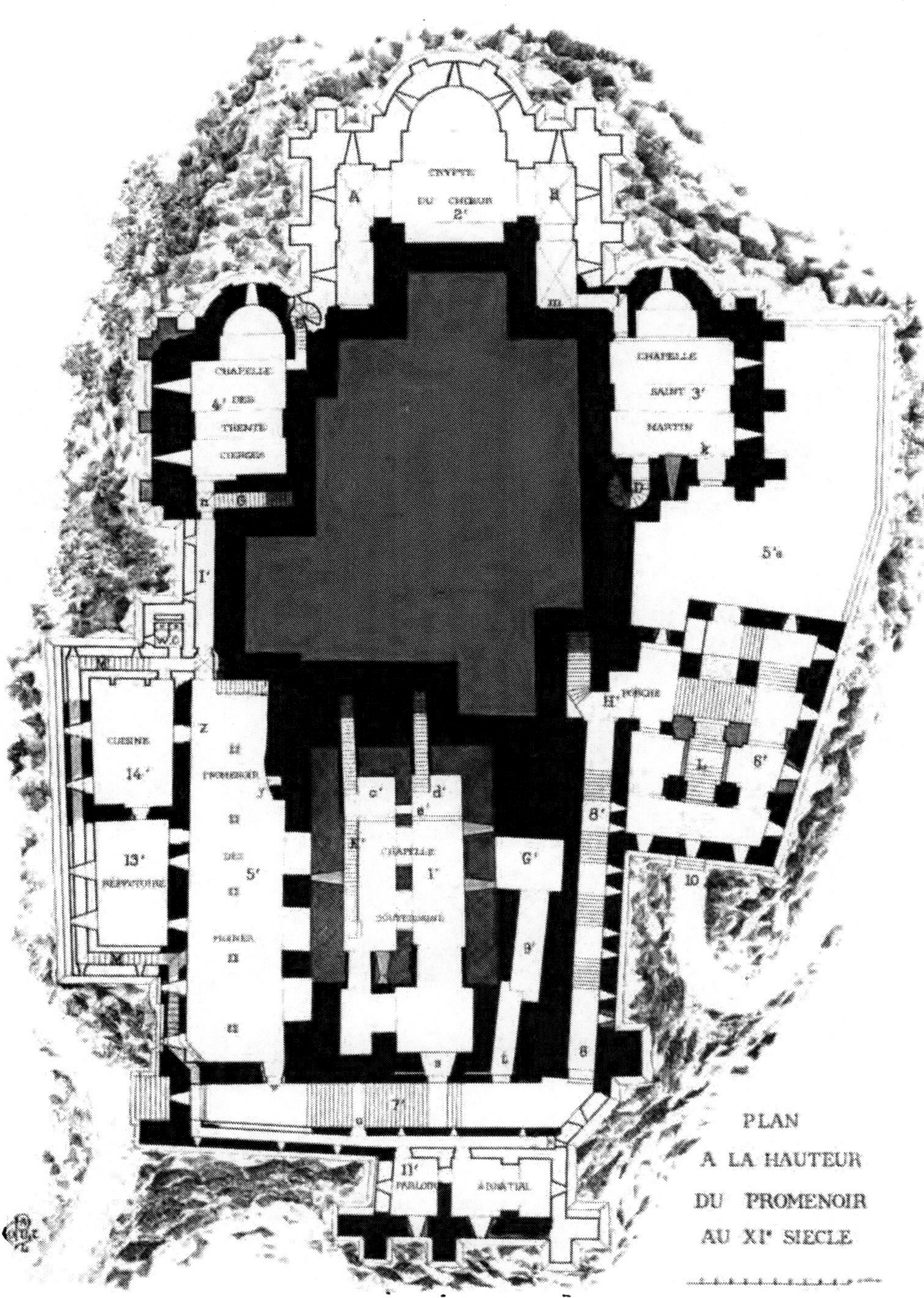

PLAN
A LA HAUTEUR
DU PROMENOIR
AU XIe SIECLE

LIBRAIRIE ARMAND COLIN

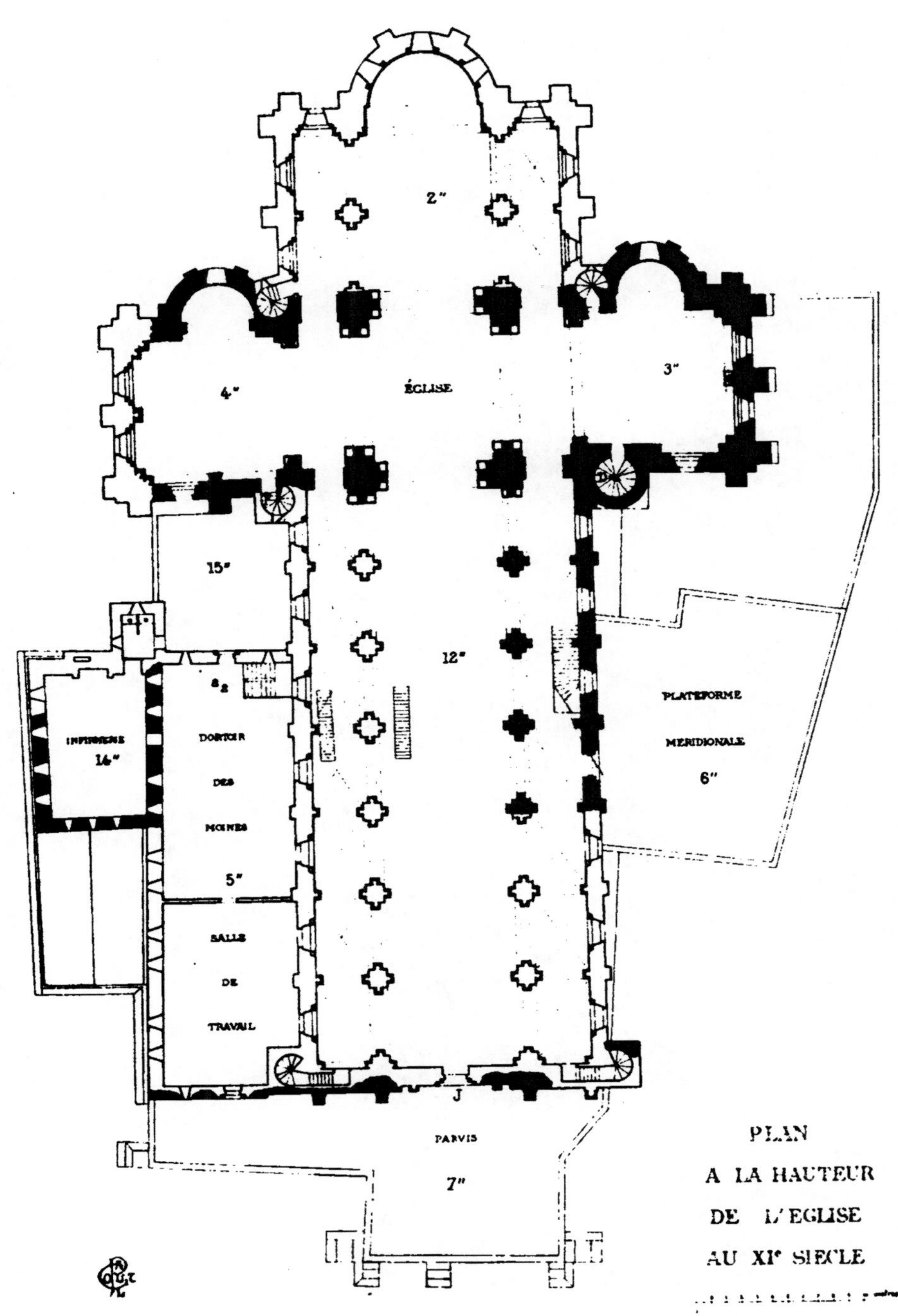

PLAN
A LA HAUTEUR
DE L'EGLISE
AU XIe SIECLE

LIBRAIRIE ARMAND COLIN

Le Parloir abbatial (Officialité[1]). — Après s'être engagé sous la haute et longue voûte précédant l'église souterraine et avoir gravi les emmarchements de cette galerie, on trouvait une porte (u). En la franchissant, on entrait dans le couloir (M) conduisant à gauche au parloir abbatial[2] (H') servant aussi de prétoire. L'abbé recevait là les visiteurs, les pèlerins, et à certains jours rendait la justice.

Phot. Ch. Besnard.

Fig. 268. — Couloir dans l'épaisseur des murs des bâtiments du xie siècle.

DÉFENSES

Dès le xie siècle, la forteresse du Mont-Saint-Michel présentait de sérieuses dispositions défensives. On se rappelle le siège qu'y soutint, en 1091, Henri dit Beau-Clerc, contre ses frères coalisés, Guillaume le Roux, roi d'Angleterre, et Robert Courte-Heuse, duc de Normandie. Henri ne se rendit que contraint par la famine. La situation de l'abbaye et de la ville au sommet du monticule granitique, dont l'accès était rude et la base entourée de sables que la mer submergeait alors deux fois par jour[3], fut probablement le principal auxiliaire de l'assiégé. Les palissades de la ville, reliées à l'enceinte du monastère, composaient une défense extérieure

1. « Les religieux possédant les droits de haute, moyenne et basse justice, en qualité de seigneurs, ou par des privilèges que leur octroyaient les rois, un tribunal était établi dans les grands monastères, et, lorsqu'ils étaient voisins ou habitants d'une ville justiciable de l'abbé comme Saint-Denis, par exemple, l'administration de la justice se faisait dans un châtelet contenant des salles d'audience, des greffes et prisons appartenant à l'abbaye et situés dans l'enceinte de la cité.

« Construit, en général dans les monastères, le tribunal était placé à peu de distance de la porte principale, quelquefois au-dessus d'elle, ou bien à l'entrée de l'église.... Cette position des tribunaux auprès de l'entrée des monastères s'explique par la nécessité d'introduire dans l'enceinte des personnes étrangères, bailli de justice, avocats, procureurs, accusés et témoins. » (A. Lenoir. *Arch. mon.*, IIe et IIIe part., p. 429 et 430.)

2. Cette partie des couloirs de dégagement s'étendant à l'Ouest a été bouchée au xiie siècle lorsque Robert de Torigni refit entièrement la voûte de la grande galerie (ou promenoir) qui tenait lieu en quelque sorte de vestibule au monastère.

3. « ... Monasterium.... miraculose, ut pie creditur, edificatum in loco circa quem mare fluit et refluit bis in die naturali.... » (Denifle, *La Désolation des monastères de France*, II, p. 751-752.)

tenant sa principale solidité de sa situation au sommet du rocher à pic. Il suffisait d'être en mesure de résister pendant quelques heures en retardant l'ennemi dans un combat sur les grèves. L'arrivée du flot faisait le reste.

Cependant, pour parer à toute éventualité, il fallait prévoir la nécessité de se défendre pied à pied aux abords et à l'intérieur même du monastère.

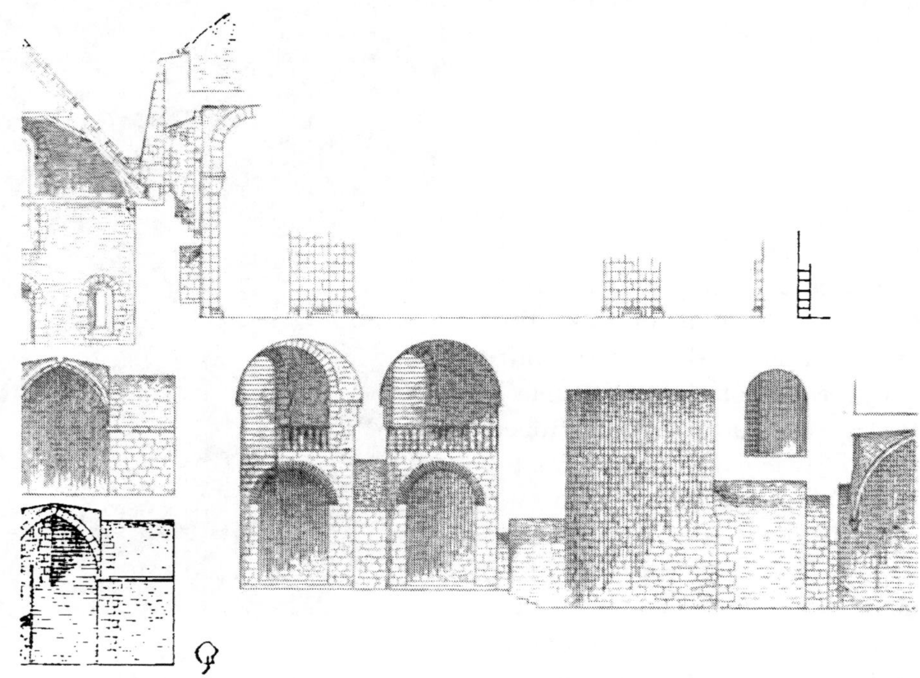

FIG. 269. — Coupe transversale sur Notre-Dame-sous-Terre indiquant les travaux confortatifs exécutés sous Roger Ier et la position des murs et piles de l'église romane sur les voûtes des substructions occidentales.

Sous ce rapport, l'abbaye du Mont-Saint-Michel offre, dès le XIe siècle, un curieux spécimen d'un système de défense du plus haut intérêt.

Le côté oriental de l'enceinte abbatiale, formé des soubassements de l'église sur la crête des escarpements, présentait une situation inexpugnable. Dans les parties où l'élévation au-dessus du rocher ne protégeait pas contre l'escalade, les fenêtres étaient de dimensions assez étroites pour qu'aucun homme ne pût en franchir l'ouverture. Les plates-formes du Nord, de l'Ouest et principalement celle du Midi constituaient de véritables donjons dominant formidablement le rocher dans les directions où les chemins d'accès le rendaient abordable. D'autre part, pour mettre à profit le développement périphérique des murailles, les constructeurs de l'abbaye du XIe siècle eurent recours à une disposition des plus ingénieuses.

Nous avons montré le rôle défensif de la galerie montante (8′) dont les archères menaçaient le flanc d'un ennemi cherchant à s'emparer de l'entrée pratiquée à l'Ouest du cimetière des moines. L'enceinte de ce cimetière formait elle-même un saillant favorable au flanquement de la muraille et de cette galerie montante ; au Midi la défense y occupait une situation inexpugnable d'où elle pouvait battre de ses projectiles les rampes servant à gravir de ce côté les escarpements.

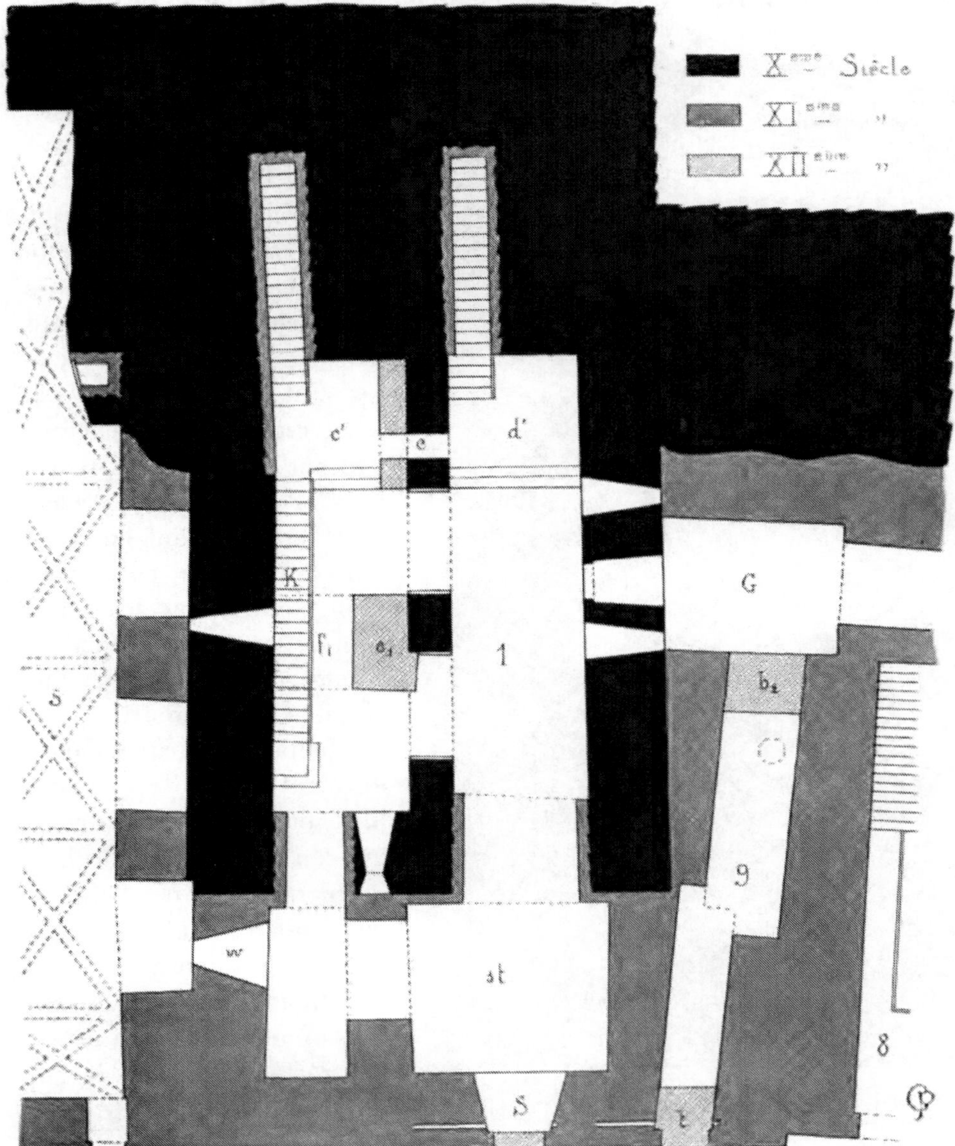

Fig. 270. — Plan de l'église carolingienne (Notre-Dame-sous-Terre) indiquant les additions transformations et travaux confortatifs exécutés aux XIe et XIIe siècles.

Au Nord où la fréquentation de l'Aquilon par des personnes étrangères à l'abbaye exposait cette salle au danger d'une surprise, sa communication avec les autres salles du monastère était limitée à une étroite ouverture (b_1) servant d'issue à un couloir où deux hommes pouvaient à peine se rencontrer. Cette porte était d'ailleurs élevée au-dessus du sol d'une hauteur telle qu'on n'en pouvait franchir le seuil que par un escalier mobile qu'on retirait à la première alerte. Si elle était menacée, les défenseurs pouvaient s'y porter en hâte de deux directions différentes. Fût-elle prise, que l'offensive ne pouvait s'y exercer que sur un espace extrêmement restreint, le déchet de la lutte restant en outre à l'avantage du défenseur. Les montées et les descentes, les coudes et contre-coudes motivés par les nécessités des distributions auxquelles ces dégagements devaient satisfaire, praticables pour les gens de la maison qui les parcouraient journellement, ne l'étaient que malaisément pour qui n'y était pas habitué.

Phot. Neurdein

Fig. 271. — Travée de la nef, côté Sud (XIe siècle).

Dans le cas où l'ennemi réussissait à s'emparer de l'entrée principale (*r*), il rencontrait dans la grande galerie les portes de l'église souterraine (*t* et *s*), barrées de fortes pièces de bois. Plus loin, si ses efforts contre la porte du promenoir (*v*) lui livraient cette clef des logis abbatiaux, les mêmes difficultés entravaient sa marche vers les autres salles du monastère. On voit l'ingéniosité de ce système qui rendait pour ainsi dire prisonnier l'assaillant victorieux et qui favorisait la soudaineté d'une prise à revers par les défenseurs.

LA VILLE

Du Nord, où se trouvait sa principale agglomération au xe siècle, la ville s'avançait vers l'Est, profitant des escarpements au sommet desquels sa population jouissait des avantages d'une situation inexpugnable.

Phot. Neurdein

Fig. 272. — Travée de la nef, côté Nord. Reconstruction du xiie siècle.

Il existait toutefois sur le flanc Sud-Est de la montagne un monastère dont un grand nombre d'auteurs vont jusqu'à rattacher les origines aux souvenirs des premiers ermites de la forêt de Scissy, et que Guillaume de Saint-Pair mentionne sous le nom de « Mostier de Seint-Perron ». Il avait pour église un petit édifice dont l'église paroissiale actuelle résume les remaniements opérés aux xiiie, xve et xvie siècles. Les termes[1] dans lesquels ce monastère est désigné dans l'acte de donation du duc Richard II et de Hildebert II ne laissent aucun doute sur son édification antérieurement à l'abbatiale romane. Ils sont confirmés par l'expression suivante d'une charte que le Père Du Moustier avait eue sous les yeux en visitant le Mont[2] : « Ricardus dedit monasterium s. Petri ».

1. « Hildebertus abbas dedit S. Petri monasterium in latere Montis » (*Gallia Christiana*, t. XI, col. 504.)

2. « Dum Montem piè perlustrarem » : ce qui prouve en outre que l'auteur de la *Neustria pia* était allé au Mont-Saint-Michel.

Dans ce XIe siècle l'église Saint-Pierre était un petit vaisseau à deux nefs séparées par une rangée d'arcades qui, comme les murs latéraux, buttaient à l'Ouest contre le rocher. Il est intéressant de retrouver à cette époque dans cet édifice une disposition rappelant celle qu'affectait la

Phot. Ch. Besnard

FIG. 275. — Bas côté Sud (XIe siècle). Vue prise du transept Sud en 1909.

célèbre collégiale carolingienne située plus haut sur la croupe occidentale de la montagne. Une étude curieuse serait à faire sur cette disposition d'ecclésiole à deux nefs séparées par une arcature médiane. Cette réminiscence ne saurait être la conséquence d'une pure fantaisie. On est fondé à l'attribuer soit à une pensée mystique, soit à une raison d'ordre constructif. Et l'on se demande si cette arcature aurait répondu à la nécessité de contrebuter quelque massif de roches branlantes ou à l'intention d'imiter l'édifice auquel la prédilection de l'archange attribuait tous les mérites.

Il subsiste encore de cette église primitive de l'antique « Mostier de

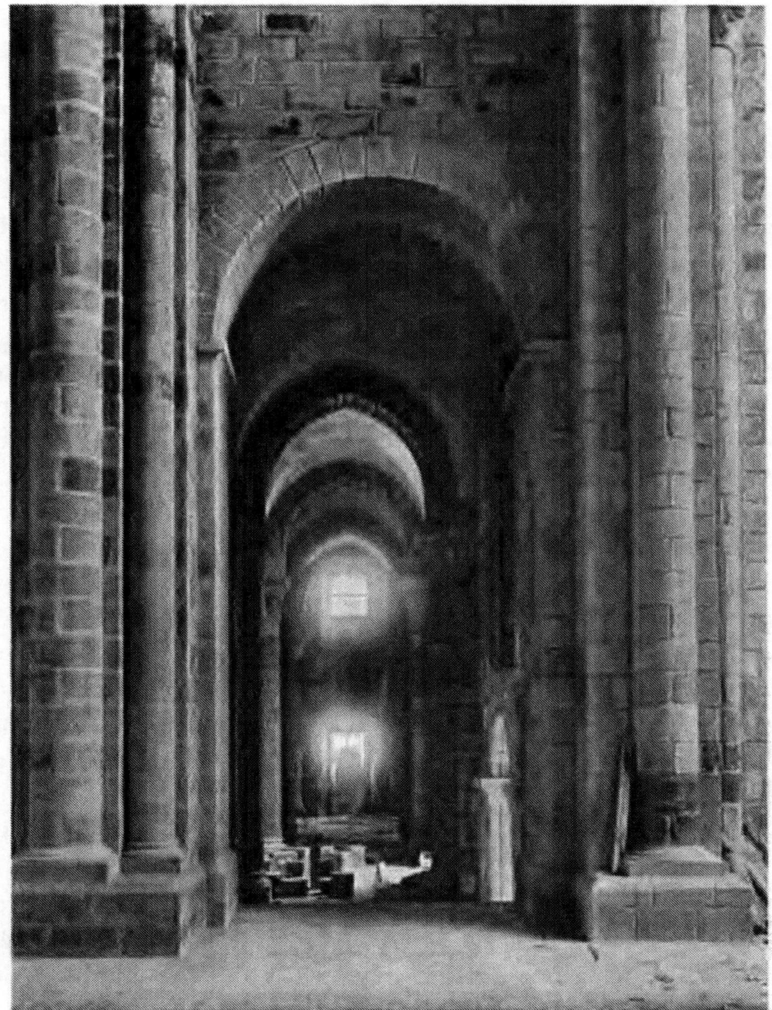

Phot. Ch. Besnard.

Fig. 274. — Bas côté Nord (xiie siècle). Vue prise du transept Nord en 1909.

Seint-Perron » les piliers jusqu'à la hauteur de la première moulure d'imposte marquant aujourd'hui la hauteur au-dessus de laquelle ils ont été surélevés, et la presque totalité des voussoirs composant l'arcade Ouest formée de petits matériaux visiblement réemployés au xve siècle. Le second arc, au contraire, a été entièrement refait à cette dernière époque avec des matériaux neufs.

II

L'ABBAYE ROMANE AU XIIe SIÈCLE

L'ÉGLISE

Les murs et les arcatures de la nef construite par l'abbé Ranulphe, se composaient de parements et d'arêtes en pierre de taille de très petit appareil mal liaisonnés, avec des remplissages de menue moellonaille dont les mortiers manquaient de dureté. D'autre part, la voûte de la petite église carolingienne ne supportait que péniblement le poids des deux lourds piliers de la nef dont on l'avait imprudemment chargée. La déformation de cette voûte sous cet excès de charge ne tarda pas à provoquer, dans les maçonneries de l'église haute, des désordres qui s'aggravèrent sans cesse. A des crevasses d'abord peu inquiétantes succédèrent des dislocations partielles qui, sous l'action persistante de la cause initiale, déterminèrent la chute soudaine du côté Nord de la nef, dix-huit années seulement après son achèvement. La nuit du samedi saint de l'année 1103, ce côté de la nef s'effondra en écrasant sous ses décombres « presque la moitié du dortoir contigu au collatéral[1] ». Des mouvements ne tardèrent pas également à se manifester au Midi où se produisirent des fléchissements d'arcs-doubleaux et des hors-d'aplomb de murs et de piles auxquels il fallut remédier au XIIIe siècle par l'application d'un arc-boutant contre la quatrième travée Sud de la nef (voir fig. 319), puis plus tard par la construction de volumineux contreforts contre le collatéral, et enfin, de nos jours, par un procédé de consolidation que nous exposerons plus loin en parlant des restaurations.

Le premier soin du praticien chargé par l'abbé Roger Ier de procéder à la réédification immédiate de l'édifice écroulé fut (voir plan fig. 270) de renforcer les substructions à l'aide de piles (e et e_1) etrésillonnées de doubleaux (c' et f_1) et constituant une base robuste immédiatement au-dessous des piliers de la nef à reconstruire. Puis, en observateur attentif et pru-

1. Dom Th. Le Roy (t. I, p. 157) parle comme suit des conséquences de cette catastrophe dont il s'imaginait reconnaître les effets dans la charpente recouvrant la salle de Souvrée : « .... la nef de cette église... en tombant mit presque à bas la moytié du dortoir, ce qui est fort facile à veoir encore à présent dans la grande salle allant sur le plomb du four, laquelle en ce temps-là servoit de dortoir aux moynes de ce monastère, pour ce que l'endroit qui a esté refaict par le milieu n'a pas esté disposé dans la charpente comme il est aux deux bouts ». L'erreur de cet auteur est manifeste : car la charpente réparée après l'écroulement fut consumée ensuite par l'incendie de 1138 et refaite d'un bout à l'autre à une hauteur différente de la première.

dent, il n'eut garde de reproduire des dispositions constructives que l'expérience avait condamnées. Il abandonna d'abord, pour les éléments primordiaux de la structure, et notamment les arcs, le système des parements de pierre taillée combinés avec la maçonnerie de blocage : et il les appareilla entièrement en pierres de taille massives s'entrecoupant profondément en vue d'un liaisonnement parfait. Attribuant en outre à l'insuffisance de l'épaisseur que laissait au mur de la nef le parti adopté dans l'ordonnance des travées subsistantes et comportant une succession d'arcs encadrant chaque travée, il abandonna cette disposition et fit profiter le mur de toute l'épaisseur des piliers dont il augmenta en même temps la section. Nos figures 271, 272, 275 et 276 facilitent la comparaison de ces deux dispositifs différents. Si le premier donne une solution plus élégante, plus affinée du problème de structure, le second répond à une préoccupation naturelle chez un constructeur qui avait à compter avec des conditions particulières d'exécution et avec une expérience dont le résultat décevant avait éveillé sa circonspection. Notons aussi que cette reconstruction fait emploi de la nouvelle forme constructive à laquelle les maîtres d'œuvre avaient récemment reconnu l'avantage de réduire la poussée des arcs. Les doubleaux de ce côté de la nef présentent à leur sommet une imperceptible brisure que ceux du bas côté accentuent manifestement, profitant ainsi plus amplement du bénéfice de l'atténuation de la poussée là où ses effets s'exerçaient le plus activement. Nos figures 273 et 274 permettent la comparaison entre les deux bas côtés : elles montrent les déformations du bas côté Sud qui a conservé ses arcs en plein

Phot Ch Besnard

Fig. 275. — Arc-doubleau de la nef, côté Sud, de forme plein-cintre (XIe siècle).

cintre du XIe siècle, tandis que le bas côté Nord, reconstruit au XIIe, a gardé son aplomb et la forme de ses arcs ogivaux. Enfin le nouveau constructeur n'eut garde de refaire sur ce bas côté la couverture en terrasse qui, par l'humidité qu'elle avait entretenue sur les voûtes, avait contribué à leur effondrement. Il établit une couverture en appentis dont le pied prit naissance sur une surélévation du mur du collatéral, favorable à la stabilité des voûtes et les garantissant désormais contre l'action destructive des eaux pluviales. Cette toiture eut en outre pour conséquence d'abriter les baies du triforium du côté Nord où la tristesse de la lumière par elles transmise ne compensait pas le défaut d'herméticité de vitraux enchâssés dans des formes impropres à les recevoir.

Phot Ch Besnard.

FIG. 276. — Arc-doubleau de la nef, côté Nord, reconstruit au XIIe siècle.

Par la même occasion, on se mit en devoir de refaire presque entièrement les voûtes de l'église carolingienne, gravement endommagées elles-mêmes par l'écroulement qu'elles avaient déterminé; on en conserva néanmoins les naissances sur lesquels on vint asseoir celles des nouvelles voûtes.

Le côté Nord de la nef et les parties du dortoir qu'il avait entraînées dans sa chute étaient relevés de leurs ruines quand un nouveau désastre vint anéantir le fruit de ces travaux : le 25 avril 1112 la foudre tombait sur l'abbaye. Elle incendia les charpentes et « réduisit en cendres l'église et les lieux réguliers, laissant les voûtes, piliers et murailles à découvert ».

Les soubassements au Nord furent particulièrement éprouvés : la chapelle souterraine de la crypte du Nord est signalée dans les chroniques comme ayant beaucoup souffert. Il est pourtant présumable qu'il ne s'agit que du mobilier et des lambrissages de cette chapelle : car, voûtée en pierre, elle ne procurait qu'un médiocre aliment à l'incendie. Si ce lieu a été cité de préférence à d'autres, c'est surtout à cause de la préservation miraculeuse de l'image de la Vierge dont les chroniqueurs bénédictins tinrent à perpétuer le souvenir.

BÂTIMENTS CONVENTUELS SOUS ROGER II

Le couvent était riche et son abbé bien en cour auprès du roi-duc. Intelligent et actif, Roger II profita de la circonstance pour modifier et augmenter notablement les constructions abbatiales. Il remania les bâtiments du Nord et leur annexa des constructions considérables composant avec eux un ensemble d'édifices où se trouvaient le dortoir, l'infirmerie, le réfectoire et, au rez-de-chaussée, « les écuries voûtées » dont parlent les annalistes. L'analogie de la destination de ces bâtiments monastiques avec ceux de *la Merveille* fut cause de la méprise des auteurs qui attribuèrent la construction de cette dernière à Roger II. La vérité est qu'il ne subsiste plus, des bâtiments élevés par cet abbé, que leurs fondations que nous avons découvertes en pratiquant des fouilles en 1908. On en voit l'implantation (en *ab*) sur notre plan (fig. 303). Ces bâtiments communiquaient à leur extrémité occidentale avec ceux du XIe siècle. On y accédait aussi, du côté du transept Nord de l'église, par une porte (*n*) située près du porche de la crypte de ce transept, et qui se trouva bouchée, au XIIIe siècle, par le mur de la salle des Chevaliers. Une autre issue, pratiquée immédiatement au-dessus, était desservie par un pont jeté au droit du portail Nord de l'église sur deux arcades (c_1 et d_1) dont l'une (c_1) subsiste intacte et l'autre remaniée avec ses propres voussoirs lors de la modification qu'on fit subir au XIIIe siècle à l'entrée de la chapelle des Trente Cierges. L'espace compris entre ces

Phot. Ch. Besnard

FIG. 277.
Arcade de l'ancienne communication entre l'église et les bâtiments conventuels de Roger II.

nouveaux bâtiments et le bas côté Nord de l'église fut couvert par une toiture qui vint boucher deux des fenêtres de ce bas côté sur lequel on remarque encore des solins en pierre, manifestement rapportés après coup (voir fig. 278). Sur le sol de ce passage (en d'_1, pl. XX) nous avons retrouvé des traces des peintures figurant un appareil simulé en filets rouges.

Indépendamment de ces nouvelles constructions, Roger II effectuait des réparations qui devaient remédier aux ravages du dernier incendie. La fréquence des sinistres que l'abbaye avait déjà eu à déplorer l'engagea à remplacer le bois par la pierre quand l'épaisseur des murs ou l'application de contreforts lui permettait l'usage des voûtes. Il profita donc de cette occasion pour voûter en pierre le promenoir qui, auparavant, était couvert d'un plancher de bois. Mais s'il est établi historiquement, par les textes, que le promenoir fut voûté sous Roger II, c'est-à-dire de 1106 à 1122, il n'en faut pas conclure que les voûtes actuelles remontent à cette époque. Leur disposition nettement ogivale n'autorise guère à supposer que ces dernières aient été construites dès les premières années du XIIe siècle, dans une région où n'était pas encore répandue l'influence de l'école de l'Ile-de-France, berceau de l'architecture ogivale. Elles sont donc postérieures à l'incendie qui, en 1138, ruina en partie les bâtiments conventuels, laissant à Bernard du Bec l'occasion de reconstituer ce que ce nouveau désastre avait fait disparaître. Les voûtes faites sous Roger II présentaient le mode de structure de celles de l'Aquilon, c'est-à-dire que, suivant encore la vieille méthode dérivée du système

Phot. Ch. Besnard.

FIG. 278. — Vestiges de la toiture d'une salle établissant une communication à couvert entre l'église et les bâtiments de Roger II, au Nord.

romain, elles se composaient d'un lourd blocage en forme d'arêtes reposant sur des doubleaux appareillés en pierre et sur des retraites composant dans les murs de véritables formerets. Néanmoins nous penchons à croire que les colonnes et leurs chapiteaux, dont la sculpture a un caractère primitif des plus prononcés, remontent à Roger II (fig. 264). Les tailloirs de ces chapiteaux ont visiblement été retaillés dans le profil en quart de rond qu'ils épousaient semblablement à la moulure de toutes les retombées des voûtes de Roger II, encore subsistantes aujourd'hui dans les murs. Cette retaille, d'un profil délicat, est contemporaine de la réfection des voûtes d'après le système ogival, opérée à la fin de la prélature de Bernard du Bec, c'est-à-dire vers 1150. L'enfoncement, apparemment maladroit, du faisceau des nervures à leur naissance dans les murs (voir fig. 279), corrobore cette assertion en expliquant cette singularité par la pénétration de ces naissances dans les cavités laissées par l'encastrement des doubleaux des voûtes précédentes.

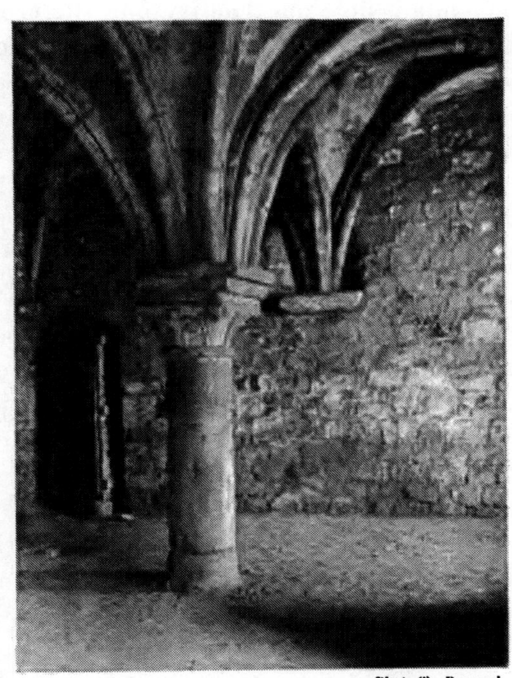

Phot. Ch. Besnard.

Fig. 279. — Promenoir des moines. Vue vers l'Ouest montrant la retombée des voûtes du XIIe siècle dans les excavations où étaient précédemment encastrés dans le mur les arcs-doubleaux des voûtes du XIe siècle.

Ce qui reste du dortoir[1] nous transmet d'évidents témoignages de l'incendie. Quelques pierres sont rouges et se désagrègent à la seule pression du doigt. Des moulures sont rongées, épaufrées ou éclatées; et l'arc plein-cintre de la grande fenêtre du pignon occidental présente une déformation consécutive à l'introduction, dans sa reprise, de claveaux extraits des décombres pour remplacer ceux qui avaient été calcinés (Voir fig. 265).

Le remplacement du plancher de bois du promenoir par des voûtes en pierre avait eu pour conséquence de surélever la hauteur d'étage. Il en résulta une surélévation du sol du dortoir qui entraîna celle du comble du dortoir. Le pignon fut repris en grande partie jusqu'au niveau de

1. La règle exigeait en principe que les trois catégories de profès, de novices et d'enfants eussent leurs dortoirs particuliers. Chacun y avait son lit séparé par des toiles ou des planches; un religieux veillait sur la conduite des autres et une chandelle devait éclairer le dortoir toute la nuit.

l'appui de la grande fenêtre; là, on remarque une rangée de morceaux de schiste qui durent servir d'arase ou de couverture provisoire du mur en attendant sa réfection dans l'exécution de laquelle on introduisit ensuite, comme moellons, quantité de morceaux de la vieille pierre brûlée.

Parmi les travaux attribués à Bernard du Bec, se trouve la réédification de la partie de la nef écroulée sous Roger Ier. Il nous semble peu admissible que l'activité de Roger II en matière de constructions ne se soit pas exercée sur cette réédification si indispensable et si urgente; et nous estimons que les auteurs qui font de Bernard l'auteur de cette réédification, confondent avec les réparations et les transformations auxquelles cet abbé fit procéder, après le violent incendie de 1138, dans les bâtiments conventuels sis au Nord de l'église, travaux parmi lesquels se trouve, comme nous venons de le dire, la réfection des voûtes du promenoir que nous voyons aujourd'hui.

La gravité exceptionnelle de ce sinistre eut pour conséquence l'écroulement complet du corps de bâtiment adossé à l'Aumônerie (l'Aquilon) et au promenoir des moines. Les désordres furent particulièrement sérieux dans les murs affaiblis par le vide du passage formant chemin de ronde autour de ces bâtiments. Dans la hauteur du promenoir, ils se manifestèrent par un déversement considérable auquel on remédia par un procédé qui devint, par la suite, un système de construction entre les mains des architectes de l'abbaye du XIIIe siècle. Dans la circonstance, il s'agissait d'empêcher la chute du mur du promenoir qui, sous l'action de la poussée des voûtes non contrebutée aux points des résultantes, manifestait un déversement d'autant plus dangereux qu'il s'exerçait sur un mur extérieur n'ayant que 25 centimètres d'épaisseur[1] (Voir coupe, fig. 265). Allait-on, pour opérer cette consolidation, monter de fond un contrefort? Ce procédé dispendieux eût été, en outre, d'une réalisation lente, alors qu'il y avait urgence à agir. On eut recours à un autre. On jeta, de l'un à l'autre des contreforts existants, un arc (g_1, pl. XIX) qui doubla l'épaisseur du mur menacé et opposa au bouclement qu'il présentait un raidissement d'autant plus puissant que cet arc fut plus surchargé (Voir fig. 267). Nous verrons plus tard cette méthode ingénieuse transformée en système de construction par les architectes du XIIIe siècle, quand ils eurent à élever des bâtiments à une grande hauteur sur le rocher à pic.

1. Ce déversement était de 0^{m},15 sur 1^{m},80 de la hauteur de ce passage lorsque nous avons fait la fouille pour y pénétrer. Depuis lors un crédit nous ayant été alloué pour la consolidation de ces bâtiments du Nord, nous avons entrepris une reprise qui est en cours d'exécution au moment où nous écrivons ces lignes. Grâce à ces travaux nous pourrons opérer les débouchements qui permettront de circuler dans les couloirs voûtés existant encore, spécimens intéressants du mode de défense dont nous avons signalé l'existence au Mont-Saint-Michel à propos du système de fortification du monastère au XIe siècle.

Phot. Ch. Besnard.

FIG. 280. — ANCIEN PROMENOIR DES MOINES (XIe ET XIIe SIÈCLES).

Tour centrale de l'église. — En 1136, Bernard élevait sur les quatre gros piliers de la croisée des transepts, à l'usage de clocher, une « belle, haute et forte tour »[1] touchant laquelle il ne nous est malheureusement parvenu aucune indication. Mais la voûte établie par cet abbé sous ce clocher et dont la voûte actuelle est la reproduction[2], présentait le même mode de structure ogivale que celles du promenoir des moines : elle nous fournit une nouvelle preuve à l'appui de notre thèse sur l'attribution de ces dernières à la fin de la prélature de Bernard du Bec (1149).

Vitraux. — Des fragments des vitraux dont l'abbé Bernard décora les fenêtres de l'église ont été trouvés dans les fouilles pratiquées en 1875[3].

CONSTRUCTIONS DE ROBERT DE TORIGNI

La célébrité croissante de l'abbaye, qui attirait vers elle une foule toujours plus grande de visiteurs, et le nombre des religieux que Robert de Torigni venait de porter à soixante, avaient rendu nécessaires un remaniement partiel et des agrandissements importants.

L'Aquilon et son annexe n'avaient plus l'étendue suffisante pour répondre commodément aux nécessités de leur double destination comme accès du service d'alimentation du monastère et comme salles de réfection des pèlerins. Il était devenu indispensable que des locaux spécialement aménagés permissent d'offrir à ces derniers une hospitalité décente, sans qu'aucune promiscuité vînt troubler l'ordre dans la vie monastique. Tel fut le motif qui détermina Robert de Torigni à entreprendre les importantes constructions dont il dota l'abbaye et qu'il termina par un ouvrage qui lui semblait devoir être le couronnement des travaux de ses prédécesseurs, c'est-à-dire les deux grandes tours et le porche dont il précéda le pignon occidental de l'église[4].

La fatalité qui, de tout temps, s'acharna contre le Mont-Saint-Michel, ne permit qu'à une petite et peu attrayante partie de ces édifices de parvenir jusqu'à nous. Quand nous disons la fatalité, mieux vaudrait dire, dans l'espèce, l'imprudence ou l'inexpérience : car la plupart des catastrophes

1. Dom Th. Le Roy, t. I, p. 150; *Neustria pia*, p. 387.

2. Sauf en ce qui concerne l'ouverture pour le passage des cloches qui n'existait pas avant la restauration.

3. Éd. Corroyer, *Descript. de l'Abb. du Mont-Saint-Michel*, p. 136, fig. 48 à 52.

4. « Il eut soin que toute l'église et tous les bastiments du monastère fussent toujours en bon ordre; qu'il n'y manquast aucune chose ès couvertures, vitres, murailles, voûtes, planchers, pavez et autres choses. Il fit construire les bastiments qui sont dessus et dessous la chapelle Saint-Estienne qui est joignante la chapelle Notre-Dame-sous-Terre du costé du midy; qui sont dessus et dessous les infirmeries d'à présent; qui sont dessous le plomb du fond avec la tour de l'horloge qui s'y voit, et a costé une autre pareille qui est tombée il y a longtemps ». (Dom J. Huynes, *Hist. gén.*, t. I, chap. XIII, p. 175).

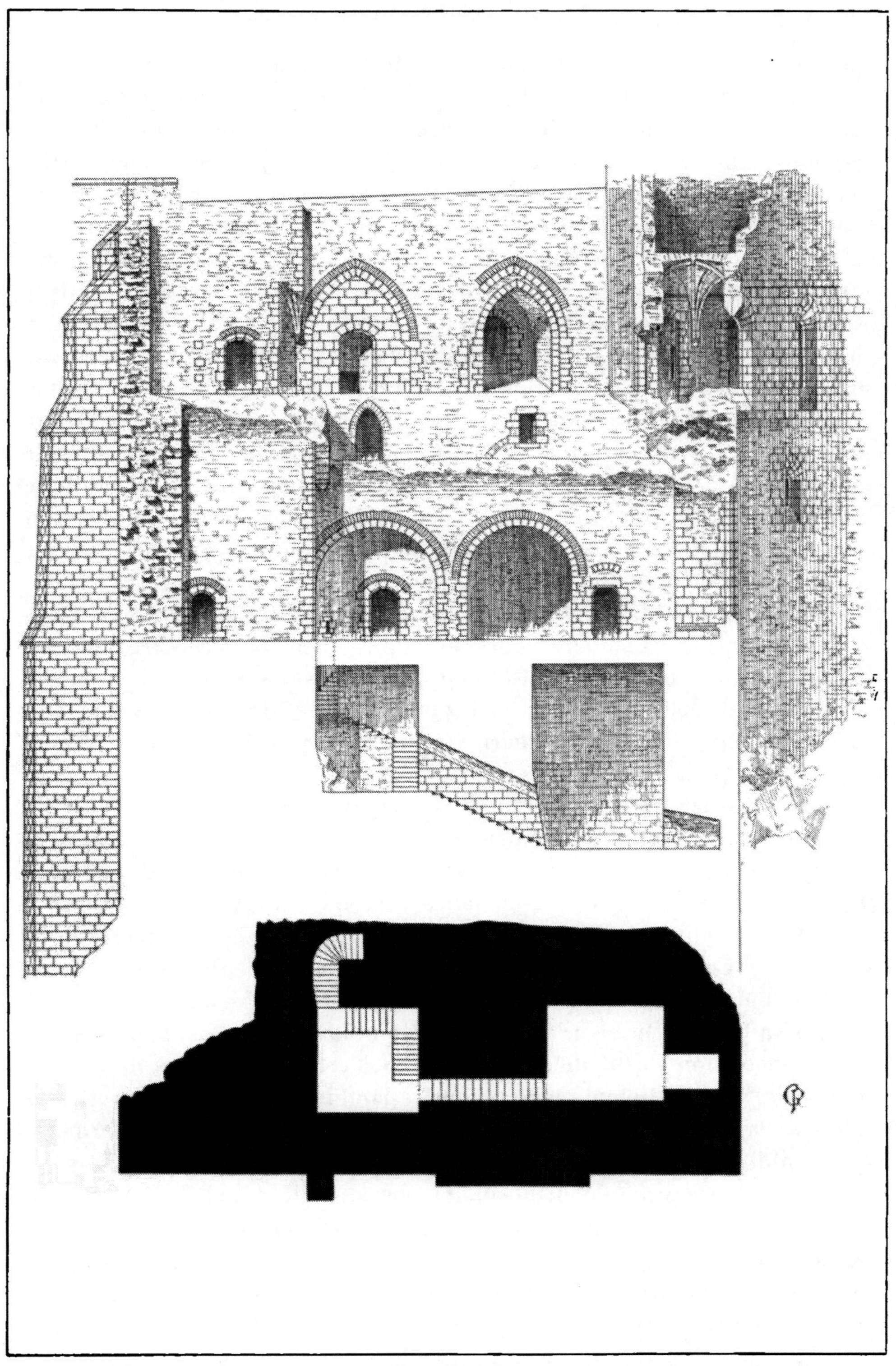

Fig. 281. — PLAN DU REZ-DE-CHAUSSÉE ET ÉLÉVATION DES RUINES DE L'HÔTELLERIE.
État en 1900, abstraction faite des contreforts établis en 1875.

qui anéantirent ceux des bâtiments de Robert dont il ne reste plus que des ruines ou un souvenir historique, n'eurent d'autre cause que l'imprévoyance ou l'impéritie de leur constructeur. On s'étonne qu'un homme de cette haute valeur, vivant à une époque où les procédés constructifs avaient déjà réalisé des perfectionnements considérables, n'ait pas su les mettre à profit pour éviter de pareils mécomptes. En effet, en dehors des immenses murailles de l'Ouest dont une partie, de solidité précaire, dut être, à diverses époques, l'objet de reprises et de mesures confortatives d'une extrême puissance, il ne subsiste de l'œuvre considérable de Robert de Torigni que des tronçons témoignant de l'indigence de ses conceptions architecturales. Il semblerait que l'architecte, probablement un moine, auquel il confia la direction de ces travaux, fut un praticien assez arriéré pour ignorer les progrès réalisés, dès cette époque, dans les procédés de construction. Alors que le système des arêtiers ogivaux, déjà pratiqué couramment, lui procurait le moyen d'équilibrer des voûtes légères, il s'en tint à l'emploi de la lourde voûte en berceau exerçant une poussée uniforme sur des murs d'une épaisseur impuissante à assurer leur stabilité à d'aussi formidables hauteurs. Quand on étudie ces voûtes ou leurs ruines, et qu'on considère leurs fonctions dans la structure; quand, d'autre part, on songe que l'une d'elles recevait, sur son blocage de moellonnaille informe, l'énorme poids des murs latéraux de deux gros clochers, on est stupéfié autant de la témérité que de la naïveté de leur constructeur.

Hôtellerie et dépendances. — L'œuvre capitale de Robert de Torigni consiste en l'enveloppement des substructions occidentales et méridionales par un ensemble de constructions principalement destinées à une hôtellerie et à ses dépendances. Jusqu'alors tous les bâtiments composant l'abbaye romane avaient été groupés sur le flanc Nord du rocher. Cette exposition triste et peu salubre déplut à Robert de Torigni qui confina les services annexes de l'établissement conventuel à l'extrémité Sud-Ouest de l'agglomération abbatiale, où ils bénéficièrent d'une exposition ensoleillée. Il les rattacha toutefois, dans la mesure nécessaire, aux bâtiments monastiques, par l'intermédiaire de la galerie mettant en communication, avec le promenoir des religieux, l'infirmerie qu'il établit dès lors à l'étage supérieur de ces nouvelles constructions.

L'hôtellerie proprement dite était une vaste salle (16, pl. XVIII), voûtée en berceau brisé et éclairée par deux grandes fenêtres dans ses deux pignons Est et Ouest. Elle était pourvue d'une immense cheminée (en h_1) où se préparait la nourriture des hôtes : car cette salle servait en même temps à la réunion et à la réfection des pèlerins[1]. Directement au-dessous se trou-

1. Un religieux, choisi parmi les plus fidèles à leurs devoirs, s'occupait spécialement de l'hôtellerie. La règle fixait le cérémonial de la réception des hôtes. Reçus par le supérieur

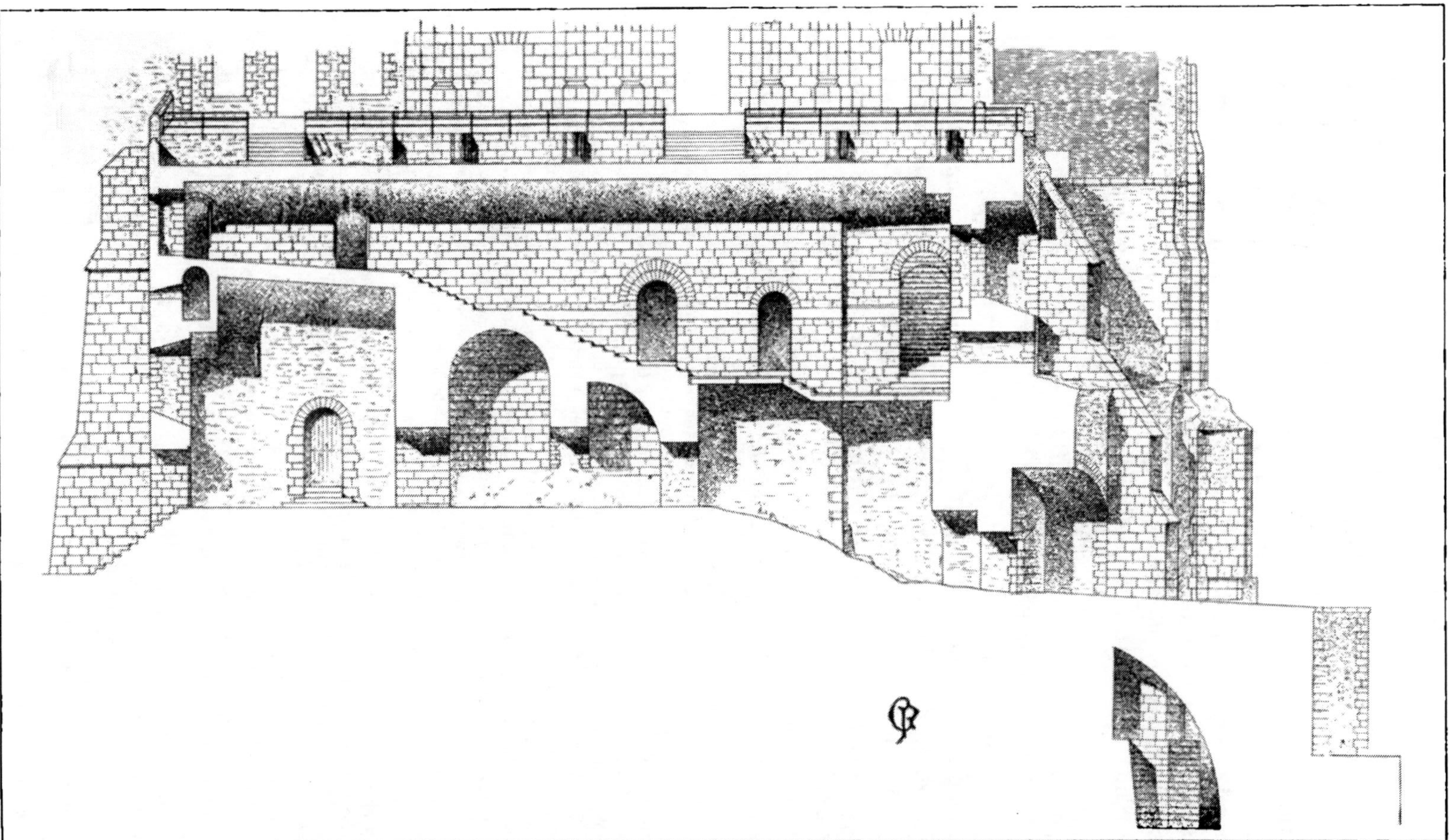

Fig. 282. — Coupe longitudinale suivant l'escalier montant au monastère aux XIe et XIIe siècles.
État actuel comportant en outre un projet de dégagement du soubassement de la façade romane de l'église actuellement enfoui sous le dallage de la plate-forme occidentale.

La bande blanche indique le plancher établi par Robert de Torigni pour faire communiquer les bâtiments monastiques et son propre appartement avec l'infirmerie située à l'étage supérieur de l'hôtellerie.

vait le dépôt des approvisionnements (16), qu'on y introduisait par l'ouverture rampante (i_1) d'un poulain. Ces dépendances étaient également voûtées en berceau brisé. La voûte actuelle date des restaurations de 1875 : elle témoigne, par sa forme, d'un but confortatif des constructions supérieures qu'elle tend à épauler. On montait de ce sous-sol à l'hôtellerie par un escalier (s_1); on peut voir (en k_1) l'ouverture d'un monte-charge débouchant dans la salle des Hôtes[1].

Deux escaliers (l_1 et m_1) accédaient à l'hôtellerie; l'un (l_1) par l'intermédiaire d'une salle (10), à laquelle on descendait par le degré (L) de l'ancienne entrée du cimetière des moines; et le second (m_1) desservant le dégagement (n_1) branché sur le vestible (f_2). A côté du palier de cet escalier (m_1) à hauteur de l'hôtellerie, se trouve un vidoir (p_1) servant à recevoir et à évacuer au dehors tous les détritus de l'hôtellerie.

Le même conduit monte à l'étage supérieur et à un orifice (en p'_1) dans le logement du portier (17'), où il remplissait le même office pour recueillir les eaux ménagères et les résidus de toutes sortes provenant des nettoyages. Ce logement possède (en q_1) une cheminée bouchée à l'époque où, dans un but confortatif qui, du reste, ne fut pas atteint, on établit (en r_1) un arc brisé destiné à porter le refend (r'_1) de l'étage supérieur.

Les maçonneries de soutènement de la tour méridionale de l'église

ou par quelqu'autre moine délégué par lui, ils étaient « menés à l'oraison » : puis, le religieux qui les recevait s'asseyait auprès d'eux pendant qu'on leur faisait la « lecture de quelque sainct livre pour les bien édifier ». Après quoi ils étaient l'objet de toutes sortes d' « honnestetés » et assistés dans leur repas. (*La Règle du B. Père Sainct-Benoist*. Paris, 1645, in-18, chap. XII, p. 57; ch. LIII, p. 93 et 94; ch. LVI, p. 99; ch. LXIV, p. 115.) Tous les religieux pouvaient indistinctement être affectés aux services de la cuisine, de la boulangerie, du jardin, ou chargés de la réception des hôtes et des pèlerins. Parmi les modifications apportées à la règle primitive par l'assemblée des abbés tenue en 817 au concile d'Aix-la-Chapelle, sous la présidence de saint Benoît d'Aniane, on remarque celle d'après laquelle l'Abbé ne devait plus manger avec les hôtes à l'entrée du monastère, mais bien dans le réfectoire des religieux dont il pouvait au besoin augmenter un peu les portions. Cet usage ne semble pas avoir été longtemps observé ; d'ailleurs, au XIIIe siècle, les abbés avaient une salle à manger et une cuisine dans les dépendances de leurs appartements particuliers. Quoi qu'il en soit, les hôtes eurent toujours leur réfectoire spécial où ils consommaient la même nourriture que les moines. Mais pour que l'irrégularité des heures de repas ne fût pas une gêne pour les religieux, leur cuisine était faite à part et le plus souvent dans de vastes cheminées dont était pourvue la salle qui leur était réservée. Chaque année deux frères étaient spécialement désignés pour cette besogne dans laquelle ils étaient aidés par autant de serviteurs qu'il était nécessaire.

1. « Le vénérable abbé Robert fit construire, cette année de 1163, les bâtiments, qui sont dessus et dessoubs la chapelle Saint-Estienne qui est joignant la chapelle Notre-Dame-sous-Terre, du costé du midy. C'est le lieu à présent où le Père lecteur du monastère fait la leçon. Lesquelles choses sont maintenant en fort bon estat. » (Dom Th. Le Roy, t. I, chap. XVI, § 5, p. 170).

« *Item*, l'abbé Robert, qui ne perdoit pas un moment de temps à l'accomodement de son monastère, fit parachever, cette année de 1164, comme je collige des manuscripts de ce Mont, le corps de logis dessus et dessoubs, *a fundamentis ad summum*, qui est au coing de la tour où autrefois estoit l'horloge au bout de la nef de l'église, où à présent les moynes y traitent leurs infirmes et malades en un côté, et en l'austre joignant ceux où on faict la leçon de théologie chacun jour aux jeunes moynes de ce Mont, qui aboutissent d'un bout à la gallerie du Sault-Gaultier ». (*Ibid.*, § 16, p. 171).

délimitèrent le vestibule abbatial (f_2). Une petite fenêtre (t_1) permettait au frère portier de surveiller l'entrée.

A l'autre extrémité de l'hôtellerie se trouve (en l'_1) un escalier qui la mettait en communication avec le vestibule (10) et avec l'étage supérieur occupé par l'infirmerie (16'). On pouvait ainsi, après avoir traversé la salle (10) dans toute sa longueur, pénétrer dans l'hôtellerie en venant de la plate-forme du cimetière des moines où aboutissaient les rampes extérieures du versant Sud de la montagne.

INFIRMERIE ET DÉPENDANCES[1]. — La nécessité d'une nouvelle infirmerie s'imposait d'autant plus que le bâtiment à l'Est de l'ancienne située

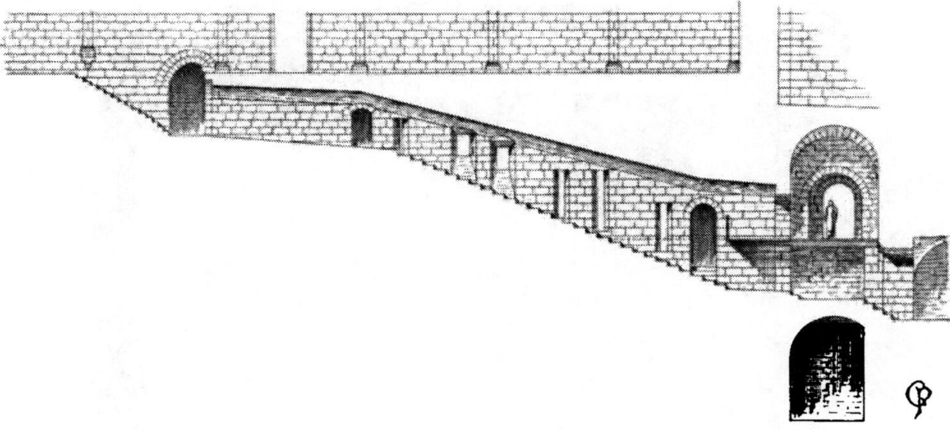

FIG. 283. — Coupe longitudinale sur la galerie méridionale montant à l'église haute après remaniements opérés au XIIe siècle.

au Nord, était écroulé. Le transfèrement de ce service de santé au Midi était opportun; mais son installation au-dessus de l'hôtellerie présentait une difficulté : celle de sa communication avec les bâtiments conventuels sans préjudice, pour ceux-ci et pour l'infirmerie elle-même, d'une indépendance suffisante par rapport aux services ouverts au public.

Pour éviter cet écueil, Robert établit, dans les deux galeries montantes (7' et 8'), un plancher (w_1, pl. XIX) de niveau avec celui de l'infirmerie et permettant de rejoindre de plain-pied les degrés montant d'un côté au promenoir et de l'autre à l'église (Voir coupe fig. 285). Au palier (u) correspondait l'appartement de l'abbé (11'), comprenant, en sus d'une première salle (11'), deux autres salles (17") de niveau avec l'infirmerie qui com-

1. « La pratique fit reconnaître les inconvénients d'une seule salle pour soigner toutes les maladies différentes qui pouvaient se présenter dans une nombreuse réunion d'hommes; on songea de bonne heure à séparer les diverses affections comme nous le faisons aujourd'hui, ou au moins à avoir des salles particulières pour les maladies graves. » (Alb. Lenoir, *Arch. mon.* IIIe partie, p. 390.)

muniquait avec l'une d'elles par une porte subsistant en partie. Des trémies (en w_1 et y_1) laissaient les marches descendre à l'étage inférieur, en nombre suffisant pour desservir l'entrée. Dans la galerie (7') l'établissement du plancher avait entraîné le bouchement des deux portes (*s* et *t*) et nécessité la surélévation de l'arc (z_1) et d'une portion de voûte en arrière pour donner à l'ouverture une hauteur suffisante.

En remplacement des deux issues murées (*s* et *t*, pl. XIX), une ouverture (a_2) servit à pénétrer latéralement dans la chapelle de Notre-Dame-sous-Terre où l'on boucha aussi la porte (b_2). L'espace (9'), compris entre les deux bouchements (*t* et b_2), fut alors aménagé à l'usage de citerne recueil-

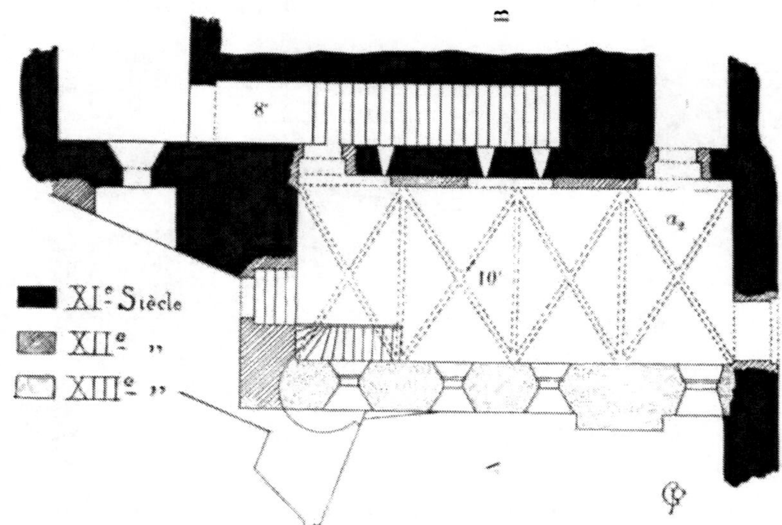

Fig. 284. — Plan de la Salle des Morts (chapelle Saint-Étienne) indiquant ses transformations du XIe au XIIIe siècle.

lant les eaux pluviales en ce point où le voisinage des services de l'hôtellerie et de l'infirmerie rendait impérieux le besoin d'une provision d'eau. Une ouverture de puisage fut pratiquée dans la voûte et déboucha (en c_2) dans le bas côté Sud de l'église où elle dut être entourée d'une margelle, à la façon des puits qu'on rencontre dans un certain nombre d'églises du moyen âge.

Les dispositions de la salle des morts (10', voir plan fig. 284) sont encore très perceptibles, malgré les modifications importantes qu'y apporta au XIIIe siècle la construction de la chapelle Saint-Étienne sur le même emplacement. Elle était couverte d'une toiture à deux versants s'étendant dans le sens longitudinal (Voir coupe transversale fig. 285). La charpente lambrissée d'un berceau (*m o p*) plus élevé que les voûtes en pierre du XIIIe siècle (*m' o' p'*), reposait, à sa naissance, sur une moulure saillante (*p*) qui existe encore au-dessus des arcades (M) adossées au mur de la galerie rampante, lesquelles n'avaient d'autre but que de procurer une saillie favorable à l'emplacement du chéneau. Comme nous l'avons dit, cette salle communiquait avec l'infirmerie et son sol, reposant sur une voûte en pierre (*m o p*), était conséquemment beaucoup plus élevé que le sol actuel de la chapelle Saint-Étienne. Il y avait donc quelques marches pour descendre dans la chapelle de Notre-Dame-sous-Terre par la porte cintrée (a_2, pl. XIX) dont les traces sont manifestes au sommet de l'ouverture informe qui subsiste en ce point des remaniements opérés sous les moines de la Congrégation de Saint-Maur. Grâce à la disposition de la couverture de cette salle, la galerie (8′) montant à l'église avait pu prendre quelques jours directs à l'extérieur au moyen de l'élargissement des fentes des anciennes meurtrières. L'emplacement de cette salle à proximité de l'infirmerie et sur le trajet des convois funèbres descendant au cimetière ne laisse aucun doute sur sa destination de dépôt mortuaire [1].

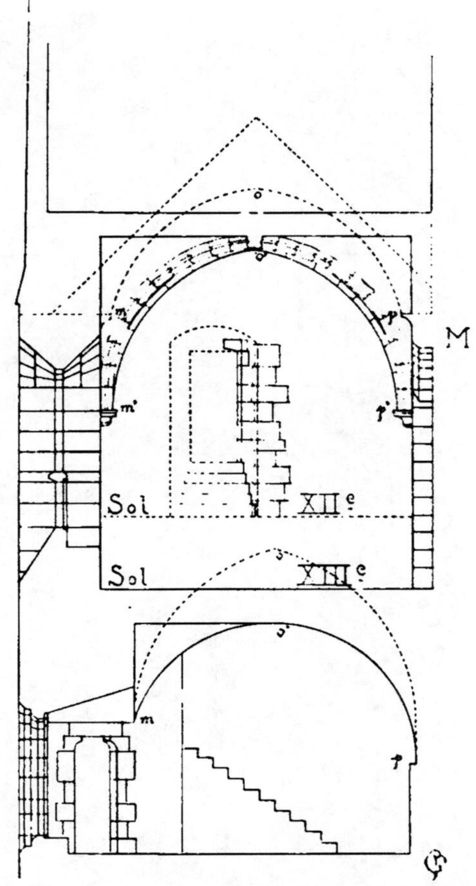

Fig. 285. — Coupe transversale suivant AB du plan figure 284.

Nous compléterons la description des ouvrages exécutés de ce côté du monastère, sous Robert de Torigni, en signalant l'ossuaire (P, pl. XIX et fig. 286) qu'il établit intermédiairement à la hauteur des arcades du porche du cimetière. On y accède par une porte pratiquée dans le mur de la galerie montante (8′).

Le bâtiment de l'infirmerie était couvert d'une toiture composée

1. « Près de l'infirmerie ou du chapitre des monastères était une chapelle des morts où l'on déposait les religieux sitôt qu'ils avaient cessé de vivre afin de ne pas les laisser au milieu de leurs frères malades. On les lavait avant de les ensevelir dans leurs habits religieux avec lesquels on devait les enterrer. A cet effet il y avait dans la salle des morts une sorte de bassin formé d'une pierre légèrement creusée, offrant une rigole à l'une de ses extrémités pour l'écoulement de l'eau. Mais la fontaine du cloître remplaçait souvent ce meuble spécial ; les religieux se groupaient autour dans le même ordre qu'au chœur pour réciter les prières pendant l'opération En cas d'épidémie on portait les corps directement au cimetière. » (A. Lenoir, *Arch. mon.*, IIIe part. p. 436, 7. Dom Martène, *Voyage littéraire de deux religieux bénédictins*, t. I, p. 98.)

de trois combles, dont les deux versants étaient disposés perpendiculairement au mur de face, où ils butaient contre trois pignons en pierre. Les voûtes d'arêtes dont les naissances subsistent en arrachements sur le mur sont postérieures et datent du XIIe siècle.

Toutes les constructions que Robert éleva de ce côté des substructions abbatiales étaient terminées en 1164.

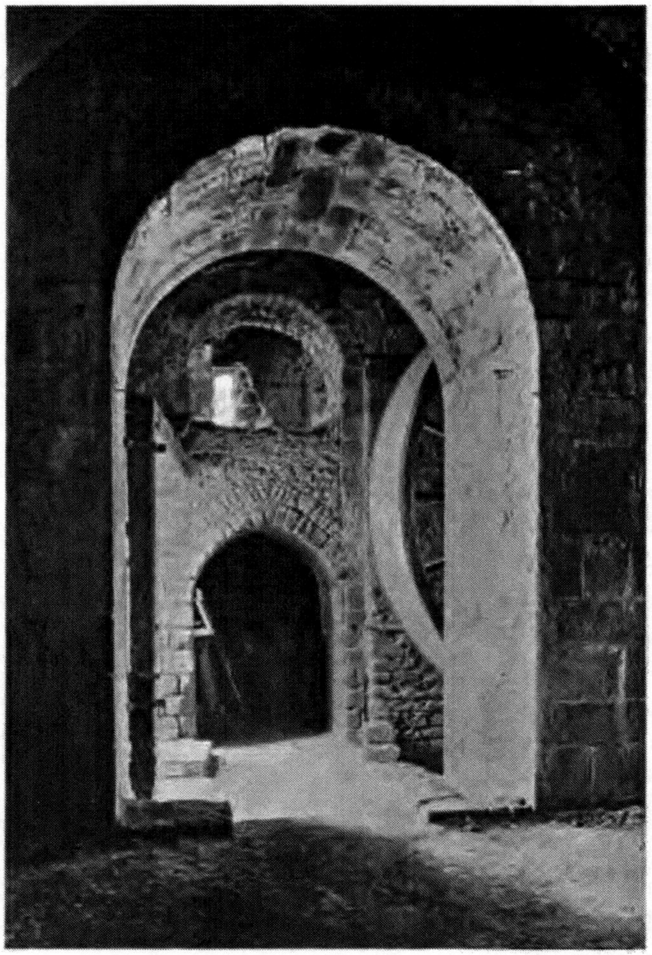

Phot. Neurdein.

Fig. 286. — Ancien cimetière des moines. Au fond, une des arcades de l'ossuaire établi par Robert de Torigni.

Parloir et Officialité. — Robert avait commencé ses travaux par les constructions de l'Ouest où il avait établi la porterie et agrandi, au-dessus, l'officialité par l'addition de deux salles (17"). Cet emplacement déjà judicieusement choisi lors du premier établissement du XIe siècle, emprunta de nouvelles commodités à sa situation par rapport à l'hôtellerie. Proche de l'entrée pour la facilité des pèlerins et des plaideurs, c'était un point d'où l'abbé exerçait commodément sa surveillance sur les différents services du monastère. Les nombreuses et hautes relations de Robert justifiaient le nouveau développement donné à ces appartements dans lesquels il reçut, à la Saint-Michel de 1158, le roi d'Angleterre Henri II, qui quelques instants auparavant avait pris un repas dans le réfectoire contigu au promenoir des moines[1].

1. « Postea, in *nova camera* abbatis,.... » (*Chron. de Robert*, t. I, p. 315.)

Porterie et Cachots. — Immédiatement au dessous s'ouvrait l'entrée principale du monastère (O). Il s'y trouvait une porterie (en 17') avec son dégagement (n_1) menant à l'escalier à vis (m_1) qui descendait à l'hôtellerie et à ses dépendances. Dans ce même dégagement un autre escalier (e_2) montait à l'étage de l'infirmerie. Les murs de cette entrée forment le soubassement de l'une des tours que Robert projetait d'élever en avant du portail occidental de l'église. Ces maçonneries renforcèrent considérablement celles du XIe siècle. On voit aux portes les coussinets de pierre où pivotaient les tourillons de l'huis fermant l'abbaye de ce côté. Deux puissants contreforts (en g_2) avaient également pour but de mettre les maçonneries du XIe siècle en état de supporter la tour Sud projetée. Mais par une singulière inconséquence, ces contreforts ne furent pas montés au delà du plancher de la galerie de communication avec l'infirmerie.

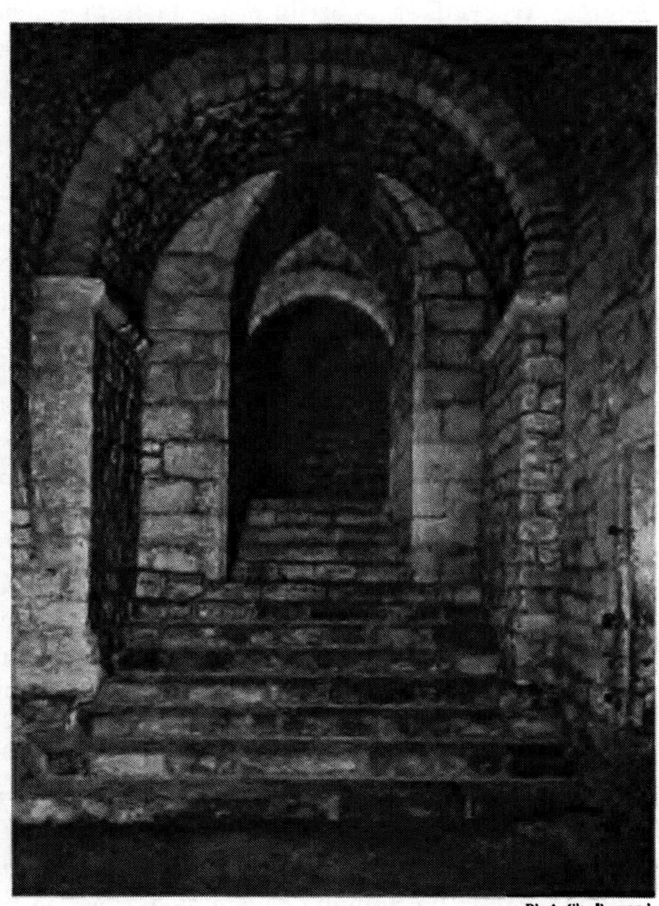

Phot. Ch. Besnard.

Fig. 287. — Entrée de l'Abbaye du XIIe siècle.

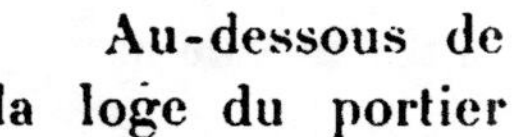

Au-dessous de la loge du portier est un caveau (17) partagé en deux par un mur. Chacun des compartiments ainsi déterminé est percé dans sa voûte d'une ouverture carrée (k_2) munie d'une feuillure pour le logement d'une trappe. Ce sont là deux cachots auxquels un doux euphémisme du langage monastique attribua la dénomination de *vade in pace*, et que leur accouplement fit appeler plus tard *les deux jumeaux*. Ils étaient plutôt destinés aux prisonniers de guerre, politiques ou de droit commun, qu'aux moines, pour lesquels les sévérités de la règle de Saint-Benoît n'allaient pas en matière de punition, au delà de l'isolement et de l'obligation au travail manuel[1] ou de l'expulsion du monastère. Ces cachots sont tous deux pourvus de latrines composées d'une excavation où se trouve une dalle de pierre percée d'un trou débouchant extérieurement. Une ouverture assez petite pour qu'aucun corps humain ne put la franchir laissait pénétrer l'air indispensable à la vie du détenu, mais ne lui procurait qu'une très faible lumière. Le malheureux recevait sa nourriture par la trappe ménagée dans la loge du portier préposé à sa garde. Nous avons vu que la petite entrée sur laquelle ces deux cachots s'ouvrent actuellement, ainsi que la porte servant à y accéder n'étaient que des aménagements datant du XIXe siècle.

CONSOLIDATIONS. — Les bâtiments de l'Ouest avaient été construits avec une incroyable témérité. Le refends (r_1) séparant les deux nouvelles salles de l'appartement de l'abbé portait sur la voûte en berceau de la loge du portier et au droit d'une grande cheminée (q_1) affaiblissant le mur de face. Ce mur lui-même, beaucoup trop mince pour résister aux poussées des berceaux des salles, présenta bientôt des désordres auxquels on crut remédier en appliquant, sous le refends, un doubleau en forme d'arc brisé, et en bouchant la cheminée[2]. Notons d'ailleurs qu'il n'existait, à cette époque, aucun contrefort pour épauler l'angle Nord-Ouest de ces bâtiments, non plus du reste qu'à l'angle Sud-Ouest qui, considérablement affaibli par l'amaigrissement du mur au droit de l'escalier à vis (m_1) ne tarda pas non plus à manifester des symptômes graves. Reculant devant une reprise de fond, seule mesure vraiment sage (et qui devint inévitable au XVIIe siècle sous l'abbé Henri de Lorraine), on recourut au procédé barbare et illogique consistant à plaquer un énorme contre-mur (j_2) qui vint malencontreusement encombrer une partie des salles de l'hôtellerie.

TOURS ET PORCHE DE L'ÉGLISE[3]. — Robert avait refait la voûte en berceau de la grande galerie s'étendant du Nord au Sud. Il n'hésita pas à la charger du poids énorme des murs latéraux des deux tours (Q) qu'il appliqua contre le pignon occidental de l'église romane. Cette première imprudence s'aggrava d'une autre. Alors que d'énormes travaux de conso-

1. L'assemblée des abbés, tenue en 817 à Aix-la-Chapelle sous la présidence de saint Benoît d'Aniane, avait décidé que les moines punis pour des fautes graves auraient un logement séparé avec une cour pour travailler manuellement à quelque ouvrage qui leur serait imposé.

2. Cette mesure faiblement palliative n'empêcha pas que, en 1878, cette partie des bâtiments de Robert de Torigni présentait un tel bouclement qu'on dut appliquer extérieurement un contrefort qui n'est pas encore parvenu à arrêter complètement tout mouvement des maçonneries.

3. « La dite année 1186.,. il fit parachever deux fortes tours de pierre situées sur le dit plomb du four et vis l'une de l'autre, aux deux coings du pignon de l'église de ce Mont, l'une desquelles tomba fort longtemps après. L'autre nous reste encore où l'Horloge a esté longuement situé. » (Dom Th. Le Roy, t. I, p. 180.)

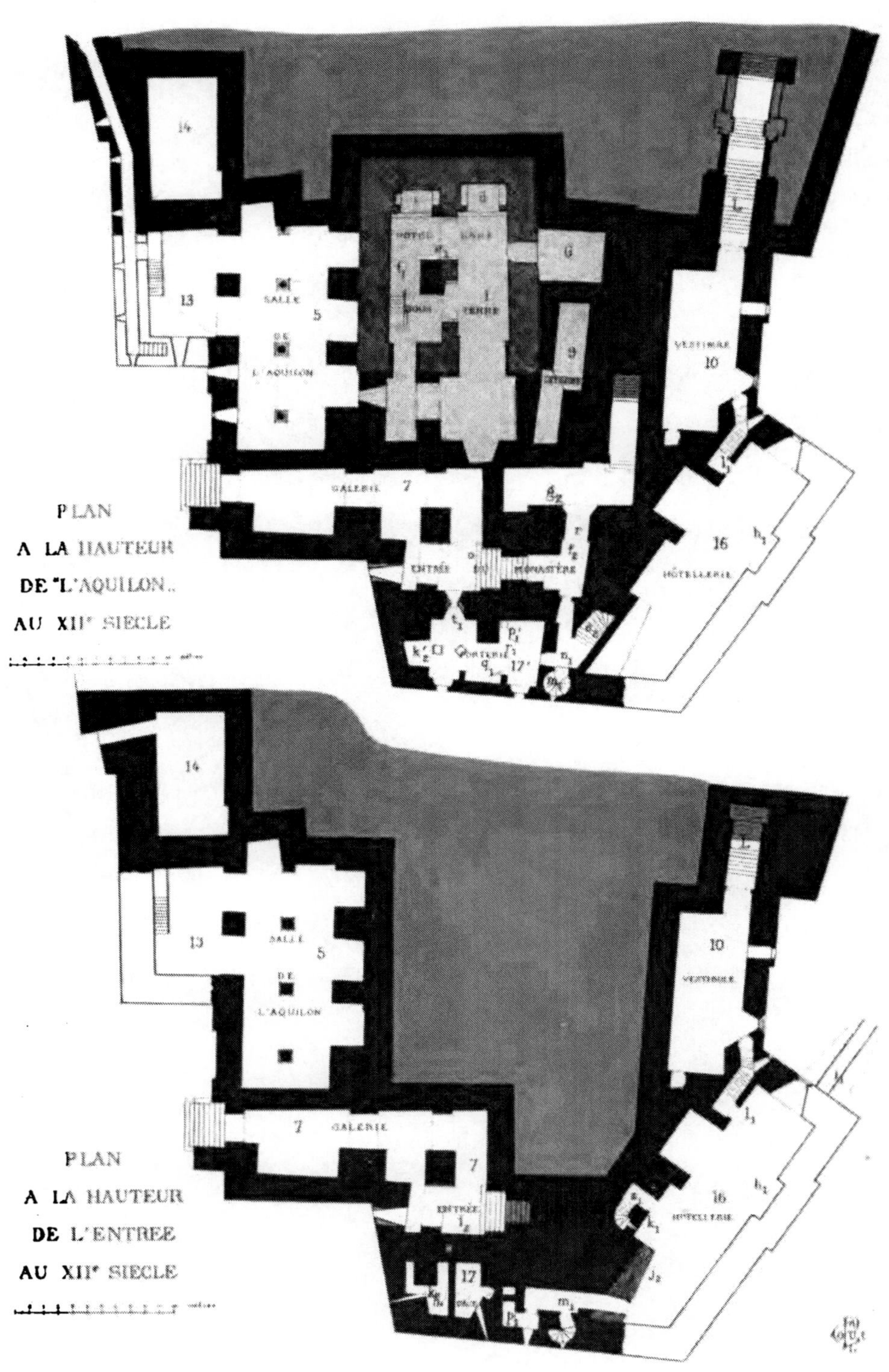

LIBRAIRIE ARMAND COLIN

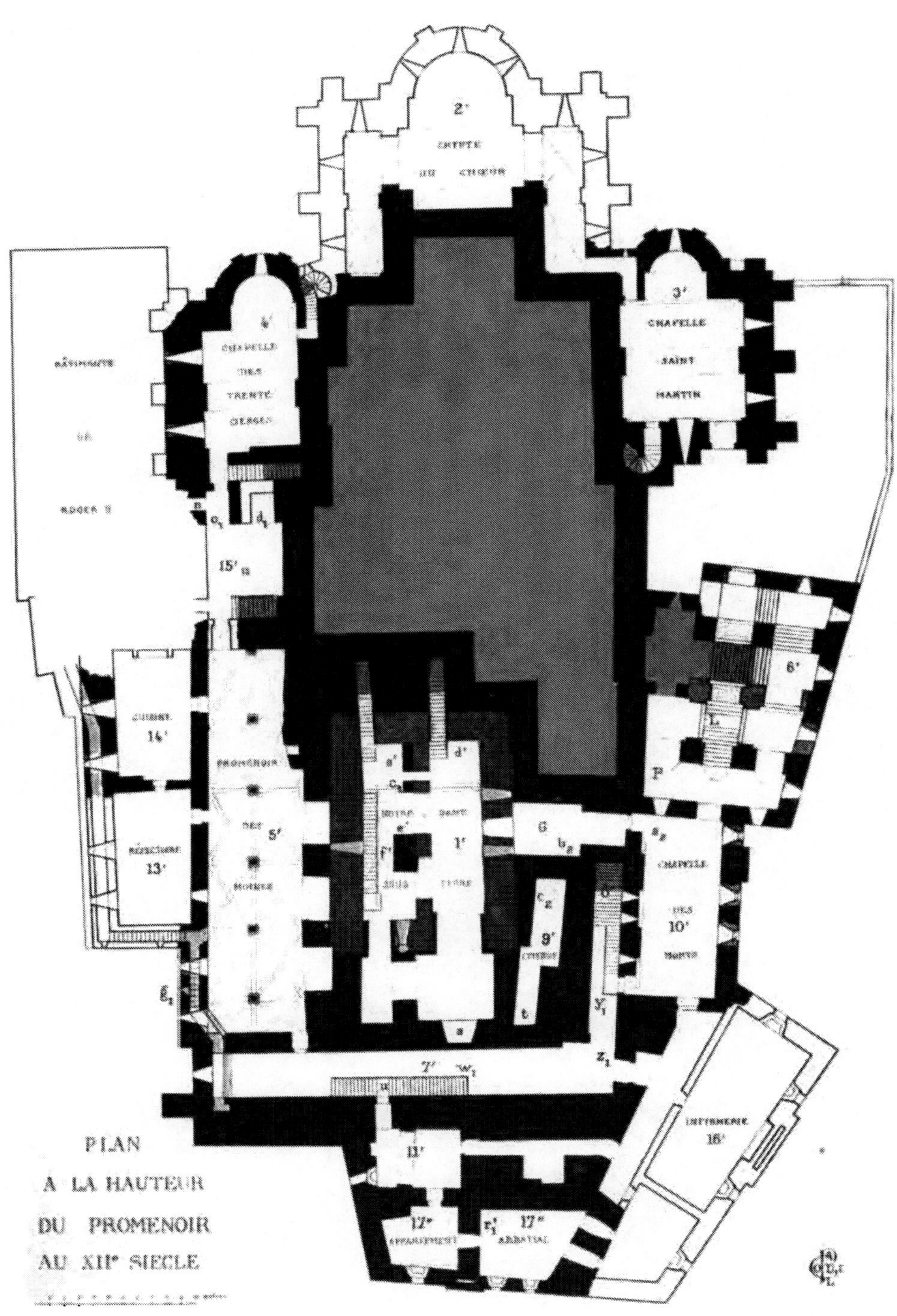

PLAN
A LA HAUTEUR
DU PROMENOIR
AU XIIe SIÈCLE

LIBRAIRIE ARMAND COLIN

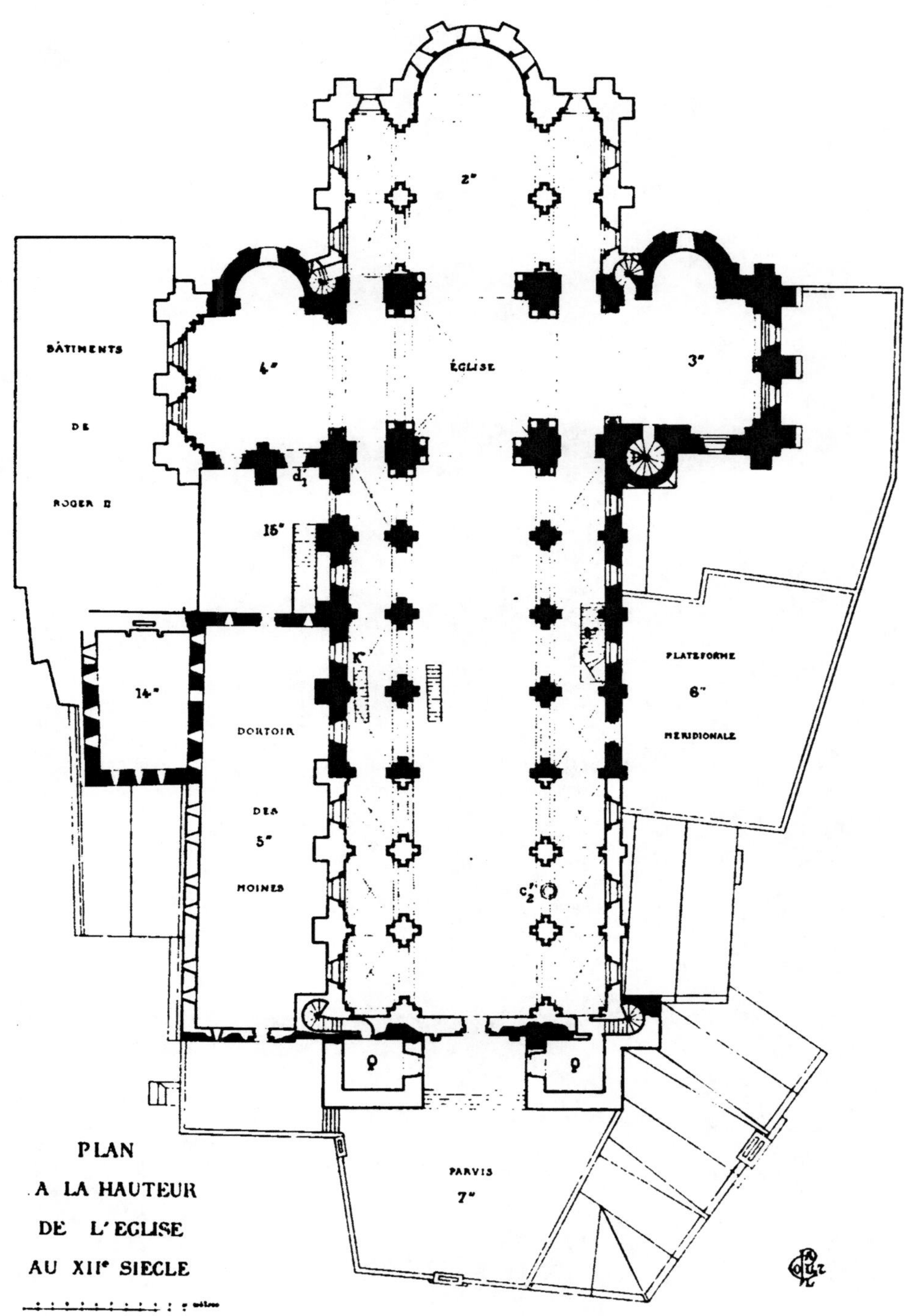

PLAN
A LA HAUTEUR
DE L'EGLISE
AU XIIe SIECLE

LIBRAIRIE ARMAND COLIN

lidation avaient été faits pour renforcer les substructions sous la tour du Sud (voir Tome I, fig. 59), aucune mesure confortative n'avait été prise pour mettre les soubassements en état de recevoir le poids de la tour du Nord. Il s'ensuivit la chute de cette dernière peu d'années après son achèvement, tandis que la tour Sud demeura debout, quoique fortement lézardée et hors d'aplomb, jusqu'au XVIIIe siècle. Qu'étaient ces tours et le porche qui les reliait? Il faut renoncer à le savoir exactement, les documents faisant défaut. Les gravures qui reproduisent celle du Sud[1] nous la représentent comme une masse carrée, percée de quelques rares ouvertures et coiffée d'une couverture pyramidale en ardoises. C'est bien là une construction du genre de toutes celles de Robert de Torigni où le caractère utilitaire prime toujours et souvent exclut l'intention décorative.

Phot. Ch. Besnard.

Fig. 288. — Constructions élevées à l'Ouest par Robert de Torigni. Vue prise du fortin, en 1910.

Le parvis (7'', pl. XVII) se trouva surélevé du fait même de la hauteur donnée aux berceaux brisés des nouvelles salles du logis abbatial; les bases des colonnes de la façade du XIe siècle (J) s'en trouvèrent enfouies sous le sol, et le perron de cette même époque perdit un grand nombre de ses marches.

Tous les bâtiments à l'Ouest et les tours de l'église étaient achevés à la fin de l'année 1186.

Reconstructions au Nord. — Cette même année, Robert de Torigni faisait relever les ruines du bâtiment des anciennes infirmeries (14'') et

1. *Monasticon Gallicanum*, pl. 102. *Heures du duc de Berry*. Gravure de N. de Fer.

des latrines, adossés, au Nord, au promenoir et qui s'étaient écroulés après l'incendie de 1138[1].

Nous avons vu que, dès 1156, il avait refait à neuf l'autel de la Crypte du Nord (chapelle des Trente Cierges) fortement endommagée par le même sinistre. On retrouve sur les voûtes de cette chapelle deux couches superposées d'enduit décoré de peintures. Notre planche VII (voir légende p. 182) reproduit ces peintures. Les plus anciennes datent de cette restauration de Robert et durent être fortement endommagées lors de l'incendie de 1203 qui consuma les bâtiments adjacents de Roger II. Du reste, les remaniements opérés dans ces voûtes au XIIIe siècle ne respectèrent que la décoration du doubleau central et nécessitèrent la réfection totale de ces peintures à l'époque de la construction de la Merveille.

LA VILLE

Depuis la fin du XIe siècle, la ville tendait à abandonner le versant Nord de la montagne ; au XIIe, l'agglomération se portait nettement vers l'Est, occupant les ressauts que formait le rocher au pied du monastère. Cette situation fortifiée naturellement par la rapidité des escarpements engageait les habitants à ne s'en écarter qu'autant que les emplacements manquaient pour construire. Mais la population augmentant toujours, il fallait bien que les derniers arrivés se résolussent à s'établir sur des points moins favorisés.

Les pèlerinages avaient déjà pris une grande importance. Mais l'hôtellerie construite par Robert de Torigni ne recevait pas les femmes, la règle de Saint-Benoît s'opposant à ce qu'elles fussent hébergées dans le monastère. Un couvent tenu par des religieuses s'était élevé à l'Est sous le vocable de sainte Catherine : les femmes y reçurent l'hospitalité. La porte romane figurée en K_2 de notre plan général Pl. XXXVI, et dont nous donnons une vue figure 210, servait d'entrée à cette communauté qui avait déjà disparu au XVIIe siècle, puisque Dom Th. Le Roy nous parle des trois arcades en ruine qu'il apercevait, des fenêtres du dortoir, sur cet emplacement. Au milieu du XIXe siècle, on voyait encore, au témoignage de M. Le Héricher[2], ces trois arcades et des maçonneries de pierres de taille de grand appareil largement jointées, ainsi qu'une masse de débris. L'ensemble de ces restes a été relevé à cette époque par M. Sagot, d'après lequel nous reproduisons les dispositions figurées en C_3 de notre plan général.

1. « L'an 1186.... Il fit parachever... le corps de logis qui est entre le cloistre, le chapitre commencé et le viel dortoir... j'estime que ce corps de logis est celuy que nous appelons à présent les vieilles infirmeries, au bout duquel sont les lieux communs et latrines. » (Dom Th. Le Roy, t. I, p. 179.)

2. *Hist. et descr. du M.-S.-M.*, p. 94.

III

L'ABBAYE, LA VILLE ET SES DÉFENSES AU XIIIe SIÈCLE

L'ABBAYE

Le XIIIe siècle inaugure pour les bâtiments de l'abbaye une ère de transformation générale, et les additions opérées dans la suite ne furent en quelque sorte que le développement naturel et nécessaire du plan d'ensemble conçu alors. L'incendie allumé dans la ville, en 1203, par les Bretons de Guy de Thouars, s'était communiqué aux bâtiments conventuels élevés au Nord par Roger II et les avait en grande partie ruinés. Quand les libéralités de Philippe Auguste vinrent dédommager les religieux des ravages commis par son trop zélé partisan, on songea d'abord à relever ces ruines et à construire à la suite, vers l'Est, un corps de bâtiment contenant l'Aumônerie (18), la Salle des Hôtes (18') et le Réfectoire conventuel (18'', pl. XXII, XXIII et XXIV.) Puis, en cours d'exécution, alors que la Salle des Hôtes était montée à hauteur des voûtes, on résolut de raser complètement les ruines et de prolonger vers l'Ouest l'aile commencée pour y mettre le Cellier (19), la Salle de travail (19'), dite depuis Salle des Chevaliers, et le Cloître (19''). C'est là, du moins, ce que révèle l'étude approfondie de ces deux bâtiments manifestement soudés l'un à l'autre et qui n'en firent plus qu'un désigné sous la dénomination de « La Merveille ».

Phot. Ch. Besnard.

FIG. 289. — Chapiteau dans la Salle des Chevaliers (Premier quart du XIIIe siècle).

LA MERVEILLE

Un examen attentif de chacune des deux parties qui composent cet ensemble fait ressortir l'évidence de leur exécution séparée et une différence très sensible dans le mode de conception de l'une et de l'autre. La première témoigne d'une certaine insouciance en ce qui concerne la situation accidentée des bâtiments à élever; la seconde au contraire exprime, de la part du constructeur, une préoccupation constante de faire le meilleur usage possible des données relatives à la déclivité du terrain et au raccordement avec les constructions préexistantes. Dans le premier cas, on sent l'œuvre d'un artiste résidant à distance, connaissant mal le terrain

Phot. Ch. Besnard

FIG. 290. — Vue générale, en 1910, des deux bâtiments composant la Merveille (XIIIe siècle).

sur lequel on doit opérer et affranchi de ces exigences spéciales : peut-être un architecte de l'Ile-de-France chargé par le roi Philippe Auguste de donner un plan dont l'abbé Jourdain aurait ensuite confié l'exécution à un maître-d'œuvre local. Dans le second cas on constate le travail d'un constructeur aux prises avec les difficultés inhérentes au raccordement avec un bâtiment existant, compliquées de celles résultant d'accidents de terrain peu communs, et y employant une habileté qui révèle sa connaissance intime des lieux et sa fréquentation journalière du chantier.

L'étude de la forme corrobore l'exactitude de cette observation. Alors que dans la salle des Hôtes, par exemple, la structure, la mouluration et la sculpture même se ressentent d'emprunts faits à l'art de l'Ile-de-France, celle des Chevaliers accentue les caractères distinctifs de l'architecture normande dans l'acuité des arcs, dans la forme cylindrique des tailloirs des chapiteaux et dans la bizarrerie des fûts de colonnettes interrompus dans leur hauteur et se terminant en culs-de-lampe.

Nous croyons devoir insister sur cette différence entre les deux parties de la Merveille, parce que tous les auteurs admettent, sans discussion, qu'elle a été construite *d'un seul jet*, de 1203 à 1228. Or la Merveille a vraisemblablement été élevée entre ces deux dates et sans interruption dans la marche des travaux; mais il est hors de doute qu'elle n'a été ni conçue d'un seul jet dans son ensemble, ni exécutée par arases générales sur toute l'étendue des deux bâtiments qui la composent.

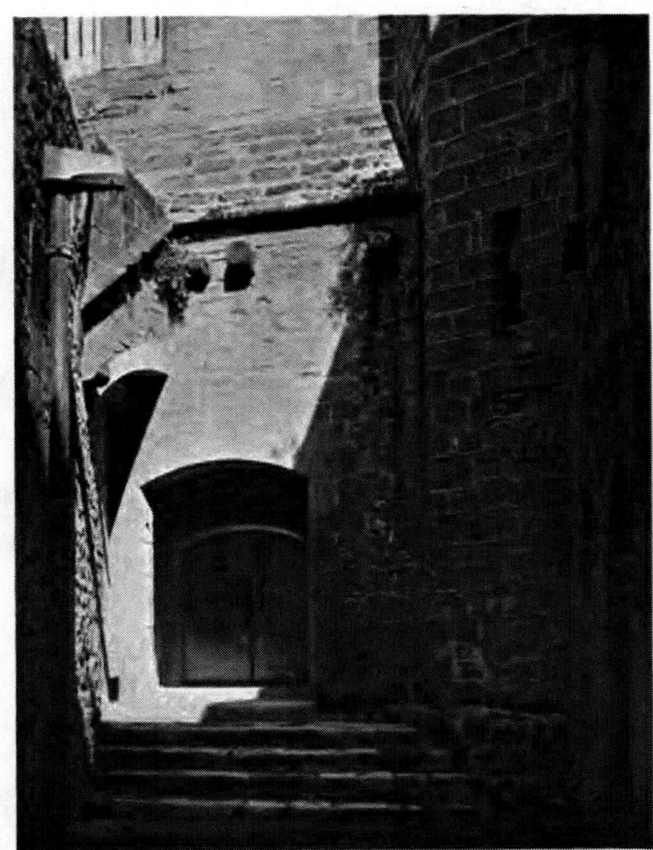

Phot. Ch Besnard

FIG. 291. — Porche de l'Aumônerie (XIIIe siècle).

Passons maintenant à l'examen détaillé de ces constructions.

ENTRÉE. — L'abandon de l'Aumônerie romane, jusqu'alors située au Nord-Ouest dans la salle de l'Aquilon, entraînait le transport de l'entrée à proximité de la nouvelle salle affectée à cet usage. Là on disposa un porche (R) permettant au visiteur d'attendre à couvert qu'on lui ouvrît la porte du monastère, et desservant aussi, pour le seul personnel du couvent, l'escalier aménagé dans la tourelle voisine (S) et accédant au réfectoire des moines. Le développement extraordinaire de l'embase tronconique de cet escalier suggère l'idée que cette tourelle a pu être construite sur la base d'une ancienne tour, ou tout au moins qu'on aura utilisé, pour l'élever au point qu'elle occupe, quelque accident rocheux favorable à son assiette. Il est également probable qu'un ouvrage avancé, tel que plate-forme et clôture, précédait ce porche et le degré conduisant à l'entrée de la salle des Hôtes ; mais on n'en peut plus retrouver aucune trace.

AUMÔNERIE (*Domus perigrinorum et pauperum*). — Ce fut donc par cette salle (18), le porche (R) et l'escalier, dit des Corbins (S), qui l'accompagnent au Sud-Est que commencèrent les travaux de la Merveille. Le sinistre dont les conséquences désastreuses motivèrent cette entreprise

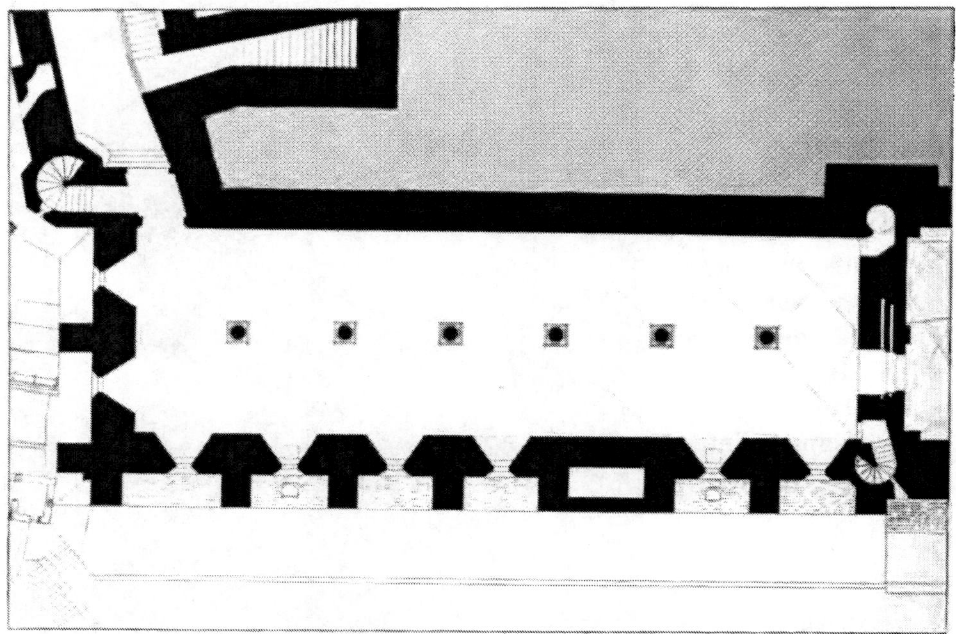

FIG. 292. — Plan de l'Aumônerie après restauration.

datant de 1203, il est vraisemblable que le début des travaux ne remonte guère au delà de 1204. Désignée sous le nom générique d'Aumônerie, cette vaste nef répondait bien à sa destination de maison des pèlerins et des pauvres, *domus perigrinorum et pauperum*, local qu'on trouvait généralement auprès de l'entrée des monastères et où l'on hébergeait quiconque demandait l'hospitalité[1]. Comme dans l'ancienne aumônerie de l'Aquilon, c'était par cette salle qu'on introduisait les vivres dans l'Abbaye et qu'on

1. « Les Monastères furent de tous temps des maisons de charité ; on y distribuait aux pauvres des vivres et des aumônes ; lorsqu'ils étaient peu étendus, ces distributions se faisaient dans une avant-cour ou dans une pièce particulière affectée à ce service et qu'on nommait *aumônerie*. Mais, dans les grandes abbayes, une construction spéciale, assez vaste pour prendre le nom de maison des pèlerins et des pauvres, *domus perigrinorum et pauperum*, était établie dans le voisinage de l'entrée principale. » (A. Lenoir, *Archit. monast.*, IIe partie, p. 400-401.)

Phot. Neurdein

FIG. 293. — L'AUMÔNERIE (XIIIe SIÈCLE).

en distribuait aux nécessiteux. Une porte pratiquée à l'Ouest (en k_2) était munie d'une double paire de vantaux et de doubles barres, précautions prouvant bien que cette issue donnait immédiatement à l'extérieur du couvent. Elle servait spécialement à l'introduction des approvisionnements, dont une partie, nécessaire à l'alimentation des religieux, était menée au bas du monte-charge (l_2) pour être hissée ensuite jusqu'à la hauteur de la cuisine et du réfectoire. A l'angle Nord-Ouest de la salle se trouve un escalier à vis (m_2) desservant les locaux réservés aux moines : le scriptorium (salle des Chevaliers) et le réfectoire. On remarquera que, comme dans l'ancienne aumônerie romane, la porte (m_2) donnant accès à l'escalier desservant les étages supérieurs est élevée au-dessus du sol d'une hauteur qu'on gravissait à l'aide d'un escalier de bois ou d'une échelle qu'il suffisait de retirer pour opposer un obstacle immédiat à l'ennemi en cas de surprise. On retrouve (en n_2) les dispositions d'une sorte de vidoir servant à l'évacuation des résidus et des eaux employées aux divers nettoyages que rendait nécessaires la fréquentation ininterrompue de cette salle.

Phot. Neurdein.

FIG. 294. — Chapelle Sainte-Madeleine (XIIIe siècle).

Cette nouvelle aumônerie, bien que beaucoup plus vaste que l'ancienne aménagée dans la salle de l'Aquilon, présente avec elle beaucoup d'analogie dans ses dispositions architectoniques : même épine médiane de colonnes, mêmes voûtes massives à la romaine, moins toutefois les arcs-doubleaux qui distinguent celles de l'Aquilon[1].

1. M. Corroyer dit avoir découvert, en 1872, près de la porte d'entrée méridionale de l'Aumônerie, « les débris d'un fourneau », et parmi des fragments d'argile calcinée, « quelques morceaux d'une coulée de métal blanc couvert d'oxyde vert indiquant un alliage où le cuivre existait en assez grande quantité ». Il se pourrait que, parmi les usages multiples auxquels furent employés les bâtiments de la Merveille, cette salle eût momentanément servi, à une époque donnée, à la fonte des cloches, voire même de la monnaie que les moines furent autorisés à frapper au XVe siècle.

Salle des hôtes (*Xenodochium*) **et annexes**. — Tandis que les pèlerins de basse condition et les pauvres se contentaient d'une maigre pitance et, au besoin, d'une botte de paille pour passer la nuit dans l'Aumônerie, les bourgeois et les personnes de distinction prenaient leur repas avec l'abbé dans une magnifique salle (18′) située immédiatement au-dessus et trouvaient à se coucher dans les hôtelleries de la ville. On a appelé cette salle la *Salle des Hôtes*. Elle remplaçait l'*hôtellerie* construite au siècle précédent par Robert de Torigni et dont la situation était devenue incommode du jour où l'entrée de l'Abbaye avait été transférée à l'angle Sud-Est de la Merveille.

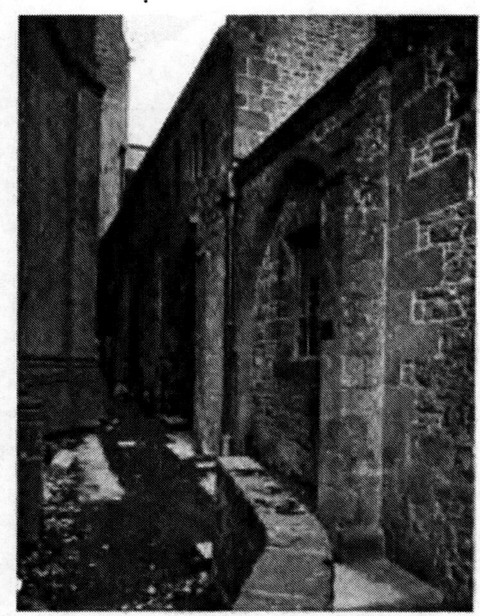

Phot Ch Besnard.

Fig. 295. — Porche en avant de la Salle des Hôtes (XIIIe siècle, transformé au XVIIe).

Cette nouvelle hôtellerie est flanquée au Sud d'une salle (20′) couverte de deux travées de voûtes ogivales, et construite en même temps et de plain-pied avec elle. L'examen du plan (Pl. XXIII) où l'on constate l'absence de contreforts contre cette partie de la Merveille, prouve, d'une façon péremptoire, que cette annexe entrait dans la conception générale de ces nouveaux bâtiments : car leur constructeur avait évidemment compté sur elle pour contrebuter les voûtes de la salle des Hôtes. On avait fait de cette salle une chapelle sous le vocable de sainte Madeleine, la grande pécheresse. C'était là que les hôtes venaient, avec le supérieur ou le frère chargé de les recevoir, faire les dévotions préalables à leur introduction et prescrites par la règle de Saint-Benoît pour la réception des visiteurs.

Si cette annexe fait, indubitablement, partie intégrante de la conception originelle de la Merveille, il n'en est pas de même de la galerie (21′) précédant l'entrée de la salle des Hôtes, qui, au contraire, ne fut élevée qu'après coup, comme le prouvent les contreforts qui l'encombrent et que le constructeur n'aurait certainement pas manqué de reporter extérieurement s'ils n'eussent déjà existé. A l'origine, c'est-à-dire avant que ne fût décidée la construction du bâtiment contenant le scriptorium (salle des Chevaliers), l'entrée de la salle des Hôtes donnait à découvert sur une plate-forme de niveau avec elle, et à laquelle on accédait, de l'entrée abbatiale, par un degré extérieur. Lorsqu'on procéda à la construction de la salle des Chevaliers et du dégagement qui la longe, les sols de cette salle et de ce dégagement étant plus élevés que celui de la salle des Hôtes, on dut hausser le sol de la plate-forme et couvrir cette entrée qui sans cette précaution, eût été le réceptacle de toutes les eaux pluviales environnantes. On fit alors cette sorte de porche à air libre que les transformations opérées au XVIIe siècle, sous la prélature d'Henri de Guise, ont complètement défiguré. Il se composait de quatre travées voûtées à arêtes sans arêtiers et reposant extérieurement sur des arcades ogivales munies de contreforts en pierre de taille. L'usage de ces lourdes voûtes romaines au XIIIe siècle, dans ce vestibule et dans les deux salles inférieures de la Merveille, s'explique assez bien par le désir qu'avaient les constructeurs d'utiliser l'énorme quantité de moellonnaille provenant des démolitions et des ruines des bâtiments incendiés et qui trouvait en partie son emploi dans les massifs des reins de voûtes de ce genre. La simplicité toute rudimentaire de leurs dispositions n'empêchait pas de donner à ces voûtes un aspect décoratif : car la plupart du temps elles étaient ornées de peintures.

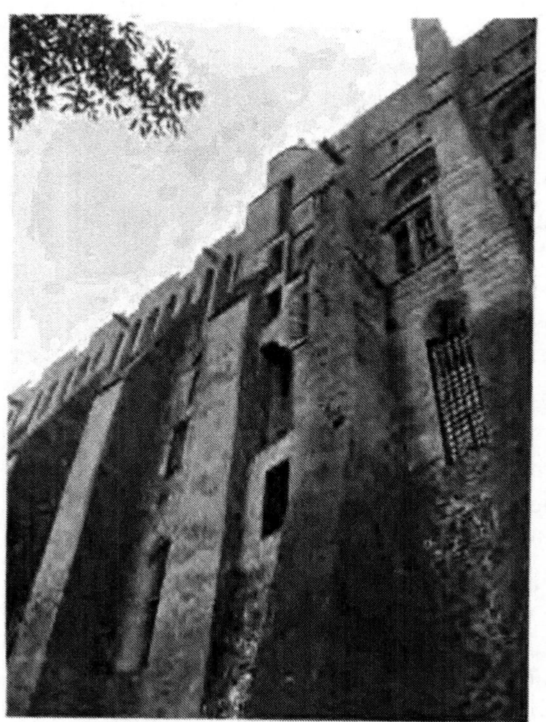

Phot. Ch. Besnard

FIG. 296. — Jonction des deux bâtiments dont se compose « la Merveille ».

La salle des Hôtes eut aussi, à l'origine, un état différent de celui qu'elle reçut, peu de temps après, par l'adjonction du bâtiment adjacent. Elle n'eut d'abord qu'une seule cheminée dont on voit des vestiges importants dans sa travée médiane. A l'emplacement des cheminées accouplées à son extrémité occidentale se trouvaient deux grandes ouvertures dont des traces subsistent encore du côté de la salle des Chevaliers et qui prouvent qu'il entrait dans les desseins de l'abbé Jourdain, lorsqu'il entreprit la salle des Hôtes, de terminer cette dernière, de ce côté, par des baies l'éclairant semblablement à celles pratiquées à son extrémité opposée. Une autre preuve non moins concluante repose sur la disposition de l'escalier à vis (m_2) situé à l'angle Nord de ce même pignon. En considé-

Phot. Neurdein

FIG. 297. — LA SALLE DES HÔTES (XIIIe SIÈCLE).

rant cet escalier en plan et en élévation au Nord, on reconnaît que les combinaisons ingénieuses auxquelles on recourut pour souder ensemble les murs de face des deux bâtiments de la Merveille sans boucher les jours de cette tourelle (voir fig. 296), n'ont de raison d'être que dans l'existence de cet escalier et de ses jours antérieurement à la conception du bâtiment contenant le Cellier et la salle des Chevaliers. Nous pensons donc avoir ainsi démontré suffisamment qu'aucune de ces salles n'était encore en projet lorsque la salle des Hôtes était déjà recouverte de ses voûtes. Leur conception fut la conséquence d'un changement de parti dont nous serions disposé à attribuer l'initiative à Raoul des Iles. Cet abbé avait, en matière de constructions, des vues non moins grandioses que son prédécesseur. Jourdain avait conçu en son entier le bâtiment Est de la Merveille que la mort l'avait empêché de terminer. Chargé d'en poursuivre l'exécution, Raoul des Iles développa la pensée de son prédécesseur; il résolut de poursuivre vers l'Ouest le bâtiment conçu par Jourdain. Il lui fallut pour cela apporter quelques modifications à ce dernier bâtiment. La salle des Hôtes et ses abords en furent principalement l'objet. La destination de cette salle à l'usage du public ne comportait aucune communication avec celle qu'il voulait établir en contiguïté avec elle pour servir aux travaux des moines. Il boucha dès lors l'extrémité Ouest de la salle des Hôtes par deux immenses cheminées de première utilité pour le fonctionnement du service qu'il voulait y établir. Nous avons vu que, bien que les hôtes mangeassent comme les religieux,

Phot. Ch. Besnard

Fig. 298. — Chapiteau dans la Salle des Chevaliers (Premier quart du XIIIe siècle).

Phot. Ch. Besnard

Fig. 299. — Chapiteau dans la Salle des Chevaliers (Premier quart du XIIIe siècle).

Phot. Neurdein.

FIG. 300. — LE RÉFECTOIRE DES MOINES (XIIIe SIÈCLE).

la nourriture qu'on leur destinait devait leur être préparée à part, pour conserver aux moines la régularité des heures de repas. Cette préparation des aliments dans l'ancienne hôtellerie du XIIe siècle s'était faite dans la vaste cheminée de la salle même affectée aux pèlerins. Le même usage se perpétua dans la salle des Hôtes du XIIIe siècle, où les deux foyers employés à la cuisson des aliments permirent d'offrir un repas à tout venant à quelque heure que ce fût. On voit, contre le meneau central de la grande porte de cette salle (o_2) et contre celui de la fenêtre correspondante (p_2), deux culées qui supportaient une pièce de bois, sorte de *trabes*, à laquelle était pendue une tenture qui délimitait un espace où se faisait la cuisine.

Les tables s'alignaient longitudinalement dans chacune des deux nefs; l'abbé présidait celle qui s'étendait parallèlement à la cheminée centrale à laquelle il tournait le dos. Des latrines adroitement dissimulées (en wc_1, où elles pouvaient être convenablement aérées), fournissaient les commodités nécessaires.

Cette salle des Hôtes devait être la plus belle de la Merveille. La beauté de sa structure qui caractérise l'épanouissement de l'art français du moyen âge dans toute sa pureté; l'élégance de ses proportions rehaussée par la richesse des peintures qui en décoraient les murs, les colonnes et les voûtes; les tons chauds et vibrants de son carrelage aux armes de France et de Castille[1]; ses verrières historiées et peintes, tout contribuait à en faire le plus beau vaisseau qu'il fût possible d'imaginer.

Réfectoire. — Raoul des Iles continua le bâtiment oriental de la Merveille jusqu'à complet achèvement et, en 1217, il avait entièrement couvert le réfectoire[2]. A cette salle (18″) aboutissent à la fois l'escalier (S) de la tour des Corbins qui prend naissance sous le porche de l'aumônerie et celui (m_2) de l'angle Nord-Ouest de cette même aumônerie.

La restauration qui en a été faite de 1887 à 1891 a rendu à ce réfectoire ses dispositions primitives, sauf en ce qui concernait sa peinture et son carrelage qui était primitivement fait de carreaux vernissés. Pour apprécier l'intérêt exceptionnel que présente cette œuvre d'architecture, il faut en faire l'analyse. Nous renouvelons ici celle que nous en avons faite dans un précédent ouvrage[3], en envisageant ce réfectoire, d'une part dans

1. Voir T. I, planche V.

2. Plusieurs auteurs ont affirmé que cette salle était le Dortoir des religieux. Or on sait qu'en prenant possession de l'Abbaye en 1629, les Bénédictins de la Congrégation de Saint-Maur avaient divisé la salle en question en deux étages de cellules qu'ils appelèrent leurs dortoirs. L'indication donnée en 1648 par Dom Th. Le Roy lui-même que « les dortoirs nouveaux sont le lieu qui servait de réfectoire à messieurs les anciens » lève toute espèce de doute sur la destination primitive de cette salle, surabondamment démontrée par d'autres considérations non moins concluantes.

3. Paul Gout, *L'Histoire et l'Architecture française au Mont-Saint-Michel*. Paris, 1899, in-8°. Combien d'autres remarques seraient encore à faire si la place nous le permettait.

sa structure propre, d'autre part comparativement aux salles qu'il surmonte. En considérant la salle des Hôtes nous avons vu, épanouie dans toute sa pureté, la structure des voûtes ogivales recueillir sur des points déterminés la résultante des actions obliques exercées par la poussée desdites voûtes que contrebutent des contreforts extérieurs. Cette disposition

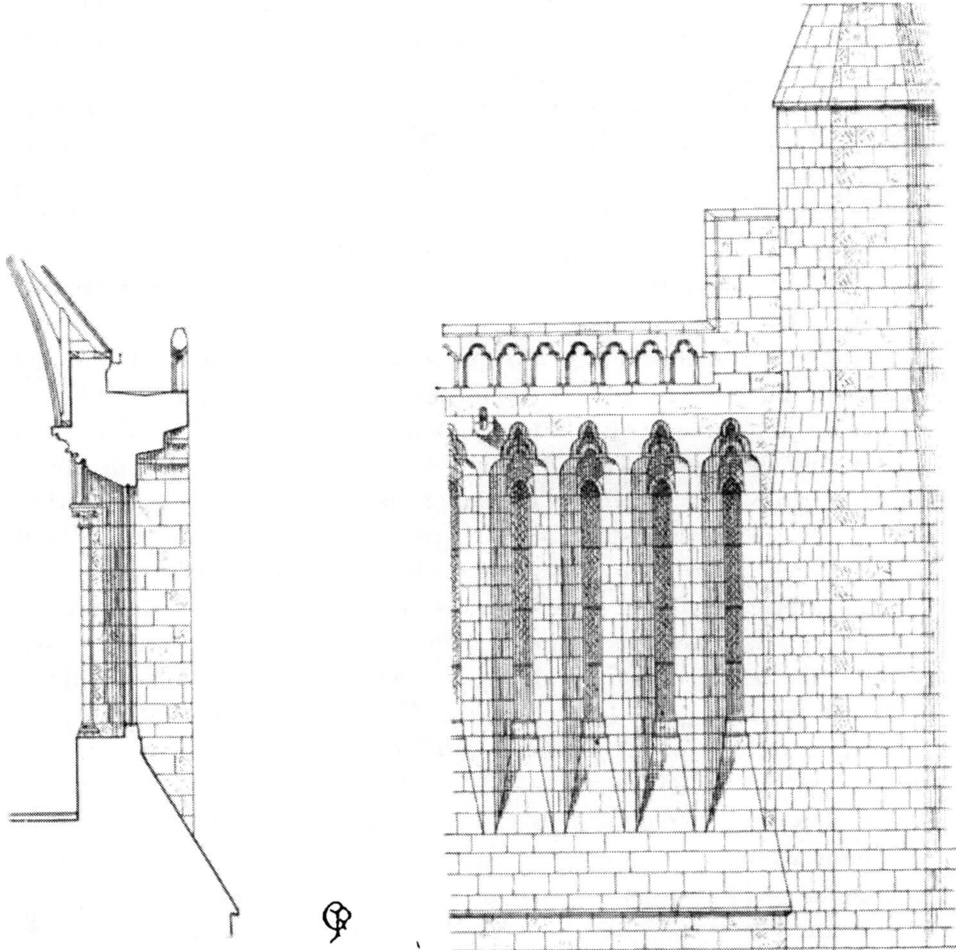

FIG. 301. — Coupe et Élévation des fenêtres du réfectoire (XIIIe siècle).

constructive a donné lieu à une succession de travées semblablement conçues dans leur ossature dont les éléments essentiels scandent, par une alternance de parties portantes et de remplissages plus ou moins évidés, le parti adopté pour la structure générale. Bref, les salles de la Merveille, dont la structure est basée sur le principe de la voûte gothique, présentent d'heureuses applications des propriétés constructives du système ogival qui ont pour conséquence de répartir les charges et les efforts latéraux sur des points déterminés où viennent s'appliquer les éléments réactifs appelés à les neutraliser.

Dans le réfectoire, le problème constructif était différent. Le constructeur entendait d'abord utiliser le vide du comble du bâtiment au profit de la hauteur de cette salle. Dans ce but, il établit, dans l'angle dièdre formé par les deux versants de la toiture, un berceau en bois, solidaire du chevronnage de la charpente, et constituant sur les murs latéraux une charge uniformément répartie. Dans ces conditions, rien n'eût justifié l'établissement, dans ces murs, de points plus résistants que d'autres. Il fallait, au contraire, un mur d'épaisseur non seulement uniforme mais encore suffisante pour résister d'abord à un déversement toujours à craindre avec un pareil développement de mur qu'aucun refend ne maintenait entre les deux pignons extrêmes, et ensuite à la légère poussée que pouvait aussi exercer sur lui les parties de la charpente intermédiaires entre chaque entrait[1].

Le constructeur fit donc un mur épais, dont il n'hésita même pas à établir le nu intérieur en surplomb sur les voûtes de la salle inférieure. Il assura ainsi une large buttée au berceau lambrissé dont il augmenta encore intérieurement l'assiette au moyen d'un encorbellement mouluré. Il lui restait à déterminer l'emplacement et la forme des ouvertures. Allait-il faire des baies de forme et de dimensions préconçues, les disposer à des intervalles arbitraires ou les superposer aux ouvertures des étages inférieurs? Non : cette idée, du genre de celles qu'inspireraient les préjugés subversifs sur lesquels reposent les doctrines de notre architecture moderne, ne lui vient pas à l'esprit. Les méthodes simples et rationnelles dont procède l'art qu'il pratique lui en suggèrent une de tout autre nature. Cherchant à alléger le mur tout en lui laissant l'épaisseur nécessaire pour qu'il conserve partout l'uniformité de résistance répondant à l'uniformité d'efforts dont ce mur est l'objet, il pratique sur toute sa longueur une succession ininterrompue de fentes présentant en même temps l'avantage de répartir également la lumière et la singularité de dissimuler au spectateur placé aux extrémités de la salle, la vue directe des vitrages par lesquels y pénètre un jour uniforme et doux (voir fig. 301). A l'intérieur, la structure de l'ébrasement de chacune de ces ouvertures procure à l'architecte un motif gracieux d'élégantes arcatures formant voussures en arrière de ces baies. A l'extérieur, où il tient à conserver aux maçonneries le liaisonnement que fournit la superposition d'assises horizontales, il couvre chaque baie au moyen de pierres s'encorbellant en « tas de charges »[2] dont la succession figure une disposition décorative du plus riche effet et où certains auteurs ont cru voir une réminiscence

1. Pièce de bois horizontale maintenant l'écartement des fermes.
2. Superposition d'assises formant saillie les unes sur les autres.

des nids d'abeille de l'architecture arabe, rapportée de Palestine par les Croisés. Une pareille méprise ne peut résulter que d'un examen hâtif des formes opéré superficiellement et en dehors de toute analyse de la structure. Car une étude attentive de la structure de ces baies fait ressortir que, conformément à l'inébranlable logique suivie par ce constructeur dans les moindres détails de son œuvre, cette forme, loin d'être la conséquence d'un souvenir et la copie d'une chose vue, est uniquement la résultante naturelle des nécessités d'ordre constructif spirituellement déduites et ingénieusement résolues. Ici la similitude avec les prétendus nids d'abeille de l'art arabe est tout simplement le résultat de la succession d'encorbellements en *tas de charges*.

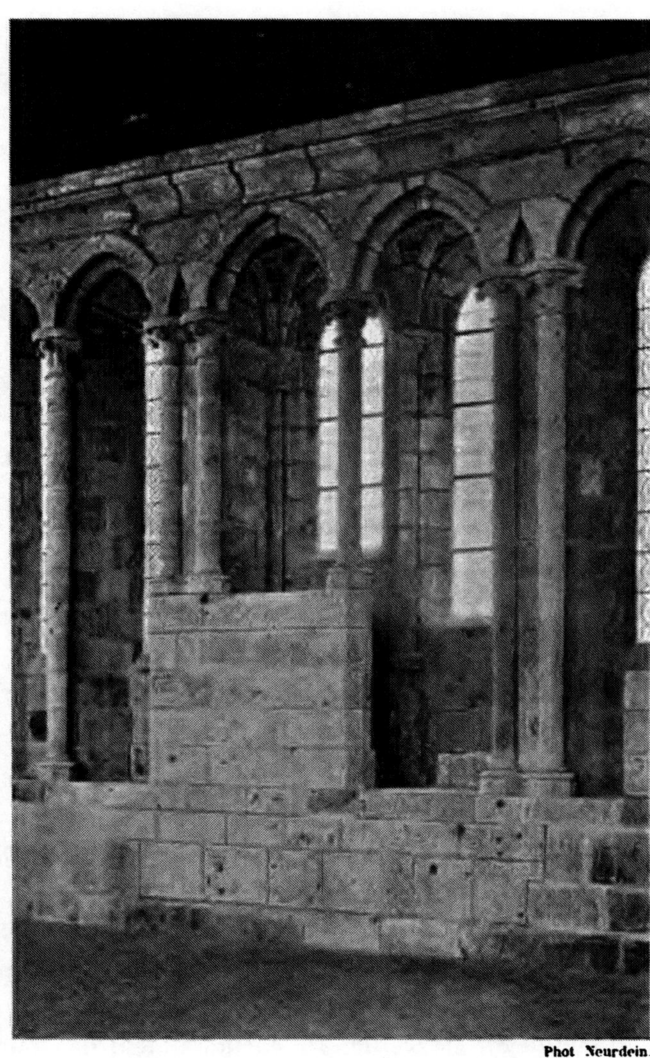

Phot Neurdein.

Fig. 302. — Réfectoire des moines (XIIIe siècle). Chaire du lecteur.

L'abondance des ressources dont disposaient les architectes du moyen âge se manifeste encore dans le curieux arrangement de la buttée du berceau lambrissé contre le pignon Ouest où se trouve une grande baie à trois compartiments. Afin de pouvoir monter cette baie aussi haut que le rendait désirable la nécessité de répandre la lumière le plus loin possible dans la salle, le constructeur établit, au nu intérieur du mur, une sorte de formeret en pierre sur lequel vint s'appliquer l'extrémité de la voûte lambrissée.

Signalons enfin l'ingénieuse disposition, dans l'épaisseur du mur méridional, de la chaire du lecteur (q_2) qui était précédée d'un escalier de bois et planchéiée également en bois.

Cuisine. — Au-dessus du grand vestibule de la Merveille et adjacente au mur méridional du réfectoire, se trouvait la cuisine (21′) dont l'emplacement ne pouvait être mieux choisi. Ouverte sur le réfectoire et sur le cloître, voisine du lavatorium (r_2) qu'elle pouvait aisément alimenter d'eau

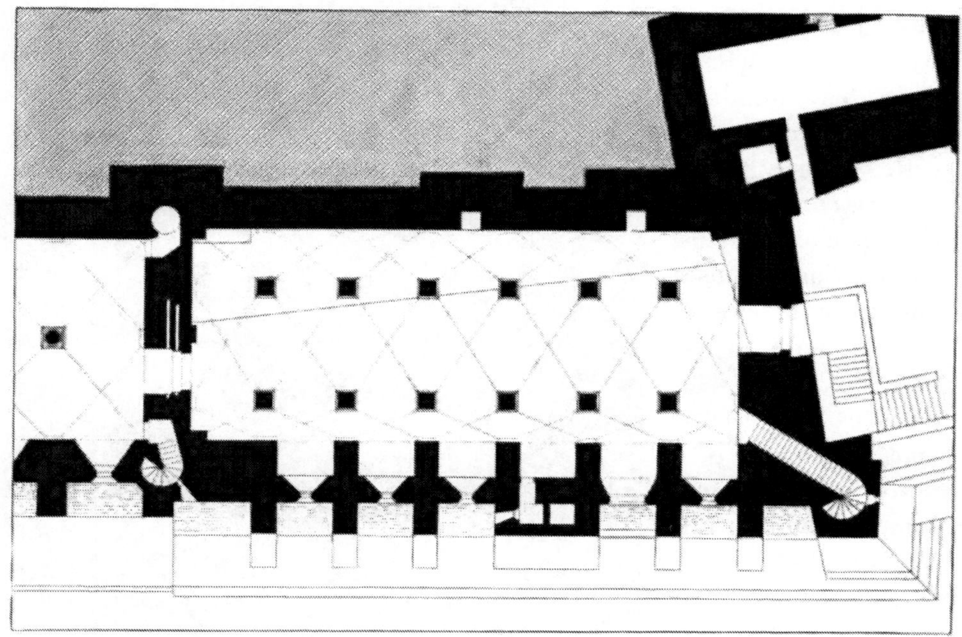

Fig. 305. — Plan du Cellier après restauration.

chaude, elle possédait (en l_2) le débouché du monte-charge communiquant avec l'entrée des provisions et avec l'aumônerie. Elle était pourvue d'une immense cheminée dont la souche s'élevait au-dessus du mur méridional de la Merveille. Indépendamment des ouvertures qui l'éclairaient latéralement et dans son pignon oriental, elle en possédait d'autres, sous la couverture du cloître, qui subsistent encore. Malheureusement les transformations complètes opérées au XVIIe siècle par les moines de la Congrégation de Saint-Maur dans cette partie des bâtiments où ils installèrent leur chauffoir, leur bibliothèque et un escalier de communication avec le vestibule inférieur, ont fait disparaître presque entièrement les dispositions primitives de cette cuisine.

Cellier. — En même temps qu'il poursuivait l'achèvement du bâtiment oriental de la Merveille, Raoul des Iles faisait procéder à la construction du Cellier (19). Là encore on constate un changement de parti,

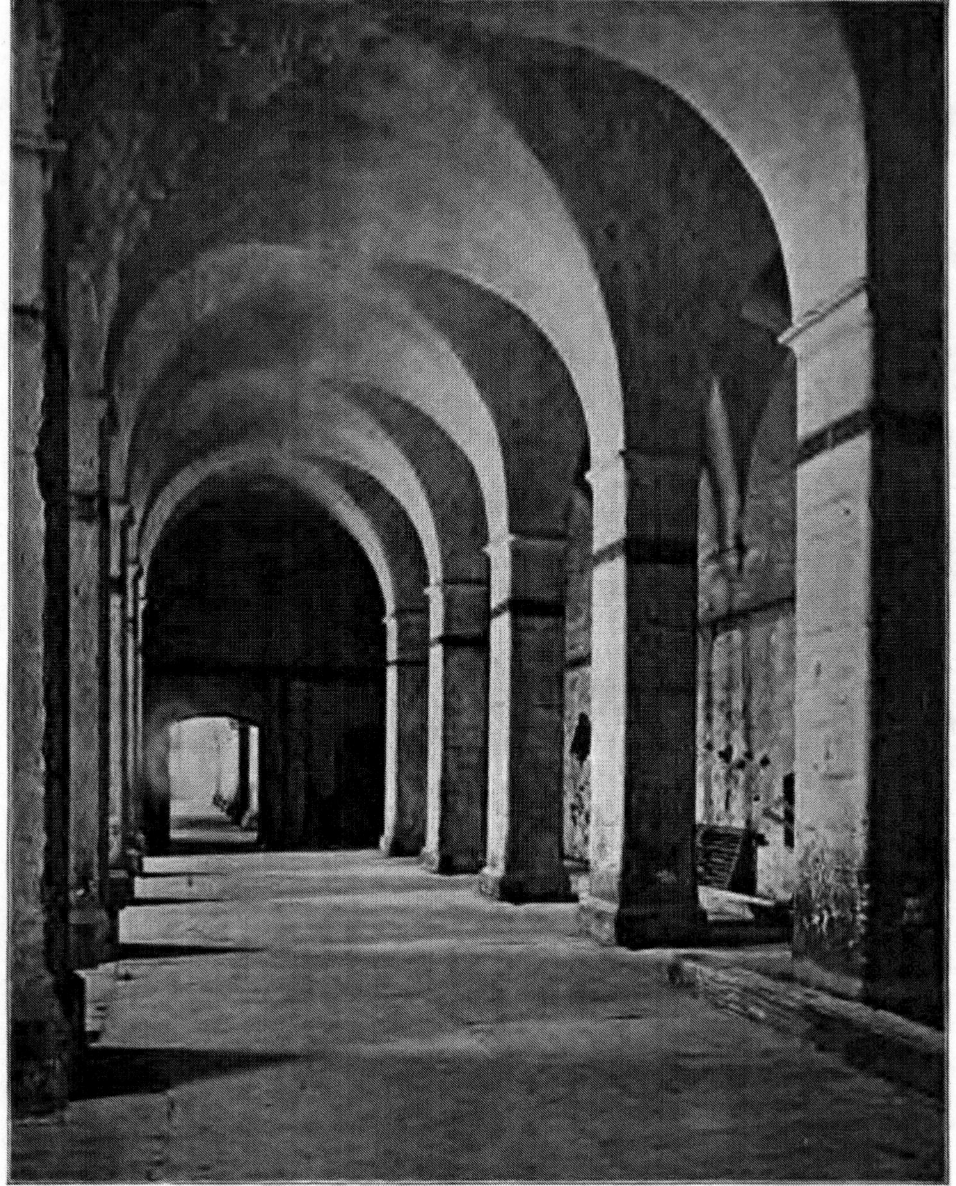

Phot Neurdein.

FIG. 304. — Le Cellier (XIIIe siècle).

en cours d'exécution; les contreforts intérieurs de cette salle répondent à une conception originelle, différente de celle qui fut réalisée. Cet abandon de dispositions ayant déjà reçu un commencement d'exécution, a donné lieu à une sorte de collatéral démesurément étroit, recouvert de voûtes d'une acuité désagréable, et déterminé par la présence de contreforts intérieurs que rien ne motive dans la structure de la salle supérieure. Ces contreforts avaient dû être faits en prévision d'un cellier ne dépassant pas la largeur de l'aumônerie et clos extérieurement à ces contreforts. Il aurait eu, comme l'aumônerie aussi, une double nef supportée au milieu par une épine de points d'appui. Quand l'idée d'un cloître sur toute l'aire de plain-pied avec le réfectoire eut pris corps, on conçut, au-dessous, un quillage de colonnes pour porter des voûtes de nature à le recevoir. Ce quillage, à son tour, détermina l'emplacement des piliers du Cellier qui, placés directement au-dessous, donnèrent lieu à la disposition dont notre planche XXI permet de se rendre compte.

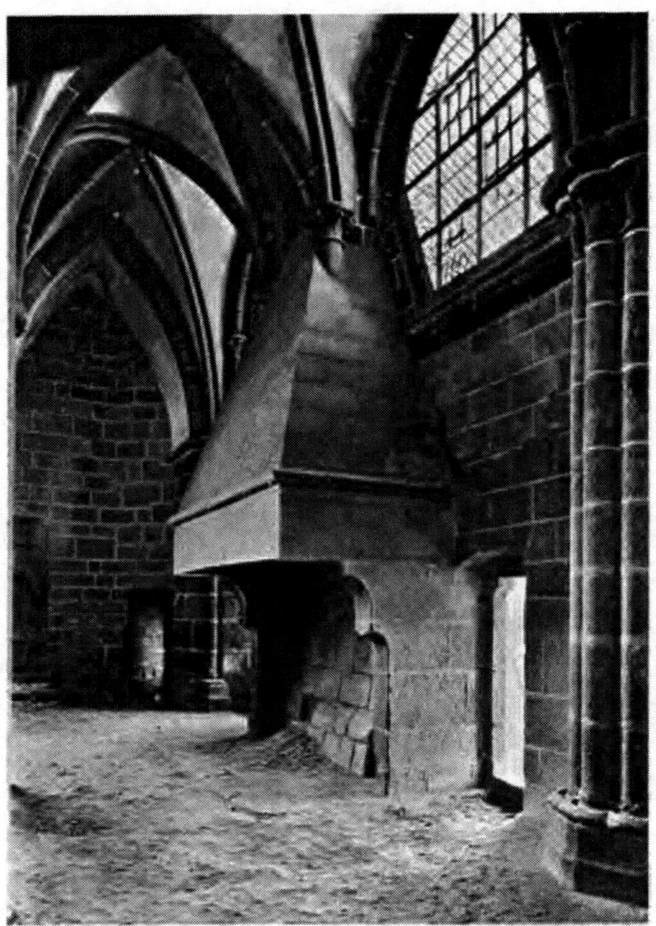

Phot. Neurdein.

Fig. 505. — Cheminée dans la salle des Chevaliers (XIIIe siècle).

D'autre part, l'extension donnée à la salle des Chevaliers motivait l'addition de contreforts extérieurs, rendant superflus les contreforts intérieurs. Toute décoration a naturellement été bannie de cette salle dont la destination était purement d'ordre utilitaire. De simples piles carrées aux angles arrondis reçoivent la retombée de voûtes d'arêtes massives dépourvues de doubleaux et d'arêtiers. Seuls, des tailloirs moulurés forment à la naissance des voûtes une saillie susceptible de supporter les cintres nécessaires à leur exécution.

Coupe sur le bâtiment Ouest.

COUPES D[...]

montrant les deux faces [...]

dont e[...]

LIBRAIRIE A[...]

PL. XXI

Coupe sur le bâtiment Est.

LA MERVEILLE
. mur séparatif des deux bâtiments
e se compose.

AND COLIN

Ce cellier était parfaitement approprié et remplissait toutes les conditions d'aération et de fraîcheur requises pour une cave. Les moines y conservaient leurs provisions journalières et le vin qu'ils récoltaient à Brion, dans leur baronnie de Genest. Toutes les denrées étaient introduites par une porte pratiquée dans la travée (s_1), en avant de laquelle un pont-levis, s'abattant sur un arc bandé entre deux contreforts, formait une saillie suffisante pour pouvoir hisser verticalement ces charges en évitant le talus du soubassement du mur. L'opération du montage s'effectuait au moyen d'une roue analogue à celle dont se servait l'administration pénitentiaire pour faire monter les provisions par le poulain du côté Sud. Une porte pratiquée à l'extrémité occidentale permettait de descendre dans les jardins abbatiaux situés de ce côté, en attendant de servir à la communication avec le rez-de-chaussée du bâtiment projeté à l'Ouest en prolongement de celui qui nous occupe.

Phot Ch. Besnard.

Fig. 306. — Chapiteau dans la salle des Chevaliers (Premier quart du XIIIe siècle).

Salle des Chevaliers. — A moins de raison majeure, nous persévérerons dans le parti que nous avons adopté, de conserver aux salles le nom sous lequel elles sont habituellement connues. Cependant rien n'est moins établi que la circonstance d'où celle dont nous allons parler aurait, d'après certains auteurs, tiré le nom qu'elle porte depuis longtemps. Nous nous sommes expliqué ailleurs sur cette appellation[1] ; nous n'avons maintenant à envisager la salle dite des Chevaliers (19') que sous le rapport de la destination qu'elle avait au moyen âge. A défaut de documents écrits à cet égard, il nous faut chercher cette destination dans une analyse raisonnée des dispositions spéciales à ce beau vaisseau. Il est clair tout d'abord que cette salle était uniquement réservée aux religieux, puisqu'elle est privée de communication avec celle affectée à la réception des hôtes. En outre, elle est longée par un dégagement ayant pour but de l'isoler, en évitant toute promiscuité avec les personnes du dehors, que la disposition générale des lieux obligeait à la traverser pour se rendre à la basilique. Une grande porte, située au haut d'un perron actuellement disparu, s'ouvrait dans la direction des bâtiments conventuels et en ren-

1. T. I. Appendice III : *L'Ordre militaire des Chevaliers de Saint-Michel.*

dait l'accès facile, tant de la chapelle des Trente Cierges et de l'église, que du dortoir et du cloître qui s'étendait directement au-dessus d'elle. La préoccupation de la chauffer efficacement et de lui annexer les locaux nécessaires à un séjour nombreux et prolongé est évidente. Elle était appelée à s'ouvrir largement sur une autre salle (qui eût été vraisemblablement la bibliothèque), commencée en même temps que le chapitre entrepris par Richard Turstin. Des considérations précédentes, il résulte que la salle que nous étudions devait, à son origine et conformément à l'intention de ceux qui l'avaient construite, être affectée aux réunions journalières des religieux qui, « durant la mauvaise saison, y passaient le temps qu'ils ne consacraient pas aux prières du chœur »[1]. C'est la définition même de la salle que, dans tous les monastères, on désignait sous le nom de *Chauffoir*, la seule des *lieux réguliers* que la règle de certains ordres, comme celui de Cîteaux, autorisât à munir d'une cheminée. « Le chauffoir, dit M. Enlart, était un atelier pour les travaux d'intérieur. Il peut se décomposer en plusieurs pièces pour les différents genres de travaux, depuis le graissage des chaussures jusqu'au travail savant et artistique des scribes. C'est aussi dans ce quartier du monastère que se trouvait parfois une salle de bibliothèque ou la salle où l'on instruisait les novices »[2]. Les vastes dimensions de la salle dite des Chevaliers permettait d'en réserver une partie à la circulation, tandis que l'autre pouvait être subdivisée, à

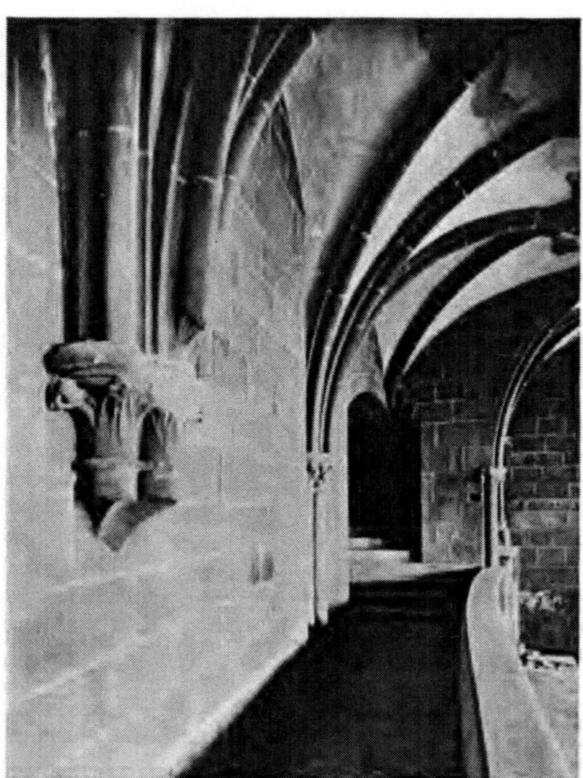

Phot. Neurdein

FIG. 307. — Passage longeant la salle des Chevaliers. Vue intérieure.

1. Alb. Lenoir, *Arch. mon.*, IIIe part., p. 359. - Cette salle se nommait, dans les premiers siècles de l'Église, *caminata, calefactorium, pyrale*; on voit dans la Chronique de Fontenelle que ces salles devaient leur origine aux fondations des plus anciennes maisons religieuses, puisqu'au VIIIe siècle Gervold, abbé de Saint-Wandrille, réédifiait le chauffoir de l'abbaye. -
2. *Manuel d'archéologie française*, t. II : Architecture monastique et hospitalière, p. 32.

Phot. Neurdein.

FIG. 308. — LA SALLE DES CHEVALIERS (XIIIe SIÈCLE).

l'aide de légers cloisonnements, en autant de cases que l'exigeaient les travaux des copistes enlumineurs ou les exercices manuels des divers métiers pratiqués par les religieux[1].

Comme nous l'avons démontré à propos du cellier, la salle des Che-

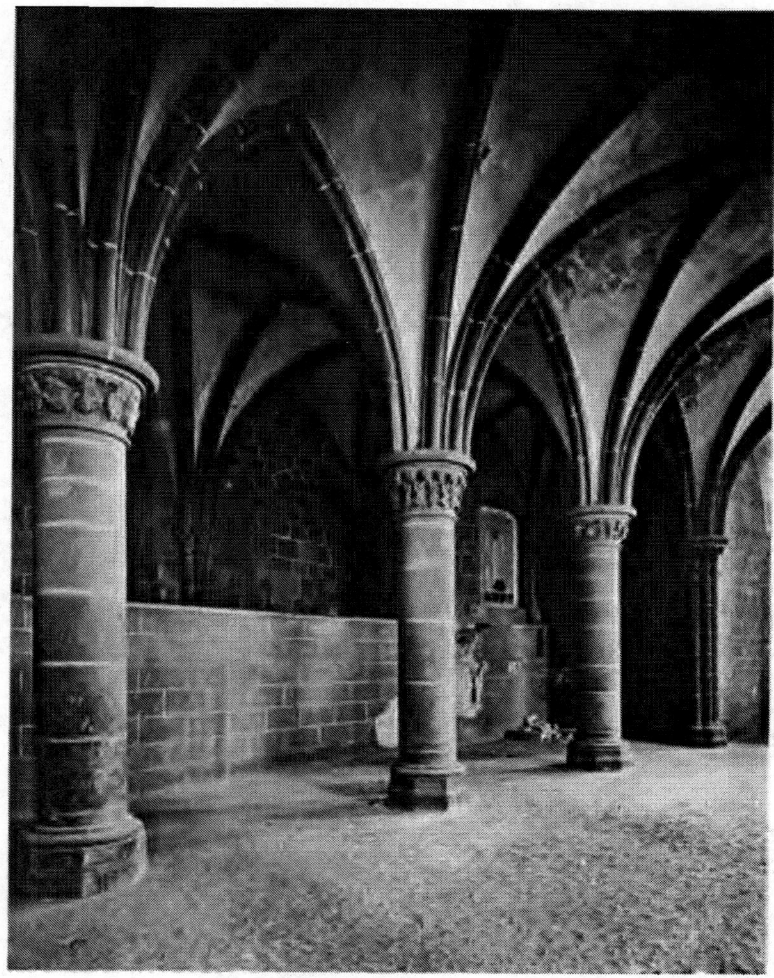

Phot Neurdein.

Fig. 309. — Salle des Chevaliers.

Vue du passage la longeant au Midi et faisant communiquer le vestibule de la Merveille avec les bâtiments des XIe et XIIe siècles.

valiers a, en quelque sorte, déterminé les dispositions constructives du bâtiment occidental de la Merveille. Elle se compose de quatre nefs. Les deux premières rangées de colonnes, du côté du mur de face, reposent sur les piliers du cellier ; la dernière est fondée sur le rocher même et déter-

1. La communauté était divisée en un certain nombre nombre de dizaines ou vingtaines ayant chacune leur doyen et présidées par le prieur. L'abbé possédait sur tous un pouvoir absolu. Le cellerier avait dans ses attributions spéciales le temporel du couvent.

mine, dans l'espace disponible contre les substructions du transept Nord, une succession de travées d'inégales largeurs. La souplesse du système de construction des voûtes d'arêtes ogivales se prêtait si aisément à couvrir les espaces de formes les plus bizarres, qu'ici l'œil ne souffre aucunement du défaut de régularité et de symétrie.

Dans cette belle salle, l'architecture du XIIIe siècle manifeste la pleine possession de sa méthode constructive. La structure de la voûte ogivale résumant en un seul faisceau les éléments de son ossature sur des points

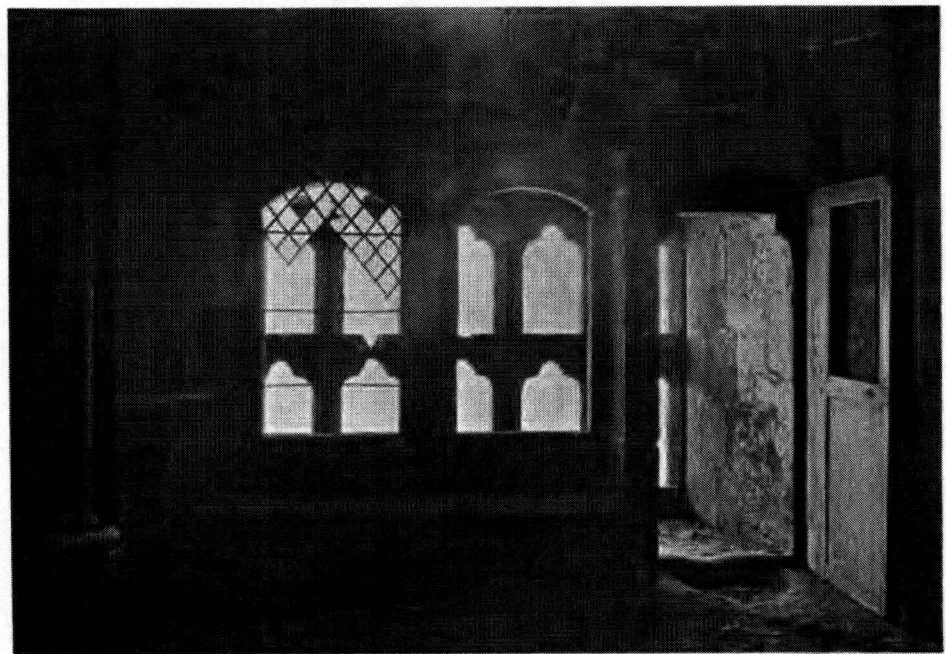

Phot. Neurdein

Fig. 310. — Dégagement servant à l'aération entre les latrines et la salle des Chevaliers.

d'appui cylindriques qui en recueillent la résultante verticale, et contrebutant par des contreforts extérieurs la résultante oblique des poussées, s'y accuse dans toute sa netteté. Indépendamment de la franchise du parti général, fruit d'un art parvenu à sa pleine maturité, on est frappé de la simplicité des solutions et séduit par l'imprévu de certaines audaces qui empruntent des charmes à l'expression sincère et spirituelle de leur objet. L'ingénieuse disposition des voûtes, au droit des grandes cheminées qui en reçoivent les retombées sur leurs énormes manteaux, égale en attrait la variété de la forme des baies réglée d'après la surface susceptible d'évidement dans les murs de face. Si docile qu'il soit aux injonctions du raisonnement, le constructeur de cette époque n'en demeure pas moins attentif aux sollicitations du sentiment le plus délicat de la forme. L'élégance des proportions se marie à la finesse du détail décoratif. Les chapiteaux cylindriques des colonnes recueillent agréablement, en l'enveloppant avec grâce, le faisceau des nervures des voûtes. L'étude du détail y est poussée jusqu'à la minutie. Afin de parer à la mollesse d'un tailloir circulaire, l'artiste a pris soin d'en accentuer la profilation par de profondes gorges qui mettent en valeur des listels appelés à donner de la fermeté à la mouluration torique, la mieux appropriée cependant à la texture grossière du granit. Toutefois sa fidélité aux exigences pratiques ne l'a pas entraîné à arrondir le socle sur lequel reposent les bases de ces colonnes. Il a donné à ce socle la forme polygonale, évitant à la fois la mollesse de la forme cylindrique et l'encombrement causé par un socle rectangulaire dont les angles eussent nui à la commodité de la circulation.

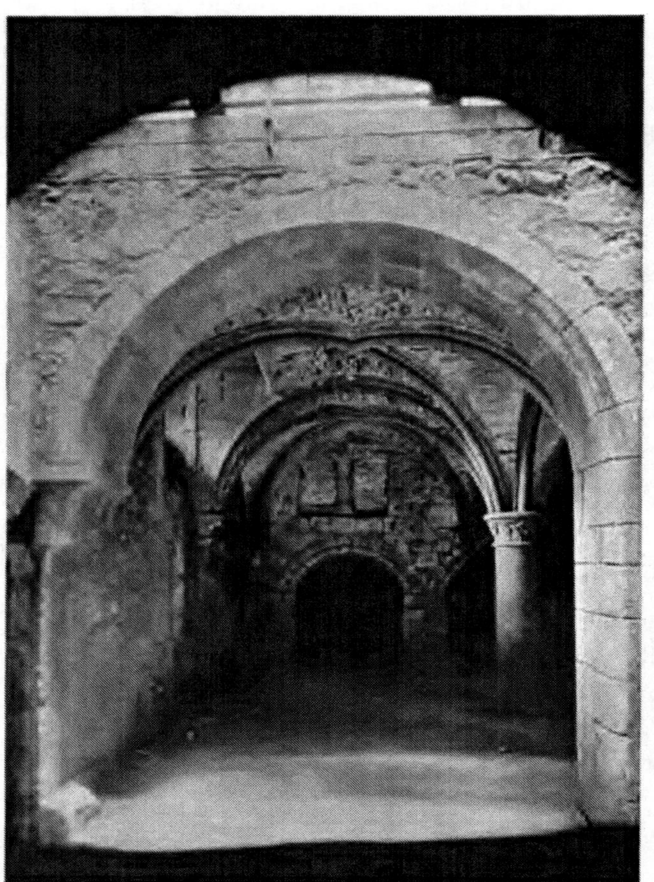

Phot. Ch. Besnard

FIG. 311. — Salle précédant la Chapelle des Trente Cierges (XIIIe siècle).
(Appelée *Cachot du Diable* sous l'administration pénitentiaire.)

Indépendamment des latrines (wc_2) spécialement aménagées, comme nous l'avons vu, sur la façade extérieure de la salle, on s'était servi des coffres de chute des anciennes latrines du XIe siècle pour en disposer d'autres (en wc_3), sur le parcours du couloir mettant en communication directe la Merveille avec les bâtiments accolés, au Nord, à la vieille abbaye. Il fallait vraiment que cette salle eût été faite en prévision du séjour d'assistances fort nombreuses, pour qu'on ait ainsi multiplié ces nécessités. A proximité de ces dernières latrines on remania complètement l'extrémité du bâtiment de l'ancienne cuisine (14') du

XIe siècle, dont on établit la voûte en berceau de manière à la mettre en état de recevoir l'angle du cloître supérieur suivant le nouvel alignement.

Sur le côté oriental de cette salle et longeant les substructions romanes, un passage (t_2 et fig. 307) très en contre-haut et bordé autrefois d'un mur assez haut pour que les regards des passants ne puissent plonger dans la salle[1], permettait aux personnes du dehors de se rendre à l'église par le porche latéral du Nord sans pénétrer dans les bâtiments conventuels. Une porte (u_2), précédée d'un perron, établissait la communication directe entre la salle et le palier inférieur de l'escalier montant à l'église.

Phot. Neurdein.

FIG. 312. — Portrait présumé des artistes qui ont achevé la Merveille.

PETITE SALLE PRÉCÉDANT LA CHAPELLE DES TRENTE CIERGES[1]. — Au niveau de ce palier, point de jonction avec les locaux conventuels, se trouve une petite salle (15') contemporaine de la précédente et qui formait une sorte de narthex en avant de la chapelle des Trente Cierges dont le rôle était important dans la vie monacale du Mont-Saint-Michel. Elle se compose de quatre élégantes voûtes ogivales retombant sur une colonne centrale, et est éclairée par un soupirail s'ouvrant dans le cloître. Pour établir ces voûtes à l'Est et élargir l'ouverture servant à accéder à la chapelle des Trente Cierges, on remania la travée (d_1) construite sous Roger II et on fit un arc rampant avec les voussoirs de l'ancien arc en segment de cercle. Puis on boucha l'escalier droit (C) du XIe siècle, désormais supprimé, par une maçonnerie en pierre de taille disposée en quart de cercle. On remarque au-dessus de la seconde arcade (c_1) une ouverture ébrasée dont le linteau cassé est aujourd'hui supporté par un fragment de fût de colonne :

1. Victor Hugo (lettre du 28 juin 1836) dit qu'il a vu, par une petite ouverture, les tisserands travailler dans la salle des Chevaliers.

c'était un second soupirail qui devait s'ouvrir dans les marches de la porte du cloître pour atténuer l'obscurité du lieu (Voir fig. 511).

Remaniements de la chapelle des Trente Cierges. — Les bâtiments de Roger II contigus à la chapelle des Trente Cierges ne dépassaient pas la hauteur des fenêtres romanes de cette chapelle à laquelle elles procuraient un jour direct suffisant. Il n'en fut plus de même lorsque les bâtiments de la Merveille, dépassant la hauteur du sol de l'église ne laissèrent plus à ces fenêtres que le bénéfice d'un second jour pris sur la salle des Chevaliers. Pour suppléer à la différence d'intensité lumineuse résultant de ce nouvel état des lieux, on agrandit ces baies en les recouvrant d'un arc brisé et en leur donnant un large ébrasement. Cet agrandissement des baies ne s'accommodant pas facilement de la retombée du berceau plein-cintre, on remania ce berceau en pratiquant de part et d'autre dans chacune de ses deux travées, des pénétrations qui firent, de cette voûte en berceau continu, deux voûtes d'arêtes séparées par un large doubleau plein-cintre. Puis, comme la disposition prévue pour le cloître projeté au-dessus comportait la réfection du pignon Nord du transept, en partie assis obliquement sur la première travée Est de la dite voûte, on construisit (en v_2), une sorte d'arc formeret sur lequel vint porter ce pignon.

Après tous ces remaniements on refit des peintures semblables à celles dont ils avaient occasionné la disparition ; dans la voûte transformée on redessina les arêtes par des filets noirs et rouges. Nos planches VII et VIII représentent ces peintures des deux époques.

Cloître[1]. — Ce qui ressort tout d'abord de l'examen du plan, c'est le désir de donner au cloître la plus grande étendue possible, surtout en largeur. Cette préoccupation a, nous l'avons dit, guidé le constructeur dans l'implantation du cellier et de la salle des Chevaliers, en dehors de l'alignement du bâtiment oriental de la Merveille, construit le premier. Du côté Nord, le nu extérieur du mur du cloître s'aligne avec la plus grande saillie de l'escalier à vis du réfectoire. Au Sud, on n'hésite même pas à empiéter sur le transept de l'église. Comme cet empiètement entraînait la réfection complète du pignon du transept Nord, on en profite pour y pratiquer de larges baies inondant de lumière l'église abbatiale. Toutefois on observe comme un changement de parti dans l'exécution de ce travail. On remarque en effet un contrefort tronqué à 60 centimètres au-dessus du chemin de ronde passant devant le fenestrage supporté par

1. « L'an 1228, l'abbé Radulphe de Villedieu, abbé de ce Mont, ayant fait travailler à la fasson des pilliers du cloistre peu après son élection (1226), ils furent achevés cette année (1228). » (Dom Th. Le Roy, t. I, p. 205.)

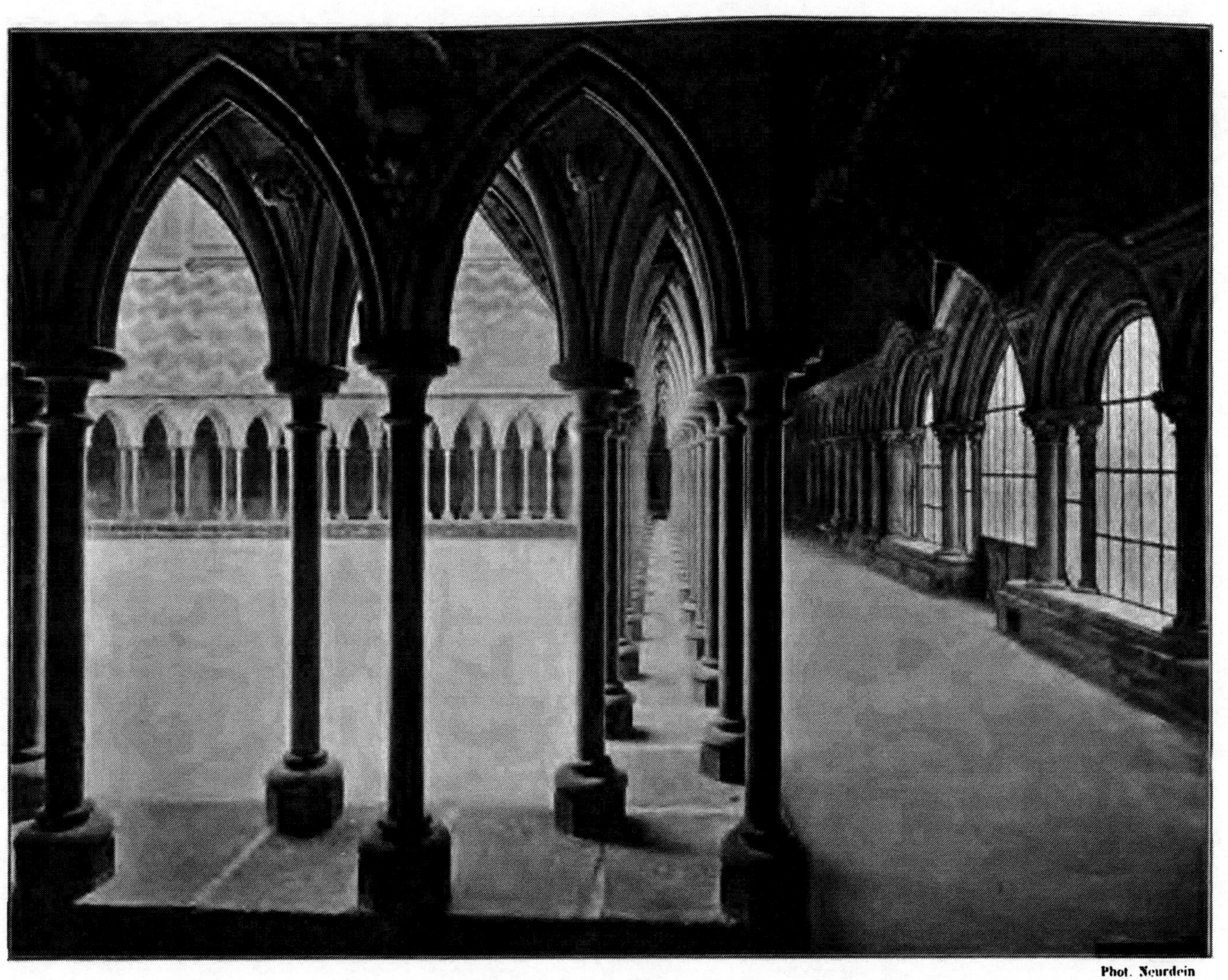

Phot. Neurdein

Fig. 313. — LE CLOÎTRE (XIIIe SIÈCLE).
Dans la galerie à droite, les trois arcades du chapitre commencé.

les deux travées d'arcatures géminées qui contiennent le lavatorium (r_2) où les moines se lavent les mains avant d'entrer au réfectoire situé à proximité.

Du même côté (en w_2) on remarque deux profondes armoires : c'est l'*Armariolum* où les moines déposaient les livres de lecture dont ils faisaient usage durant leurs séjours dans le cloître. Auprès (en x_2), et plus loin (en y_2), sont des ouvertures, sortes de soupiraux, ayant pour but de communiquer la lumière du cloître dans les dégagements inférieurs. De petites baies percées dans le mur Nord donnent vue sur la mer dans la direction de Tombelaine. Du côté Ouest trois belles ouvertures, l'une au milieu servant de porte et les deux latérales de même forme, destinées à mettre en communication le cloître avec la salle sur laquelle elles s'ouvraient, présentent les dispositions caractéristiques des trois baies donnant habituellement du cloître sur le chapitre des Monastères[1]. Elles étaient appelées à s'ouvrir sur la salle capitulaire que commença plus tard Richard Turstin. Mais leur existence en 1228 montre que le bâtiment qui devait prolonger la Merveille vers l'Ouest était déjà projeté et que l'abbé Richard ne fit, dans la circonstance, qu'entreprendre l'exécution d'un ouvrage conçu avant lui.

Suivant la coutume monastique, un crucifix est figuré dans le tympan des arcatures vis-à-vis de chacune des portes des salles environnant le cloître. Nous n'entrerons dans aucun commentaire sur l'habileté de la sculpture des arcatures et de la frise qui en surmonte les motifs décoratifs, tous différents. Toutefois, indépendamment du Saint François d'Assise (malheureusement mutilé au point de n'être plus reconnaissable) cité dans notre partie historique[2], nous rappellerons un tympan qui offre un intérêt d'un genre spécial, celui où sont figurés des personnages ayant coopéré à ce chef-d'œuvre[3]. On ne peut que conjecturer la part de collaboration revenant à chacun de ces personnages.

Dans la frise du côté occidental du cloître on remarque, admirablement sculptées en haut-relief, quatre têtes d'hommes parfaitement ressemblantes deux à deux. Cette similitude, jointe aux traits caractéristiques des têtes et à leurs coiffures, permettent de supposer qu'on est là en présence de portraits et probablement de ceux de deux des artistes qui ont collaboré à ces ouvrages. Nous en donnons (fig. 512) une reproduction.

L'aire centrale du cloître était revêtue de plomb. Au moyen de pentes

1. Cette disposition constante, observée par de Caumont (*Abécédaire d'Archéol. arch., cir. et mil.*, p. 34), est confirmée par tous les exemples donnés par Alb. Lenoir (*Arch. mon.*, IIIe part., p. 320 à 327). Elle remonte à une époque reculée, et il n'est pas sans intérêt de voir, dès 966, Maynard, abbé de Saint-Wandrille, à la veille de venir prendre possession de l'abbaye du Mont-Saint-Michel, compléter d'après ces données la salle capitulaire du monastère de Fontenelle commencée par les soins d'Horlène, femme de Robert de Normandie.

2. T. I, IIe Partie, chap. III, p. 165, fig. 92.

3. T. I, Appendice I, p. 315, fig. 194.

disposées dans cette aire, les eaux pluviales étaient recueillies dans des canaux traversant la galerie Nord et s'échappaient au dehors par des gargouilles débouchant au-dessus des contreforts extérieurs.

Pour bien apprécier le chef-d'œuvre d'architecture qu'est le cloître du Mont-Saint-Michel, il ne suffit pas de l'envisager dans sa décoration d'une prodigieuse richesse, mais bien encore dans le fond de ses dispositions constructives qui sont des plus ingénieuses. Le programme comportait la construction de galeries couvertes, dans des conditions particulières de légèreté qu'imposait leur établissement partiel sur les voûtes de la salle inférieure. Il fallait en outre que cette légèreté ne fut pas préjudiciable à la stabilité de l'œuvre. Or les constructeurs du XIIIe siècle n'avaient été que trop à même de reconnaître, d'après l'expérience décevante des cloîtres romans (dont certains avaient déjà succombé), les inconvénients de la poussée exercée par les charpentes des combles sur une succession d'arcatures composées de colonnettes, fussent-elles accouplées. D'autre part, opposer, au déversement, des contreforts disposés de place en place, eût été une solution répondant mal à la structure du comble qui formait sur les arcatures du cloître une charge uniformément répartie. C'est au milieu de ces conjonctures que le génie de l'auteur de cette merveille lui suggéra l'idée de disposer en quinconce une série de légers fuseaux recevant la retombée d'arcs et de voussettes qui évident et allègent d'autant la masse des tympans de ces arcatures dans leur épaisseur. Cette disposition en quinconce des points d'appui a, en outre, l'avantage capital d'en faire une succession de trépieds : par ce fait, elle leur procure, en sus d'une stabilité abso-

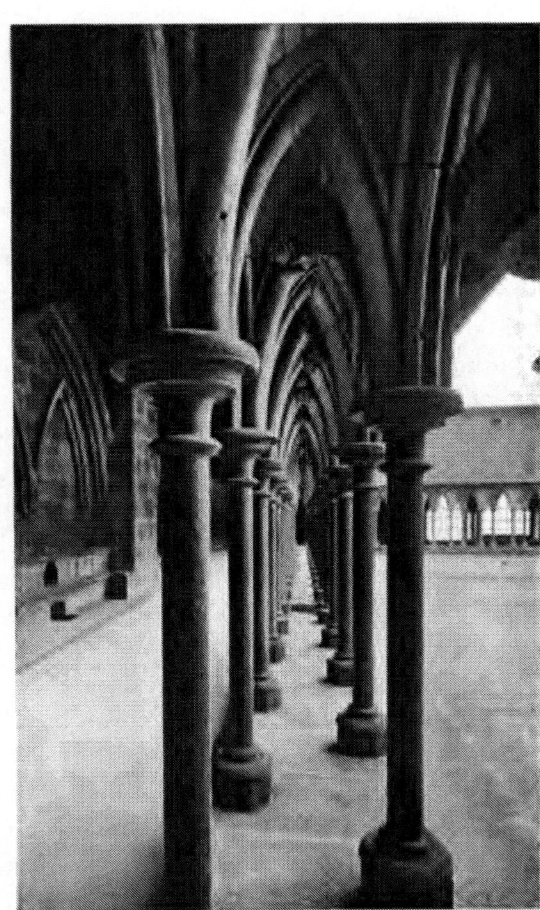

Phot. Neurdein.

FIG. 514. — Vue intérieure du quinconce formé par les colonnes du Cloître.

lue, une résistance au renversement, bien supérieure à celle qui eût résulté de leur accouplement.

Les colonnes et leurs chapiteaux sont en granitelle tourné et poli provenant des carrières de la Lucerne. Les arcades qu'elles supportent sont en pierre de Caen. La finesse de ce calcaire favorisait l'exécution des sculptures très fouillées dont on voulait décorer ces galeries où se passait la vie méditative des religieux, vie de réclusion dont la rigueur pouvait être atténuée par les agréables visions d'un art exquis. Pour ajouter à la splendeur de cette page merveilleuse, toutes ces arcatures, leur mouluration, leurs sculptures, ainsi que la charpente en appentis du comble, étaient couvertes de peintures de couleurs vives et variées qui s'harmonisaient avec le ton rose du granitelle poli des colonnes et la polychromie des tuiles vernissées de la toiture. Les retombées, sur la moulure longeant le mur, du pied des liens soulageant les chevrons portant ferme, fondaient progressivement la tonalité vibrante des peintures avec la monotonie du granit[1].

Dans la galerie méridionale et contre le mur clôturant le transept Nord on remarque deux gradins de pierre superposés percés au milieu, de cavités en forme de piscines (Voir fig. 316 ci-après). Ce sont les bancs sur lesquels les religieux s'asseyaient pendant la cérémonie du lavement des pieds qui, suivant la règle bénédictine, se pratiquait le jeudi avant d'entrer au réfectoire. La proximité de la cuisine facilitait l'approvisionnement de l'eau chaude. Chaque travée présentait six places : en sorte que l'abbé figurant le Christ opérait simultanément sur douze moines symbolisant les douze Apôtres.

Au-dessus du cloître, émerge la silhouette mouvementée des bâtiments adjacents; puis, couronnant le bandeau qui forme larmier au-dessus de la toiture en appentis, se découpait la riche dentelure de la balustrade qui pourtournait le quadrilatère sur trois de ses faces et servait de garde-corps à un chemin de ronde, suprême retranchement d'une résistance désespérée contre un ennemi qui aurait envahi l'intérieur du monastère.

Extérieur de la merveille. — Il n'existe pas d'édifice qui dépasse en mâle beauté la façade Nord de la Merveille. Comme l'écrivait Victor Hugo[2] : « Ici, il faudrait entasser les superlatifs d'admiration, comme les

1. Le sol primitif du cloître était de 0m,17 inférieur au dallage actuel. Ce supplément de hauteur est indispensable pour que les bancs qui pourtournent les murs, et que le socle sur lequel portent les colonnettes des arcatures, puissent servir commodément à s'asseoir comme le comporte leur destination. Il faudra rendre un jour cette hauteur à ces magnifiques galeries dont les proportions gagneront considérablement à cette rectification.

2. *En voyage. France et Belgique*. Paris, Hetzel, s. d., in-12. Lettre à sa femme, datée de Coutances, 28 juin 1836, p. 51.

Phot. Neurdein

FIG. 315. — VUE DU CLOÎTRE PRISE DE L'AIRE CENTRALE (XIIIe SIÈCLE).

hommes ont entassé les édifices sur les rochers et comme la nature a entassé les rochers sur les édifices. »

Il nous arriva, par une belle soirée d'été, de faire le tour du Mont avec une des plus hautes personnalités du monde des arts qui ne saurait être suspecte de préférence pour les œuvres du moyen âge. Quand nous fûmes en face de la Merveille, notre éminent interlocuteur, après avoir longuement considéré cette magnifique silhouette modelée par les der-

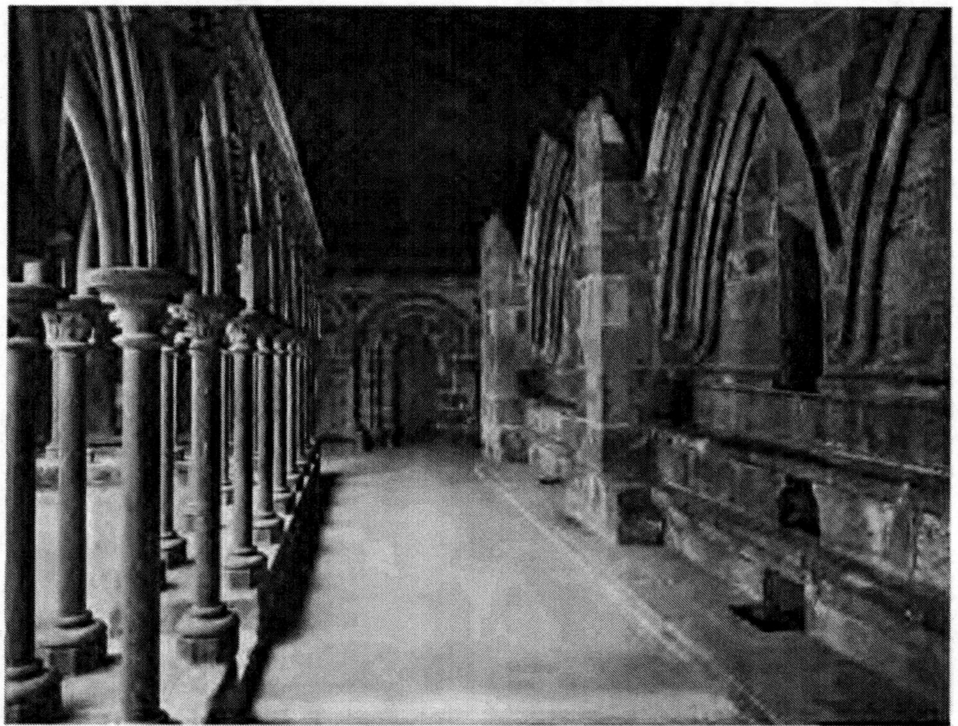

Phot Neurdein.

Fig. 316. — Le lavatorium des moines (XIIIe siècle).

niers feux du soleil couchant, ne put retenir ce cri d'admiration : « Cela vaut l'Acropole ». Oui, certes, la Merveille du Mont-Saint-Michel vaut le Parthénon d'Athènes, et même quelque chose de plus : car à autant d'art elle joint beaucoup plus de science. L'harmonie de ces deux œuvres humaines avec la nature au sein de laquelle elles s'élèvent est aussi parfaite dans l'une que dans l'autre. Toutes deux révèlent avec le même éclat et la même puissance l'âme des peuples qui les ont créées.

Les constatations auxquelles donne lieu l'analyse de l'extérieur de la Merveille appuient l'exactitude des déductions tirées de l'étude de l'intérieur des constructions. La soudure des deux bâtiments qui la composent est évidente et la façon dont elle s'opère dans toute la hauteur de l'escalier central est absolument concluante. Quelque unité que la perfection apportée par les constructeurs à l'observation de « l'échelle »[1] ait imprimé à l'ensemble, on distingue dans le bâtiment oriental un caractère saisissant d'homogénéité qui n'existe qu'à un moindre degré dans l'aile occidentale. L'œuvre, colossale par elle-même, ne perd rien de sa grandeur titanique au milieu des mirages écrasants de l'immensité. Partout la beauté repose sur l'heureuse harmonie des proportions corrélatives entre les éléments de la conception, animant une expression sincère des nécessités imposées par les dispositions constructives et par l'éclairage des salles intérieures. On ne rencontre nulle part la moindre trace d'une forme arbitraire ou d'une superfétation capricieuse. Dans les divers éléments de la composition, tous aussi utiles par leur fonction dans la structure qu'expressifs dans leur aspect par la pureté de leurs lignes, l'appareil de pierre de taille accuse « l'échelle » que révèle dans chaque morceau de pierre la proportionnalité de la matière rapportée au rôle qui lui est dévolu. Les ouvertures de toutes formes et de toutes dimensions contribuent par leur variété à la compréhension de cette échelle harmonique. La progression des effets, toute occasionnelle mais merveilleusement graduée, est particulièrement saisissante dans les parties hautes de l'œuvre. Elle y aboutit à

Phot. Ch. Besnard

Fig. 317. — Face méridionale du cloître après restauration des bâtiments adjacents.

1. *L'échelle* est un terme employé en architecture pour désigner la corrélation proportionnelle des diverses parties d'un édifice rapportée aux dimensions de l'être auquel il est destiné.

une richesse extraordinaire que complète le silhouettement des tourelles, des cheminées et enfin la dentelure du garde-corps découpé à jour qui couronnait jadis toute l'étendue des murs latéraux de la Merveille, affirmant une fois de plus l'échelle métrique par sa hauteur proportionnée à la taille de l'homme[1]. Ce garde-corps ajouré protégeait la circulation dans les chemins de ronde disposés au pied des combles[2]. Il couronnait le bâtiment oriental de la Merveille sur ses faces Nord et Sud (voir fig. 301 et le frontispice du présent tome II), le cloître, les bas côtés et la nef de l'église abbatiale. On le retrouve encore au haut de *Belle-Chaise* et il fut reproduit, à la fin du XIVe siècle et au commencement du XVe, par les constructeurs du chartrier et des surélévations faites entre l'Officialité et le logis abbatial, qui, comme leurs prédécesseurs du XIIIe siècle, virent dans cette sorte de balustrade un élément à la fois utile, expressif d'unité, accusatif de la proportion et, par surcroît, très décoratif.

COMMUNICATION COUVERTE ENTRE L'ÉGLISE ET LE CLOÎTRE. — Nous avons vu qu'une communication à couvert existait au XIIe siècle (en 15" de notre plan Pl. XX), entre l'église et les bâtiments de Roger II. Elle se composait d'une toiture à deux versants perpendiculaires sur l'église et dont les solins en pierre existent encore en grande partie sur le mur du bas côté Nord (Voir fig. 278). Cette toiture fut détruite en 1203 par l'incendie qui avait consumé la plus grande partie des bâtiments de Roger II. Les constructeurs du XIIIe siècle projetèrent de la rétablir (peut-être même ont-ils réalisé ce dessein) ; et, pour ce faire, ils élevèrent (en E), dans le mur du cloître, un pignon destiné à en recevoir l'about (Voir Pl. XXIV). Pour l'éclairer, ils pratiquèrent dans ce mur trois baies en arcs brisés prenant jour sous la toiture en appentis du cloître[3]. Deux baies (y_2 et x_2) furent percées en forme de soupirail dans le bas du même mur. La première (y_2) éclaira directement la petite salle précédant la chapelle des Trente Cierges ; la seconde (x_2) fit pénétrer la lumière du cloître dans une trémie (T) qui la transmit au palier bas de l'escalier descendant au promenoir, dont on évasa largement l'ouverture pour le faire profiter de cette lumière. Le long du mur occidental du transept, on établit, sous un appentis se raccordant avec la toiture de ce passage, un étroit degré (z_2) qui

1. L'existence de cette disposition dans la conception et probablement dans l'exécution de la Merveille au XIIIe siècle ne saurait faire l'objet du moindre doute. Les amorces qui, avant la restauration de M. l'architecte Corroyer, se trouvaient contre la tourelle et ont été pris pour celles d'un crénelage, étaient les amorces d'un ressaut de cette sorte de balustrade ajourée formant un mur contre lequel s'appliquait, en s'ouvrant, la porte de l'escalier (Voir fig. 301). Il existe d'autres exemples de ces ressauts du garde-corps dans l'abbaye, dont un, notamment, en haut de l'escalier de la tour Perrine (Voir fig. 342).

2. Ce mode de couronnement des chéneaux formant, d'un pignon à l'autre, protection au pied des couvertures, est local : on en voit de nombreux exemples du même dessin dans la contrée, notamment à l'église de Pontorson, à celle de Genest, etc.

3. La charpente n'était pas, alors, pourvue d'un berceau lambrissé.

desservit le chemin de ronde couronnant le mur du cloître. Comme à l'ordinaire, la porte qui fermait cet escalier était assez élevée au-dessus du palier qui la précédait pour qu'on n'en pût franchir le seuil que difficilement ou, tout au moins, avec l'aide d'un escabeau de bois facile à

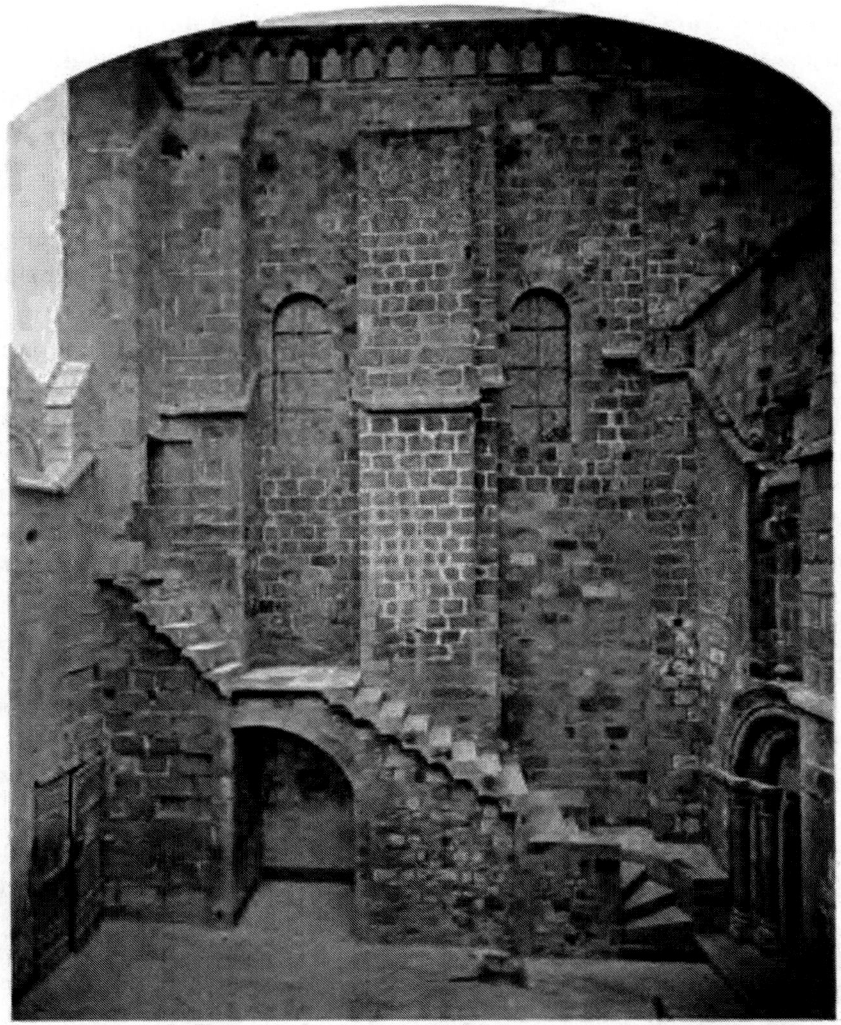

Phot. Ch. Besnard.

Fig. 318. — Degré montant au chemin de ronde qui couronne le cloître (XIIIe siècle). Restauration.

supprimer en cas de surprise. Au haut de cet escalier était une autre porte précédée de trois marches de nature à embarrasser l'assaillant par leur hauteur démesurée. Cette autre issue fût-elle forcée, la résistance s'acharnait plus loin, où le système de défense, employant comme suprême retranchement les parties hautes de la Merveille, s'accuse encore dans le chemin de ronde prolongeant le couronnement du cloître devant le transept Nord.

Dans l'ouverture pratiquée à travers le contrefort Nord-Ouest de ce transept, on voit la feuillure et l'entaille cylindrique nécessaire au développement d'une porte qui, dans l'éventualité d'une défense désespérée, aurait encore barré le passage à l'ennemi.

La plupart de ces dispositions étaient devenues méconnaissables sous les multiples transformations opérées au XVIIe siècle et durant l'occupation par les services pénitentiaires. En dégageant les constructions du moyen âge, nous avons rencontré des vestiges qui nous ont permis de rétablir, avec certitude, l'état ancien des parties que, seules, il importait de mettre en lumière et de conserver.

Remaniements aux batiments du XIe siècle. — Nous avons vu que, nés au XIe siècle, ces bâtiments avaient déjà été l'objet d'importants remaniements au cours du XIIe.

Le cloître avait empiété sur une partie de leurs locaux, notamment sur la vieille infirmerie adjacente au dortoir. Il fallut raccorder et clore. Et, bien que ces travaux puissent, dans une certaine mesure, avoir suivi l'année 1228 de l'achèvement du cloître, nous les comprenons parmi ceux qui lui sont contemporains comme en faisant en quelque sorte partie intégrante. On fit un pignon pour fermer le comble de l'infirmerie; on ouvrit plus largement les fenêtres du dortoir qu'on disposa avec un meneau central et on raccorda l'intervalle entre les murs du cloître et du dortoir par un talus en pierre de taille au bas duquel fut aménagé avec grand soin le chéneau de plomb recueillant les eaux pluviales du versant Nord du comble du dortoir, et du versant Sud de celui de l'infirmerie. Tout ce dispositif, admirablement conçu et exécuté, avait disparu en partie sous les transformations que les moines de la Congrégation de Saint-Maur d'abord, puis l'administration pénitentiaire après eux, avaient faites de tous ces locaux de la vieille abbaye. Le vieux dortoir était tellement méconnaissable et le passage couvert entre l'église et le cloître avait été l'objet de tant de mutilations qu'il était vraiment devenu impossible d'en soupçonner l'existence. C'est en déblayant les constructions et en sondant les murs, que nous sommes tombé sur des traces révélatrices qui nous ont permis de restituer, avec la certitude la plus absolue, ces dispositions anciennes de l'abbaye du moyen âge.

Chapelle Saint-Étienne. — La construction de cette chapelle doit être envisagée comme un remaniement opéré au XIIIe siècle dans les bâtiments du XIIe au Sud.

Le transfert de l'hôtellerie du XIIe siècle dans les bâtiments de la Merveille avait motivé certains changements dans l'affectation des constructions de Robert de Torigni au Midi. La chapelle des Morts (10′), construite par cet abbé, présentait un inconvénient grave : couverte d'une simple charpente lambrissée et exposée en plein midi sans aucune ventilation sur les autres côtés, elle devait, l'été, emmagasiner une chaleur de nature à hâter la décomposition des corps. On résolut donc de la refaire, mais cette fois voûtée en pierre suivant le système ogival. On démolit conséquemment l'ancienne, ainsi que la voûte qui en supportait le sol, pour baisser le niveau de ce sol, de manière à donner à la nouvelle chapelle une hauteur favorable aux proportions des voûtes d'arêtes ogivales. On laissa néanmoins, dans le mur conservé, la moulure qui supportait le berceau lambrissé du XIIe siècle[1]. Puis, les trois arcades adossées à cette dernière époque contre le mur de la galerie montante du XIe siècle ayant été maintenues, on banda, à mi-hauteur des piédroits de l'arcade centrale, un arc sur la clef duquel on fit porter une pile recevant l'une des retombées de la nouvelle voûte en pierre (Fig. 253, 284, 285 et 449). Cette excavation servit à disposer la cuve de pierre destinée, suivant la règle, au lavage des cadavres avant leur ensevelissement dans leurs vêtements religieux. Dans le mur opposé on voit encore deux piscines qui servaient à déposer les vases contenant l'eau et à se laver les mains après l'opération. Le cimetière étant à côté, les enterrements de simples moines pouvaient avoir lieu sans, pour ainsi dire, que les pèlerins eussent à s'en apercevoir.

Phot. Berthaud

Fig. 319. — Portail méridional de l'église (XIIIe siècle). Avant restauration[2].

Cette chapelle était délicatement décorée de peintures dont il subsiste encore des fragments que nous reproduisons dans notre planche VIII. Ces peintures sont d'autant plus intéressantes qu'elles témoignent de la double

1. Notre figure 285 explique ces remaniements dont nous avons déjà entretenu le lecteur à propos des constructions de Robert de Torigni.

2. On voit dans le tympan un bas-relief moderne et sans valeur que nous avons fait déposer.

transformation de cette chapelle qui reçut un état intermédiaire entre celui qu'elle avait sous Robert de Torigni et celui qu'elle prit définitivement par la construction des voûtes qu'y fit Raoul de Villedieu. En effet, en examinant attentivement le fond de l'excavation où elles subsistent, on remarque qu'elles se prolongent derrière l'arc en segment qui supporte la retombée de la voûte du XIIIe siècle. Elles sont donc antérieures à l'exécution des voûtes ogivales. Mais comme elles descendent jusqu'au niveau du sol établi à cette époque, il y a lieu de conclure qu'elles ont été faites pour une salle dont le sol était déjà descendu au niveau actuel, mais qui avait encore conservé la voûte lambrissée en bois du XIIe siècle. Il résulte en outre de ce qui précède que, malgré le maniéré de leurs arabesques qui pourrait les faire supposer moins anciennes, ces peintures remontent au premier quart du XIIIe siècle[1].

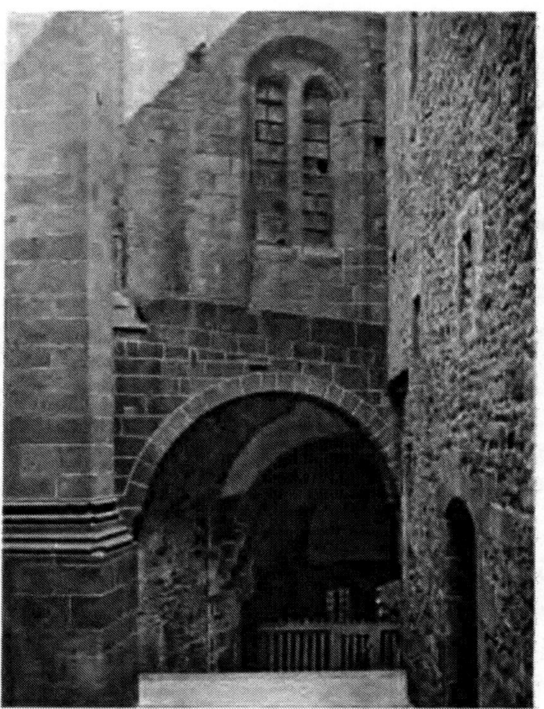

Phot. Ch. Besnard.

FIG. 520. — Fenêtre latérale de Belle-Chaise sur le grand degré abbatial.

TRAVAUX DE RICHARD TURSTIN

Les travaux continuaient toujours; ce n'est pas un abbé ami des belles choses comme Richard Turstin qui en aurait interrompu le cours. En prenant la crosse en 1236, Richard avait de vastes desseins : et malgré l'obstruction faite par ses religieux, il en réalisa une partie importante. Il tenait à continuer l'abbaye dans les conditions grandioses inaugurées par ses prédécesseurs, à remanier des parties anciennes pour donner à l'ensemble un caractère d'unité, et à mettre le tout à l'abri des convoitises

1. En faisant tomber un fragment de mur moderne qui bouchait l'ouverture faisant communiquer la chapelle Saint-Étienne avec l'infirmerie, nous avons mis à découvert la continuation de ces peintures qui paraissaient devoir se prolonger jusque dans les salles contiguës. On remarquera d'ailleurs que les salles du dernier étage de l'hôtellerie portent des vestiges de voûtes qui, à en juger par la similitude absolue de la mouluration, sont certainement contemporaines de celles de la chapelle Saint-Étienne. Ces remaniements du bâtiment de l'hôtellerie de Robert de Torigni datent donc de la prélature de Raoul de Villedieu.

que les immenses richesses du monastère ne manquaient pas d'exciter.

Pour faciliter les réparations aux couvertures, il reprit les couronnements des murs du XIe siècle où il substitua, aux égouts pendants des toitures, les corniches dallées, d'un usage courant sous ses prédécesseurs pour former, à la base des combles, un chemin de ronde garanti par une balustrade en pierre de l'effet décoratif le plus heureux. La porte latérale de l'église sur le Saut-Gaultier ne lui parut pas suffisante : il l'agrandit et l'enrichit de voussures. Il est d'ailleurs fort probable que cette plate-forme elle-même a été l'objet, dès cette époque, de remaniements ayant pour effet d'y faire aboutir directement le grand degré abbatial. La hardiesse de ses projets se manifeste encore dans le bâtiment capitulaire[1] qu'il commença à l'extrémité occidentale de la Merveille et qui, à en juger d'après les soubassements gigantesques qui subsistent, promettait d'en être la digne continuation.

Phot. Ch. Besnard.

Fig. 321. — Élévation à l'Est de Belle-Chaise (XIIIe siècle), et de la Tour Perrine (XIVe siècle). Vue prise en 1909 à 1500 mètres du Mont-Saint-Michel.

Richard ne négligeait rien de ce qui pouvait affirmer l'autorité ou rehausser le prestige de l'abbé devant les prétentions envahissantes du pouvoir épiscopal. Il s'était fait donner la mitre : il voulut être aussi bien logé que l'évêque et se fit construire de somptueux appartements. L'importance de sa juridiction comportait, en outre, un prétoire susceptible de réunir tout le personnel de gens de loi, de plaideurs et de témoins qui attendaient ses arrêts. Il commença donc vers 1250 le grand bâtiment de l'Officialité, qu'on désigna depuis sous le nom de Belle-Chaise ; puis, vers 1260, il entreprit la construction des bâtiments abbatiaux comprenant son propre logis (22' et 22''), la procure ou bailliverie (23 et 23') et quelques dépendances (24 et 24', pl. XXII et XXIII).

1. « Ce fut luy (Richard Turstin) qui fit jetter les fondements du chapitre qu'on voit encore imparfaict du coste du septentrion au bout du cloistre. » (Dom Th. Le Roy, t. I, p. 226.)

BELLE-CHAISE[1]

Entrée, salle des gardes, officialité. — L'entrée principale du monastère, qui se trouvait au pied de la tour des Corbins, fut transportée au rez-de-chaussée du nouveau bâtiment, où Richard établit la salle des Gardes (25). Ce portail extérieur est encore intact dans la courette où l'a assombri, au xve siècle, la construction du Châtelet (26). Avant la Révolution, cette porte était, paraît-il, surmontée d'une statue de saint Benoît. Défendue naturellement par sa situation au haut des nombreux degrés qui la précédaient, cette entrée était en outre protégée par quelques travaux de défense qui la reliaient à la Merveille.

Fig. 322. — Belle-Chaise. Coupe transversale après restauration.

Le sol de la salle des Gardes suit les déclivités de la montagne par des emmarchements en partie pratiqués dans le rocher. Sa hauteur sous voûte se conforme elle-même à cette déclivité au moyen du ressaut que forment entre elles les deux travées attenantes, ressaut dont le constructeur a tiré parti dans la distribution de l'étage supérieur, pour y faire un entresol occupant la hauteur comprise entre la voûte la plus basse de la salle

1. « L'an 1257.... il (Richard Turstin) fit parachever le bastiment au dessoubs duquel est le corps de garde de ce Mont appelé Belle-Chère ou Belle-Chaize. » (Dom Th. Le Roy, t. I, p. 226.) Le ms n° 24 dit aussi p. 48 : « Sous Toustain fist faire Belle Chieir ».

des Gardes et le plancher de celle située au-dessus. La dernière travée de voûte à l'Ouest était alors rectangulaire : car ce ne fut qu'au xve siècle que le développement pris par le nouveau chœur empiéta sur la salle des Gardes comme sur l'Officialité qui la surmonte.

On remarque (en a_3 et b_3, pl. XXII) deux portes : l'une s'ouvrait sur l'escalier montant à la plate-forme du vestibule de la Merveille, et l'autre devait pénétrer dans un bâtiment reliant la salle des Gardes au porche de

Phot. Neurdein

Fig. 523. — La Salle des Gardes, construite en 1257.

l'Aumônerie[1] et qui n'a peut-être jamais été plus terminé que celui qu'entreprit plus tard Pierre Le Roy sur le même emplacement. Vis-à-vis (en d_3) est l'entrée d'un escalier pratiqué dans l'épaisseur de la muraille pour accéder à un petit entresol qui servait de salle de conseil, ou de greffe pour les scribes de l'Officialité. Le parfait éclairage de cette salle se prêtait spécialement à cette destination. Un autre escalier (en e_3, pl. XXIII) débouchait directement dans le Prétoire (25'), salle richement décorée[2] et qui le fut encore davantage, par la suite, sous la prélature de Pierre Le Roy. Nous avons trouvé des vestiges de l'enduit primitif : il était d'une

1. « Il fit pareillement jetter en ce temps les fondements de ce bastiment encore imparfaict qui est à costé du corps de garde. (Dom Th. Le Roy, t. I, p. 226.)

2. « On lit dans plusieurs historiens, que les salles d'audience étaient décorées d'une manière remarquable ». (Alb. Lenoir, *Arch. mon.*, IIIe part., p. 430.)

grande dureté et couvert de peintures figurant un appareil simulé à doubles traits verticaux; dans le haut courait une frise de rinceaux tracés en noir. Les personnes étrangères et le public des séances pénétraient dans cette grande salle par une issue pratiquée au niveau de la plate-forme de la Merveille, dans la partie du bâtiment qui, au XVe siècle, a fait place aux soubassements du nouveau chœur.

Phot. Ch. Besnard

Fig. 524. — Fouilles et recherches de 1909 dans la Bailliverie. Découverte de l'escalier montant au premier étage[1].

Bien qu'une trentaine d'années environ séparent l'édification du bâtiment de l'Officialité de celle de la Merveille, il tient beaucoup du caractère de cette dernière : nous ne serions même pas étonné qu'il fût l'œuvre du même artiste. Le dispositif des baies de la façade de Belle-Chaise à l'Est rappelle un peu celui des baies du réfectoire des moines, à la différence près que, n'ayant pas à redouter un déversement, le mur est ici beaucoup moins épais, et que le parti des colonnettes accolées ne vise qu'une économie de matière par un élégissement de la masse de la maçonnerie qui échappe à toute action oblique. Il en fut autrement des murs latéraux auxquels le constructeur crut, avec raison, devoir donner plus d'épaisseur parce qu'ils étaient plus longs et qu'ils avaient à porter une charpente dont la poussée était toujours à craindre avec le système de « chevrons portant fermes » seul usité à cette époque. Tous ces murs étaient surmontés extérieurement d'une galerie de circulation bordée du garde-corps ajouré qui alors couronnait uniformément tous les édifices abbatiaux. Mais, pour obtenir, au sommet des

1 Découvert en 1909.

murs extrêmes, la largeur nécessaire au passage de cette galerie en avant des pignons triangulaires du comble (où la surépaisseur du tympan des arcatures formait déjà une première saillie extérieure), le constructeur imagina, à l'intérieur, une autre série d'arcatures encadrant les lancettes des baies et reportant sur des encorbellements le poids du pignon

Phot. Ch. Besnard.

Fig. 325. — Procure. État actuel en 1909.

à porter. Cette disposition, ingénieuse dans son principe constructif, est, par surcroît, de l'aspect décoratif le plus heureux (Voir fig. 322).

BÂTIMENTS ABBATIAUX

Procure. — Logis abbatial et ses dépendances. — Élevés vers 1260, remaniés aux xive, xve et xvie siècles et mutilés ensuite par les religieux de la Congrégation de Saint-Maur et sous l'administration pénitentiaire, ces bâtiments ne présentaient guère jusqu'ici que l'intérêt historique qui s'attache au souvenir des détenus célèbres qui les ont occupés. On ne se serait guère douté que ces mornes séjours de captivité cachaient les élégantes dispositions de l'architecture civile du moyen âge que nos fouilles de 1909 nous ont révélées, en plumant les enduits, en sondant les murs, en faisant tomber quelques parties de cloisonnements et de planchers qui masquaient absolument l'état ancien de ces belles constructions.

Contigu à Belle-Chaise, un premier bâtiment longe le grand degré abbatial. Il contenait, au rez-de-chaussée, une longue salle (25) voûtée de quatre travées de voûtes d'arêtes sans arêtiers. Au fond, vers l'Est, un escalier droit (f_5) porté sur un arc (Pl. XXII et XXIII et fig. 324), montait à un premier étage et desservait en même temps la salle de l'Officialité. Cet étage, dont subsistent encore deux des corbeaux qui en supportaient le plancher supérieur, ne dépassait pas sensiblement la hauteur de la salle

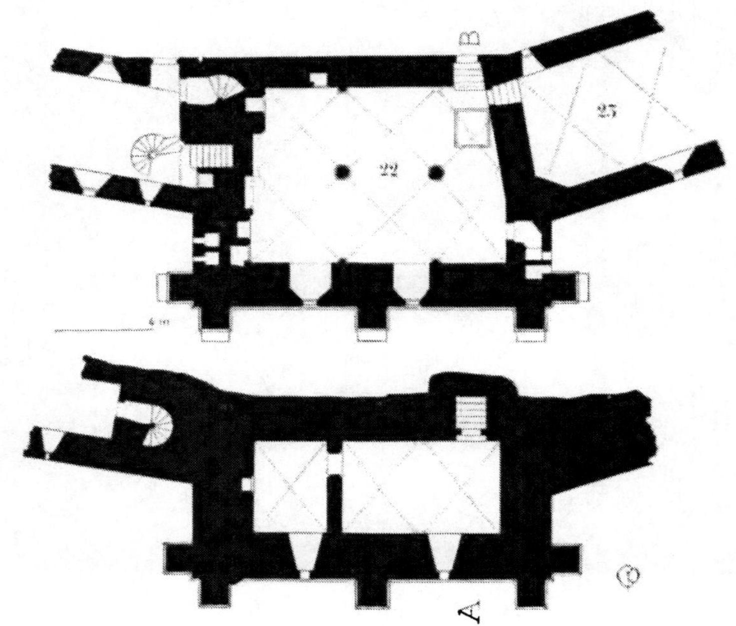

Fig. 326. — Logis abbatial. Plans du sous-sol et du rez-de-chaussée sur le grand degré abbatial. Restitution suivant l'état au xve siècle.

des Gardes : en sorte qu'il dégageait complètement les fenêtres méridionales de la salle de l'Officialité. Il possède cependant à son extrémité orientale, sur une certaine hauteur, un pignon distinct du mur de Belle-Chaise, et qui laisse, entre ces deux constructions, un espace utilisé pour l'emplacement d'un caniveau en pierre qui canalise les eaux pluviales de la plate-forme du chevet de l'église et les rejette à l'extérieur. Cette partie des bâtiments abbatiaux était occupée par les services du procureur ou bailli, auquel l'abbé déléguait ses pouvoirs pour la gestion du temporel du monastère. Ce dignitaire avait ses bureaux au rez-de-chaussée et ses appartements dans les salles aménagées au-dessus. Lui-même exerçait ses fonctions dans la salle située à l'extrémité, au rez-de-chaussée du bâtiment dont nous allons parler. En effet, en prolongement de ce corps de bâtiment, mais formant avant-corps en dehors, s'élève le logis abbatial proprement dit[1] (22). C'est un grand pavillon de forme quadrangulaire et d'aspect imposant, pourvu, à ses angles et sur sa face extérieure, de robustes contreforts. Sur cette face, deux couples d'arcatures ogivales, accolées contre le parement, portent alternativement sur la tête des contreforts et sur des colonnes engagées reposant sur des culs-de-lampe. En même temps qu'il procurait au dernier étage lambrissé la saillie nécessaire à l'assiette de la toiture et de son chéneau, ce dispositif avait un effet de raidissement de nature à accroître la stabilité de ces murs élevés à une hauteur vertigineuse sur les escarpements rocheux.

Fig. 327. — Fouilles et recherches de 1909 dans le Logis abbatial. Découverte des fenêtres de l'appartement de l'abbé au XIIIe siècle.

Tant qu'une restauration de ce bâtiment ne l'aura pas déblayé, en faisant disparaître les murs qui l'encombrent et les planchers qui le traversent si fâcheusement, quiconque ne l'aura pas longuement étudié ne pourra se faire une idée exacte de ses dispositions originelles actuellement défigurées par les remaniements opérés aux XVIIe et XVIIIe siècles. Voici cependant, figures 326, 328 et 330, les plans et la coupe de la reconstitution que nos sondages nous ont permis d'établir sur des éléments certains (Voir en même temps l'élévation fig. 334).

Au rez-de-chaussée, et en communication avec la longue salle voûtée de la Procure, on trouve une autre grande salle dans laquelle on pénétrait aussi directement du grand degré abbatial. Celle-ci est disposée en deux sortes de nefs déterminées par une épine centrale de colonnes en granit, au fût octogonal, et dont les chapiteaux originellement sculptés ont été mutilés et retaillés au XVIIe siècle. Sur ces colonnes portent deux rangées de voûtes d'arêtes sans arêtiers dont les retombées sont recueillies contre les murs, tantôt par des colonnettes, tantôt par des culs-de-

1. « La maison abbatiale était ordinairement voisine de l'église, dans laquelle l'abbé entrait par une porte particulière. » (Alb. Lenoir, *Arch. mon.*, IIIe partie, p. 386.)

lampe moulurés et sculptés avec une largesse de facture qui montre que tout l'ensemble devait être peint. Deux fenêtres à linteaux déchargés par des arcs plein-cintre, étaient pratiquées chacune dans les travées centrales du mur méridional. Une troisième fut percée postérieurement, probablement sous Pierre Le Roy, dans la travée extrême. On remarque dans le mur occidental une belle cheminée et, à côté, une crédence élégamment trilobée (fig. 325). D'autres excavations, bordées de feuillures et recouvertes de linteaux déchargés par des arcs plein-cintre, servaient d'armoires. A proximité de l'angle Sud-Est une petite porte donne accès à une latrine.

Cette salle était le bureau du bailli du monastère et, bien qu'à rez-de-chaussée du logis abbatial proprement dit, elle n'avait aucun accès à l'escalier qui en desservait les étages. Cela s'explique par ce fait que la herse (g_5) qui défendait l'entrée des appartements abbatiaux, s'abaissait avant l'entrée de l'escalier, formant une solide défense en arrière de ce point du grand degré fréquenté par les personnes du dehors. Au bas du perron intérieur qui descendait à cette salle, se trouvait, dans le sol même, une trappe (h_3) par laquelle on pénétrait dans deux caveaux voûtés servant de cachots pour incarcérer les prisonniers de la justice abbatiale. On juge, d'après ces précautions, de la sécurité que présentait ainsi la détention pour le fonctionnaire qui en avait la responsabilité.

Un escalier à vis (U), disposé dans l'angle de ce bâtiment et dont la porte extérieure s'ouvre sur le grand degré en arrière de la protection de la herse, dessert tous les autres étages qui comprenaient chacun une unique grande salle s'étendant, comme le rez-de-chaussée, sur toute la surface du pavillon. Les distributions actuelles, en tant que murs et que planchers, datent du XVIIe siècle. Elles comportent quatre étages, alors qu'à l'origine ce bâtiment n'en avait que trois dont nos fouilles de 1909 nous ont fait retrouver les planchers et les dispositions intérieures comme l'indiquent notre coupe figure 329. Au premier était la salle à manger (22') de l'abbé : celui-ci, n'observant plus aussi rigoureusement, à l'égard de la réception des pèlerins, les prescriptions de la règle bénédictine, avait délégué à son prieur le soin de prendre le repas avec eux. N'oublions pas, d'ailleurs, que Richard Turstin entendait vivre sur le même pied que l'évêque d'Avranches dont il cherchait, par tous les moyens, à combattre la suprématie. Cette salle à manger, dans laquelle on pénétrait par une belle porte cintrée, ouverte sur le premier palier de l'escalier à vis, était en outre desservie par une autre petite porte de service voisine (c_3) à laquelle aboutissaient des degrés mettant la salle en communication avec la cuisine (24) située en contrebas dans le bâtiment contigu à l'Ouest. Elle était pourvue d'une grande cheminée dont il subsiste un des riches encorbellements et des arrachements du manteau pyramidal. (Voir fig. 331.) Dans l'angle rentrant on remarque un cul-de-lampe d'un joli profil mais dont il est malaisé de comprendre la destination; au-dessus de la porte, l'enduit porte des traces de peintures décoratives[1]. Cette salle était éclairée par quatre belles fenêtres à linteaux déchargés et divisées dans leur hauteur par une traverse en pierre; des bancs de pierre en garnissaient l'ébrasement. Les murs sont creusés de deux crédences; et

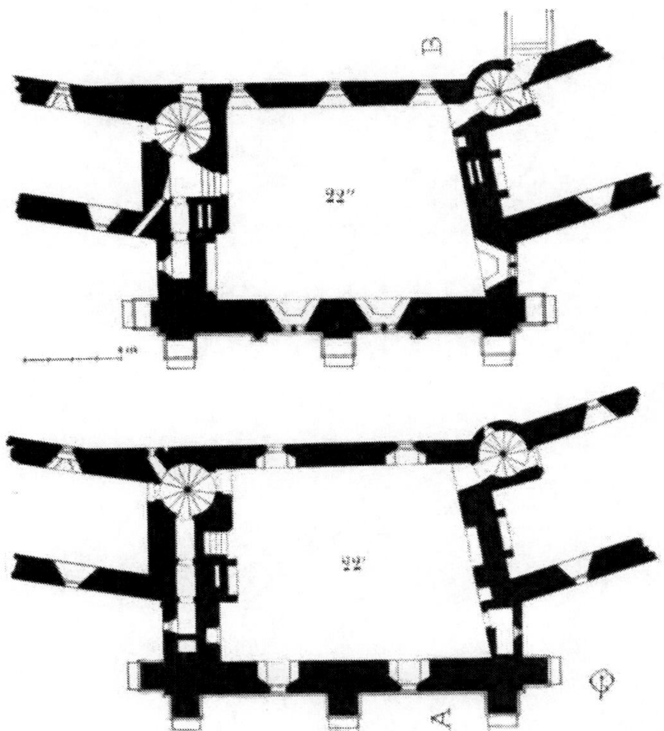

Fig. 328. — Logis abbatial. Plans du premier et du second étage. Restitution suivant l'état au XVe siècle.

dans l'épaisseur du pignon oriental est, en outre, pratiquée une latrine spéciale à cette pièce. (Voir plans détaillés ci-dessus et les plans généraux Pl. XXII et XXIII.)

En gravissant quelques marches de plus de l'escalier à vis (U), on trouve l'entrée d'un couloir conduisant encore à une latrine (wc_4). Quand on continue de monter et qu'on dépasse la porte du pont (V) qui mettait en communication directe le logis abbatial avec l'église, on arrive à un palier qui s'étend en forme de dégagement où débouche le couloir d'une

1. Ces peintures figurent des fleurs à pétales jaunes et à tiges rouges constituant une sorte de semis en forme de rinceaux. Nous avons trouvé des vestiges de peintures semblables dans l'ébrasement d'une des petites baies latérales du pignon occidental du vieux dortoir. Il est naturel que, déployant un pareil luxe dans ses propres appartements, l'abbé ait songé en même temps à décorer le dortoir de ses religieux.

FIG. 329. — LOGIS ABBATIAL. COUPE TRANSVERSALE. ÉTAT EN 1909.

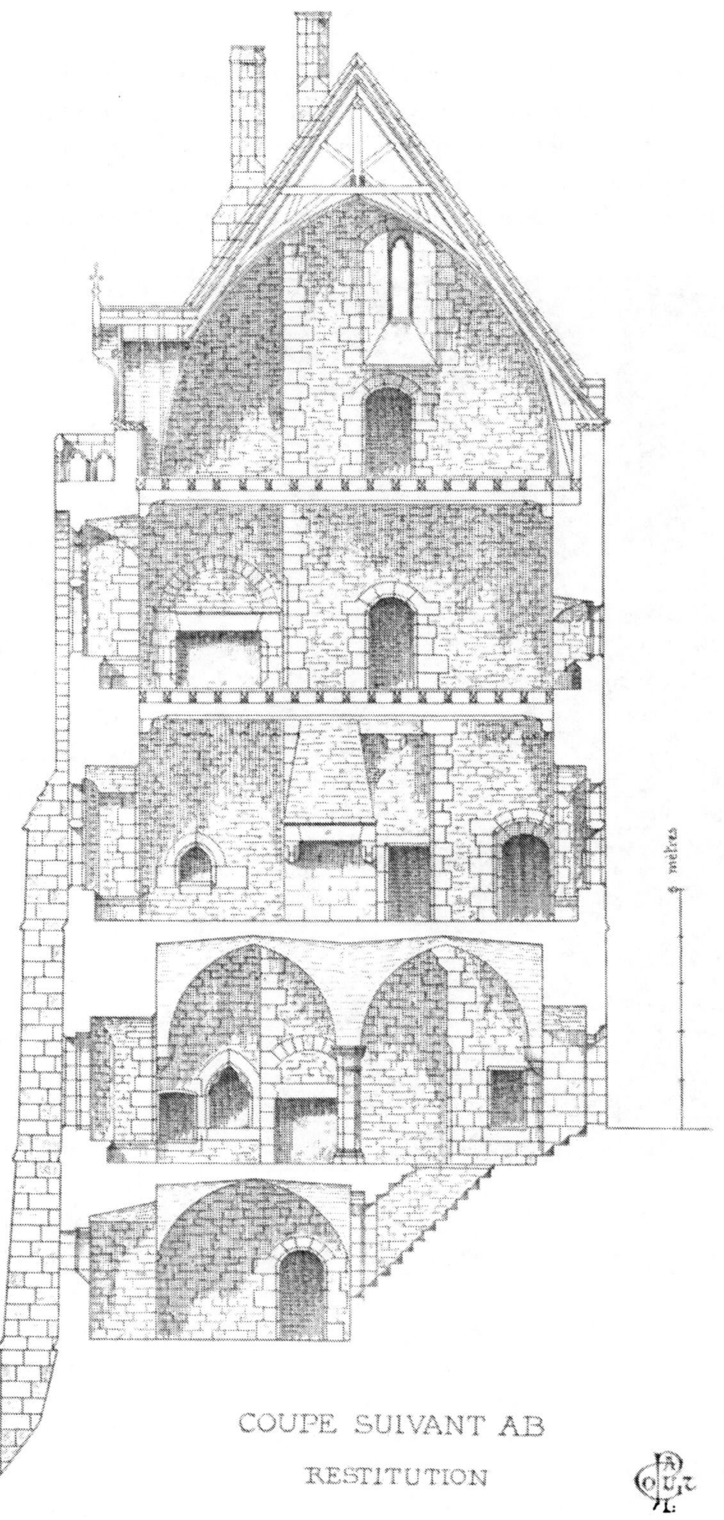

FIG. 330. — LOGIS ABBATIAL. COUPE TRANSVERSALE. RESTITUTION SUIVANT L'ÉTAT AU XIIIe SIÈCLE.

latrine (wc_5) superposée à celle dont nous venons de parler. A gauche de cette sorte d'antichambre est une grande et belle porte cintrée à laquelle on accède par trois marches. C'est l'entrée de l'appartement privé de l'abbé (22''), sa salle de travail et de réception, superbe pièce dont la magnificence répondait bien aux goûts fastueux de celui qui l'avait fait construire. Occupant aussi toute l'étendue du pavillon, elle était percée, du côté du grand degré, de trois petites fenêtres facilitant la surveillance, et sur les faces Est et Sud, de trois grandes baies dont notre vue (fig. 332) permet de considérer les dispositions. Les compartiments du haut étaient clos par des vitraux fixés dans des rainures; ceux du bas l'étaient par des panneaux vitrés battant dans de larges feuillures. Les uns et les autres étaient en outre munis de volets de bois accrochés à des gonds de fer et fermés par des verroux dont le moraillon pénétrait dans des épaulements ménagés dans la pierre des meneaux. Les larges ébrasements de ces baies étaient couverts d'arcs en segment de cercle et pourvus de bancs de pierre. Une grande cheminée, un plafond composé d'un solivage reposant sur de grosses poutres soulagées sous leurs portées par des corbeaux de pierre, des lambris pourtournant les murs décorés de peintures complètent la description de cette salle.

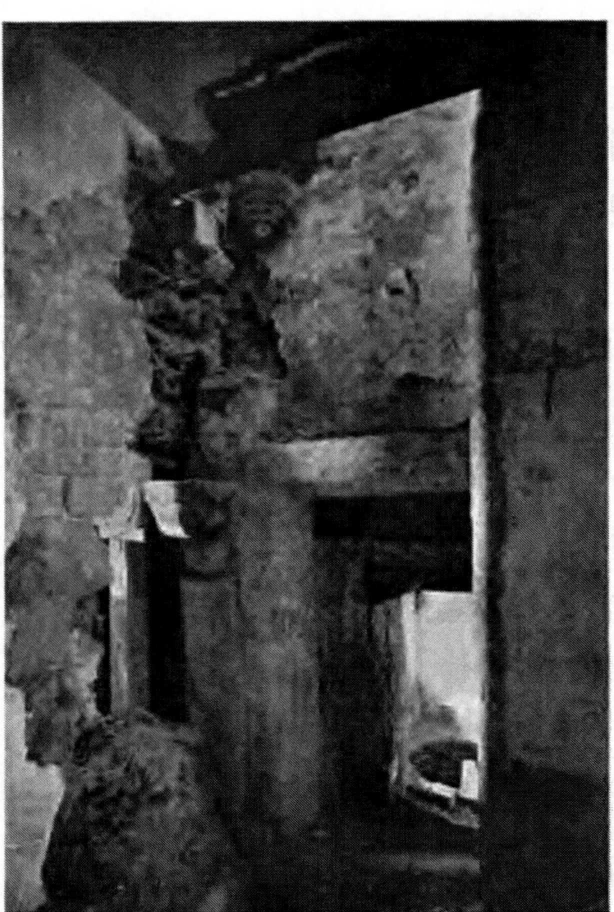

Phot. Ch. Besnard.

FIG. 331. — Fouilles et recherches de 1909 dans le logis abbatial. Découverte de la porte et de la cheminée de la salle à manger de l'abbé.

En achevant la montée de la dernière spirale de l'escalier (détruite depuis le XVIIe siècle), on arrivait à un dernier étage sous comble, dont il ne subsiste plus aujourd'hui que le pignon occidental percé d'une jolie baie trilobée cachée sous la toiture actuelle. Cet étage, couvert d'un berceau lambrissé sous les bois de la charpente, contenait vraisemblablement la chambre à coucher de l'abbé, dont la structure répondait ainsi aux prescriptions de la règle, qui voulaient que le dortoir des religieux fût voûté en bois (Voir Coupe fig. 330).

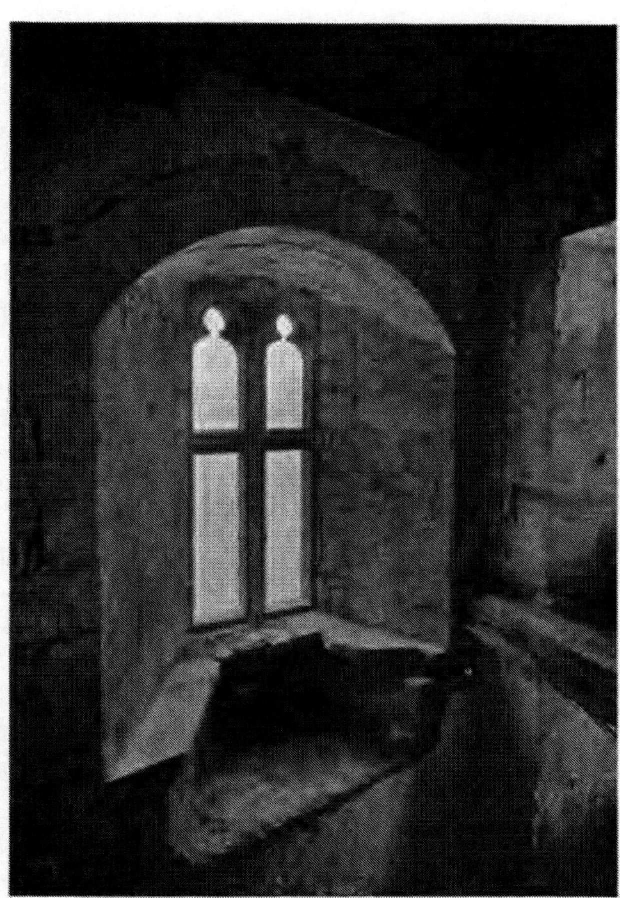

Fig. 332. — Fenêtre à l'Est de l'appartement de l'abbé au XIIIe siècle[1].

Cette chambre était bien le digne couronnement de la somptueuse demeure abbatiale. Admirablement exposée au sommet des escarpements du Midi, elle dominait le cirque magnifique des rivages normand et breton. Comme tous les bâtiments remontant à la prélature de Richard Turstin, le pavillon abbatial était surmonté de la galerie bordée du garde-corps lobé dont cet abbé couronna les murs autant dans un but pratique de circulation et de surveillance que pour enrichir l'aspect extérieur de ces édifices. On conçoit la splendide vue dont on jouissait de ces galeries qui pourtournaient, sur ses trois côtés, l'avant-corps formé par ce pavillon abbatial. On se représente en même temps l'aspect de cette façade quand ces franges de pierre couronnaient ses lignes majestueuses.

En prolongement de ce bâtiment s'en trouvait, dès le XIIIe siècle, un

1. Cette croisée, entièrement bouchée au XVIIe siècle et recouverte d'enduit, a été découverte et dégagée lors des fouilles du mois d'août 1909. Deux autres semblables, mais aux trois quarts détruites ont été retrouvées en même temps sur la face méridionale de la même salle. On voit l'une d'elles sur notre figure 327, qui permet de se rendre compte de l'importance des transformations opérées dans ce bâtiment aux XVIIe et XIXe siècles.

autre (24) contenant à rez-de-chaussée la cuisine et au-dessus des dépendances de ce service, probablement le logement du queux et de ses aides. La porte d'entrée extérieure (i_5) du logis abbatial fait d'ailleurs partie de ce dernier bâtiment : elle est surmontée d'une pierre carrée portant la trace de sculptures aujourd'hui disparues, et donnait dans un premier dégagement dans lequel on trouvait immédiatement l'escalier (U) desservant tous les étages du pavillon abbatial. Plus loin, on pénétrait dans la cuisine par une porte (j_5) située à son extrémité occidentale et donnant accès à un petit escalier à vis (k_5) montant à l'étage qui la surmontait. Ce rez-de-chaussée et cet étage avaient leurs sols à un niveau bien inférieur aux sols actuels ainsi qu'en témoignent les corbeaux subsistant du plancher originel qui séparait ces deux étages. Un petit escalier (c_5) traversant directement le mur entre la salle à manger et la cuisine faisait communiquer commodément ces deux salles et servait au passage des plats déposés, en attendant, dans deux crédences superposées à côté de l'ouverture.

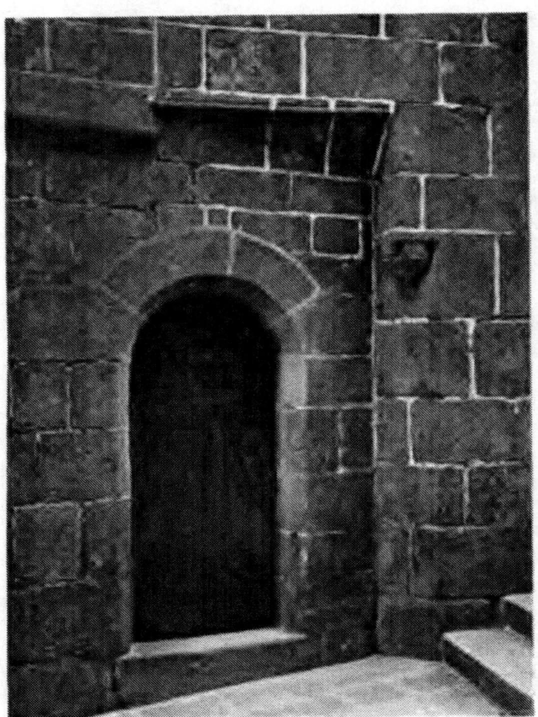

Phot. Ch. Besnard

Fig. 333. — Raccordement des bâtiments (XIIIe et XIVe siècles) dans le grand degré abbatial. Entrée de la cuisine de l'abbé.

Commandant l'accès aux appartements seigneuriaux, la porte du logis abbatial (i_5) était précédée, sur le grand degré, d'une herse en fer (g_5) qui glissait dans une rainure subsistant encore dans le mur extérieur (fig. 335) et que l'on manœuvrait du pont mettant en communication ces bâtiments avec l'église abbatiale. Il ne reste plus de ce pont (V) que quelques arrachements de la voûte qui en portait le tablier[1]. On ne peut donc que conjecturer ce qu'il était lorsqu'il franchissait l'espace entre la porte de l'escalier abbatial et le chœur roman qu'il ne permettait d'atteindre qu'après avoir gravi des degrés disposés dans une sorte de réduit voûté, ouvrage qui se rattachait à l'absidiole du transept Sud et dont il ne reste plus rien aujourd'hui. Sans utilité après la chute du

1. Voir plans Pl. XXII et XXIII et fig. 335.

chœur roman, il fut complètement détruit et remplacé plus tard par l'autre pont que le cardinal d'Estouteville jugea préférable d'établir plus bas (en W), pour profiter du rétrécissement que le développement donné au nouveau chœur du xve siècle produisit dans la largeur du grand degré.

Chapitre commencé. — Aussi bien que les textes, les monuments témoignent de l'intention qu'avait l'abbé de continuer la Merveille vers l'Ouest par l'adjonction d'un bâtiment destiné à contenir une salle capitulaire.

On ne saurait déterminer jusqu'où furent poussés les travaux de ce chapitre (29) commencé par Richard Turstin d'après un plan probablement conçu avant lui. On en voit le soubassement gigantesque se prolonger à l'extrémité du mur Nord de la Merveille. Il se compose de robustes assises de pierre de taille, reliées par des massifs de maçonnerie d'une dureté sur laquelle le temps n'a pas eu prise. Les arrachements admirablement maçonnés qu'on voit à l'angle du chartrier montrent quelle épaisseur formidable était réservée à ces murs destinés à atteindre la hauteur de ceux de la Merveille. Ce chapitre devait s'étendre de plain-pied avec le cloître où les trois baies d'usage sont disposées en attente pour le mettre en communication avec lui. On est toutefois étonné de ce mode d'arcatures ne comportant aucune fermeture, aucune feuillure pour le logement de menuiseries cependant nécessaires pour clore cette salle, surtout pendant la saison d'hiver. Il est probable que la salle située au-dessous, au niveau de la salle des Chevaliers (qui, elle, servait à cette époque, comme nous l'avons dit, aux travaux des religieux), était appelée à être la bibliothèque du monastère.

Phot. Ch. Besnard.

Fig. 334. — Élévation au Midi du logis abbatial en 1909.

DÉPENDANCES

Fontaine saint-aubert. Magasins abbatiaux des fanils. — Jusqu'alors la fontaine Saint-Aubert (29) était la seule source d'eau douce qui alimentât l'abbaye. Richard Turstin comprit toute l'importance qu'il y avait à la protéger contre les attaques de l'ennemi. Il l'entoura donc d'une tour et la réunit au pied de la Merveille par un degré bordé de meurtrières, le long duquel il pratiqua deux fossés encore bien visibles. Quant au reste, il en subsiste si peu de vestiges, qu'il est difficile d'entrer dans des détails sur cette partie des fortifications abbatiales qui durent être entièrement abandonnées dès le xve siècle. A cette époque, cette source était devenue insuffisante; d'autre part les Anglais approchaient et il était à prévoir que leurs efforts allaient se porter sur cette tour dont la possession aurait forcé la place à capituler. Telle fut la cause de la construction, en 1417, de la grande citerne abbatiale (30), qui remplaça dès lors la fontaine Saint-Aubert et marque l'origine de l'état d'abandon dans lequel tombèrent les défenses de cette fontaine.

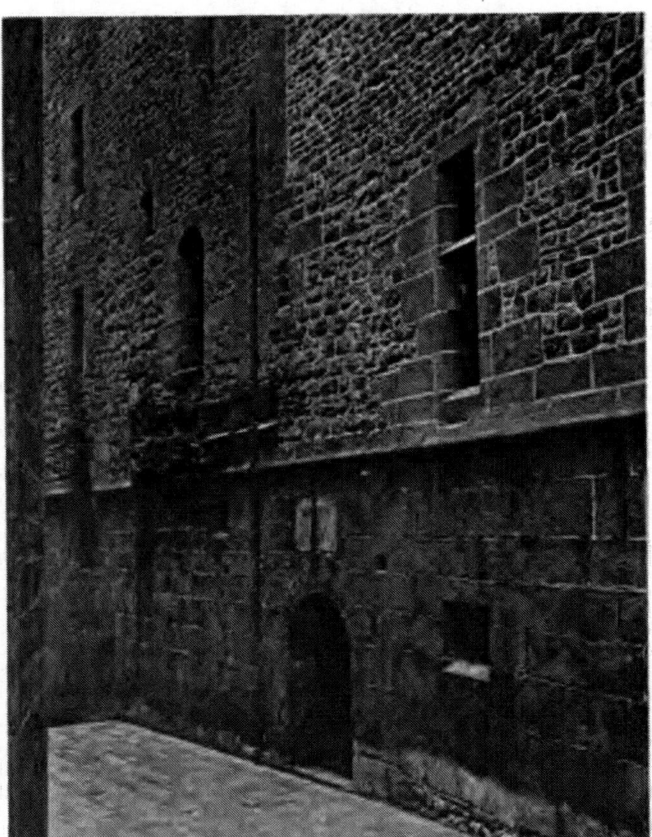

Phot. Ch. Besnard.

Fig. 335. — Entrée du logis abbatial et vestiges du pont fortifié qui le mettait en communication avec l'église haute (xiiie siècle).

Au xiie siècle, les « écuries voûtées », ainsi que les magasins et dépôts de l'abbaye se trouvaient au rez-de-chaussée des bâtiments construits au Nord par Roger II. Comme la ville, dont une partie s'étendait à leurs pieds, ils étaient accessibles aux chevaux. Détruits par l'incendie de 1203, ils furent remplacés par la Merveille, dont les dispositions ne comportaient pas l'ap-

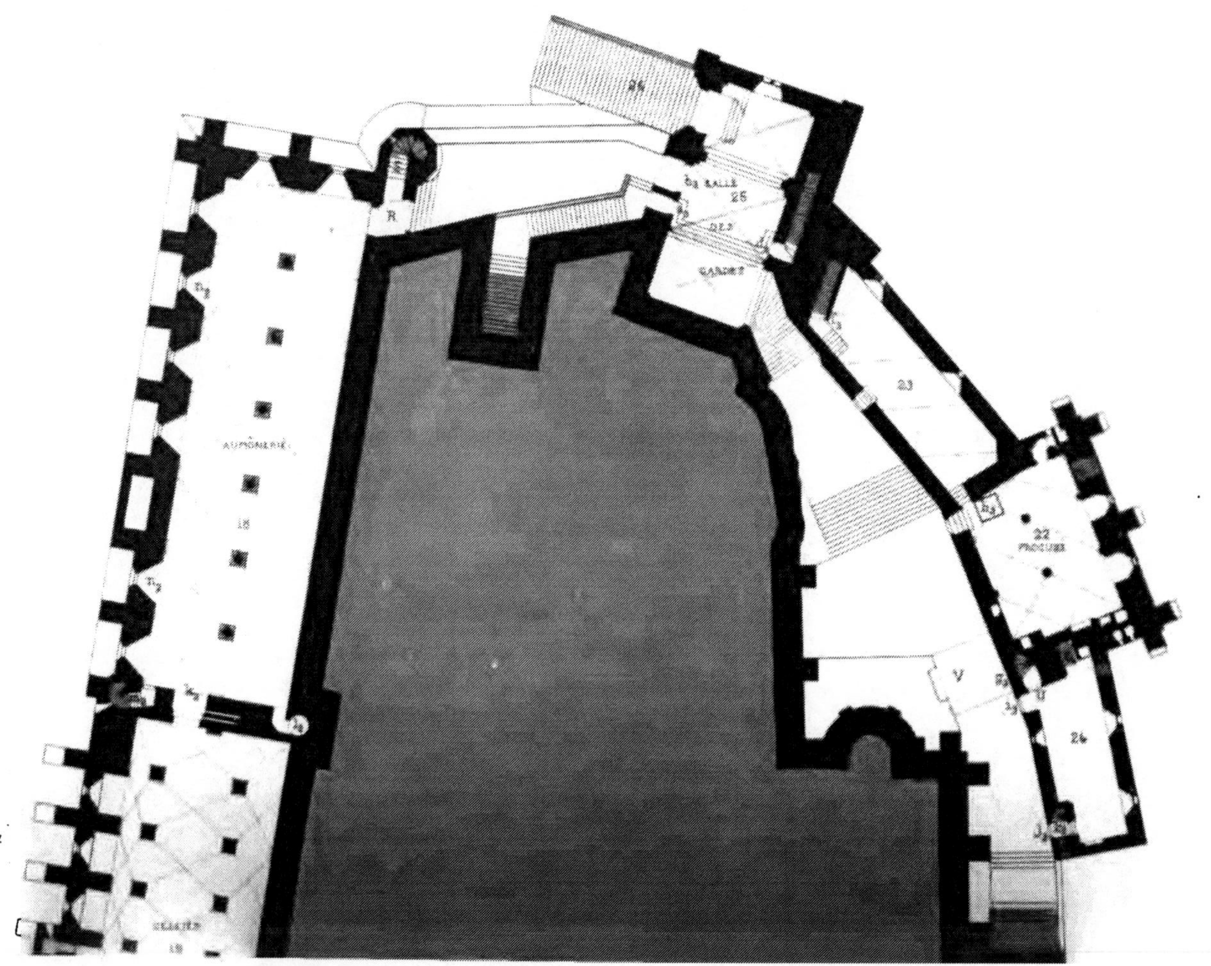
SALLE
25
DES
GARDES
23
22
PROCURE
24
V
R
AUMÔNERIE
18

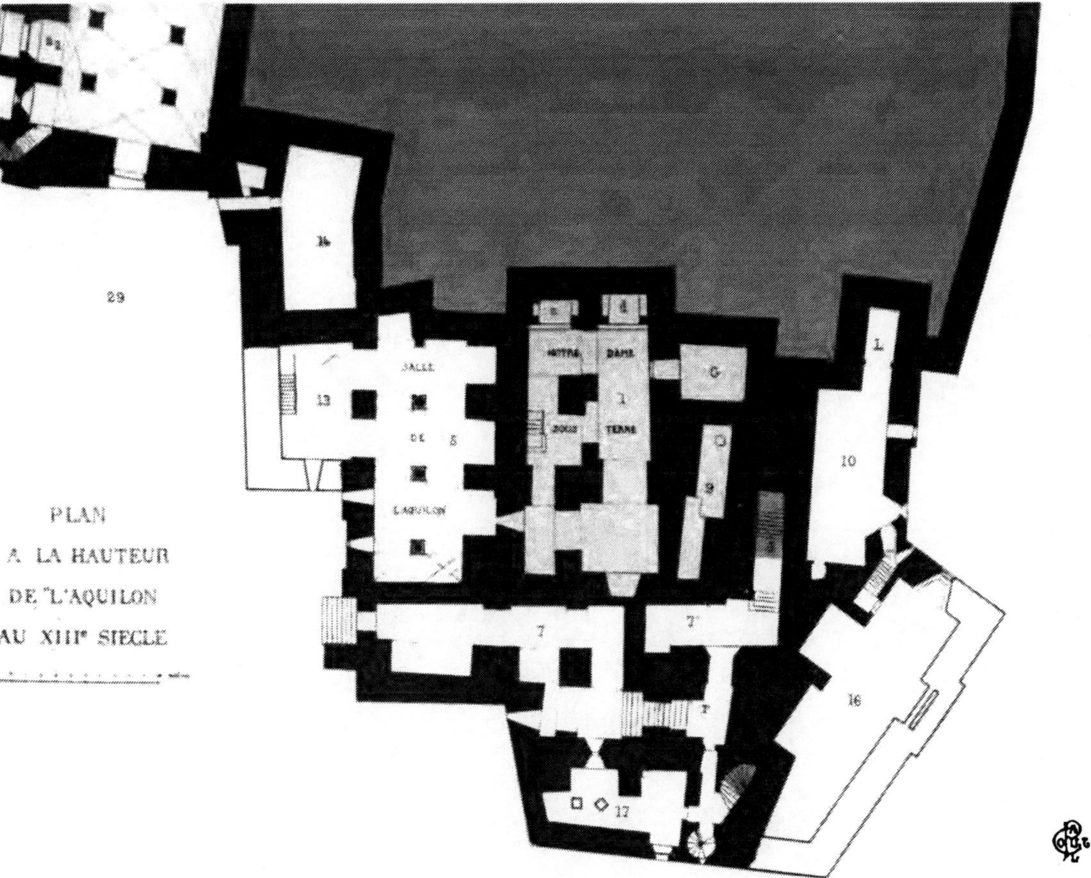

LIBRAIRIE ARMAND COLIN

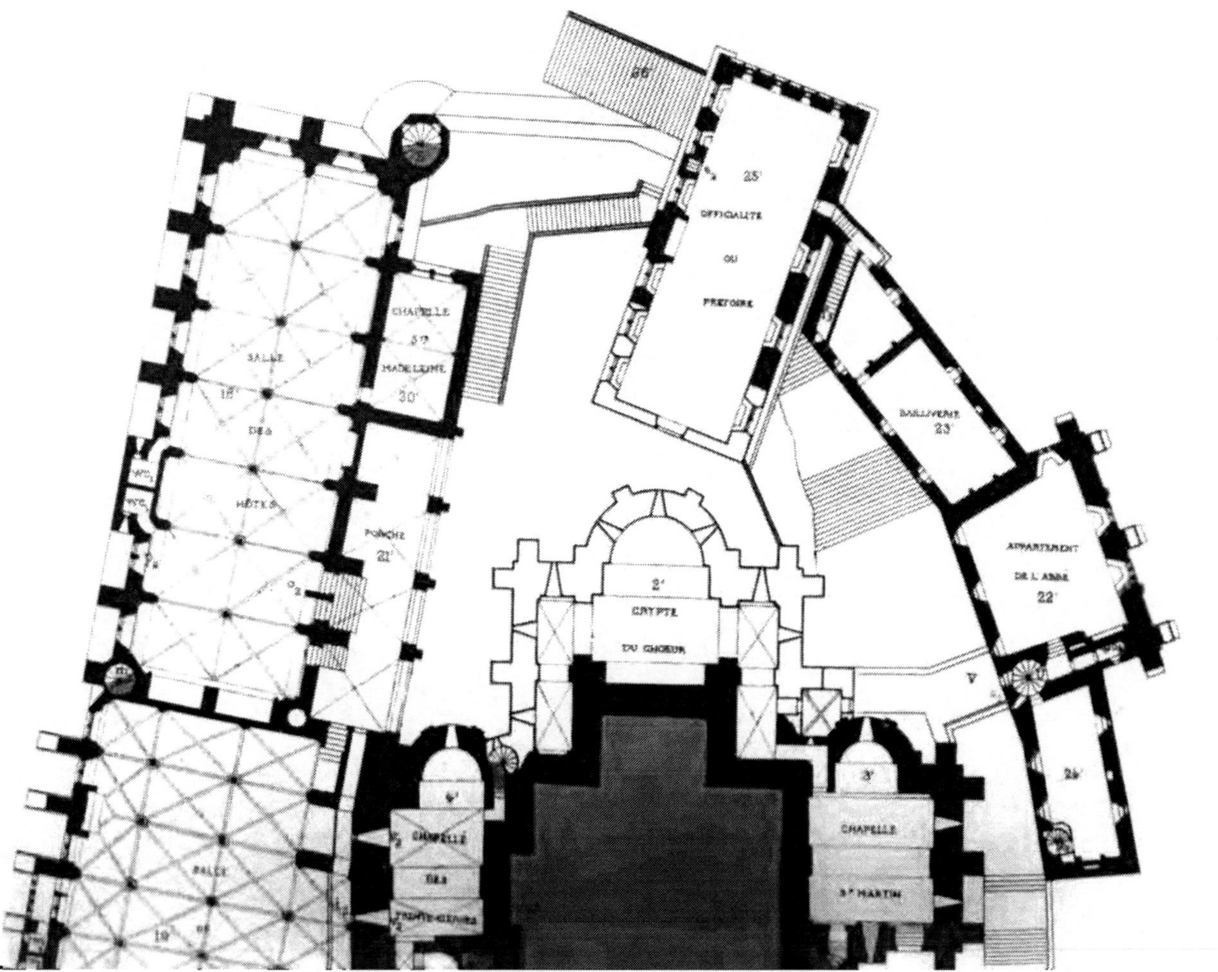
25'
OFFICIALITÉ
OU
PRÉTOIRE
CHAPELLE
ST MADELEINE
30'
SALLE
19'
DES
HÔTES
PORCHE
21'
2'
CRYPTE
DU CHOEUR
BAILLIVERIE
23'
APPARTEMENT
DE L'ABBÉ
22'
24'
3'
CHAPELLE
ST MARTIN
4'
CHAPELLE
DES
TRENTE-CIERGES
SALLE
19'

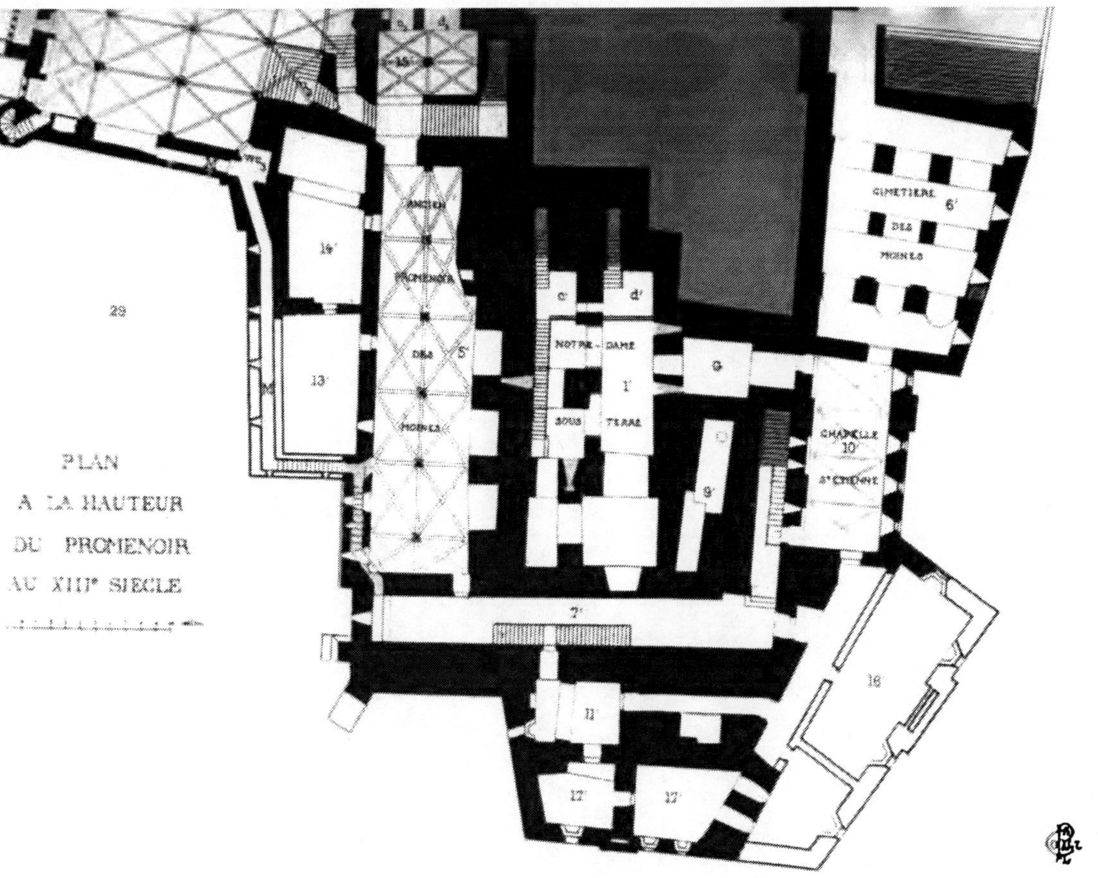

LIBRAIRIE ARMAND COLIN

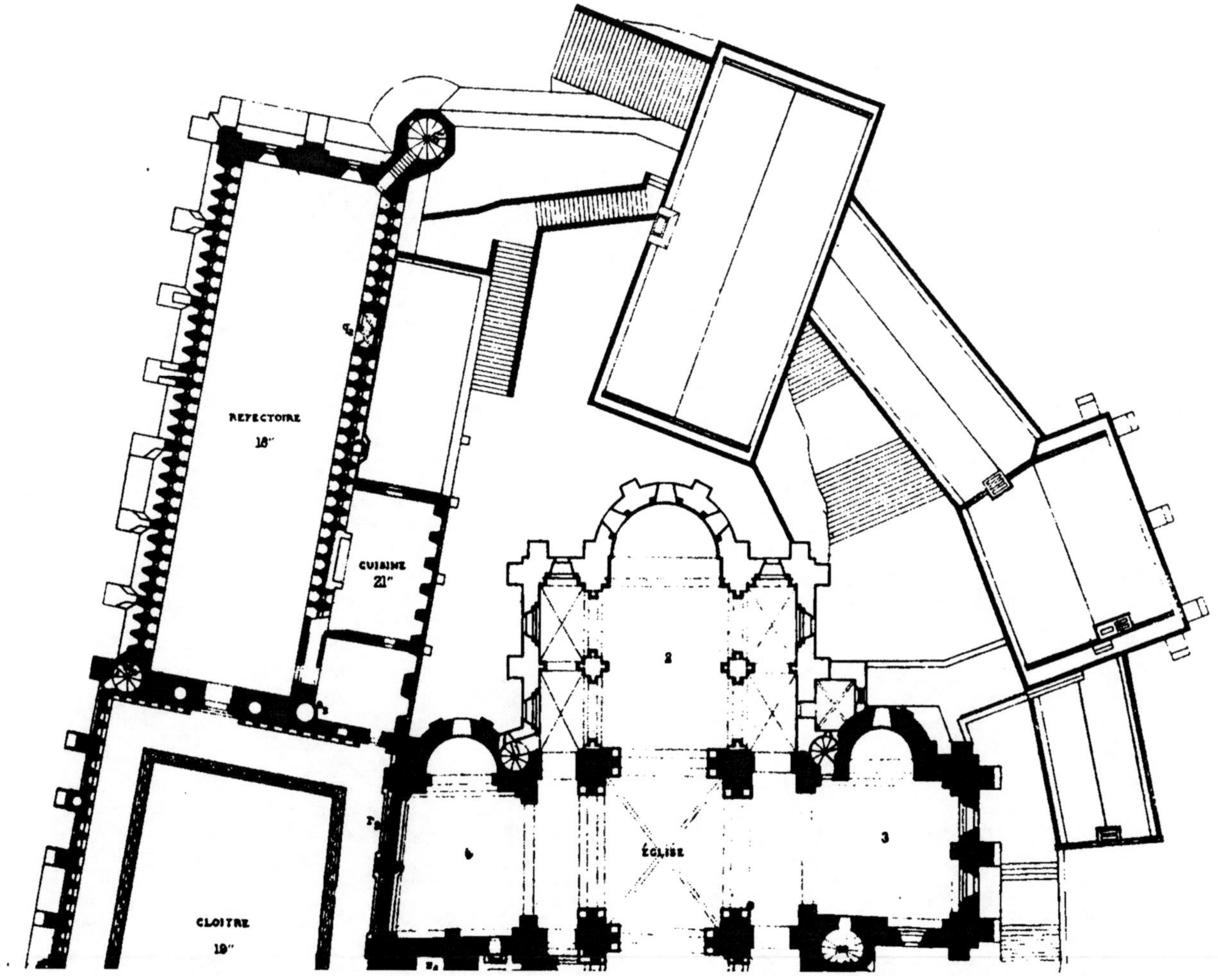

REFECTOIRE
18"
CUISINE
21"
CLOITRE
19"
2
3
4
ÉGLISE

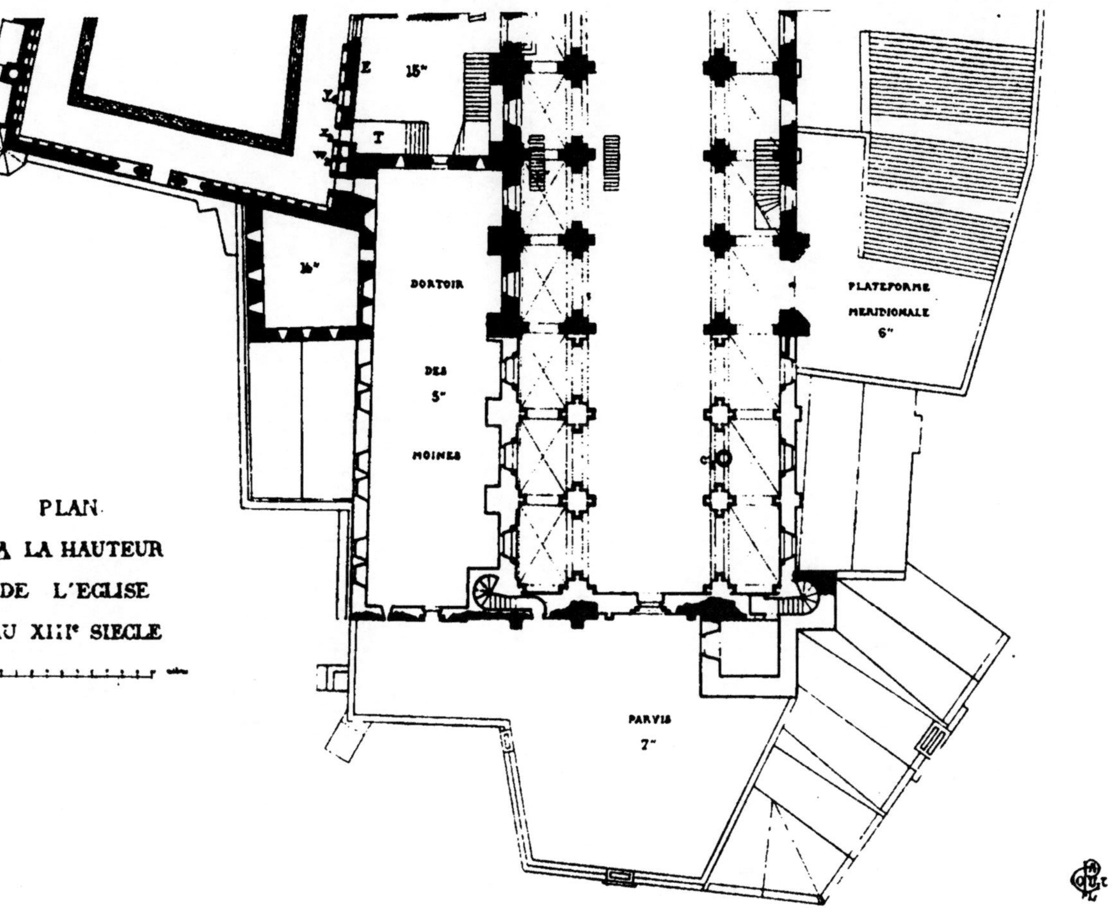

LIBRAIRIE ARMAND COLIN

proche des salles basses par les voitures. On établit alors les magasins abbatiaux (32, pl. XXXVI) au Sud, dans la partie du Mont où des rampes, de déclivité modérée, permettaient de décharger directement les approvisionnements de fourrage et autres du même genre ; d'où ces magasins tirèrent leur nom de Fanils[1]. Appuyés au rocher et entourés d'une haute muraille flanquée d'une tour (33), ils constituèrent un poste avancé dont, plus tard, on couvrit l'entrée par une barbacane et qu'on relia ensuite à l'ensemble des fortifications de la forteresse. Des anciennes constructions du XIIIe siècle, il ne reste plus que la base de la tour et quelques vestiges à l'Ouest, servant de soubassement à la caserne (32), bâtie en 1818.

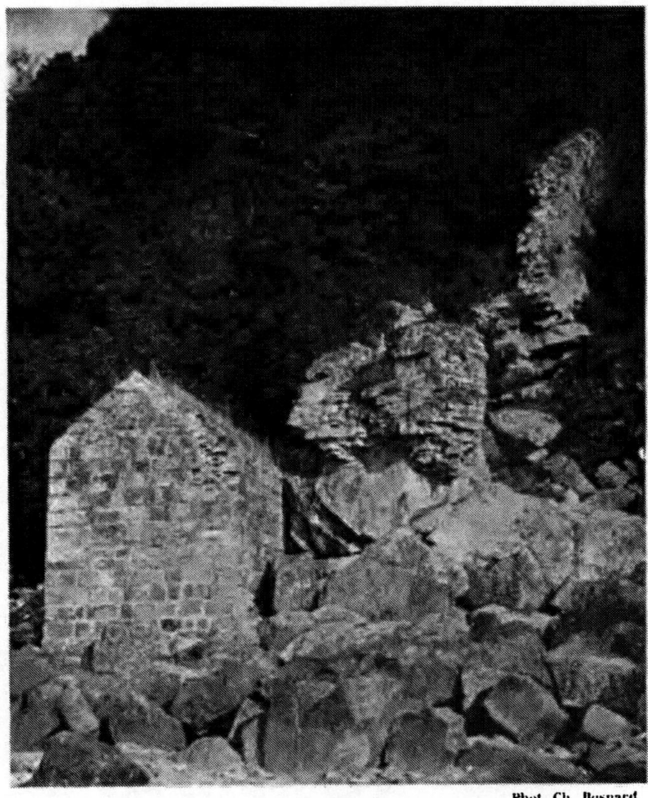

Phot. Ch. Besnard

Fig. 336. — Fontaine Saint-Aubert et ruines du Grand Degré montant au pied de la Merveille[2].

LA VILLE ET SES DÉFENSES

L'incendie que, en 1203, la rage des Bretons, impuissante contre l'abbaye, avait allumé dans la ville, en avait détruit toute la partie Nord, voisine des bâtiments de Roger II auxquels il s'était communiqué. Ce fut pour les religieux une leçon dont ils profitèrent : car vers le milieu du XIIIe siècle, ils entreprirent d'englober, dans une ceinture de remparts se rattachant aux murailles mêmes de l'abbaye, toute la petite ville qui tendait à se circonscrire aux escarpements de l'Est.

Dans ce périmètre restreint la population était fort dense ; le fait

1. Ou Fenils, du latin *fenum*, foin.
2. Cet édicule porte la date de 1757 sur le linteau de sa porte.

suivant est de nature à le prouver, en même temps qu'il donne une idée de l'état de délabrement des maisons qui devaient être bien vieilles et

Phot. Neurdein.

FIG. 557. — La Tour Nord construite vers 1256. Vue prise de l'Est[1].

misérables. On lit dans le manuscrit 18947[2] qu'en 1228, « le six Mars, de pauvres gens des deux sexes sont écrasés sous les ruines de quatre mai-

1. Les mâchicoulis sont du XIVe siècle et la plupart des meurtrières et des embrasures ont été remaniées aux XVe et XVIe siècles.

2. Fonds français, Bibl. Nat., Fol. 149, r.

sons, au nombre de trente-huit, sans compter beaucoup d'autres qui en sont retirés à demi morts. »

Dans le courant du XIIIe siècle, cet état de choses s'était modifié par la reconstruction, sur des plans mieux appropriés, d'une grande partie des maisons de la ville. Voici du reste la description sommaire que fait du bourg du Mont-Saint-Michel Guillaume le Breton[1] qui vivait à cette époque :

« Sur le sommet de ce Mont d'accès difficile s'élève une église dédiée à saint Michel, et au-dessous, un village où il y a de nombreuses maisons de belle apparence pouvant contenir une nombreuse population[2]. »

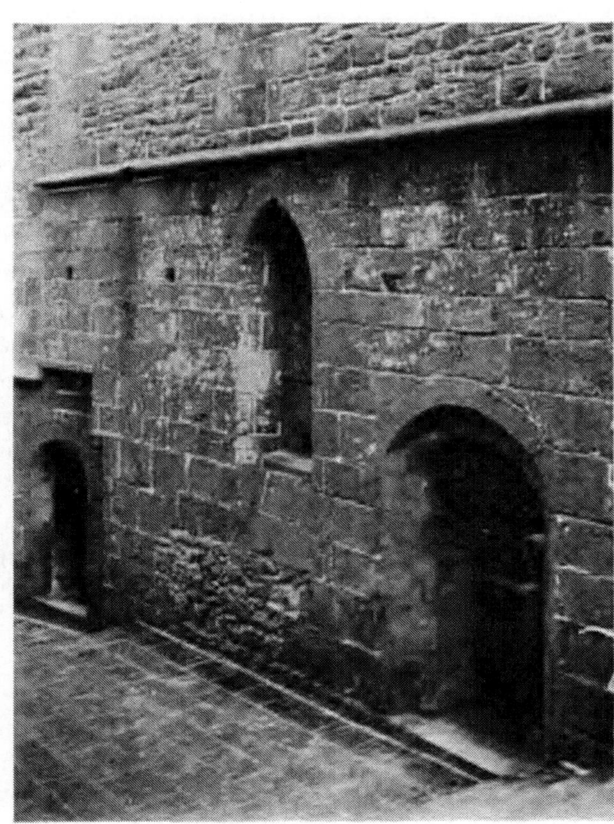

Phot Ch. Besnard

Fig. 338. — Face Nord de la chapelle Sainte-Catherine sur le Grand Degré abbatial (XIVe siècle).

Jusqu'alors aucun ouvrage fortifié, autre que quelques palissades établies aux points les plus facilement accessibles, n'avait défendu extérieurement ni l'abbaye, ni la ville. Mais, indépendamment des richesses immenses qu'il renfermait dans ses murs, le monastère était devenu propriétaire de fiefs importants au dehors : il devait songer à se défendre comme le faisaient tous les seigneurs féodaux. Aussi Richard Turstin entreprit-il, vers 1256, des fortifications ayant pour but de mettre l'abbaye et la ville, sa vassale, à l'abri d'un coup de main, sinon de soutenir un siège en règle.

1. Lib. VIII de son poème en 12 chants, la *Philippide*. Guillaume Le Breton, historien et poète du XIIIe siècle, vécut à la cour de Philippe Auguste, en qualité de précepteur du fils naturel du roi, Charlot. Il a laissé sur le règne et l'époque de Philippe Auguste d'importants ouvrages en vers et en prose. Voir : F. Delaborde, *Œuvres de Rigord et de Guillaume Le Breton*. Paris, 1882-1885, 3 vol. in-8°.

2. .... inferiusque
Pendula villa domos plures habet et speciosas
Et populi multi satis ampla sede capaces.

Son but était d'envelopper le bourg proprement dit d'une ceinture de courtines flanquées de tours qui en fissent une première défense en avant de l'entrée abbatiale nouvellement établie dans le bâtiment de Belle-Chaise. Il est bien difficile de dire aujourd'hui dans quelle mesure il réalisa ce dessein ; les remparts du Mont-Saint-Michel ont été l'objet de tant de modifications successives qu'il est impossible maintenant, dans la plupart des cas, de préciser exactement leurs dispositions initiales. Toutefois on doit reconnaître comme historiquement démontrée la construction, sous Richard Turstin, de la tour du Nord (54) et des murailles adjacentes (A_1).

Tour du nord. — Située à l'intersection des deux courtines Nord et Est de l'enceinte de la ville et couronnant des escarpements qui constituaient eux-mêmes de formidables retranchements, cette tour formait un point stratégique important au-dessus des grèves. Elle comprenait dans sa hauteur quatre étages déterminés par des planchers faits de solivages reposant sur de grosses poutres dont on voit encore, dans les murs, les trous de scellement et les corbeaux qui en soulageaient la portée. A cette époque, la tour conservait, jusqu'au haut de ses murs, la forme cylindrique que n'interrompait aucune saillie d'encorbellement. De simples trous étaient percés de distance en distance dans le parapet du chemin de ronde qui la couronnait pour le passage des poutres supportant les hourds mobiles en usage alors. Dans chaque étage de la tour s'ouvraient, pour le tir de l'arbalète, des meurtrières qui, pour la plupart, ont été transformées au xve siècle à l'usage des armes à feu.

IV

L'ABBAYE, LA VILLE ET LES REMPARTS AU XIVe SIÈCLE

L'ABBAYE

Les trois quarts du xive siècle se passèrent à réparer les dommages des incendies successifs qui ravagèrent le monastère et la ville. Le siècle commença avec l'un de ces sinistres les plus effroyables. Le 8 juillet de l'an 1300, la foudre tomba sur le clocher, qu'elle détruisit entièrement; le feu acquit une violence suffisante pour fondre les cloches. La tour Nord du portail ne résista pas au sinistre et s'écroula, ensevelissant sous ses décombres les manuscrits de Robert de Torigni. Les auteurs assurent que, six ans après, Guillaume du Château avait déjà remédié à la majeure partie des dégâts. Il semblerait du reste qu'en 1311, on n'ait plus eu à s'occuper de réparations, puisque, cette même année, on affectait un don royal de 1200 ducats d'or, fait par Philippe le Bel, à l'exécution de la statue de saint Michel lamée d'or.

En 1350, nouvel incendie : la foudre, suivant les chroniqueurs toujours enclins à l'exagération, brûla une grande partie des bâtiments. Ceux du Midi furent particulièrement éprouvés. L'abbé-capitaine Nicolas le Vitrier s'empressa de les faire réparer. C'est là principalement la part qu'il convient d'attribuer à cet abbé dans les travaux exécutés aux bâtiments abbatiaux.

Enfin, en 1374, le feu du ciel tombe de nouveau sur le dortoir et le brûle ainsi que d'autres logis. Geoffroy de Servon fait travailler jour et nuit à réparer les dommages et, en 1380, tout est rentré dans l'ordre.

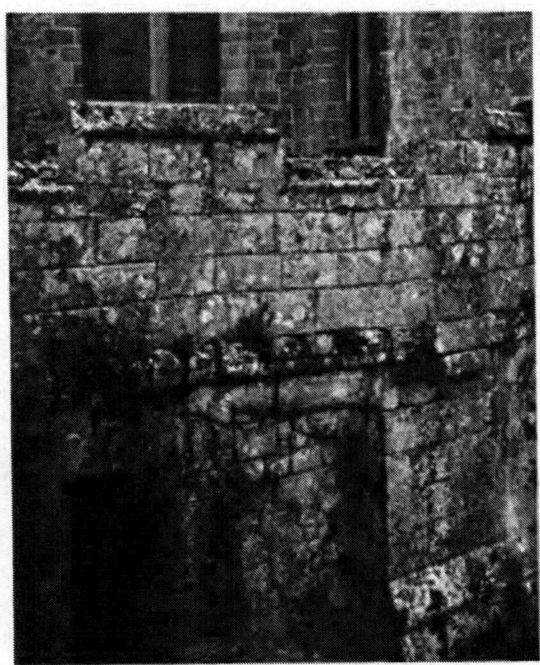

Phot. Ch. Besnard.

Fig. 339. — Crénelage du mur flanquant le Châtelet à l'Ouest (xive siècle). Vue extérieure.

Chapelle Sainte-Catherine ou des Degrés. — Cette même année, Geoffroy de Servon fit élever la petite chapelle Sainte-Catherine ou des Degrés (27), à l'extrémité de l'annexe occidentale du logis abbatial[1]. Cette chapelle, voûtée d'une voûte d'arête sur arêtiers mais sans formerets, est éclairée au Nord par une fenêtre ogivale lobée, qui avait sa pareille au Midi avant que Pierre Le Roy ne fît celle qui s'y trouve actuellement et dont le désaxement est la conséquence du système d'arcatures employé dans l'ordonnance extérieure de l'étage supérieur construit sous cet abbé. Peut-être y avait-il, sur la face occidentale, une troisième baie qui aura été bouchée lorsque Guillaume de Lamps éleva de fond en comble un bâtiment de ce côté. La porte établie en pan coupé dans l'angle Sud-Ouest de cette chapelle pour accéder à l'escalier de la tourelle, est contemporaine de ces additions faites par Guillaume de Lamps. Quant à la porte donnant sur le grand degré,

1. Dom Th. Le Roy, t. I, p. 295.

c'est bien l'issue primitive de cette petite chapelle qui, élevée sur cave et coiffée d'une toiture à deux pentes, formait à cette époque l'extrémité des bâtiments abbatiaux.

TRAVAUX DE PIERRE LE ROY

Tour des Corbins et mur a la suite. — Toute trace des sinistres n'avait pas encore disparu quand Pierre Le Roy prit la crosse en 1368. Indépendamment des magnifiques stalles par lesquelles il avait rem-

Phot. Ch. Besnard

Fig. 340. — Crénelage du Châtelet et du mur le flanquant à l'Ouest (xive siècle). Vue prise du dessus de la Citerne de l'Abside.

placé les anciennes hors d'usage[1], il entreprit, en 1391, la réfection du haut de la tour des Corbins (S) endommagé par les flammes qui avaient consumé la toiture du réfectoire[2]. La reprise, qui prend naissance à la première retraite talussée, est empreinte du caractère le plus pur de

1. « Commençant donc par l'église il fit faire plusieurs beaux et riches ornements : il fit décorer les autels d'une quantité de belles images qu'il fit apporter de Paris et l'an mil trois cent quatre-vingt-neuf il fit oster les chaires du chœur qui estoient trop vieilles et fit mettre au lieu celles que nous y voyons à présent qui tesmoignent assez qu'il y avoit d'excellents menuisiers en ce temps-là. » (Dom Jean Huynes, t. I, p. 190.)

2. « L'an 1391 l'abbé Pierre Le Roy, toujours en action pour l'augmentation de son monastère, fit refaire le hault de la tour des Corbins, qui estoit tombée depuis peu de temps, dans laquelle est un degré par où on monte depuis le bas de l'œdifice des bastiments et corps de logis, sittuez vers septentrion, jusques au hault. Et depuis cette tour jusques à Belle-Chaire fit bastir cette belle muraille qu'on y veoit construite à marches-coulies et en parapé et à côté de laquelle, sur voultes qui eussent joint au bout du grand œuvre, il avait dessein de faire bastir les infirmeries du monastère, et pour ce subject avoit faict faire dans la dite muraille les croisées pour donner jour aux chambres et autres nécessitez requises, comme il se peut facillement comprendre, en considérant le lieu. » (Dom Th. Le Roy, t. I, p. 305.)

l'architecture du XIVe siècle. Cette restauration et le percement, sur la face Sud de la tour, d'une porte faisant correspondre cet escalier avec le

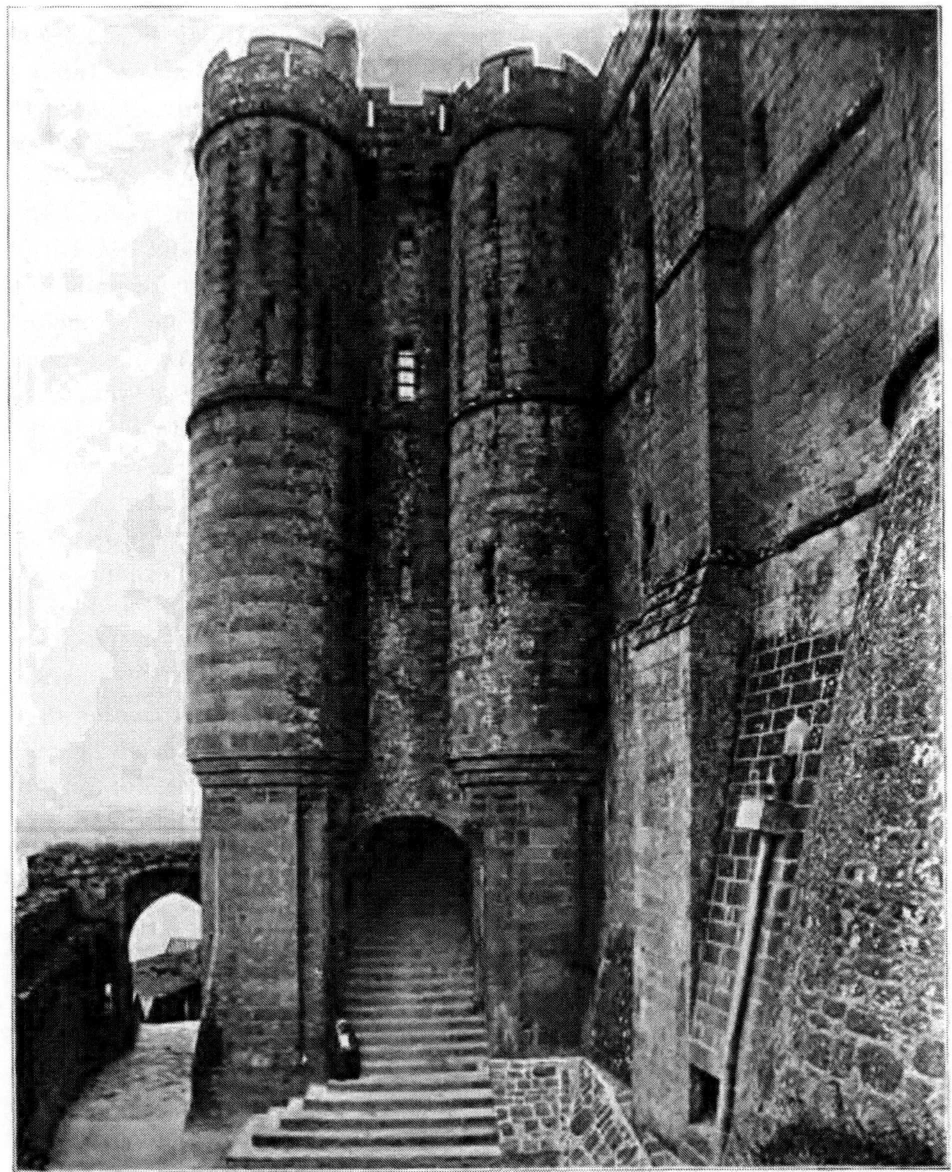

Phot. Neurdein.

FIG. 341. — Le Châtelet. Entrée de l'Abbaye du XVe siècle. Vue au Nord avant restauration, en 1895.

chemin de ronde du Châtelet, se rattachaient à un ensemble de travaux que projetait cet abbé pour couvrir l'entrée abbatiale de constructions défensives de nature à la rendre imprenable.

Nous avons vu que lorsque Richard Turstin avait transporté l'entrée abbatiale dans le bâtiment de Belle-Chaise, il avait prévu, sinon exécuté, une construction intermédiaire entre la salle des Gardes et l'entrée de l'Aumônerie. Le soubassement de cette construction existait déjà lorsque Pierre Le Roy éleva le Châtelet (26'), en avant de Belle-Chaise et tangentiellement au terre-plein intermédiaire entre la salle des Gardes et la salle basse de la Merveille. Ce fut précisément sur cet emplacement que Pierre Le Roy forma le dessein d'élever un bâtiment de deux étages sur rez-de-chaussée voûté, pour l'affecter à l'infirmerie du monastère. La réalisation de ce projet s'arrêta à l'exécution du mur extérieur dans lequel on prépara les amorces des planchers et voûtes dont on ajourna l'exécution. Toutefois on prolongea, sur la crête de ce mur, le crénelage couronnant le Châtelet qui se trouva de la sorte en communication avec la Merveille.

Phot. Ch. Besnard.

Fig. 342. — Le sommet de la Tour Perrine. Vue prise du logis abbatial.

Châtelet. — Élevé au-dessus des degrés qui montaient à la porte de la principale entrée abbatiale, le Châtelet (26') laisse en avant d'elle un étroit espace, sorte de courette, par où pouvait encore s'exercer la défense, dans le cas où ces degrés eussent été pris. Il se compose d'un bâtiment carré cantonné, au Nord, de deux tourelles cylindriques, encorbellées sur deux robustes contreforts. Dans l'intervalle de ces derniers s'ouvre la porte : elle était fermée par une herse en fer défendue par des mâchicoulis disposés dans le couronnement entre les deux tourelles. Un guetteur posté sous une arcade (m_5) pratiquée dans le mur latéral à côté de la porte de Belle-Chaise, veillait sur les abords à l'Est et au Nord. Au-dessus de la voûte rampante de l'escalier, un réduit servait de chambre de manœuvre pour la herse. On y pénétrait par une trappe pratiquée dans le plancher du rez-de-chaussée du Châtelet dont les trois autres étages se composent chacun d'une salle en communication avec l'intérieur des tourelles, et munie d'une cheminée. Un escalier (n_3), encorbellé sur la cour de la Merveille, dessert les deux derniers étages et aboutit au crénelage qui couronne entièrement ce Châtelet, ainsi que le mur le reliant à la tour des Corbins.

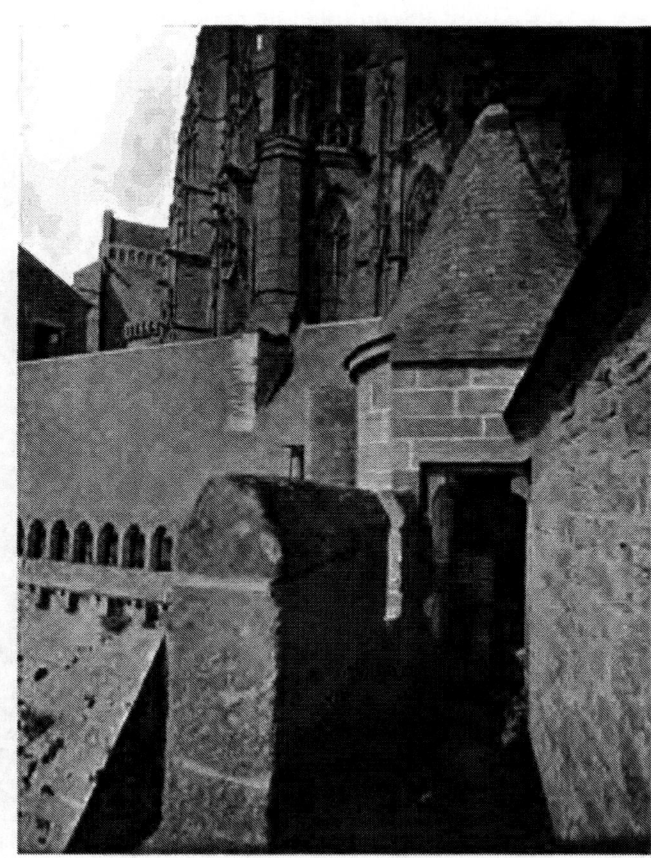

Phot Ch. Besnard.

Fig. 345. — Tourelle de l'escalier desservant le crénelage de la Tour Perrine et le chéneau du bâtiment de la bailliverie (XIVe siècle).

Comme tous ceux que fit exécuter Pierre Le Roy, cet édifice est du plus bel aspect. Répondant admirablement aux nécessités de la défense, ces travaux de fortification leur empruntent des formes rationnelles que rendent séduisantes le fini du détail et le soin apporté à l'exécution. L'appareil de pierre de taille y est traité avec conscience, voire même avec recherche, notamment dans les deux tourelles, où l'alternance d'assises de granits gris et rose rehausse la distinction de cette superbe construction militaire, qui était entièrement terminée en 1393[1] (Voir fig. 341).

Tour Perrine. — Un mode de défense aussi développé nécessitait une garnison et des locaux pour la loger. Autant pour satisfaire à ce

1. « L'an 1393, Pierre Le Roy, abbé de ce monastère, fit parachever le dongeon qu'il avait commencé il y avoit quelque temps, qui est à la porte de l'abbaye de ce Mont, avec les degrés à monter à la dite porte pour entrer au corps de garde situé soubs Belle-Chaire, pièce une

besoin que pour fortifier le côté Sud de Belle-Chaise, Pierre Le Roy construisit la tour (35) qui porte son nom. Masquant une partie de la face Sud de Belle-Chaise, cette tour bouche la moitié d'une fenêtre de la salle de l'Officialité; l'autre moitié doit d'être restée dégagée, à l'ingénieuse disposition d'un ébrasement ménagé obliquement dans la hauteur de la baie sur la face orientale de la tour Perrine (Voir fig. 321).

Cette tour se compose de six chambres superposées, dont la première communique de plain-pied avec la salle des Gardes. Celle immédiatement au-dessus est desservie par un dégagement branché sur le degré accédant à l'entresol de Belle-Chaise. Dans la salle de l'Officialité débouche un couloir (o_3, pl. XXVII) au moyen duquel on pénètre dans la chambre du second étage de la tour Perrine et on communique avec le premier étage de la bailliverie. A l'extrémité de ce couloir prend naissance un escalier à vis (Y) desservant à la fois les autres étages de ces deux bâtiments, et aussi les latrines (wc_6) en saillie sur la face occidentale de la tour Perrine. On a jusqu'ici pris ces latrines pour des mâchicoulis destinés à battre le degré qui monte, contre cette tour, à une porte de la bailliverie à laquelle on attribuait en même temps la fonction d'une poterne. Lorsqu'on examine

Phot. Ch. Besnard.

Fig. 344. — Fouilles et recherches de 1909. Escalier découvert dans les murs des bâtiments abbatiaux et qui accédait à la salle construite par Pierre Le Roy au-dessus de la chapelle Sainte-Catherine.

des plus belles de France, tant pour la structure que pour la composition. Il y fit pareillement mettre ce grand rateau de fer, comme aussy la grille et grand rateau de fer à la porte du corps de garde, en entrant dans le monastère. Item il fit bastir la tour quarrée située de l'autre côté de Belle-Chaire et y joignant, où il fit faire, comme aussi dans le dongeon cy-dessus, plusieurs petites chambres pour le logement de ses soldats, laquelle tour s'appelle encore aujourd'hui la Perrine, portant le nom de cet abbé Pierre. » (Dom Th. Le Roy, t. I, p. 306.)

attentivement ces latrines, aucun doute n'est permis sur leur destination. Quant à la prétendue poterne (p_3, pl. XXVI) il suffit de la considérer quelques instants pour reconnaître qu'elle a été pratiquée à une date relativement récente, probablement sous l'administration pénitentiaire, à l'emplacement d'une fenêtre de la bailliverie, et sans qu'on ait même pris soin de la border de piédroits en pierre.

Belle-Chaise. — Au nombre des remaniements de Belle-Chaise qu'entraîna la construction de la tour Perrine, se trouve l'exécution, sous Pierre Le Roy, de la cheminée (q_3) de la salle des Gardes, l'une des plus belles de l'Abbaye. Au-dessus, la salle de l'Officialité reçut une somptueuse décoration : et c'est de cette époque précise que le bâtiment où elle se trouve reçut le nom de *Belle-Chaise*, tiré de la splendeur du siège sculpté où se rendait la justice abbatiale. On avait fait à la beauté de ce meuble une telle réputation, qu'on désigna bientôt du nom de cette belle chaire ou chaise le bâtiment tout entier qui le contenait. Pierre Le Roy avait, en même temps, enrichi les murs de ce prétoire, de peintures dont nous n'avons malheureusement pu retrouver que des vestiges effacés par l'enduit et les badigeons modernes qui les recouvraient. Sur l'enduit primitif du XIIIe siècle, orné d'un appareil simulé et d'une petite frise à rinceaux, s'en trouve un autre plus épais mais plus tendre du XIVe siècle et recouvert à son tour par les couches appliquées par les générations de vandales entre les mains desquelles a passé la pauvre abbaye. Ces dernières couches d'enduit et de badigeon ont tout détruit; elles ont rendu infructueuses toutes nos tentatives pour dégager le travail de coloration du XIVe siècle. Cependant, les quelques traces que nous ont révélées nos recherches nous ont permis d'établir que la partie basse des murs de-

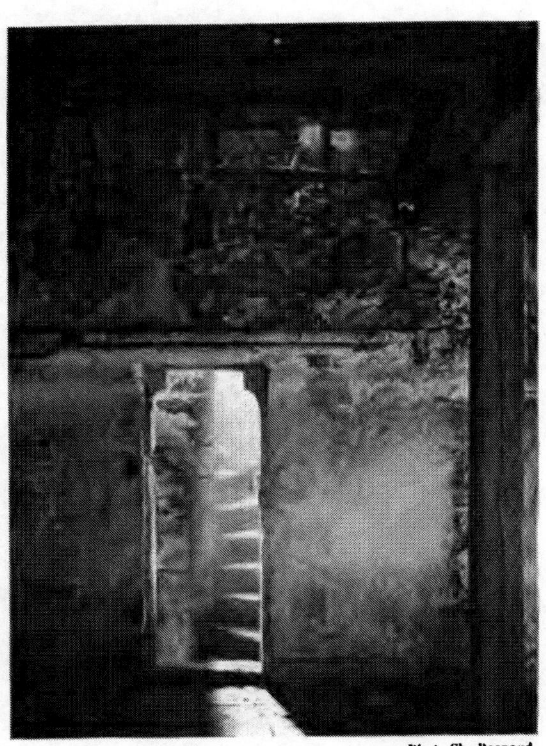

Phot. Ch. Besnard.

Fig. 345. – Bâtiments abbatiaux. Surélévation du XIVe siècle.
Vestiges de la charpente du comble lambrissé.

vait être revêtue d'un lambris de bois, tandis que le haut était tapissé d'une énorme frise où se déroulaient des sujets religieux. Nous avons pu notamment dégager le cintre d'un nimbe crucifère, dont les dimensions se rapportent à un personnage de grandeur naturelle.

Batiments abbatiaux[1]. — Pour bien se rendre compte des additions que fit l'abbé Pierre Le Roy aux constructions élevées par Richard Turstin au Midi, il faut jeter un coup d'œil sur le plan de l'Abbaye au xiiie siècle (Pl. XXII, XXIII et XXIV). L'état des bâtiments abbatiaux à cette époque comprenait Belle-Chaise tout entier; la partie inférieure de la Bailliverie comportant, sur un rez-de-chaussée, un étage sous comble; le grand pavillon du logis abbatial élevé de trois étages sur un rez-de-chaussée voûté; le rez-de-chaussée sur caves et un petit étage de l'aile à la suite; et enfin la petite chapelle Sainte-Catherine ou des Degrés, que venait de construire l'abbé Geoffroy de Servon. Pierre Le Roy surmonta cette dernière d'une salle (27') voûtée de deux travées de voûtes

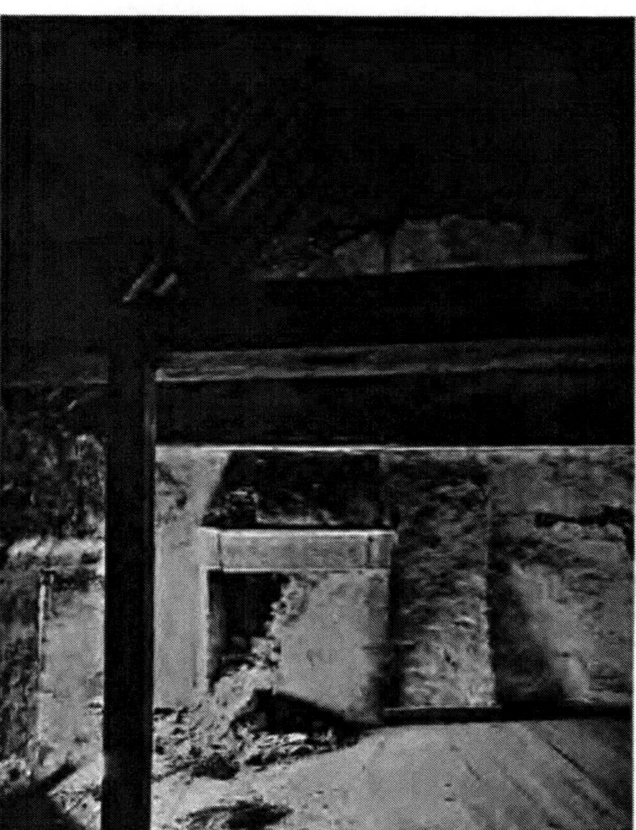

Phot Ch Besnard

Fig. 346. — Même salle que sur la figure 347, mais vue dans le sens longitudinal. On remarque à gauche la saillie du mur sur laquelle reposait la charpente, et, dans le mur du fond, la trace demi-circulaire du berceau lambrissé.

1. « L'an 1400 outre les bastiments que j'ay dit ci-devant avoir été construits par le soing de l'abbé Pierre Le Roy, il fit cette mesme année parachever tous les logements qu'il avoit faict commencer, il y avoit quelques années, qui sont depuis cette tour nommée la Perrine (qu'il avoit fait bastir) jusques où est maintenant la cuisine de l'abbé. Et en destina une partie pour servir d'infirmeries aux moynes infirmes (jusques à ce qu'il eut faict parachever celles qu'il prétendoit dans la muraille qui vient de la tour des Corbins à Belle-

d'arêtes et pourvue d'une riche cheminée[1]. Pour opérer cette surélévation, il employa à l'extérieur le mode d'arcatures usité sous Richard Turstin au logis abbatial, et qui fut ici d'autant mieux justifié, qu'il s'agissait de mettre le mur en état de résister à la poussée des voûtes intérieures. Or, il répugnait au constructeur de ces voûtes de monter de fond un contrefort pour en contrebuter la poussée. Il se contenta donc de raidir le mur par l'application de ces arcatures qui, reportant la résultante de leur poussée et de leur poids sur une colonne engagée, font, de cette colonne, une sorte de contrefort placé au droit de la poussée des voûtes intérieures.

Phot Ch. Besnard

Fig. 347. — L'Infirmerie des religieux au xive siècle.

Cette disposition eut pour conséquence de nécessiter le déplacement de la fenêtre située directement au-dessous dans la chapelle Sainte-Catherine. Pierre Le Roy en reconstruisit une autre[2], celle qu'on y voit actuelle-

Chaire). Et l'autre partye il la destina pour servir de procure et y fit loger le procureur ou baillif du monastère et luy-mesme y logea aussi affin de l'instruire et vacquer ensemble aux affaires après les heures de l'office divin et autres de régularité commune, ès quelles jusques à ce temps, tant qu'il avoit peu, il avoit esté très-exact. Il est encore aisé à veoir dans la chambre basse de cette bailliverie que c'estoit un lieu pour mettre des papiers, y ayant de grandes arcades pour loger des palettes et quaises à cette fin. En ce lieu le baillif fesoit la recepte de tous les revenuz de l'abbé et en rendoit compte chacun au devant quatre moynes députez de l'abbaye et de la communaulté et plus souvent devant l'abbé, quand il le requeroit. En ce mesme lieu il terminoit les différends entre les recepveurs et fermiers de toutes les deppendances du dit monastère, estant leur juge nay... » (Dom Th. Le Roy, t. I, p. 314.)

1. Dom Th. Le Roy dit (t. II, p. 16) en parlant du bâtiment élevé « au dessus de la chapelle Sainte-Catherine » qu'il fut « basty autrefois par l'abbé Pierre Le Roy, l'an 1400. »

2. Cette baie a, elle-même, été modifiée sous l'administration pénitentiaire. Au-dessous on remarque encore les restes d'une jolie crédence du xive siècle.

ment et dont le désaxement intérieur trouve ainsi son explication.

On accédait alors à cette nouvelle salle par un escalier à vis (r'_3)[1] logé dans le mur à l'angle Nord-Est, et qui se raccordait avec celui (k_3) établi par Richard Turstin à l'extrémité du bâtiment occupé par la cuisine abbatiale. Peu de temps après, il transforma le bâtiment intermédiaire entre cette chapelle et le pavillon abbatial. Il utilisa le vide restant entre le mur de face méridional et le rocher, pour y faire une cave dans laquelle on descendit par le petit escalier à vis (s_3), voisin du passage faisant communiquer la cuisine avec la salle à manger abbatiale. Puis il monta, d'une vingtaine de centimètres, le plancher haut de cette cuisine[2], et, ayant enlevé la toiture du premier étage, il suréleva cet étage qui eut dès lors la belle hauteur qu'on lui voit aujourd'hui. Immédiatement au-dessus s'étendait un comble qui prolongeait celui de la surélévation donnée au bâtiment contenant la chapelle Sainte-Catherine. On accédait à ce comble par le petit escalier à vis (r_3) pratiqué entre ces deux nouvelles surélévations. Ces aménagements composèrent un appartement qui devait être celui du prieur abbatial.

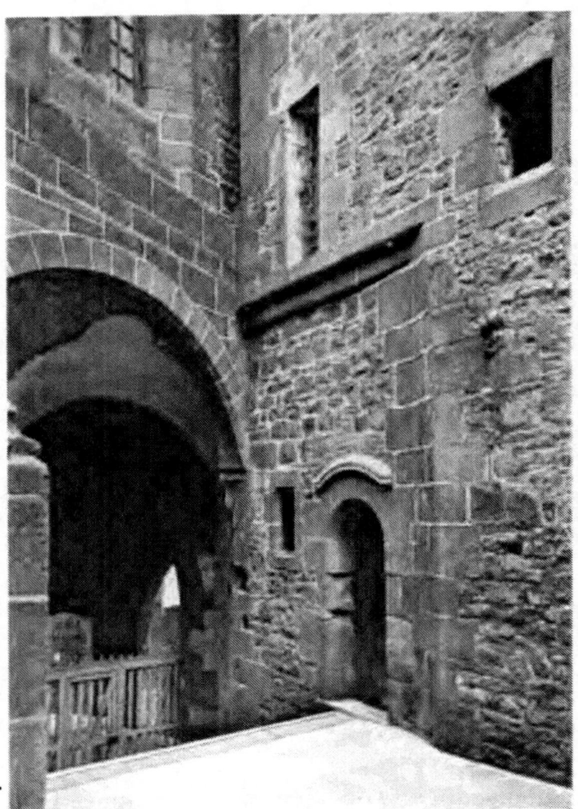

Phot. Ch. Besnard

FIG. 348. — Entrée spéciale établie par Pierre Le Roy au XIVe siècle, pour accéder à l'escalier desservant les locaux dont il suréleva la Bailliverie construite par Richard Turstin au XIIIe siècle.

De l'autre côté du pavillon abbatial, Pierre Le Roy fit enlever la couverture du bâtiment rejoignant Belle-Chaise, surélever l'étage existant et construire au-dessus deux autres étages dont le dernier lambrissé sous charpente. Grâce à l'intervalle laissé entre le pignon oriental de ce bâti-

1. Voir pl. XXVII et fig. 346.

2. Les corbeaux de l'ancien plancher du XIIIe siècle subsistent à rez-de-chaussée et le solin de la toiture de cette même époque est encore visible contre le pavillon du logis abbatial.

ment et la façade de Belle-Chaise, les grandes baies du Prétoire ne se trouvèrent pas bouchées par cette surélévation. Ces ouvrages furent exécutés avec le soin que cet abbé apporta à toutes ses constructions.

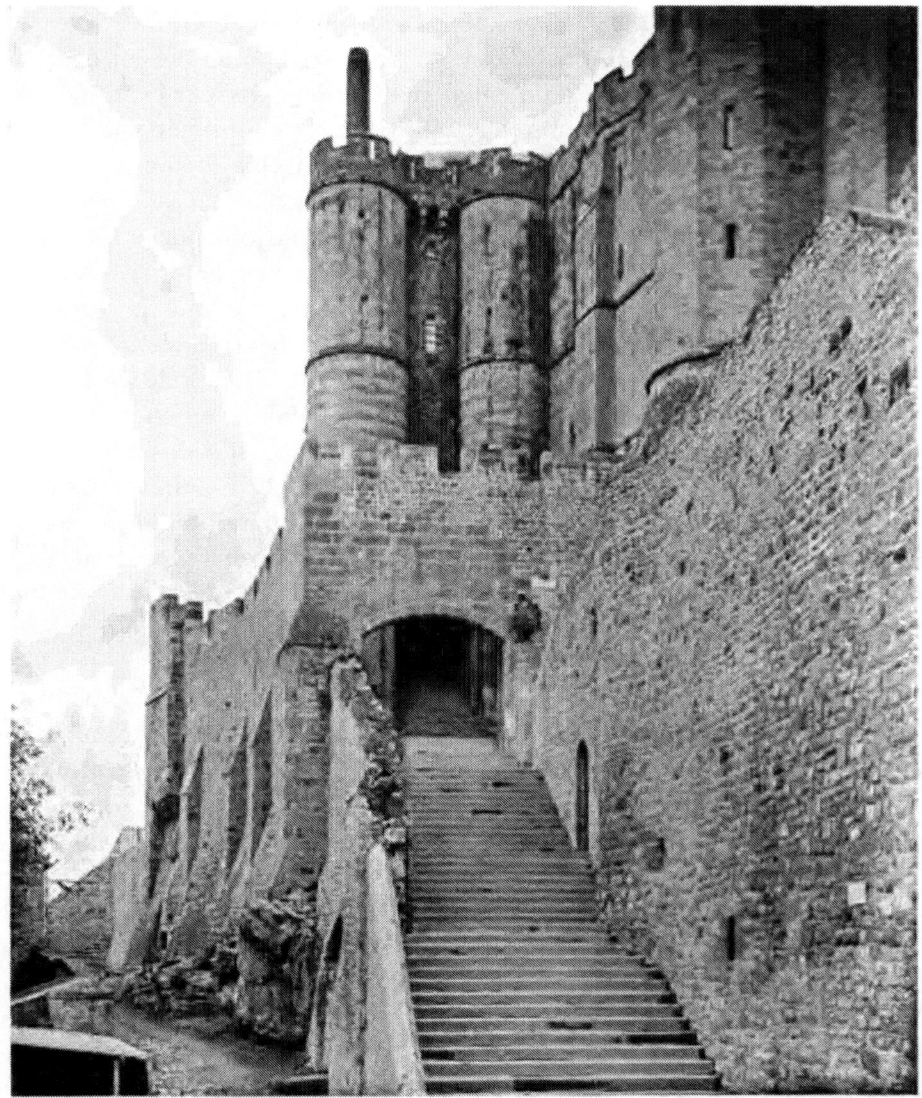

Phot. Ch. Besnard

Fig. 349. — La Barbacane du Châtelet (xve siècle). Vue prise du rempart Nord en 1909.

Les deux nouveaux étages qui étaient affectés à l'infirmerie des religieux sont munis de jolies cheminées et de crédences. Leurs fenêtres, généralement étroites, sont largement évasées à l'intérieur et recouvertes de voussures habilement appareillées et taillées. Des bancs de pierre en garnissent les ébrasements. Malgré les mutilations qui défigurèrent ces bâtiments sous l'administration pénitentiaire, il est facile d'en reconstituer exactement l'état ancien. A l'étage du comble, notamment, on distingue très nettement les vestiges du berceau lambrissé qui utilisait le vide de la charpente, ainsi que l'encastrement du pied des chevrons dans le bahut du comble (fig. 345 et 346). La corniche est étudiée avec prévoyance : chacun des corbeaux qui en reçoivent la saillie au droit des joints des dalles, est muni d'un canal rejetant à l'extérieur l'eau qui pourrait s'introduire dans les joints (fig. 343). Elle est couronnée par le garde-corps lobé du modèle usité au XIIIe siècle; peut-être même est-ce celui qu'on avait déposé qui aura été reposé en cette place.

L'entrée spéciale à ces nouveaux locaux fut une jolie porte (t_3) (fig. 348) percée à hauteur du palier du grand degré dans le petit vestibule que détermine, à rez-de-chaussée, le refend supportant le mur séparatif des salles nouvellement aménagées pour l'infirmerie des religieux.

Enfin, pour faire communiquer les différents étages de ce bâtiment avec ceux du pavillon abbatial, Pierre Le Roy établit, en encorbellement sur le grand degré, la tourelle d'un escalier à vis (I_1) qui desservit les uns et les autres très ingénieusement. Au moyen de cet escalier, l'abbé pouvait se rendre aisément de tous les étages de son pavillon chez son procureur ou à l'infirmerie des religieux[1]. Nous verrons plus tard l'abbé commendataire Guillaume d'Estouteville l'employer, par l'intermédiaire d'un pont fortifié (W), comme moyen de communication avec l'église basse.

Barbacane[2] et grand degré. — Le désir d'assurer à l'abbaye une situation inexpugnable tenait la première place dans les préoccupations de Pierre Le Roy. Aussi ne recula-t-il devant aucune application des moyens défensifs usités dans les constructions militaires de son temps. Afin d'opposer un premier obstacle à un coup de force et de donner le temps de fermer les portes, on établissait alors, en avant des forteresses, des barbacanes. Celle de l'abbaye du Mont-Saint-Michel (36) enveloppe le Châtelet et se compose d'une épaisse muraille surmontée d'un chemin de ronde crénelé. Des abris sont aménagés à côté des portes pour les hommes préposés à leur garde. Près de la poterne du Sud, ce réduit prend l'importance d'une échauguette munie d'une cheminée à l'usage du portier. Il est d'ailleurs probable que cette poterne fut l'issue la plus fréquentée : la raison en est dans la multiplicité des obstacles destinés à entraver l'accès par la porte du grand degré du Nord. Ces deux issues étaient fermées à l'aide de portes bavoles dont subsistent encore les feuil-

1. On se rappelle que la règle prescrivait de placer l'infirmerie à proximité du logement de l'abbé.

2. Bien que les auteurs ne parlent pas de la Barbacane, il est hors de doute qu'elle a été faite sous Pierre Le Roy, les assises de la porte méridionale se reliant exactement avec celles du Châtelet.

lures de pierre, les trous d'axes horizontaux et ceux du logement des verrous. Ce système de vantail, le seul qui convînt avec des pentes comme celles que présentait le sol des paliers, était en outre d'une commodité et d'une sécurité absolues puisque les poussées de l'assaillant sur la porte n'avaient d'autre effet que d'en consolider la fermeture.

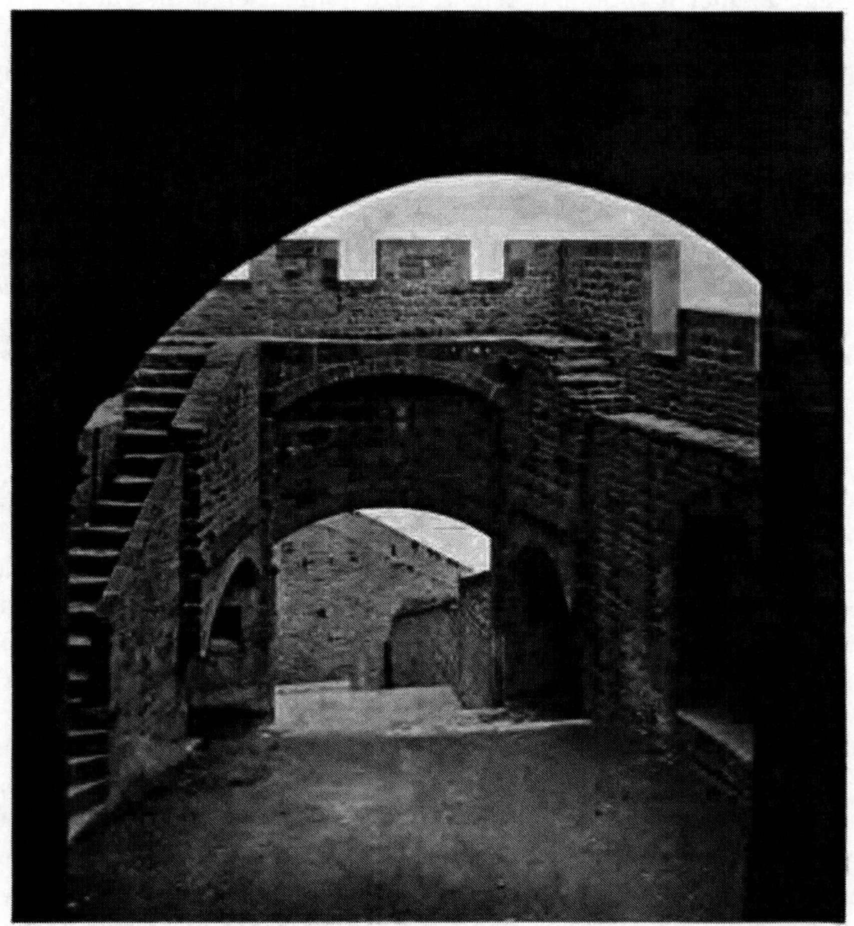

Phot. Ch. Besnard.

FIG. 350. — Intérieur de la Barbacane du Châtelet. Vue prise de l'escalier de l'entrée abbatiale.

A l'intérieur de la Barbacane un petit degré (voir fig. 350) monte au chemin de ronde crénelé qui, comme nous le constaterons plus loin, se reliait à celui suivant la crête des remparts de la ville.

La poterne du Sud est précédée de marches au bas desquelles se trouve une porte s'ouvrant sur un large perron; on s'y rend aisément de tous les points après avoir gravi les rampes longeant le pied des escarpements.

La porte principale se trouvait au haut d'un grand degré qui n'a peut-être jamais existé dans tout son développement, mais dont le dispositif général, quant à ses emmarchements, avait été projeté dans les conditions établies par notre restauration. Ce grand degré, qui prenait naissance au palier des emmarchements de la ville aboutissant au « chemin des Loges », devait comporter, à son origine en ce point, un ouvrage auquel il n'est pas téméraire de supposer, à défaut de vestige autre que la fondation du mur extrême (J_1), des dispositions présentant une grande analogie avec celles de la Barbacane du Châtelet. Suivant cette même hypothèse, d'ailleurs pleine de vraisemblance, une première porte bavole, défendue par un crénelage couronnant les murs, opposait un premier obstacle à l'ennemi qui se serait rendu maître de la ville. Une deuxième porte bavole renouvelait cet obstacle à mi-hauteur des emmarchements : là se trouve un palier au droit duquel une excavation pratiquée dans le mur est munie d'un banc à l'usage du gardien chargé de la manœuvre de cette seconde porte. Après avoir encore gravi bon nombre de marches on se trouvait devant la porte bavole de la barbacane défendue et gardée comme nous l'avons dit (Voir fig. 351).

Tour Claudine. — Auxiliairement à ce système de défense par accumulation d'obstacles, la tour Claudine (37) et les hauteurs du chemin de ronde des remparts environnants, facilitaient les contre-attaques au cas où l'ennemi serait venu à s'emparer du grand degré. Il y a là tout un ensemble de dispositions du plus haut intérêt. La tour Claudine était la clef de cette position défensive de l'entrée abbatiale et de ses abords. Vers l'Ouest elle formait flanquement du soubassement de la Merveille. Une échauguette (en K_1) abritait un guetteur chargé de donner l'éveil. A l'Est une meurtrière percée dans le corps de garde, au rez-de-chaussée de la tour, permettait de reconnaître les personnes qui se présentaient pour franchir la seconde porte bavole. Si, maître de la ville, l'ennemi avait enlevé la première porte sise au bas du degré, il se trouvait devant ce second obstacle (u_3). Tandis qu'il s'efforçait de l'enlever il recevait des projectiles du haut des remparts environnants. Au cas où, malgré tout, il réussissait à passer, les défenseurs abandonnaient le corps de garde et montaient en hâte à la barbacane dont ils faisaient basculer la porte derrière eux, isolant leurs adversaires dans le grand degré et dans la courette (L_1) attenante à la tour Claudine. Ils gravissaient ensuite le petit degré montant au crénelage de la barbacane du Châtelet, où ils rejoignaient les défenseurs des remparts dont le chemin de ronde se raccordait, avec celui du crénelage de la barbacane, au moyen du prolongement de la courtine à travers la plate-forme supérieure de la tour Claudine, d'où le défenseur prenait l'ennemi de flanc, tandis qu'il le frappait par derrière, des rampes avoisinant l'angle Nord. Pour soustraire à

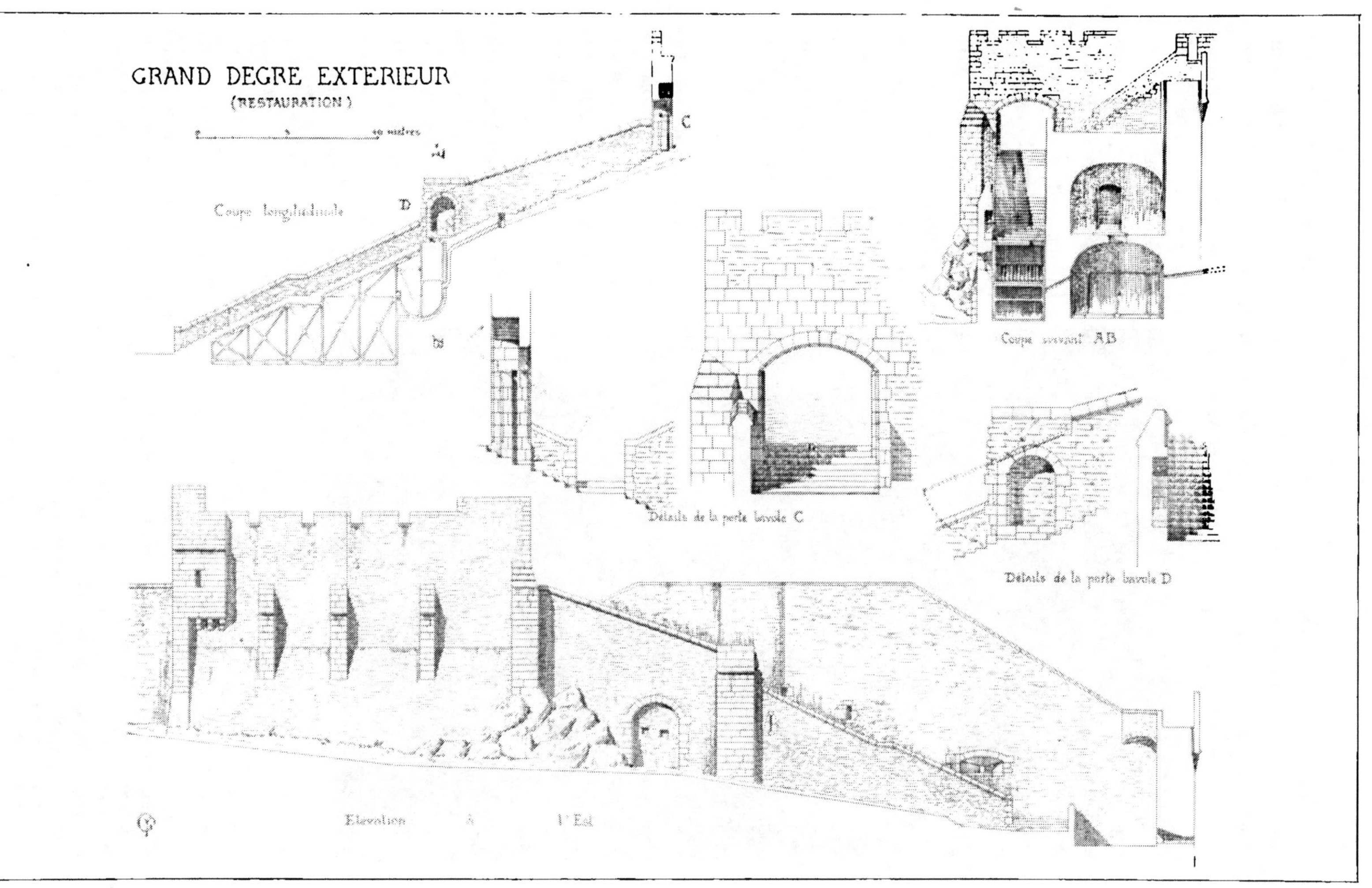

FIG. 351. — Élévation, coupes et détails du Grand Degré extérieur. Restauration.

l'assaillant ces parties hautes des remparts, il suffisait d'une solution de continuité du sol des courtines (en y_6), où devaient être établis deux ponts de planches que l'on enlevait dès que le danger devenait pressant. L'état primitif de ces constructions répondant à l'usage de ces dispositions défensives a été suffisamment altéré au XVe siècle par les modifications qu'entraînait l'usage de l'artillerie à feu, pour qu'il soit assez difficile de les reconnaître à première vue. Cependant le prolongement du rempart contre le mur de la barbacane s'accuse manifestement par des arrachements des plus évidents (Voir fig. 552).

Phot. Ch. Besnard

Fig. 552. — Porte de la Barbacane du Châtelet. Vue montrant les arrachements du rempart (XVe siècle) qui buttait contre cette muraille.

Chartrier. — D'après un texte dont la précision semble s'appuyer sur des documents certains, Pierre Le Roy[1] fit construire, en 1406, à l'angle Nord-Ouest du cloître, un petit bâtiment (38") auquel on donna le nom de Chartrier. Situé dans un isolement relatif, propre à le soustraire au danger d'incendie, cet édicule était destiné à renfermer les chartes et les titres de propriété du monastère. Il se compose de

1. « Il fit pour ce sujet bastir le chartrier au bout de la grande salle des pilliers dans une tour qu'il fit pour ce construire avec haulte et basse chambre, celle d'en bas voultée pour la situation des tiltres et papiers dans laquelle il fit mettre ces belles armoires et quaisses que nous y voyons encore cejourd'huy disposées avec un merveilleux ordre. Celle d'en haut, non voultée servant de sale pour traiter les affaires et voir plus à l'aize les tiltres avec les personnes externes ou autres qu'on peut avoir affaire. L'entrée de ce chartrier est du costé du cloistre, par le bout d'une des allées et galeries duquel on entre de plain-pied dans la chambre haulte d'icelluy. » (Dom Th. Le Roy, t. I, p. 318.)

deux salles superposées et reliées entre elles par un escalier spécial qui, seul aujourd'hui, établit une communication entre la salle des Chevaliers et le Cloître, en passant par le Chartrier. Il n'en était pas de même au moyen âge où était en service l'escalier montant du Cellier à la salle des Chevaliers et de cette dernière au Réfectoire des moines de plain-pied avec le cloître.

Nous ne saurions nous inscrire en faux contre une date paraissant

Phot. Durand.

Fig. 353. — Muraille reliant les Fanils aux escarpements de l'Ouest. Vue intérieure.

aussi bien établie que celle de la construction de ce Chartrier. Nous ferons pourtant remarquer que les détails d'architecture de la salle inférieure ont tous les caractères de l'art du XIIIe siècle. Nous ajouterons que, dans cette même salle, l'un des arêtiers de la voûte traverse le mur de l'escalier : ce qui démontre péremptoirement que l'escalier est postérieur à cette salle et que, si les deux salles superposées ont été exécutées d'un seul jet, l'escalier qui les fait communiquer n'a été fait qu'après coup.

Travaux et aménagements divers. — L'abbaye presque tout entière porte, un peu partout et sous les formes les plus variées, l'empreinte de l'active sollicitude de Pierre Le Roy. Il est peu de bâtiments auxquels il n'ait pas touché, soit pour en développer les dispositions, soit pour y apporter quelque mesure confortative, ou opérer quelques aménagements marquant un progrès vers l'agrément ou le confortable. Dans la catégorie des travaux de consolidation nous signalerons les contreforts qu'il appliqua aux angles des bâtiments de l'Ouest et qui prouvent ses soins attentifs en vue d'assurer la stabilité des édifices. La tourelle (M_1'') et les contreforts (r_3 et x_3) contrebutant au Nord-Ouest les bâtiments de Robert de Torigni furent également exécutés par ses ordres[1]. Cet édicule avait la fonction d'échauguette pour loger un guetteur ayant pour mission de surveiller le pied du rocher et de donner l'éveil aux défenseurs postés au-dessous dans l'avancée (39) dont l'abbé Pierre couvrit la vieille entrée du monastère.

Phot. Ch. Besnard

FIG. 354. — Muraille reliant les Fanils aux escarpements de l'Ouest.
Vue prise du haut de la plate-forme occidentale de l'abbaye.

Parmi les aménagements qui nous sont connus, bien que n'étant pas parvenus jusqu'à nous, rappelons la division en cellules du dortoir des moines (qui était toujours celui du XIᵉ siècle), dont la plupart des fenêtres latérales avaient été remaniées[2].

DÉFENSES ABBATIALES A L'OUEST ET AU MIDI. — Observons qu'à cette époque l'enceinte de la ville occupait les hauteurs s'étendant de la tour Nord à l'entrée située derrière l'église paroissiale actuelle, et se retournant pour aboutir à proxi-

1. Pour l'intelligence de ces descriptions, voir les figures intercalées dans le texte et se reporter aux planches XXVI, XXVII et XXXVI.

2. « L'an 1410, peu de temps auparavant le décèds de Pierre Le Roy, arrivé à Pise, Nicolas de Vandastin, grand prieur du monastère de ce Mont-Saint-Michel, lequel en l'absence de son abbé, en qualité de grand vicquaire, gouvernoit tout le temporel et spirituel d'icelluy, mesme avoit l'intendance de la garde et place forte du dit lieu, fit séparer en petites cellules particulières le grand dortoir commun de ce monastère susdit, afin que les moynes fussent en plus grande liberté et s'adonnassent chacun à son voulloir, qui à l'oraison, qui à faire quelque autre chose suivant sa capacité. Jusques à ce temps-là, le dortoir de ce monas-

mité des escarpements sur lesquels s'élève le logis abbatial. Au Nord-Est et sur tout le flanc Sud du rocher, des plates-formes circonscrites par des soutènements couronnés de parapets crénelés, se rattachèrent aux défenses de la ville et à celles des Fanils assis au pied des escarpements du Sud-Ouest. Pour enclore dans le périmètre de ces magasins abbatiaux les rampes d'accès à l'abbaye qui les traversent, on établit au Nord-Ouest

Phot. Ch. Besnard.

Fig. 355. — Fortin battant les abords au Nord-Ouest et formant barbacane en avant de l'ancienne entrée abbatiale. Vue prise au Midi.

une muraille crénelée (40) qui aboutit à un retranchement (y_5) adossé aux rochers situés au pied des substructions occidentales de l'abbaye (Voir fig. 354, 355).

De ce point, en allant vers le Nord, le rocher est creusé d'une gorge profonde dont la crête fut pourvue d'un ouvrage de défense (fig. 355 et 356).

On se rappelle qu'indépendamment de sa principale entrée par le Châtelet, l'abbaye possédait encore une issue secondaire dans la vieille

tère avoit esté toujours comme une grande salle en forme de halle ou à la mode des hôpitaux, les couches des moynes estoient près les unes des autres arrengées, ce que nostre père saint Benoist donna à congnoistre devoir estre ainsy dans la règle. » (Dom Th. Le Roy, t. I, p. 321.)

entrée romane du XIe siècle qu'on avait conservée comme porte de service. L'entrée du Châtelet était admirablement protégée par les ouvrages avancés de sa barbacane. On jugea nécessaire de défendre, par un ouvrage du même genre, l'issue secondaire qui pouvait tenter les entreprises de l'assaillant. Les lacets d'une rampe prenant naissance au pied de la Merveille accédaient à la vieille entrée de l'abbaye romane. Au bas de cette rampe et contre le soubassement du chapitre commencé par Richard Turstin, on voit encore (en z_3) les restes d'une maçonnerie qui semble avoir appartenu à une porte destinée à présenter un premier obstacle à l'ennemi. Pour renforcer cette couverture et utiliser les avantages défensifs de cette position naturelle, Pierre Le Roy fit élever sur la crête de ces escarpements une sorte de fortin à trois côtés (X_1), percé de meurtrières et constituant un véritable poste avancé, du haut duquel les défenseurs pouvaient battre les abords de ce petit promontoire dans les directions du Nord et du Sud (fig. 355 et 356). A l'extrémité extérieure de cet ouvrage on remarque (fig. 356), indépendamment du contrefort qui en épaule l'angle Nord-Est, une saillie couronnée d'un glacis, et dont la partie inférieure s'empatte largement jusque sur le rocher où elle repose. Cette saillie, consolidée dans ses angles rentrants par deux renforts latéraux, est évidée intérieurement en forme de cheminée et présente, dans sa partie inférieure talussée, une succession d'assises régulières s'encorbellant les unes sur les autres. Elle se termine à sa base par une ouverture de 80 centimètres de largeur, actuellement bouchée par le départ d'un égout pratiqué dans un mur (O_1) qui suit en ligne droite la pente générale des escarpements

Phot. Ch. Besnard.

FIG. 356. — Fortin (XIVe siècle). Vue au Nord.

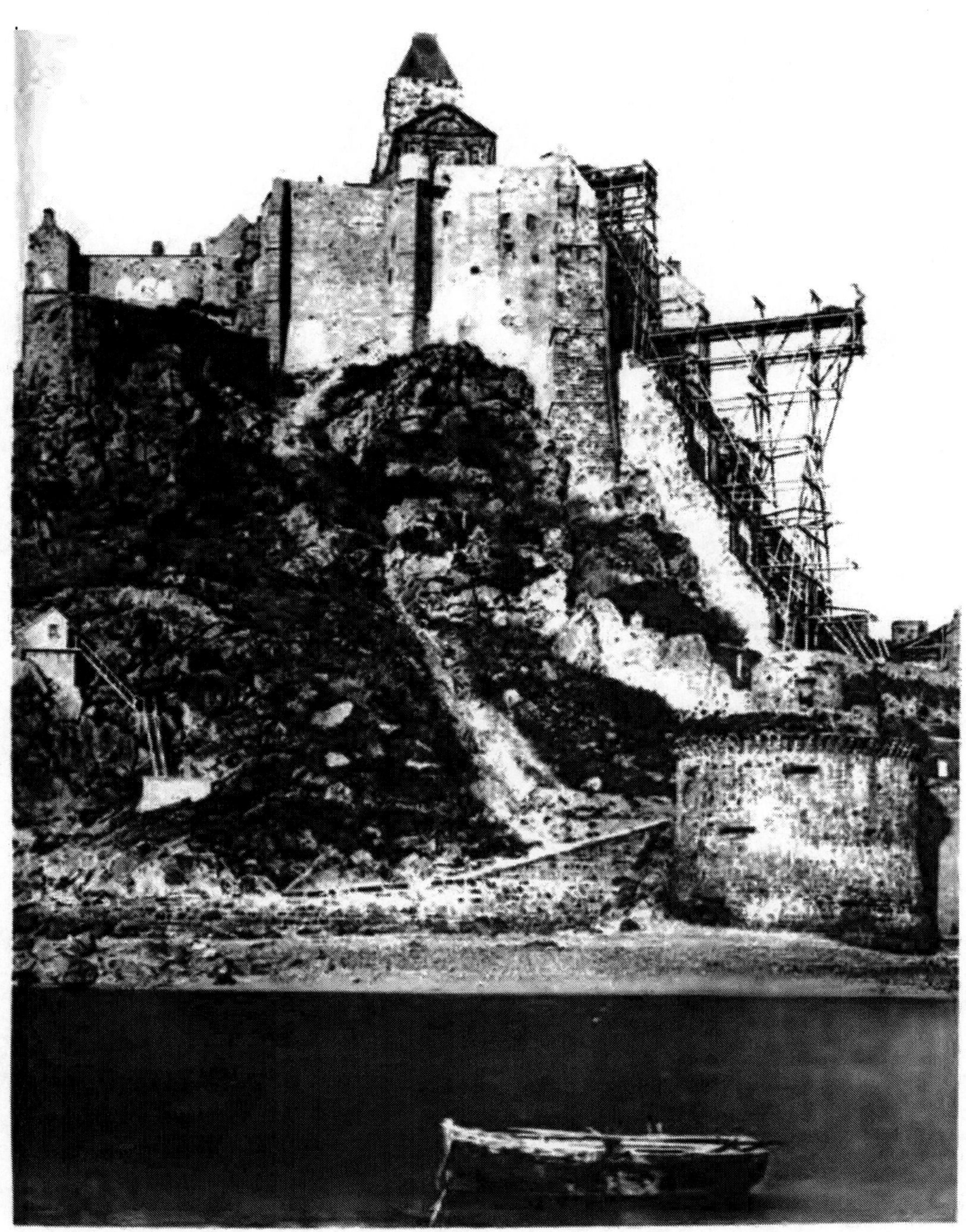

VUE DES MURAILLES SUR LES ESCARPEMENTS DE L'OUEST.

et se termine par un pilier percé d'une ouverture par laquelle s'échappait l'eau. Un caniveau longeant souterrainement le chemin de ronde de la Merveille vient se brancher à l'origine même de cet égout. Ces deux derniers ouvrages datent du siècle dernier. Mais il n'en est pas de même de l'avant-corps dont nous avons parlé auparavant et qui fait partie intégrante du fortin du XIVe siècle dont il constitue une disposition curieuse quoique difficile à définir. Transformée en latrines sous l'administration pénitentiaire, et recouverte d'une dalle percée de deux trous au niveau du sol actuel du fortin, cette excavation est malaisément explorable. Elle forme intérieurement comme une sorte de grand coffre de cheminée s'évasant largement par ressauts successifs du manteau qui le recouvre. On dirait d'une coulisse servant, soit de vidoir pour les détritus de diverses sortes, soit de trappe de sortie pour les assiégés qui pouvaient, à la faveur de cette issue ignorée, communiquer discrètement avec l'extérieur de l'enceinte.

Constructions au dehors. — On attribue à Pierre le Roy la construction des bâtiments d'exploitation des grandes fermes de l'abbaye dans les localités environnantes. Dom Th. Le Roy estime notamment que c'est à lui qu'on doit les granges des métairies d'Ardevon, de Huynes et d'autres encore dans lesquelles les successeurs de cet abbé firent des travaux d'agrandissements ou de réparations au cours des XVe et XVIe siècles[1].

LA VILLE ET SES REMPARTS

L'incendie de 1300 s'était communiqué à la ville et n'avait presque laissé « aucune maison sur pied ». Comme le sinistre s'était principalement développé du côté Nord de l'abbaye dont il avait détruit le dortoir, il semblerait qu'à cette époque encore les maisons de la ville se fussent étendues de ce côté jusqu'au pied du monastère. Guillaume du Château poursuivit l'exécution de l'enceinte commencée par ses prédécesseurs. L'entrée de la ville, dont l'abbé confia la garde à Pierre Tufou, se trouvait à un emplacement voisin de l'église paroissiale (41). On trouve dans le recueil

1. « .... Le soin de cet abbé à la construction des bastiments ne demeura pas seulement dans le Mont-Saint-Michel, la pointe de ce rocher étant trop peu dilatée pour luy donner séance entière. Il fit faire plusieurs autres logements ès deppendances de celuy, particulièrement ès métairies, qui de son temps estoient toutes ruynées. Et pour moy j'estime et croy probablement que ce fut luy qui fit bastir ces belles granges que nous voyons dans Ardevon, dans Huynes et ailleurs, veu que nous n'avons pas congnoissance que d'autres les ayent faict construire. Plusieurs abbés depuis celuy-là ont grandement basty, comme je diray, mais c'estoit pour les logis de demeure de leurs personnes et non pour le mesnage et utilité du monastère, comme faisoit l'abbé Pierre en cette construction de granges et grands corps de logis, où toutes les dixmes d'un pays peuvent tenir. » (Dom Th. Le Roy, t. I, p. 315.)

des actes administratifs de Guillaume du Château[1] un curieux document sur le prix d'un terrain acheté à cette époque par un nommé Guillaume Le Carpentier dans la ville du Mont-Saint-Michel « entre la maison de Robert Pironant et la propriété de Raoul Bouchot, au prix de trente sous, monnaie de Tours ».

Les exigences de la défense avaient déterminé, en 1368, Geoffroy de Servon à solliciter du roi l'autorisation, qui lui fut accordée, de raser toutes les maisons qui pouvaient nuire à la sûreté de la place. Il s'agit probablement de maisons trop rapprochées du monastère ou bien d'autres, en dehors de l'enceinte, exposées à tomber facilement aux mains de l'ennemi qui s'en serait servi pour allumer l'incendie. Le développement toujours croissant de la petite commune et la zone d'isolement qu'on chercha à établir autour de l'abbaye, avaient forcé la ville à se développer en dehors des murailles ; dès les dernières années du XIVe siècle, un faubourg s'était bâti au delà de l'enceinte, en prolongement de la rue qui desservait l'entrée de la ville.

Phot. Mormiche.

Fig. 357. — Corbeaux des mâchicoulis des remparts (XIVe siècle) situés en arrière des fortifications du XVe.

Comme nous venons de le dire, les premières années du XIVe siècle avaient vu se poursuivre sous les ordres de Guillaume du Château, l'exécution du plan de fortifications commencé au XIIIe siècle par ses prédécesseurs. Aujourd'hui qu'une grande partie de cette ancienne enceinte a entièrement disparu pour faire place à un développement beaucoup plus étendu des remparts du XVe siècle, il est aussi impossible de dire si elle a été poussée jusqu'à complet achèvement, que de préciser exactement l'emplacement qu'elle occupait au Midi. Ce qui est certain, c'est que les remparts commencés au XIIIe siècle où il n'était encore fait usage que de hourds mobiles en bois, ne reçurent de mâchicoulis qu'au XIVe siècle. Il resterait à déterminer la date approximative de leur exécution. Or les fortifications les plus anciennes, celles qu'on fait remonter à la moitié du XIIIe siècle et par lesquelles il était naturel qu'eût commencé Richard

1. Registrum litter. sub sigillis nostris confectarum, Ms. n° 211, Bib. Avr.

Turstin dans le but de protéger immédiatement l'entrée abbatiale, s'étendent de la tour Nord à la tour Claudine. Il est vraisemblable que le front Est était déjà fort avancé dans le voisinage de la tour Nord et jusque vers le chevet de l'église paroissiale, où se trouvait la porte principale de l'enceinte qui, si l'on s'en rapportait à la miniature du manuscrit 1159 de la Bibliothèque Nationale, aurait été flanquée de deux tours[1]. D'après le même document, la muraille se serait retournée ensuite à angle droit face au Sud, rejoignant les escarpements rocheux situés au pied du logis abbatial. Mais quels que soient l'intérêt et surtout la beauté de cette vignette du Livre d'heures du duc Pierre II de Bretagne, il serait imprudent d'attacher beaucoup d'importance aux renseignements qu'on pourrait attendre d'elle sur l'état de l'enceinte du Mont-Saint-Michel à la fin du XIVe siècle. Il est assez probable que Pierre II, mort en 1457, avait fait exécuter son livre d'heures pendant le deuxième quart du XVe siècle. L'examen de la miniature ne permet pas d'admettre qu'elle veuille représenter les fortifications de Louis d'Estouteville. Peut-être a-t-elle été faite par un artiste qui avait vu le Mont-Saint-Michel défendu par les remparts de Guillaume du Château. Elle ne mérite, en somme, que le crédit d'attention assez vague que l'on prête en général aux miniatures du moyen âge envisagées au point de vue documen-

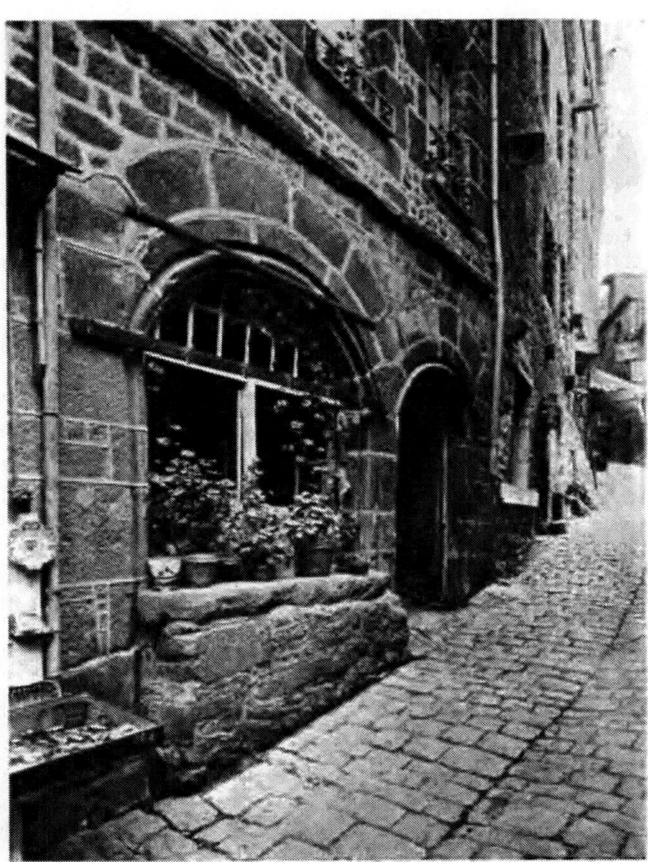

Phot. Neurdein

Fig. 358. — Maison de la fin du XIVe siècle.

1. Biblioth. Nat., *Livre d'Heures de Pierre II, duc de Bretagne*, ms. fonds lat. 1159, folio 160. Nous n'avons pas cru devoir reproduire ici cette miniature qu'on trouve dans la plupart des ouvrages traitant du Mont-Saint-Michel.

taire. On juge du peu de confiance dont elle est digne d'après la fidélité avec laquelle sont reproduites les parties encore existantes qu'elle prétend figurer. D'autre part il est fort difficile de rechercher aujourd'hui les anciens murs, au moyen de fouilles faites au milieu des constructions qui les ont presque partout recouverts. Force est donc de se contenter, pour déterminer une partie de la limite de l'enceinte, de ce qui en est encore visible à l'Est (en Y_3 du plan Pl. XXXVI); et encore faut-il n'accueillir qu'avec réserve l'opinion qui attribue au XIVe siècle les corbeaux (fig. 357) qu'on voit au haut de ce mur et qui rappellent singulièrement, par la grossièreté de leur épanelage, ceux faits au XVe siècle à la tour Neuve où ce travail rudimentaire s'explique par les préoccupations de l'état de siège. Il ne serait pas impossible, suivant nous, que ces encorbellements, dont la rusticité contraste avec le fini habituel des ouvrages du XIVe siècle, n'eussent été faits qu'au XVe siècle pour supporter la façade extérieure d'une maison dont l'ancien rempart devait former le soubassement.

FIG. 359. — Maison du XIVe siècle dans la rue de la Ville à proximité de l'église.
État en 1842 d'après une lithographie de Séchan.

Bibl. Nat., Cab. des estampes.

On a voulu voir, à l'emplacement du vieux couvent de Sainte-Catherine, la demeure que Duguesclin fit construire en 1366 pour sa femme Tiphaine de Raguenel. Et Dom Thomas Le Roy, qui la signale comme étant en ruines de son temps, dit qu'il en existe un « pend de la muraille… construit sur trois piliers qui se voient fort à l'aise des fenêtres du bout du dortoir… du monastère »[1]. Il est douteux que le pan de mur

1. T. I, p. 291.

auquel fait allusion cet auteur, ait fait partie de ce que l'on appelait vulgairement « le chasteau de dame Typhaigne ». Peut-être cette maison est-elle sur le terrain voisin dépendant jadis du même couvent de Sainte-Catherine, où s'élève aujourd'hui un immeuble qui porte le nom de l'épouse de Duguesclin. Le jardin attenant eût été, dans ce cas, celui que le *Terrier* de l'abbaye appelait « le jardin du chasteau de dame Tiphaine ». Comme indication pour aider aux recherches, nous signalerons une maison construite en prolongement du rempart du XIVe siècle et qui porte, sculptées au-dessus de sa porte, les armoiries de Duguesclin.

V

L'ABBAYE, LES REMPARTS ET LA VILLE AU XVe SIÈCLE

L'ABBAYE

Au commencement du XVe siècle, l'abbaye s'enrichit des objets d'art et des ornements à l'achat desquels Robert Jolivet employa les 4000 écus d'or que Pierre Le Roy avait légués au monastère[1]. Robert cherchait à éblouir ses religieux et à s'attacher leurs bonnes grâces en prévision de l'éloignement qu'il projetait, pour aller, soi disant, étudier à Paris. Il compléta la série des objets précieux dont il voulait doter le couvent par la fonte d'une « grosse horloge » qu'il fit « placer dans la grande et haulte

1. « L'an 1410.... Il fit faire de cette pécune, y adjoutant de celle du monastère aussy, les ornements qui sont encore à présent en estre dans la sacristie dud. Mont-Saint-Michel. Une chappelle de velours violet, toute complette, sçavoir : trois chappes, deux thuniques ou daumoires avec la chasuble et devant d'autel, mesme un tapis pour mettre devant le célébrant aux bonnes festes au cœur, le tout parsemé d'estoilles d'or et au milieu d'icelles un R. qui signifie Robert,... Item une autre chappelle toute complette, de velours rouge parsemé de fleurs d'or d'argent et soye, et la lettre majuscule et première de son nom, R. Item une autre chappelle de satin blanc, parsemé de fleurons veloutés de vernaissant avec orfrayes comme devant, et la lettre R. » (Dom Th. Le Roy, t. I, p. 330.)

« L'an 1411 au mois de febvrier suivant, l'abbé Robert Jolivet fit faire une belle et prétieuse mitre pour correspondre à ces beaux ornements.... Cette mitre est en la trésorerie de l'église de ce monastère, plus haulte et plus grande que les autres qui y sont, jadis faictes par l'ordre de Richard Turstin, l'une, et de Geoffroy de Servon, l'autre.... Cette troisième les surpasse en richesses et beauté, estant à fond de grosses perles parsemées et relevée et enrichie de plusieurs pierres prétieuses.... » (*Ibid.*, p. 331.)

« L'an 1412 led. Robert Jolivet changea l'ancien baston pastoral, autrement la crosse de ses prédécesseurs abbés, qui estoit dans la trésorerie de l'église de ce monastère, enrichy de pierreries estant d'argent, à cause qu'il ne luy sembloit pas assez beau, et qu'on le faisoit pour lors d'une autre sorte, et adjoustant il fit faire cestuy qui est aprésent dans lad. trésorerie, d'argent doré, esmaillé, cyselé avec plusieurs figures en bosse d'or massif, et il se

tour qu'avoit autrefois faict bastir l'abbé Robert de Thorigny. . . et sur la grosse cloche de la dite horeloge » il « fit graver ces mots :

« Mil quatre cent douze l'année
« De l'abbé Robert fus donnée »[1].

Du reste les prieurs et les religieux eux-mêmes furent, à cette époque, prodigues de dons du même genre. Ne voyons-nous pas en 1415, le prieur Nicolas Guernon faire don au monastère de « l'angelot d'argent doré qui suporte la pièce du manteau de sainct Michel »[2]; et après lui, Raoul Priout et Oudin Bouette faire preuve d'une égale munificence[3].

Phot. Neurdein.

Fig. 360. — Même maison que dans la figure 359 photographiée en 1906.

démonte à vis en trois ou quatre parties, une des plus belles pièces, peut-estre du royaume, pèse vingt-cinq marcs d'argent.... » (*Ibid.*, p. 333.)

« L'an 1412 susdit, l'abbé Robert Jolivet fit faire une grande croix a patte tenant aux branches d'argent doré, qui se veoit au milieu du reliquaire avec deux figures des deux costez, l'une de la Vierge et l'austre de S. Jan et deux anges sur les deux bras, le tout semaillé et parsemé de petites coquilles d'argent, et cette lettre R. J. au milieu de laquelle passe une crosse. Elle pèse vingt-cinq marcs deux onces et quatorze esterces d'argent. En icelle sont gravés ces mots : « *Generationem ejus quis enarrabit. Lignum vitæ in medio paradisi. Ego flos campi et lilium convallium. In cibum erunt fructus ejus.* » Item il fit faire une autre plus petite croix aussi d'argent doré, où il y a pareillement plusieurs R. J. dessus. » (*Ibid.*, p. 334).

« L'an 1412 susdit led. abbé fit faire plusieurs autres argenteries, lesquelles aujourd'hui ne sont plus en estre, entr'autres un calice tout d'or, lequel fut ravy de ce monastère par un abbé commendataire nommé Arthur de Cossé, évesque de Coutances.... Item un autre d'argent doré. Item deux grands encensoirs d'argent pesant 38 marcs. Le tout est à présent hors de ce Mont. » (*Ibid.*, p. 334).

1. Dom Th. Le Roy, t. I, p. 335.
2. *Ibid.*, p. 337.
3. *Ibid.*, p. 362, 363, 402, 403, 404, 405. Voir la description de ces objets parmi ceux existants dans le trésor abbatial au xviie siècle.

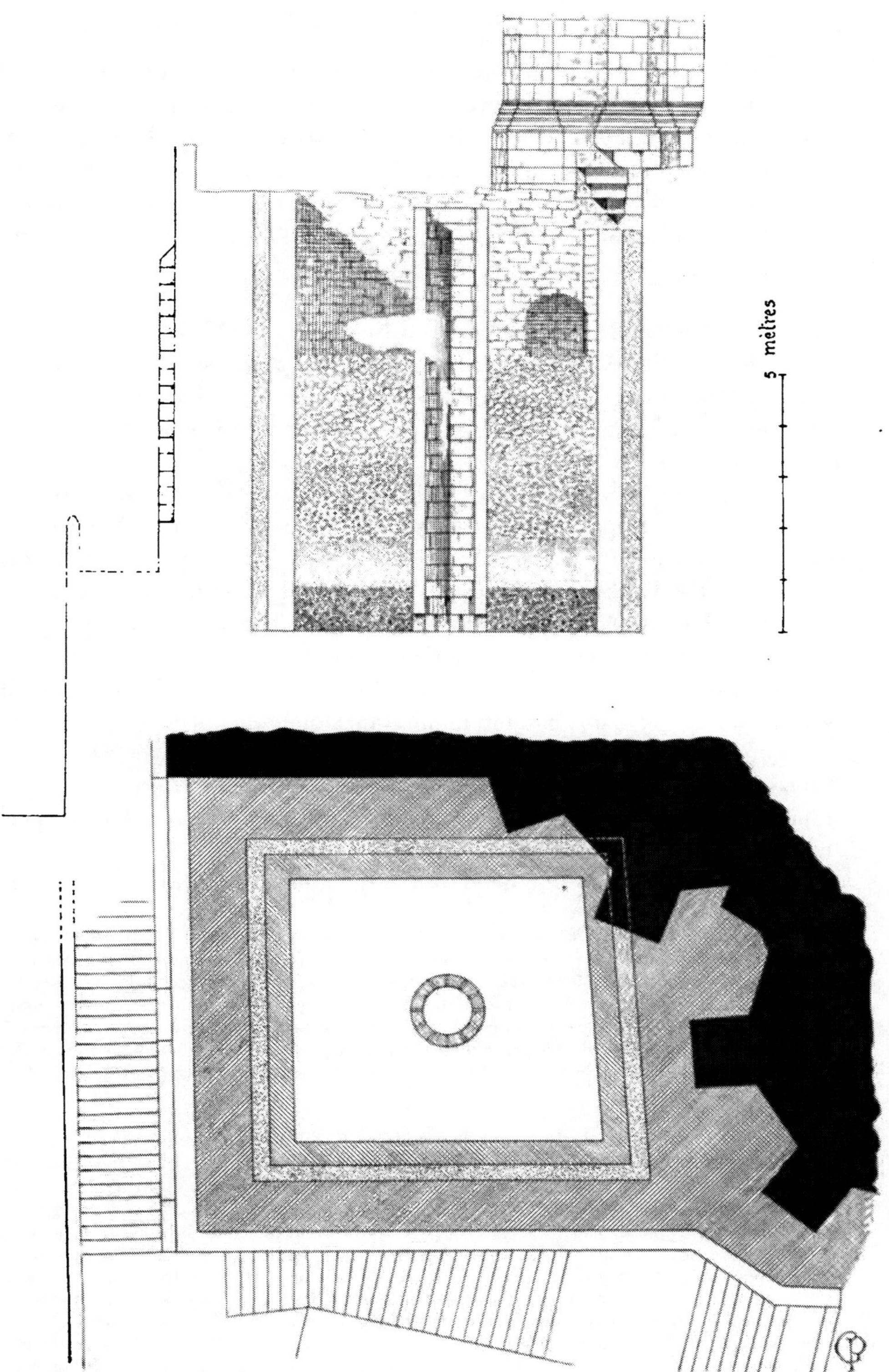

Fig. 361. — Plan et coupe de la citerne construite en 1417.

D'autre part, les six années de l'administration effective de Robert Jolivet ne furent pas sans profit pour le monastère, ni pour ses dépendances extérieures où il fit exécuter divers travaux, généralement reconnaissables aux armoiries que sa vanité y fit apposer. Elles eurent même une importance salutaire pour la ville qui doit à Robert Jolivet la ceinture de remparts qui était appelée à la protéger plus tard contre des ennemis ayant à leur tête cet abbé lui-même.

Grande citerne de l'abside. — Lorsque, en 1417, les grèves montoises virent poindre la menace de l'invasion anglaise, Robert Jolivet, abbé-capitaine du Mont-Saint-Michel, rejoignit en hâte son poste, et entreprit avec ardeur l'exécution d'un plan de défense qui témoigne de l'ampleur de ses conceptions.

Sa première préoccupation fut d'assurer à la place son alimentation en eau douce. Pour parer à l'insuffisance de la fontaine Saint-Aubert et la remplacer au cas où les Anglais viendraient à s'en emparer, il fit construire, derrière l'abside, une immense citerne (30) destinée à recueillir les eaux pluviales de l'église et de la Merveille. Cette citerne, dont jusqu'ici Siméon Luce avait seul parlé en publiant le document contemporain qui en signalait l'exécution en 1417[1], était inconnue des historiens du XVIIe siècle; ce qui n'a rien d'étonnant étant donné qu'à s'en rapporter aux plans du XVIIIe siècle[2], elle était probablement, au temps de Dom Jean Huynes et de Dom Thomas Le Roy, enfouie sous un parterre semblable au jardinet planté d'arbustes qui la recouvrait lorsque nous la découvrîmes en 1904.

La curieuse disposition de cette citerne nous détermine à entrer dans

1. « 1418, 4 septembre, Mont-Saint-Michel. Vidimus par Laurent le Grant, sénéchal du Mont-Saint-Michel, d'un acte de Charles VI, daté de Paris le 3 août précédent, autorisant l'abbé et les religieux du Mont, qui ont dépensé plus de 10000 francs pour creuser une grande citerne en roche vive et pour se défendre contre les attaques des Anglais occupant les alentours avec des forces considérables, à prendre sur les vicomtes d'Avranches, de Coutances, le receveur des aides d'Avranches et le maître particulier de la monnaie de Saint-Lô, une somme de 1500 livres tournois destinée au paiement des gens d'armes et de trait de la garnison du dit Mont.

. . . .

« Charles, par la grâce de Dieu roy de France.... Receue avons l'umble supplicacion de nos amez les religieux, abbé et couvent du Mont-Saint-Michel au peril de la mer contenant que, comme iceulz supplians, pour la tres grant nécessité et deffaulte qu'ilz avaient d'eaue doulce au dit lieu du Mont-Saint-Michel, equel est assis en mer es fins et extremitez de nostre pais de Normandie, aient fait faire, puis un an ença, in icelny lieu un grant cisterne en roche visve pour retenir eaues et pour resister à l'encontre de nos anciens ennemis et adversaires d'Angleterre qui de jour en jour s'efforcent de usurper notre seignourie, nous et noz subgez grever à leur povoir, aient fait plusieurs autres grans euvres et reparacions pour la seureté du dit lieu, pour la garde et deffence d'icelluy, a leurs propres couts et despens, sans avoir de nous aucune ayde, esquelles choses les diz supplians ont fraié et emploié plus de dix mil frans ou environ, tant des biens de leur dicte église comme par emprums..... » (*Chron. du M.-S.-M.*, t. I, p. 87, 88.)

2. Voir planche XXXI le plan où l'emplacement de cette citerne figure un parterre.

quelques détails à son sujet. Elle n'est d'ailleurs pas sans intérêt historique : car les Anglais qui, à la guerre, ont toujours employé de préfé-

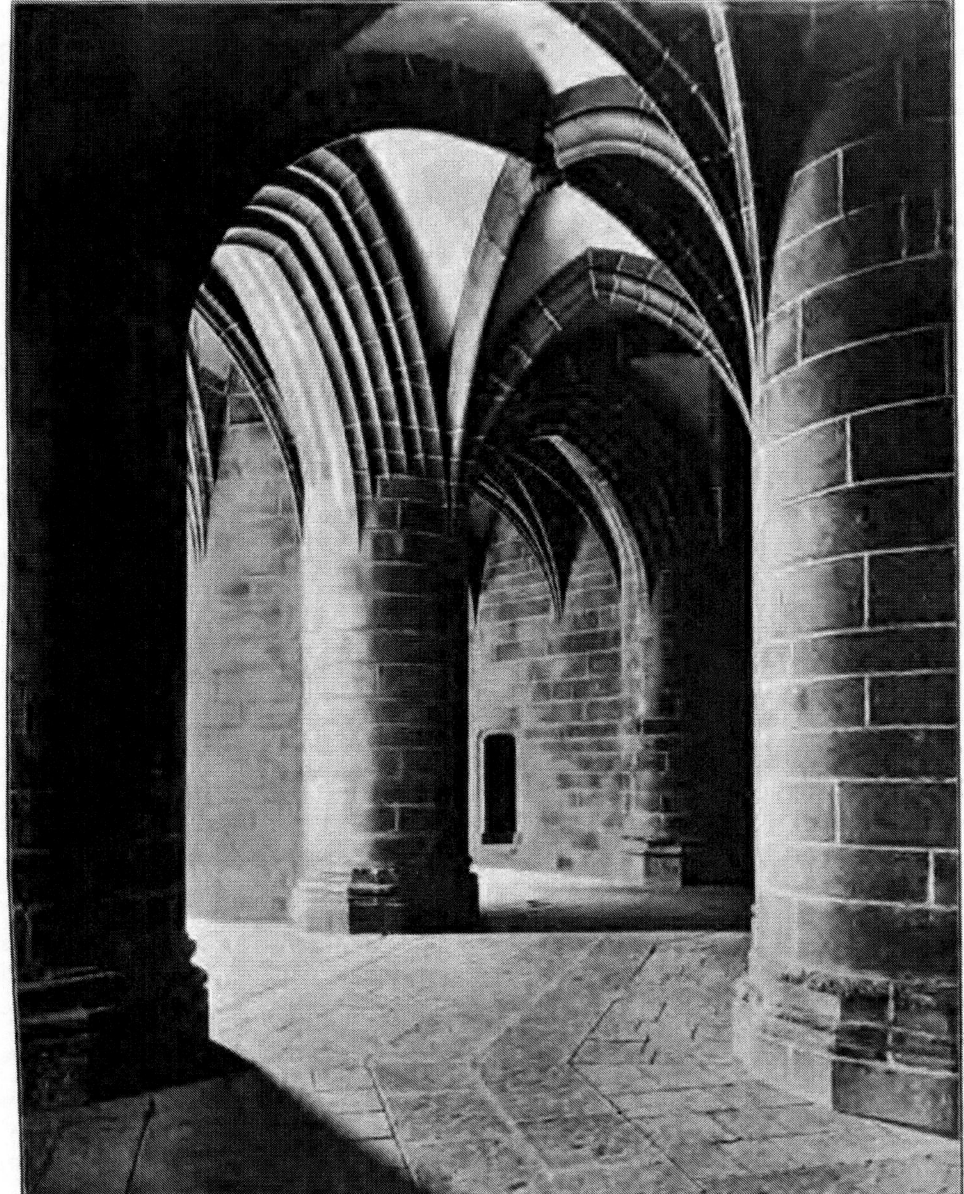

Phot. Neurdein.

Fig. 362. — Église basse, dite Crypte des Gros Piliers.

rence les moyens propres à ménager la vie de leurs troupes, avaient fondé, sur la chute de cette citerne, l'espoir de la reddition de la place. C'est du moins ce qui ressort d'une lettre confidentielle adressée de Coutances, le 15 juin 1420, par Sir John de Assheton, bailli du Cotentin, au roi Henri V pour lui annoncer « que la citerne était rompue[1] ».

La cavité nécessaire à l'établissement de ce vaste réservoir avait été, en partie, creusée dans le roc. Sa construction se composait néanmoins, sur ses quatre faces, d'un mur de 1m60 d'épaisseur, maçonné en mortier de chaux et muni de contreforts extérieurs du côté du bâtiment projeté par Pierre Le Roy, dont l'exécution semblerait avoir été dès lors abandonnée. A l'intérieur de ce mur, s'en trouvait un second de 0m,40 d'épaisseur seulement, hourdé en argile grasse et distant du premier par un intervalle de 0m,20 rempli en même matière. Dans le fond, un carrelage en terre cuite recouvrait une sorte de radier nivelant le rocher. Cette citerne n'était pas qu'un simple réservoir. Elle tendait à suppléer à l'absence d'eau de source par un filtrage des eaux pluviales s'opérant en quelque sorte à la manière dont procède la nature dans ses œuvres intestines. Une cheminée de puisage, admirablement construite en pierre de taille du plus bel appareil, reposait au centre du quadrilatère sur le radier de la citerne. Elle était pourvue, à sa base, de deux rangées de longues fentes se chevauchant, que remplissaient exactement des tuyaux de plomb, percés de petits trous. Tout autour de cette cheminée, la citerne était remblayée, jusqu'aux environs de la moitié

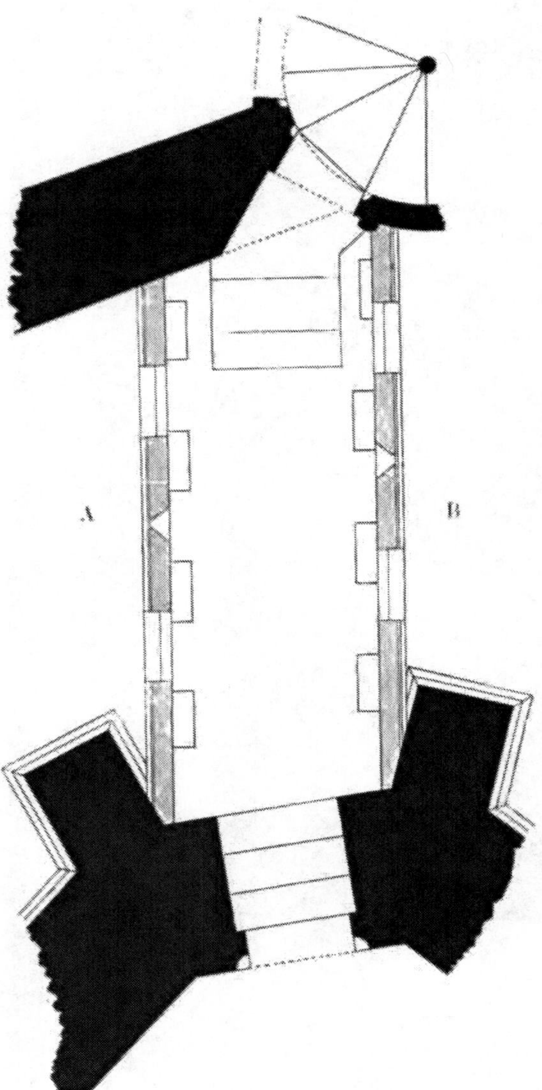

Fig. 363. — Pont fortifié du xve siècle. Plan restauré.

1. « Yair cisterne in ye qwich yair water is wonte to be kepped ys broston so yat for takke of water, and of wode yai myght abide noon gret distress and sege were layde about yain. » (*Mém. de la Soc. des Antiq. de Norm.*, XXIII, 254, n° 1576).

de sa hauteur, par des couches de galets, de gravier et de sable fin. L'eau pluviale tombant des conduites qui l'amenaient des toits sur cette masse filtrante, la traversait, entretenant dans le puits un niveau de liquide filtré qu'on puisait du haut pour les besoins des services installés à hauteur des salles du premier étage de la Merveille, ou qu'on pouvait distribuer en contrebas au moyen d'une tuyauterie (Voir fig. 361.)

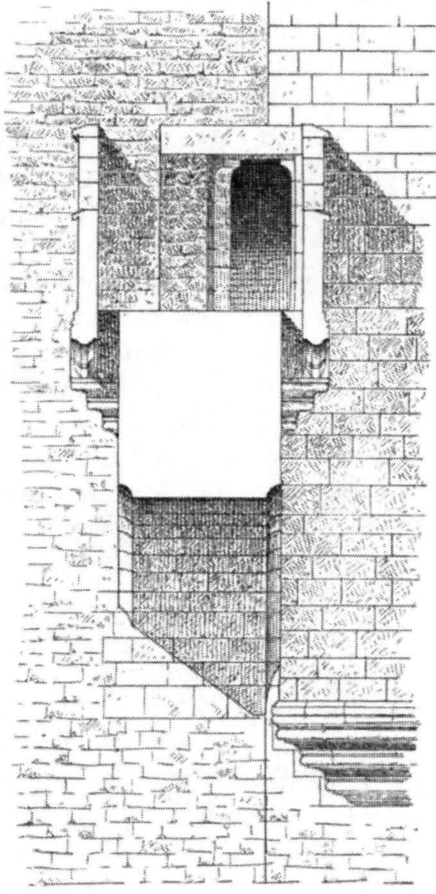

FIG. 364. — Pont fortifié du xve siècle. Coupe transversale suivant AB du plan figure 363. Restauration.

Cette citerne, terminée en 1417, manifestait déjà des désordres en 1420; la chronique qui nous les signale parle de rupture, mais n'en indique pas l'importance. Il se pourrait qu'ils se fussent bornés à de simples crevasses occasionnées par un déversement du mur extérieur (peu épais et médiocrement contrebuté), sous la poussée qu'exerçait sur lui l'énorme volume d'eau et de pierraille contenu dans la citerne. Ce qui ressort clairement, c'est le défaut d'étanchéité de cette citerne à ce moment. Nous n'avons trouvé aucun indice sur la façon dont elle était couverte ; mais, suivant toute probabilité, elle devait l'être d'une terrasse en plomb. Cette couverture dut, vraisemblablement, être assez éprouvée en 1421 par la chute du chœur roman ; et on est porté à supposer qu'une partie des « 3000 de plomb » que les religieux envoyèrent chercher à Tombelaine le 27 juillet 1422 « pour être affectés tant à des citernes qu'à d'autres réparations », a été employée à réparer cette couverture, sinon à établir, à l'intérieur du réservoir lui-même, une enveloppe appelée à lui procurer l'étanchéité dont il manquait. La construction de cette citerne modifia sensiblement la disposition de l'entrée de l'abbaye par la plate-forme de la Merveille et en rétrécit étroitement l'escalier d'accès. Quand, vingt-neuf ans après, on éleva le nouveau chœur, on s'abstint de faire porter, sur le mur de la citerne, celui des contreforts de la chapelle absidale qui empiétait sur cette construction et on pratiqua, sous l'angle de ce contrefort, des encorbellements. Ce fut la singularité de cette disposition qui éveilla notre attention et nous mit sur la voie de la découverte de cette intéressante citerne.

Reconstruction du chœur. — Pendant vingt-six ans, le siège absorba toutes les forces vives et toutes les ressources de l'abbaye à laquelle aucun travail ne fut fait tant que l'ennemi fut en vue des grèves. Après la catastrophe du 20 septembre 1421, où le chœur roman tout entier s'était écroulé jusqu'aux piliers de la croisée des transepts, on boucha l'arc entre ces piliers ainsi que ceux des bas côtés et on attendit des jours meilleurs[1]. Ils mirent vingt-cinq ans à venir pour la réédification du chœur (2″) que le cardinal d'Estouteville commença en 1446 et poursuivit sans interruption jusqu'en 1452, date à laquelle les travaux furent temporairement arrêtés[2]. Les maçonneries étaient arasées à hauteur des chapelles rayonnantes qui, ainsi que le déambulatoire, avaient reçu leurs couvertures de plomb. Sur les piliers du chœur proprement dit, on avait posé une toiture provisoire. Cette situation dura quarante-huit ans.

Ces travaux, la sculpture, en 1452, des armoiries de Guillaume d'Estouteville au Sud de l'église et sur diverses clefs de voûte, et enfin la réfection, en 1478, du lambris de la charpente de la nef, résument l'œuvre de cet abbé commendataire. Il laissait aussi, pour la continuation de cette œuvre, les plans que, jusqu'à preuve contraire, nous serions disposé à attribuer à Guillaume Pontifz.

Église basse ou crypte des gros piliers.— citernes latérales.— Le xve siècle n'a produit nulle part rien de plus puissant que la crypte dite des Gros Piliers à l'Abbaye du Mont-Saint-Michel. Jamais art n'a manifesté avec plus d'éclat la possession de ses méthodes, la maîtrise de ses procédés d'exécution. Cette crypte (2′) est le soubassement du chœur (2″) dans l'espace existant entre l'église supérieure et la déclivité du rocher. Sur son déambulatoire s'ouvrent cinq chapelles terminées en pans coupés, sauf une (C_2) que sa proximité du vestibule de la Merveille a obligé de terminer par un mur droit. Des quatre autres travées répondant latéralement à celles du chœur supérieur, les deux du Nord sont occupées, l'une par une issue vers la Merveille (B_2), et l'autre par une citerne (A_2). Les deux travées du Midi contiennent une autre citerne (H_2), de volume double, où l'on remarque des retombées de voûte de l'originalité la plus singulière. Ces deux citernes, intérieurement revêtues de plomb, étaient reliées entre elles par une tuyauterie supportée le long du mur transversal par des corbeaux en pierre.

1. En 1445, le pape Eugène IV engageait par une lettre les fidèles à secourir le monastère et à le relever de ses ruines (Reg. Val. Eug. IV, n° 365, fol. 466 *b*, 21 août 1445) ap. Denifle, *Les désolations des églises de France*, I, pp. 76-77, n° 205 : Monasterium Scti Michaelis, cujus fundatis describitur, in structura et ædificiis reparationibus indiget.

2. Un des piliers des chapelles porte la date de 1450.

Fig. 365. — Pont fortifié du xve siècle.
Vue perspective de la face A du plan figure 363. Restauration.

Une ouverture circulaire avait été ménagée, au centre d'une des voûtes de cette église basse, pour le montage des cloches dans l'église haute et ensuite dans la tour centrale.

Indépendamment du portail ouvert au Nord sur la plate-forme de la Merveille, trois portes pratiquées dans les chapelles rayonnantes du Midi, desservent : l'une, la salle de l'Officialité; la seconde, un pont jeté quelques années plus tard en travers du grand degré abbatial pour faire communiquer cette église basse avec les appartements abbatiaux, et la troisième, l'escalier à vis montant à l'église haute, à la couverture des chapelles, et jusqu'à la naissance de « l'escalier de dentelle. » Une quatrième porte est celle du passage faisant communiquer cette crypte avec celle du transept Sud dite chapelle Saint-Martin. Dans cette œuvre admirable, on ne sait que louer le plus, de l'ampleur de la conception ou de la perfection apportée à l'exécution. Toutes ces qualités de proportions et de lignes, cette homogénéité, cette tenue qui impriment à l'ensemble un caractère si saisissant, nous allons les retrouver dans l'église haute, avec, en plus, l'étude affinée du détail décoratif.

FIG. 366. — Pont fortifié du XVe siècle. Élévation de la face B du plan figure 365. Restauration.

PONT FORTIFIÉ. — Pour remplacer le passage aérien qui, avant la chute du chœur roman, reliait le bâtiment abbatial avec la crypte et le chœur romans, on jeta un nouveau pont (W) faisant communiquer avec la crypte des Gros Piliers l'un des paliers de l'escalier à vis desservant ce bâtiment. Ce gracieux ouvrage était bordé de chaque côté de riches mâchicoulis surmontés de créneaux dont les traces subsistent encore contre le mur de l'église. Au temps de l'administration pénitentiaire, on avait substitué à ces créneaux deux murs supportant une couverture pour fermer ce passage qui établissait la communication entre les prisons des deux *exils* et les bâtiments de la Merveille contenant les préaux découverts où les prisonniers prenaient leur exercice journalier. Nos figures 363, 364, 365 et 366, présentent les plan, coupe, élévation et une vue perspective de ce pont avec restitution de son ancien crénelage qui ne saurait être hypothétique.

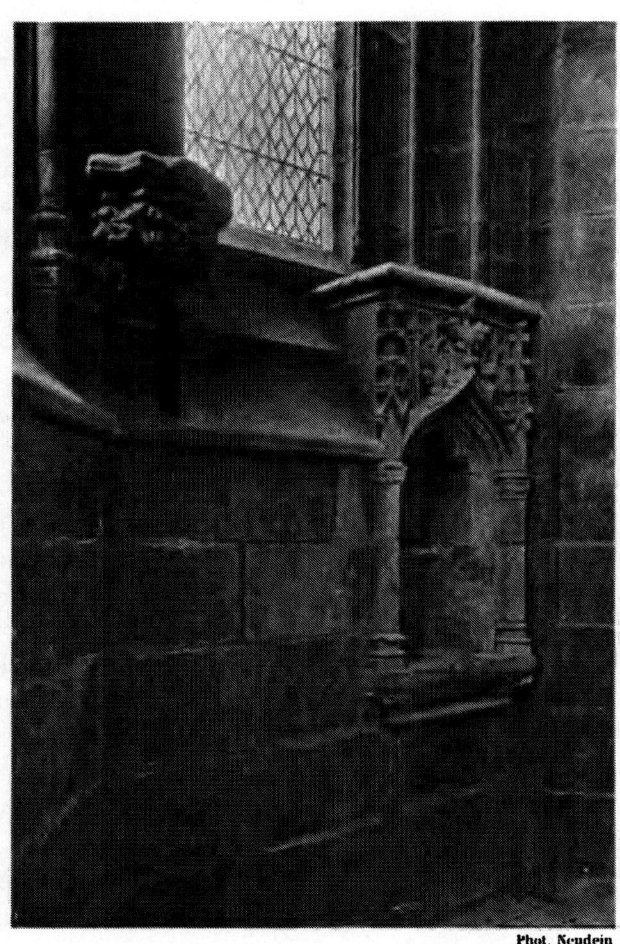

Phot. Neudein

Fig. 367. — Crédence dans la Chapelle de l'Annonciation du chœur de l'église abbatiale (xve siècle).

Chœur. — Nous avons vu que, commencé en 1446 par la crypte des Gros Piliers, le chœur était, en 1452, arasé à hauteur de la couverture des chapelles. Six années avaient suffi pour réaliser ce prodige d'activité.

Ce chœur et son abside aux chapelles rayonnantes, formant comme autant de facettes lumineuses dans la pierre de cet immense joyau, est une œuvre magistrale où se manifestent les puissantes qualités de l'art français du moyen âge parvenu aux dernières limites de son complet développement. La franchise du parti s'y affirme dar une netteté de conception et une souplesse d'exécution tout à fait saisissantes. Assurément, il ne se dégage pas de l'expression de la structure une observation stricte du principe quintessentiel régissant, dans la plénitude de sa souveraineté, la forme et le groupement de tous les éléments constitutifs des édifices du XIIIe siècle. Mais on y retrouve quand même une assimilation bien nette de principes usuels s'exprimant comme par abréviation dans la pratique d'une méthode dont un exercice déjà ancien a fortifié l'indépendance. On se sent toujours en présence d'un art basé sur la logique, d'un art qui s'appuyait sur des règles grammaticales inviolables mais appliquées avec la liberté qu'en donnait l'habitude, et transformées en quelque chose d'analogue à des élisions dans un langage devenu familier. La distinction du décor et la coloration vigoureuse de la mouluration complètent le charme de cet admirable édifice. On rencontre des détails exquis dans les crédences des chapelles (voir fig. 367) et une agréable disposition dans celle attenante à l'un des piliers absidaux (fig. 368).

Phot. Ch. Besnard

FIG. 368. — Crédence dans le chœur de l'église abbatiale (XVe siècle).

La chute du chœur roman avait privé de leur butée les grands arcs Nord et Sud supportant le clocher sur la croisée des transepts. Aussi leurs piliers s'étaient-ils fortement infléchis du côté du chœur. Pour remédier à leur déversement, les constructeurs du XVe siècle avaient appliqué contre chacun d'eux un arc-boutant dont la forme en quart de cercle dérivait du prolongement circulaire de la moitié de l'arc-doubleau ogival préparé pour l'exécution de la travée attenante à la tour lorsque le moment serait venu de procéder à la réfection des piliers et du clocher : car en entreprenant la réédification du chœur suivant un nouveau plan, le cardinal d'Estouteville entendait bien reconstruire l'église tout entière. Dans la même prévision, on s'était borné à des arrachements en attente et à une couverture provisoire sur l'emplacement de la travée qui devait souder le chœur aux transepts reconstruits. La continuation de cette entreprise grandiose ne s'étant jamais réalisée, les constructions nous sont parvenues en cet état, mais non sans péril pour l'édifice qui, depuis le XVIIe siècle, manifestait de graves désordres. Nous y reviendrons plus loin en parlant des restaurations.

VITRAUX. — En 1488, l'abbé André Laure faisait poser les verrières des chapelles du chœur, où il avait fait mettre ses armoiries et celles de son prédécesseur, le cardinal d'Estouteville. Par la suite, d'autres abbés y firent ajouter les leurs. L'une de ces verrières, celle de la fenêtre centrale de la chapelle absidale, représentait la fondation de l'église du Mont-Saint-Michel par saint Aubert. Sur une autre, largement ouverte au Nord-Est dans la chapelle de forme rectangulaire dédiée à saint Michel du Circuit, était figuré, dit Dom Th. Le Roy[1], « le sacre des roys de France ». On y voyait « d'ordre les douze pairs de France chascuns tenant en leurs mains ce qu'ils doibvent porter à l'archevesque de Rheims, pour mettre sur la personne du roy ». L'abbé Pigeon[2] donne de cette verrière la description suivante : « Dans les deux compartiments latéraux sont les douze pairs de France dont les noms sont inscrits sur des phylactères. A gauche, voici les six pairs laïques portant différents insignes de la royauté. Au sommet de l'ogive est le duc de Bourgogne, qui porte la couronne royale; et, en descendant, on voit tour à tour le duc d'Aquitaine portant la première bannière; le duc de Normandie la seconde; le comte de Toulouse les éperons; le comte de Flandre l'épée royale, et le comte de Champagne l'étendard de guerre. Les six pairs ecclésiastiques sont, à droite, rangés dans le même ordre : le premier est l'archevêque de Reims, prélat consécrateur, portant la crosse en main et la mitre au front; les autres sont :

Phot Ch Besnard

FIG. 369. — Bénitier dans l'église abbatiale (XVe siècle)[3].

1. T. II, p. 5.

2. *Nouveau guide descr. et hist. du voy. dans le M.-S.-M.*, p. 90.

3. Ce bénitier était placé à proximité de l'entrée méridionale avant la suppression des trois travées démolies. Au XIXe siècle il avait été transporté contre le gros pilier N.-E.

l'évêque de Laon, qui tient la sainte ampoule, petite fiole de cristal de deux pouces de haut sur un pouce de large à sa base; sa transparence permet de voir l'huile sainte, de couleur rougeâtre, avec laquelle saint Rémi consacra le roi Clovis; l'évêque de Langres porte le sceptre; celui de Beauvais, le manteau royal; celui de Châlons, l'anneau, et celui de Noyon, le baudrier.

« Les deux lancettes du centre sont divisées, comme la fenêtre de saint Aubert, en six médaillons, deux grands et quatre petits. Les deux médaillons inférieurs représentent, d'un côté les armes du cardinal d'Estouteville qui, le premier, fit commencer ces chapelles. Elles sont entrelacées et se blasonnent ainsi : « Au premier et dernier quartier, bordé « d'argent et de sable, au lion de sable accolé d'or, armé et lampassé de « gueules rampant sur le tout. Au deuxième et troisième, de gueules à deux « fasces d'or. Pour cimier, un chapeau de cardinal avec les pendants de « soye, le tout rouge, à la croix d'archevêque au-dessus dudit chapeau, et « sur l'escu, les armes de France, à la bande de gueules entre les fleurs de « lys ». — De l'autre côté sont les armes de l'abbé André de Laure qui fit vitrer toutes ces chapelles. Elles sont « d'or, au chef de vair, d'argent et « de gueules de deux tiers, »

« Dans les deux médaillons du centre a lieu la consécration du roi. Le monarque vient de jurer sur les évangiles de procurer la paix à son peuple et de lui faire rendre bonne justice, et le voici à genoux pour recevoir les saintes onctions. Il est vêtu d'une simple tunique de satin cramoisi. Le consécrateur est dans le médaillon à droite... le pontife s'incline, et après avoir mêlé au chrême une parcelle de la liqueur condensée qu'il a retirée de la sainte ampoule avec une aiguille ou spatule d'or, il se dispose à faire les onctions sur la tête, sur la poitrine, sur les épaules et à la jointure des bras....

« Les deux médaillons supérieurs représentent, l'un l'intronisation, l'autre les grâces et les bienfaits du nouveau roi. Dans le premier, le monarque nous apparaît vêtu d'une tunique et d'une dalmatique de satin bleu, semée de fleurs de lys d'or. Il est recouvert du manteau royal sur lequel apparaît le cordon de Saint-Michel et le petit médaillon de l'Archange. On lui a remis les gants, symbole de son inviolabilité; l'anneau, signe de l'alliance indissoluble qu'il a contractée avec son royaume; le sceptre, signe du pouvoir qu'il doit exercer et de la justice qu'il doit rendre; le glaive pour exécuter ses vengeances contre celui qui fait le mal.... Assis sur le trône, un pontife s'incline devant lui, et, le premier, le salue en criant : « *Vivat rex!* Vive le roi!... »

« Le deuxième médaillon nous représente le roi qui, après avoir communié sous les deux espèces, s'est rendu dans un parc où se trouvent rassemblés une foule considérable de malades qu'il touche l'un après l'autre de sa main droite, du front au menton, et d'une joue à l'autre, en disant ces paroles consacrées : « Dieu te guérisse, le roi te touche! »

« Dans un angle du tableau est une cage d'où s'envolent plusieurs oiseaux, symbole de la liberté que le nouveau roi vient de rendre aux prisonniers et de celle dont il fera jouir ses sujets....

« Mais toute la fenêtre n'est pas décrite, il reste encore une partie importante qui mérite aussi de fixer notre attention. C'est le tympan de cette large ogive, renfermant neuf cœurs formés par la ramification des trois meneaux. Tous ces cœurs portent des figures angéliques qui rappellent les différents ordres « de la chevalerie sacrée « des saints esprits du Paradis ». Ils sont placés selon leur dignité, leur grandeur et leur élévation dans le ciel.... »

Phot. Neurdein

FIG. 370. — Armoiries de Robert Jolivet sur le rempart à l'Est.

LES REMPARTS

TRAVAUX DE ROBERT JOLIVET

En même temps qu'il pourvoyait dans l'abbaye aux nécessités du ravitaillement, Robert enveloppait toute la population montoise dans une nouvelle ceinture de murailles présentant un premier obstacle à l'assaillant[1]. Branchés obliquement, à l'Est, sur l'enceinte du XIVe siècle, ces nouveaux remparts composèrent un vaste polygone englobant tout le faubourg bâti depuis peu, à la base du Mont, sur une étendue facilement accessible des grèves. La mer vint

1. « L'an 1417, les guerres s'allumant ainssy entre les Françaiset les Anglois, de touttes parts en cette province on fortifia les places pour se bien deffendre. C'est pourquoy l'abbé Robert Jolivet et ses moynes (suivant le dire du Père Dom Jan Huynes au feuillet 178 de son livre, au traité des capitaines de ce monastère), fortifièrent de nouveau cette place du Mont, faisant faire les murailles d'autour la ville dud. Mont-Saint-Michel pour résister aux ennemis, et lesquelles murailles ont esté du depuis fortifiées de temps en temps comme je diray. Ce que le bon Père dit que ce fut l'abbé et les moynes de ce monastère qui firent faire les murailles de la ville du Mont est bien probable, car dans un des pans d'icelles, du costé devers Ardevon, les armes de l'abbé Robert Jolivet y sont affichées, taillées en pierre et un grand lyon en bosse au bas, lesquelles armes monstrent assez avoir été appliquées en ladite muraille lors de la construction d'icelle. » (Dom Th. Le Roy, t. I, p. 342-3.)

alors, à marée haute, battre le pied d'une grande partie du nouveau périmètre. Cette entreprise gigantesque, dont la conception est attribuable dans son ensemble à Robert Jolivet, fut commencée en 1417 et menée par ses soins jusqu'en 1420 où il quitta le Mont-Saint-Michel pour le livrer à l'ennemi contre lequel il l'avait fortifié. Après sa fuite, les moines poursuivirent sans relâche l'exécution de ses projets; cinq ans après, les travaux étaient terminés et l'enceinte complète jusqu'aux escarpements du Midi. En conséquence, les remparts du Mont que nous désignons comme exécutés sous la prélature de Robert Jolivet se subdivisent en deux catégories : ceux exécutés dans la période de sa prélature antérieure à sa trahison, et ceux postérieurs à cette période, c'est-à-dire faits de 1420 à 1425 par les soins des moines et dirigés par le vicaire général Jean Gonault remplaçant l'abbé absent. Il semblerait que les premiers, entrepris à la jonction avec les murailles du XIVe siècle et sur lesquels figure (en l_8, de notre plan général), dans une niche, l'écusson de Robert Jolivet maintenu par un lion, ne se fussent guère étendus au delà de la tour Béatrix (44)[1].

MURAILLES. — Descendant les escarpements défendus par la tour du Nord (34) jusqu'à la grève même, les nouvelles murailles se prolongent vers l'Ouest par une succession de redents horizontaux qui aboutissent à la tour du Roi (42) et à l'entrée, de là, se retournant à angle droit; ils gravissent de rapides degrés, pour rejoindre les rampes du rocher dont les crêtes fortifiées communiquent avec les défenses de l'abbaye. Au haut des emmarchements de l'escalier dit des *Monteux* (H_1) se trouvait alors un corps de garde (m_8) abritant le poste d'où étaient détachées les sentinelles environnantes. Au même niveau s'étendait la terrasse de la *pillette* (Q_1), bordée d'un crénelage et munie à son angle Sud-Ouest d'une tourelle (P_1), d'où un guetteur embrassait une immense étendue de terrain. Ainsi se trouvait praticable une circulation ininterrompue entre les défenses extérieures de l'abbaye, l'entrée de la ville et la barbacane du Châtelet, en suivant constamment la crête des remparts et en pourtournant les tours destinées à les flanquer. L'épaisseur des murailles, variable suivant leur emplacement et la nature des agressions auxquelles elles étaient exposées, était partout plus que suffisante pour rendre aisée la circulation sur ces chemins de ronde. Elle s'augmentait, à leur base, d'un glacis destiné à les empatter et à faire ricocher les projectiles jetés des mâchicoulis qui les couronnaient. Les parapets étaient, par intervalles, percés de meurtrières ou interrompus de quelques créneaux protégés par des volets derrière lesquels s'exerçait sournoisement la surveillance des défenseurs.

1. Pour la description des parties extérieures à l'Abbaye, les lettres se rapportent à notre plan général du Mont-Saint-Michel, Planche XXXVI.

Un certain nombre de petites fenêtres, que leur structure et leur mouluration autorisent à considérer comme remontant au xve siècle, démontrent que des maisons étaient déjà accolées à ces murailles.

Entrée de la ville[1]; logis et tour du roi. — La sécurité des remparts reposait sur l'inaccessibilité de leur situation au sommet des escarpements, ou sur l'immersion de leur base par la mer. L'entrée (43) de la ville elle-même était séparée de la grève par un large fossé toujours baigné d'une quantité d'eau variant avec la hauteur des marées. Elle se compose d'un bâtiment à cheval sur un passage (R_1) où l'on pénétrait par une porte principale destinée aux voitures et aux cavaliers, et par une poterne à l'usage des piétons. Les tabliers des ponts-levis, qu'on manœuvrait à bras d'hommes, de l'intérieur du passage, servaient, rabattus, à franchir le fossé. Relevés, ils con-

Fig. 371. — Élévation de la Maison du Roi du côté de la ville. Vue prise en 1885.

1. Comme on le verra plus loin, les historiens du xviie siècle comprennent la porte de la ville au nombre des travaux exécutés en 1425 par Louis d'Estouteville. Plusieurs raisons viennent à l'encontre de cette assertion tirée d'une interprétation inexacte de renseignements relatifs à la construction de la barbacane en avant de l'entrée. D'abord le Mont avait déjà subi victorieusement la rude épreuve du blocus par terre et par mer qui n'avait pu comporter aucun ajournement d'un ouvrage aussi nécessaire que la porte de la ville. D'autre part le soin et la recherche apportés dans la décoration de cette porte enlèvent toute vraisemblance à son exécution en plein siège et pour ainsi dire sous les yeux de l'ennemi. En comparant le fini de cet ouvrage avec la rusticité relative de ceux établis par les ordres du capitaine Louis d'Estouteville, on distingue aisément ces derniers à la précipitation avec laquelle il y avait été procédé dans le but de renforcer hâtivement la défense.

stituaient une première fermeture renforcée en arrière par une herse en fer qui existe encore dans sa rainure de pierre. En outre, cette ouverture, de même que celle qui lui correspond à l'autre extrémité du passage, était munie de lourds vantaux en bois, pivotant sur de robustes tourillons.

De plain-pied, dans la tour voisine, se trouvait un corps de garde dont les hommes devaient reconnaître les personnes qui se présentaient, avant d'abaisser les ponts-levis et d'ouvrir la seconde porte du passage. Un étroit couloir, débouchant sous l'arcade de l'escalier montant au rempart, permettait aux gens du corps de garde de rejoindre leur poste, et aux piétons d'entrer et de sortir, sans qu'il fût besoin d'ouvrir les vantaux de la grande porte du passage du côté de la ville. Directement au-dessus de ce dernier, la chambre de manœuvre de la herse était occupée par les gens chargés d'y pourvoir. La salle de l'étage supérieur (R'_1), appelée, par abréviation, dans les titres contemporains : la « chambre du roy », servait au logement du préposé à la garde de la porte pour le roi de France, auquel on donnait le nom de « sergiant maior » de la garnison. Dans cette situation centrale à l'intersection des courtines Sud et Ouest, ce gardien de la porte exerçait une surveillance efficace sur les abords de l'entrée et pouvait porter son attention sur tous les points où l'appelait soudainement la vigilance des guetteurs.

Phot. Ch. Besnard.

FIG. 572. — La Tour de la Liberté (autrefois Tour Béatrix). Vue extérieure en 1909.

L'élégance de cette entrée (fig. 26 et 27) égale la solidité de ses dispositions défensives. Le pont-levis de la grande porte extérieure se logeait dans une retraite couronnée d'un larmier, qui préservait l'ossature de ce pont contre l'action destructive de la pluie fouettant par les vents d'Ouest. Le champ supérieur compris entre les deux rainures recevant les deux bras de la herse, était décoré d'une composition héraldique dont il ne subsiste que des traces et dans laquelle entrait l'écu couronné du roi de France maintenu par deux anges. Au-dessous de l'écu, quatre coquilles symbolisaient l'abbaye vassale du roi[1]. L'ensemble reposait sur une litre ou bandeau ondé figurant les armes de la ville[2] vassale du roi et de l'abbaye. Cette composition décorative prend le caractère d'une affirmation de la fidélité des Montois à l'autorité du roi de France. Elle appuie notre opinion touchant l'attribution de cette porte à une époque postérieure à la trahison de Robert Jolivet, qui n'eût pas manqué d'y appliquer ses armes personnelles, mais cependant antérieure à l'arrivée du capitaine d'Estouteville, c'est-à-dire entre 1420 et 1425. Deux sveltes contreforts, surmontés de pinacles, s'élancent, à droite et à gauche, jusqu'à une rangée de fines arcatures, qui achève d'encadrer tout le motif. Couronnant cet ensemble, un mâchicoulis, richement encorbellé, borde le passage qui prolonge la courtine Ouest jusqu'à sa rencontre avec celle du Sud, par l'intermédiaire de la tour du Roi.

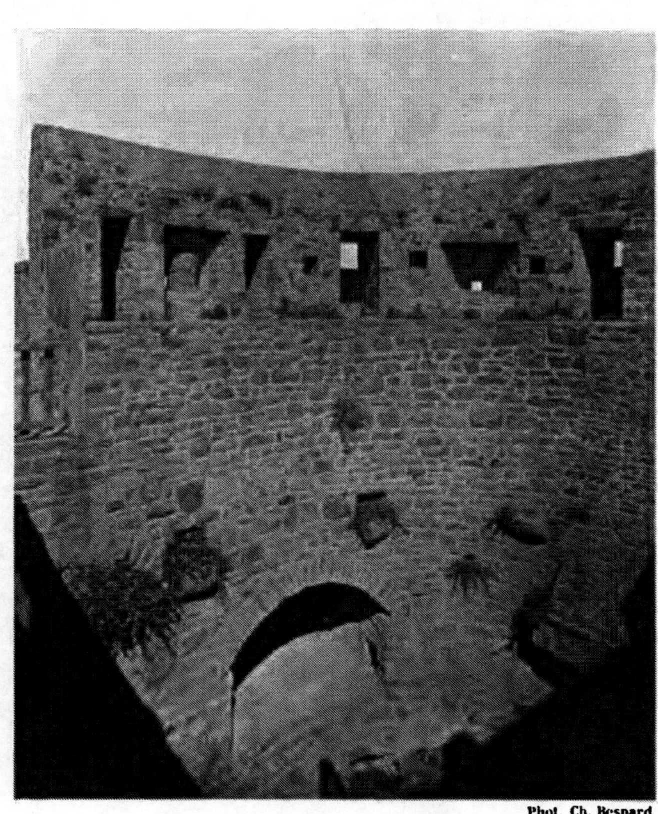

Phot. Ch. Besnard

FIG. 373. — Tour de la Liberté (Béatrix).
Vue intérieure après les modifications de Louis d'Estouteville.

Dans la façade intérieure à la ville (voir fig. 371), où prennent leur jour les deux salles superposées de ce corps de logis, on remarque, au-dessus de la porte du passage, deux écussons en pierre, jadis revêtus des armoiries en bronze des commendataires et des gouverneurs. Une niche

1. Voir T. I, p. 294, fig. 184.
2. Les armes de la ville du Mont-Saint-Michel sont : *d'azur ondé à deux poissons d'argent posés en double fasce.*

trilobée contenait une statue de la Vierge, qui avait fait donner à cette porte le nom de Notre-Dame. On accédait aux salles du premier et du second étage par l'escalier extérieur desservant le chemin de ronde des remparts. Terminée à ses extrémités par deux pignons en pierre, la couverture de ce petit bâtiment était entièrement faite en essentes de bois de châtaignier.

Phot. Ch. Besnard.

Fig. 374. — Entrée du Boulevard.

Tour Béatrix ou de la Liberté. — La première tour (44) qu'on rencontre en suivant le rempart vers l'Est est celle dite aujourd'hui de la Liberté et qui portait alors le nom de Béatrix. Élevée de deux étages sur un rez-de-chaussée, cette tour était couverte d'une toiture demi-conique se prolongeant en deux versants terminés par des pignons en pierre. Un chemin de ronde, pourvu de mâchicoulis et de créneaux, pourtournait le pied de ce comble. Les planchers se composaient d'un solivage portant sur de grosses poutres soulagées par de puissants corbeaux. Chaque étage était percé d'embrasures et possédait une vaste cheminée. Comme nous le verrons plus loin, le parapet actuel date des modifications apportées aux remparts par Louis d'Estouteville.

Tour Denis (tour Basse). — A l'emplacement (45) de celle à qui sa moindre hauteur a fait donner le nom de tour Basse et qui ne remonte pas au delà du xviie siècle, il s'en trouvait probablement une autre qui s'appelait la tour Denis et dont les murs remaniés entrèrent plus tard dans la construction de la tour Basse. Mais ce n'est là qu'une hypothèse : car il se pourrait encore que la tour Denis eût été celle rasée dont on voyait encore tout récemment (en F_1)[1] émerger des grèves quelques fragments de fondations, entre la tour Béatrix et la tour Neuve. Ce qui est hors de doute, c'est que la tour Basse actuelle, tant par sa forme elliptique que par ses dispositions défensives ne peut pas être du xve siècle; mais que,

Phot. Ch. Besnard

Fig. 375. — Tour du Roi et Tour Neuve[2].

cependant, ses matériaux sont, en grande partie, ceux d'une tour semblable à celles de cette époque qui l'avoisinent.

Tour de la Reine (tour Boucle). — La tour Boucle (46), actuellement appelée « Bastillon » est elle-même le résultat d'un énorme développement donné par Louis d'Estouteville à une tour demi-circulaire construite lors de l'exécution des remparts et qui devait revêtir des dispositions identiques à celles que nous constatons dans la tour de la Liberté. Il semblerait que cette tour ait eu le nom de tour de la Reine.

1. En 1908. Les progrès de l'ensablement sont tels, qu'à l'heure actuelle tout vestige de cette tour a disparu.

2. Cette vue fait ressortir l'effet déplorable que produit le remblaiement de ces tours par la digue insubmersible de 1879.

TRAVAUX DE LOUIS D'ESTOUTEVILLE

La résistance des Montois aidée de la bravoure des Malouins avait déjà remporté un premier triomphe sur la flotte anglaise quand, le 2 septembre 1425, Louis d'Estouteville fut nommé au commandement de la place du Mont-Saint-Michel. Cet homme de guerre expérimenté reconnut aussitôt la nécessité d'augmenter le flanquement des murailles et de développer les dispositions défensives de l'entrée, dépourvues jusqu'alors de couverture[1].

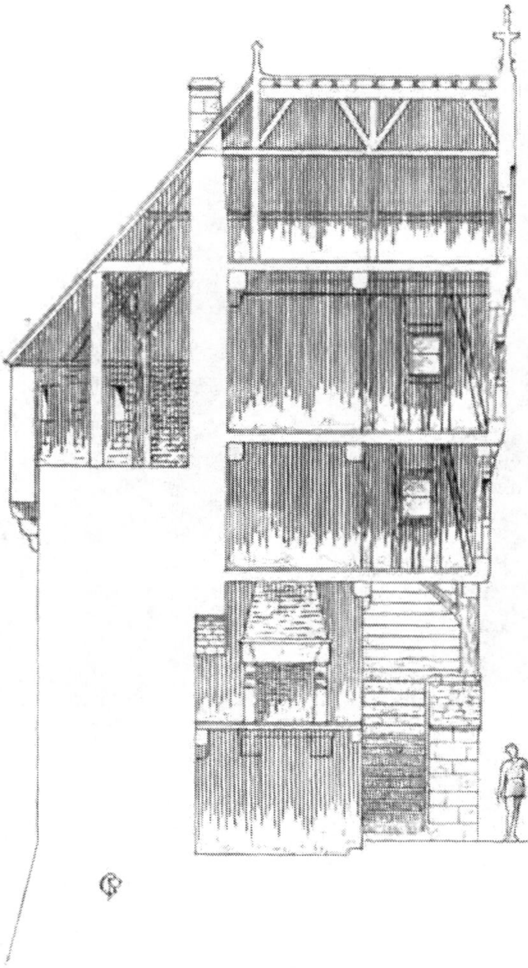

Fig. 376. — Maison de l'Arcade. Coupe transversale.

Barbacane ou Boulevard. — La situation de la porte de la ville dans le crochet du rempart rejoignant les escarpements du Midi, composait une des plus habiles dispositions adoptées par Robert Jolivet dans l'établissement de l'enceinte; l'assaillant s'en trouvait gêné dans ses entreprises de coups de force directs contre la porte : elle l'exposait aux tirs flanquants du rocher adjacent et de la terrasse dite de la Pillette.

Mais, en 1425, les progrès de l'artillerie à feu avaient déjà allongé la portée et accru la puissance des projectiles; et il était devenu possible à

1. « Les moynes... se joignirent avec leur capitaine Louys d'Estouteville pour fortifier la ville de nouveau. Robert Jolivet, abbé, avec ses religieux avait fait faire les murailles et clostures d'icelle avec quelques tours. Mais elle fut totalement renforcée cette année 1425 : on y adjousta encore des tours entre les autres, des demi-lunes, des parapets et marchecoulis ou massacres; l'on fit aussy la porte de la ville, ainsy qu'elle est à présent avec son pont-levis et le logis du dessus et une grande grille ou herse. » (Ms. d'Avr. 209, p. 133-4. Dom Jean Huynes, t. 1, p. 113.)

l'assaillant, de mettre en batterie normalement sur la porte de la ville et à une distance du rocher suffisante pour n'avoir pas trop à souffrir du tir des défenseurs. Projetés de cette façon, les énormes boulets de pierre de ces redoutables engins n'auraient pas tardé à pratiquer la brèche préalable à l'assaut.

Pour parer à ce danger, Louis d'Estouteville établit, en avant de la porte, une barbacane (48) présentant l'angle aigu de deux fortes murailles dans la direction menacée par les coups de l'assaillant. Eu égard à la position qu'occupe, par rapport aux escarpements dominants, le mur où il pratiqua la porte de cette barbacane, il était impossible à l'ennemi de mettre ses pièces en batterie ailleurs qu'au pied même du rocher, ce qui

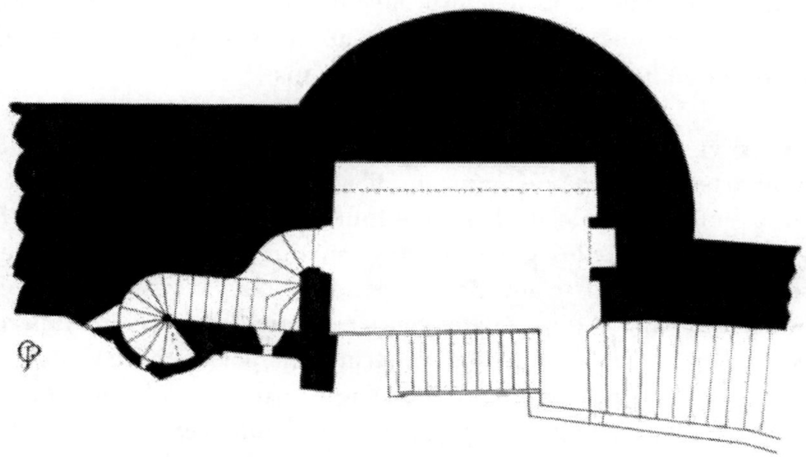

Fig. 377. — Maison de l'Arcade. Plan à hauteur de l'entresol.

exposait leurs servants au tir plongeant des défenseurs. En outre, pour atténuer les effets des ricochets sur le mur, à sa jonction avec le rocher, le commandant de la forteresse établit à cette jonction un redan de forme demi-cylindrique contre lequel les boulets de pierre devaient s'amortir ou se briser[1].

Comme celle de la ville, l'entrée de cette barbacane (fig. 374) comportait deux ouvertures d'inégales dimensions dont l'une plus grande pour les voitures et l'autre pour les piétons. On voit, au-dessus, un écusson de granit qui fut revêtu d'armoiries de bronze, changeant chaque fois qu'un gouverneur de la place substituait ses armes à celles de son prédécesseur. Les dernières furent emportées en même temps que les cloches pour être fondues, en 1790. Les murs circonscrivant cette barbacane sont percés, dans leur partie inférieure, d'embrasures pour des couleuvrines.

1. Comme on le voit, les dispositions essentielles du système de fortifications attribué à Vauban étaient pratiquées bien avant cet ingénieur militaire par les constructeurs des forteresses du moyen âge.

Leur forte épaisseur procure à leur sommet un large chemin de ronde formé d'un dallage schisteux et couronné d'un parapet également assez épais pour qu'il ait été possible d'y pratiquer, de distance en distance, de petites niches destinées à abriter les défenseurs. Ces excavations sont surmontées de gables ayant pour objet de renvoyer l'eau tombant sur le faîte du parapet. Elles sont percées, extérieurement, d'archères et de meurtrières pourvues, en leur milieu, d'une mire circulaire pour l'emploi de *traits à poudre* ou de *canons à main* qui firent leur apparition dans les premières années du XVe siècle et furent employés dans la guerre contre les Anglais concurremment avec les anciennes armes de trait, longtemps encore en usage[1].

Cette barbacane était déjà précédée d'une sorte d'avancée composée de palissades en bois, qui fut remplacée au XVIe siècle par les ouvrages en maçonnerie que nous étudierons en leur temps.

TOUR NEUVE ET MAISON DE L'ARCADE. — Pour augmenter le flanquement des remparts dans le voisinage de l'entrée, Louis d'Estouteville construisit, à côté de la tour du Roi, une tour (49) qui servit en même temps de poste avancé pour les gardiens des courtines. En admettant que l'ennemi eût franchi la porte du Roi et pénétré dans la ville, il n'était pas maître des remparts d'où les défenseurs pouvaient encore lui infliger des pertes sérieuses. Cette nouvelle construction, par sa situation à cheval sur le rempart et par sa disposition appropriée, avait pour effet d'empêcher l'assaillant d'en gravir les degrés, et d'entraver sa marche tout en réservant aux défenseurs des moyens de prompte communication entre les points où devait s'exercer le guet, aussi bien pour la surveillance extérieure, que pour la défense à l'intérieur de la ville en cas de surprise. Circulant dans le chemin de ronde qui environne cette tour de plain-pied avec la courtine, ou posté au haut de la tourelle de l'escalier à vis (S_1), le guetteur sondait toute l'étendue des grèves jusqu'à la limite des rivages normand et breton; il communiquait en hâte le résultat de ses observations au « sergiant maior » de la porte, ou donnait l'éveil au corps de garde occupant l'entresol de la maison de l'Arcade (T_1). A l'origine, les degrés montant au rempart ne commençaient en pierre qu'après une douzaine de marches composant un escabeau de bois dont la mobilité permettait la suppression lorsque l'ennemi devenait pressant. Dans ce cas extrême, on ne pouvait plus monter au rempart qu'après avoir gravi l'escalier à vis

1. « L'imperfection des engins à poudre, la difficulté de s'en servir et le danger même que pouvaient courir ceux qui s'en servaient, firent préférer longtemps l'ancien système au nouveau, si bien que, même après que l'artillerie à poudre eut réalisé de notables progrès, on ne laissait pas d'y associer encore les armes de trait et les machines de guerre créées par l'ancienne balistique. » (Paul Lacroix, *Vie militaire et religieuse au moyen âge et à l'époque de la Renaissance*, p. 54.)

et traversé le corps de garde même occupant l'entresol. Nos plan, coupe et élévation (fig. 376, 377 et 378) indiquent les dispositions originelles de ce système de défense que les nécessités modernes auxquelles avaient à répondre aujourd'hui cette maison, ne nous ont pas permis de rétablir intégralement dans la restauration que nous avons exécutée en 1906.

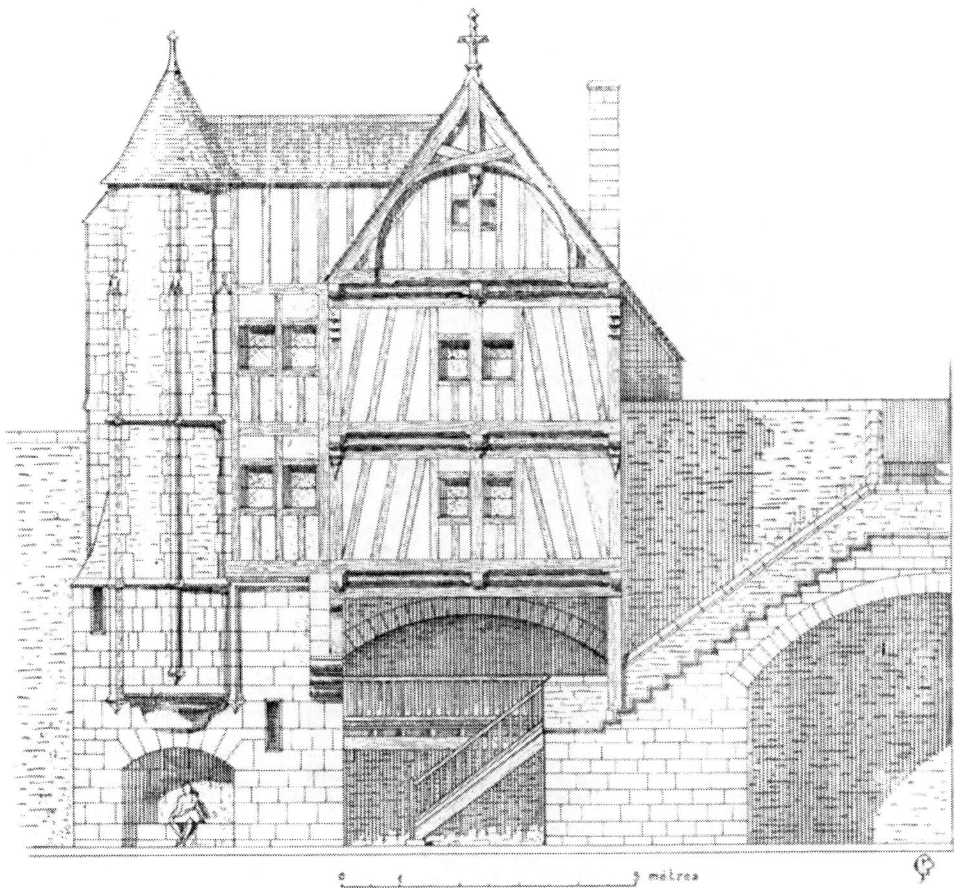

Fig. 378. — Maison de l'Arcade. Élévation sur la rue.

Élevée de deux étages sur rez-de-chaussée entresolé, la maison de l'Arcade (T_1) couvre la première partie de ces degrés par l'avant-corps que forment ses deux étages et le comble qui les surmonte.

Rien n'est plus ingénieux que le dispositif auquel cette construction emprunte son caractère si pittoresque. L'unique pièce dont se compose chaque étage est munie d'une cheminée et desservie par l'escalier à vis de la tourelle voisine par l'intermédiaire d'un étroit dégagement. En considérant les dispositions spéciales de cet édifice, on se rend compte des préoccupations défensives qui avaient déterminé Louis d'Estouteville à établir ce poste en ce point des remparts qui exigeait une surveillance des plus actives.

TOUR BÉATRIX (OU DE LA LIBERTÉ). — L'invention de l'artillerie avait rendu nécessaire un remaniement de cette tour (44) : ses étages se garnirent tous d'embrasures pour le canon, tandis que son parapet lui-même prenait une épaisseur lui permettant de résister au choc des projectiles lancés par les bouches à feu.

Phot Ch Besnard

FIG. 379. — Tourelle dite du Guet

DEMI-LUNE[1]. — Indépendamment des dispositions prévoyantes et fortes qu'il donnait à l'entrée, Louis d'Estouteville, en tacticien expérimenté, voulut procurer à ses troupes le moyen d'opérer des sorties, et de prendre à revers un ennemi aux prises avec les défenseurs de la principale porte de la ville. Il établit donc dans le rempart, tout contre la tour Boucle qu'il substitua à l'ancienne tour de la Reine, une poterne (C_1) à laquelle on ne pouvait accéder qu'en passant sous les yeux du poste de ladite tour, et il la couvrit d'un mâchicoulis spécial dont le service se faisait en haut dans le chemin de ronde du rempart. Puis, pour protéger cette issue spécialement réservée aux mouvements des troupes, il construisit à côté un ouvrage (47) dont les embrasures concoururent, avec

1. Aujourd'hui on appelle cet ouvrage la Tour Boucle et on donne le nom de Bastillon à celle à qui appartient ce nom. Mais cette erreur de dénomination est toute moderne, car le plan cadastral ne l'a pas commise.

celles de la tour Boucle, à la défense de cette poterne. Tel fut le rôle de cette Demi-lune comme soutien de sa formidable voisine, sur l'emplacement d'une porte qui existait dès l'origine de l'enceinte du xve siècle, mais dont les dispositions ne parurent pas à Louis d'Estouteville présenter une sécurité suffisante. Entièrement ouvert à la gorge, cet ouvrage est couvert d'une voûte en berceau cintré supportant le tablier du chemin de ronde du rempart; il comprenait, dans sa hauteur, deux étages planchéiés et percés d'embrasures. Dans sa partie inférieure on remarque un groupe de trois embrasures équidistantes et, au-dessus, une autre dirigée du côté de la tour Boucle.

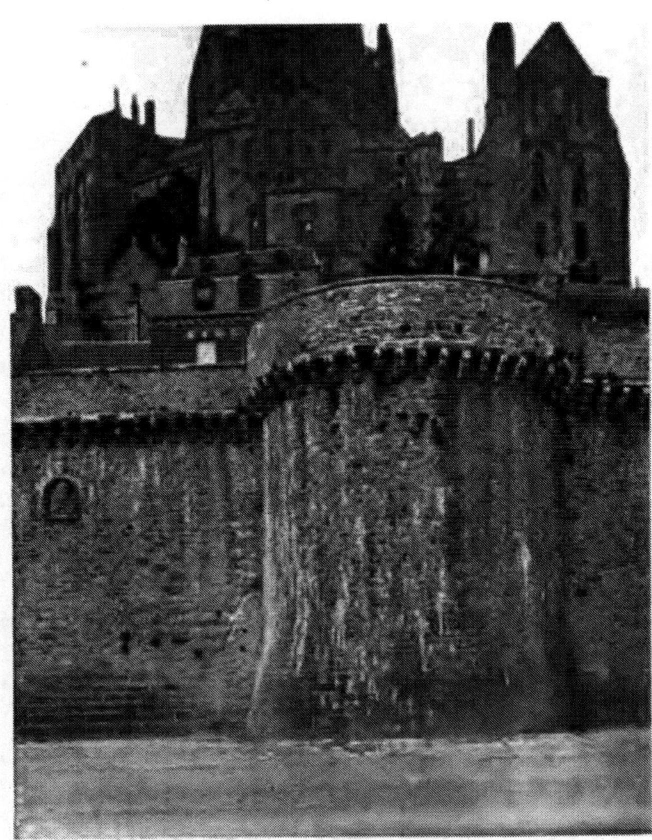

Phot. Ch. Besnard

Fig. 380. — Demi-lune.

Tour Boucle et Poterne.—Cette partie orientale de l'intérieur des remparts avait, au xve siècle, des dispositions et un caractère particuliers qu'il est assez difficile de se représenter aujourd'hui dans l'amas de constructions qui s'y enchevêtrent. Il n'y avait que peu de temps qu'avait disparu la porte de l'enceinte du xive siècle. Les habitudes de circulation dans une ville sont généralement assez tenaces. Quand les remparts de Robert Jolivet vinrent se brancher sur cette muraille, des maisons, dont bon nombre existent encore aujourd'hui, englobèrent cette dernière. L'intervalle qu'elles laissèrent entre elles et les nouvelles courtines détermina, en ce point, un enclos qui dut longtemps se ressentir du voisinage de l'ancienne entrée. Les pêcheurs, accoutumés à s'y embarquer, n'abandonnèrent pas vite cette habitude; et le nom de tour Boucle, joint aux nombreux anneaux dont cette tour était pourvue extérieurement, témoigne de la durée de leur accoutumance à ...arrer leurs barques en cet endroit qui se trouvait dès lors tout ... n vue de l'issue que Louis d'Estouteville voulait ménager pour l... e ses troupes sur les grèves. A ce saillant le plus avancé du ... fallait un ouvrage de fortification d'une importance excepti... Il devait ...ter les avantages d'une vigie d'où l'on découvrît ... immense ... ue de grèves du côté où l'ennemi pouvait surgir inopinément; il devait surtout constituer une défense de premier ordre appelée à flanquer les escarpements du Nord s'ils étaient menacés d'escalade, et à battre le terrain en avant de toute la région Est des remparts.

Phot. Ch. Besnard

Fig. 381. — Tour Boucle. Vue prise au Nord.

Cette tour (46), formée extérieurement de deux faces parallèles réunies entre elles par un énorme éperon, comprend quatre étages dont deux voûtés sur une épine centrale qui la partage intérieurement en deux nefs égales dans le sens longitudinal. Le troisième étage, dont le sol est actuellement surélevé d'environ 50 centimètres, était couvert d'un plancher dont subsistent encore les gros corbeaux qui supportaient les poutres maîtresses et ceux moins volumineux sur lesquels reposaient les sablières recevant les abouts du solivage. Enfin, au-dessus, était un étage de comble dont la charpente reposait sur une surélévation de la paroi intérieure du mur, laissant entre elle et le parapet des mâchicoulis la largeur du chemin de ronde au niveau duquel elle est aujourd'hui dérasée. Indépendamment de la cheminée avec hotte, dont les second et troisième étages sont pourvus, il existe encore, dans chaque étage voûté (le premier et le second), une ouverture pour l'aspiration de la fumée des pièces d'artillerie. Une couverture à deux croup[illegible] se raccordant avec deux versants appuyés contre un pignon en pierr[illegible] le vide.

Le parapet, [illegible] moins de $1^m,84$ d'épaisseur, repose en partie extérieurement s[illegible] d'encorbellements semblables à ceux des re[illegible] On y a [illegible] des excavations percées alternativement de mâc[illegible]s et de meurtrières. A l'extrémité de l'éperon, ce parapet est surmonté d'une échauguette d'où un guetteur fouillait les grèves dans toutes les directions. Cet édicule, de forme carrée, était couvert d'une toiture en ardoises ou en tuiles dont les deux versants en appentis se rencontraient suivant une noue en plomb. Sur la face extérieure on remarque un encadrement mouluré, au centre duquel étaient les armoiries de Louis d'Estouteville, qui ont été détruites.

Phot. Ch Besnard.

FIG. 382. — Tour Boucle. Vue intérieure.

On descend du chemin de ronde dans les étages de cette tour par des emmarchements droits en pierre dont la dernière marche est élevée de 60 centimètres au-dessus du sol de l'étage inférieur, premier indice de précautions ayant pour but de rendre difficile l'accès de cet escalier. Au bas, une porte, aujourd'hui bouchée, pénétrait dans la ville en traversant le rempart, et communiquait par un étroit couloir ménagé dans l'épaisseur de ce dernier, avec la poterne extérieure (C_1) dite, paraît-il, le *Trou du chat*, qui servait aux rondes ou aux sorties de la garnison.

Ainsi, en supposant la poterne forcée en dépit des projectiles tombant du mâchicoulis qui la dominait, l'assaillant se trouvait emprisonné entre deux clôtures : du côté de la ville, une grille et, du côté de la tour, une porte massive solidement gondée dans le granit même et barrée d'une forte poutre pénétrant dans la muraille. Fortifiée de la sorte, cette poterne présentait une sécurité parfaite.

Tour Nord. — La seule situation de la tour Nord (34), accrochée aux escarpements les plus inaccessibles, suffisait, sinon à la rendre imprenable, du moins à décourager toute tentative d'assaut. Son élévation au-dessus des grèves la soustrayait aux feux directs des bombardes. Il était donc inutile d'en renforcer le parapet comme on avait dû le faire pour les autres tours construites au niveau des grèves. Louis d'Estouteville se contenta d'y établir quelques embrasures pour des couleuvrines, et des meurtrières pour des armes à mains. Il conserva la disposition générale qu'elle avait reçue au xive siècle, avec son parapet interrompu de créneaux et de meurtrières, se raccordant avec celui des remparts, et sa couverture conique élevée sur un mur bahut aujourd'hui disparu. Contre cette tour et le rempart Nord, on adossa une construction dont il subsiste encore une fenêtre et des corbeaux supportant le linteau d'une cheminée. On remarque aussi, dans cette partie du rempart, deux embrasures remontant à cette même époque du xve siècle[1].

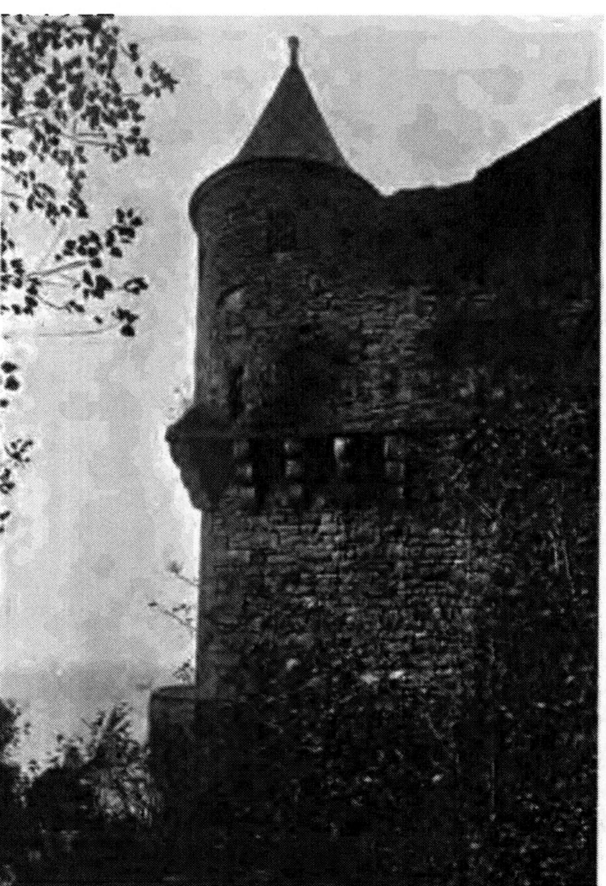

Phot. Neurdein.

Fig. 383. — Échauguette du Nord.

1. La dernière embrasure à l'extrémité occidentale de ce rempart Nord, ainsi que celle du mur en retour du grand degré, ne datent que du xvie siècle et font partie des remaniements opérés par Gabriel du Puy sur divers points des anciennes fortifications.

Échauguette du Nord. — Les travaux de fortification de Louis d'Estouteville dans toute cette région septentrionale des remparts, témoignent de sa préoccupation d'exercer une surveillance spéciale du côté du petit bois où étaient à craindre des surprises de la part d'un ennemi audacieux cherchant à saper le pied de la Merveille. Pour renseigner la défense sur les mouvements de l'ennemi, dans cette direction où se trouvait, dans Tombelaine, le principal appui de l'armée assaillante, Louis d'Estouteville construisit à l'angle Nord-Ouest de l'enceinte, l'échauguette du Nord (K_1) où un guetteur veillait, toujours prêt à communiquer au poste de la tour Claudine (37) le fruit de ses observations. Cette échauguette, en forme de tourelle cylindrique couverte d'une toiture conique, repose sur l'angle saillant du rempart, en profitant de la saillie des mâchicoulis. En compensation de son empiètement sur le rempart, on élargit le chemin de ronde au moyen d'une trompe jetée diagonalement sur l'angle rentrant.

Phot Ch Besnard

Fig. 384. — Tour Claudine.

Tour Claudine. — La transformation de la tour Claudine (37) compléta ces dispositions militaires : appelée dès sa création à jouer un rôle des plus importants dans la défense de l'abbaye, elle devait nécessairement fixer l'attention du capitaine dont la mission était d'appliquer à cette défense tous les progrès réalisés dans l'art militaire. Il fallait notamment, pour un dépôt de poudre, trouver un endroit aussi peu exposé que possible aux ravages des projectiles ennemis. Le sous-sol de la tour Claudine parut convenir à cette destination spéciale; on le voûta suivant la forme surbaissée, et on ménagea au centre un tampon pour y descendre de la salle supérieure. Cette dernière fut elle-même voûtée semblablement; on la munit d'une cheminée et de deux embrasures, l'une s'ouvrant sur le petit bois et l'autre menaçant les emmarchements du grand degré extérieur, au cas où l'ennemi serait parvenu à s'emparer de la partie inférieure de cet escalier. Au-dessus de chacune de ces embrasures, on remarque, dans la voûte, des ouvertures pour l'échappement de la fumée des pièces d'artillerie. L'étage supérieur, auquel aboutissent les emmarchements du rempart, forme une terrasse bordée extérieurement d'un fort mur où se trouvent trois embrasures. L'arase supérieure de ce mur est entourée d'un parapet qui couronne la tour au-dessus de l'encorbellement des mâchicoulis. Ce parapet est percé de nombreuses meurtrières assez rapprochées les unes des autres et dont la fente est agrandie en son milieu par un élargissement transversal facilitant la visée. Contre le pignon Sud de cette tour, un étroit degré de pierre aboutit à une échauguette carrée (K_1, pl. XXVI) couverte en appentis et du haut de laquelle une sentinelle, en observation sur toute l'étendue du petit bois, avait la garde de la poterne pratiquée immédiatement au-dessous, dans l'angle

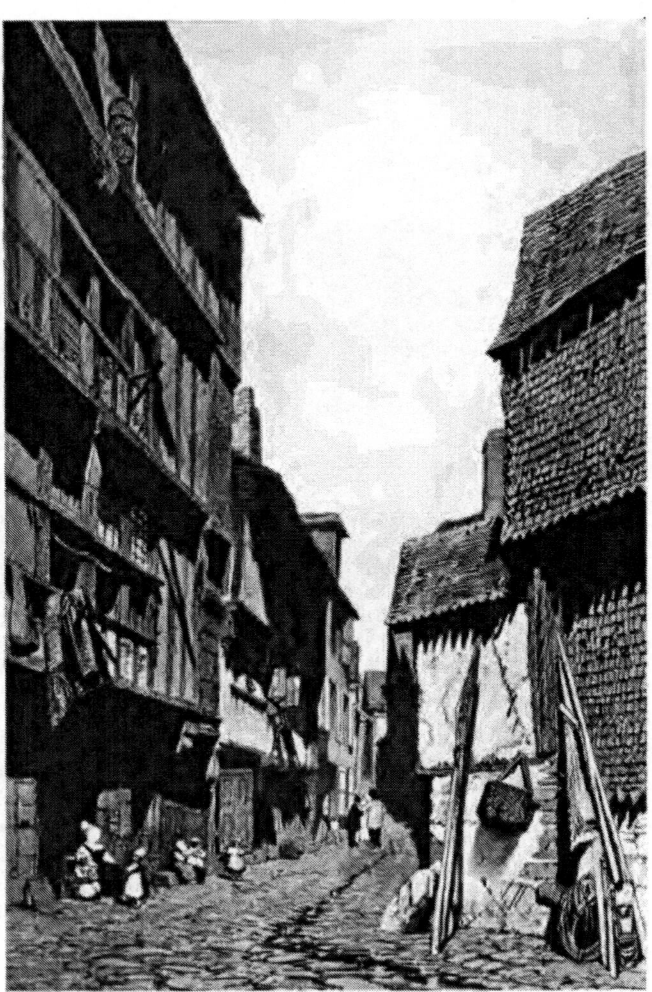

Phot. Neurdein.

FIG. 385. — La rue en 1842, d'après une lithographie de Séchan.

formé par la rencontre de la tour avec le soubassement de la Merveille.

Travaux divers. — Durant les trente-neuf années qu'il gouverna le Mont-Saint-Michel, Louis d'Estouteville eut le temps d'en connaître pour ainsi dire toutes les pierres ; et ses talents militaires purent s'exercer utilement de divers côtés, pour rendre la place imprenable, en suivant les progrès réalisés dans l'art de la fortification. Aussi rencontrons-nous un peu partout dans le Mont, et jusque dans l'abbaye même, des traces de ses conceptions, quand les circonstances ou la situation des lieux paraissaient comporter l'exécution de quelque travail de défense. C'est ainsi, par exemple, qu'en prévision du cas où la petite avancée établie au Nord-Ouest par Pierre Le Roy, en avant de la vieille entrée abbatiale, viendrait à tomber aux mains de l'ennemi, il avait fait percer une embrasure (en p_5), au niveau des cachots, dans le mur fermant au Nord les substructions du xie siècle.

Phot. Neurdein.

Fig. 386. — La rue en 1909.
Photographie reproduisant les maisons figurées sur la lithographie de Séchan, fig. 385.

Dans le système de défense à outrance de la forteresse, l'église avait toujours été considérée comme le retranchement suprême. Nous avons signalé les précautions prises au xie siècle et continuées au xiiie, pour tenir les issues des escaliers accédant aux tours, à une hauteur gênante pour l'assaillant ; puis nous avons vu créer jusqu'aux couronnements des murs une circulation favorable à la défense pied à pied. Le prolongement direct du grand degré abbatial jusqu'à la plate-forme du Saut-Gaultier n'avait pas été sans faciliter l'agression de l'église à un ennemi qui se serait déjà emparé de l'entrée du monastère. Tenant à opposer une résistance acharnée, le constructeur du portail Sud avait déjà assuré la fermeture des vantaux par trois fortes barres de bois se coulissant dans le mur. Mais cette défense était devenue vaine depuis l'invention de l'artillerie. Louis d'Estouteville pratiqua alors à côté de ce portail, dans le mur du collatéral de la nef (en q_5, pl. XXVIII), une embrasure pour pièce à feu. Largement évasée dans la direction de la plate-forme du Saut-Gaultier et du grand degré y accédant, cette embrasure permettait de balayer l'une et l'autre des feux d'une pièce d'artillerie tirée de l'intérieur de l'église.

Phot. Ch. Besnard.

Fig. 387. — Maison de « la Truie qui file ».

On pourrait trouver encore sur bien d'autres points, des travaux du même genre faits par les ordres de Louis d'Estouteville[1].

Quais au pied des remparts. — Cependant il ne suffisait pas de se tenir sur la défensive. Il fallait assurer la mobilité des troupes de la garnison en leur procurant la faculté de passer à l'offensive et de se transporter aisément sur tel point de l'enceinte qui pouvait être menacé. Dans ce but, Louis d'Estouteville fit disposer des quais dans toute la partie des remparts baignée par le bras de mer que déterminaient alors, au pied du Mont, les affouillements creusés par l'impétuosité des divagations des rivières confluentes. Dépassant le niveau des marées ordinaires, le sol de ces quais n'était submergé que par les grandes marées. On le rencontre en effet actuellement à $1^{m},50$ environ au-dessous du sable entourant le pied des remparts; or nous avons vu que le Mont baissait de 0,0035 par année. Ces quais sont donc descendus d'environ $1^{m},60$ depuis le milieu

1. Notamment des surépaisseurs considérables données aux remparts. (Voir IIe partie chap. III. p. 212.)

du xve siècle, époque où ils servaient de chaussée à l'extérieur de l'enceinte fortifiée[1]. Ainsi que l'indique notre plan général (Pl. XXXVI), ils s'étendaient sur tout le côté méridional du Mont, depuis les Fanils jusqu'à la tour Boucle, où ils se terminaient par une jetée d'embarquement qui avait son utilité dans le voisinage de la poterne dite du Trou du chat. De largeur variable, ils s'étendent en avant des tours et présentent un sol en pente vers la mer. Ils sont construits d'énormes pierres de granit solidement maçonnées sur pilotis et bordées de longrines en bois de chêne, assurant leur résistance aux coups de la mer. Il est fort probable que ces quais existaient, du moins partiellement, avant Louis d'Estouteville. On avait déjà utilisé à la confection de ces remblais, les batardeaux qui avaient protégé l'exécution des murailles et des tours de Robert Jolivet. La preuve en est dans l'existence d'une rampe (l_5) butant aujourd'hui directement contre la Demi-Lune et qui accédait précédemment à la porte du rempart que cette tour a fait disparaître.

Phot. Ch. Besnard.

Fig. 388. — Vue de la Ville en 1900.

Ces quais furent aussi l'objet, au xvie siècle, de modifications et d'additions importantes. Lorsque Gabriel du Puy eut appliqué des avancées en avant du boulevard de la ville et de l'entrée des Fanils, un môle (U_1), auquel on accédait par deux pentes latérales, fut établi au droit de la porte principale du Mont, et une rampe (O_2), qui subsiste encore aujourd'hui, accéda à la barbacane des Fanils (51). Des quais s'étendaient devant les

1. Il est d'ailleurs bien évident que les choses n'avaient pas dû être disposées, au xve siècle, pour que le sol de l'avancée et une partie de la rue à proximité de l'égout de la ville fussent, comme ils le sont aujourd'hui, envahis par la mer aux époques de grandes marées. En rétablissant la hauteur de 1[m],60, cet inconvénient disparaîtrait.

murs des bâtiments de ces anciens magasins; et il se pourrait que ceux qui entouraient également les rochers sur lesquels s'élève la chapelle Saint-Aubert datassent de cette même époque.

Les bombardes anglaises. — Nous terminerons ce chapitre relatif au xve siècle, par la description des deux bombardes que les Anglais durent abandonner dans les grèves, probablement à la suite de l'assaut infructueux qu'ils livrèrent le 17 juin 1434. Faites de douves de fer plat cerclées au feu par des colliers, elles se terminent par de longues culasses forgées avec les pièces mêmes. La plus grande a 3m,65 de longueur; son diamètre intérieurement à la gueule est de 0m,45 et de 0m,60 extérieurement. Elle est renforcée, au tonnerre, d'une épaisseur de métal qui lui fait atteindre un diamètre extérieur de 0m,76.

Phot. Ch. Besnard.

Fig. 389. — Clocher de l'église paroissiale.

L'autre a 3m,55 de longueur et 0m,385 de diamètre intérieur à la gueule qui est épaulée d'un bourrelet lui donnant un diamètre extérieur de 0m,55. Elle est en outre pourvue latéralement de deux anneaux servant à la rattacher au caisson dans lequel on emboîtait ces pièces d'artillerie de siège pour les traîner[1]. Après avoir garni les deux côtes de la porte du boulevard, ces glorieux trophées sont, depuis 35 ans, déposés en un point (r_3) de l'avancée de la ville (Voir fig. 124).

LA VILLE

Maisons et hôtelleries. — L'extension donnée au périmètre de l'enceinte eut naturellement des conséquences décisives sur le développement

1. On a longtemps répandu le bruit, dans une intention calomnieuse, que l'État projetait d'accaparer ces bombardes pour les mettre au Musée d'artillerie à Paris. Rien n'est plus faux : il n'en a jamais été question. La vérité est que le service des Beaux-Arts s'est occupé du classement de ces bombardes, afin d'assurer leur conservation à la France et au Mont-Saint-Michel.

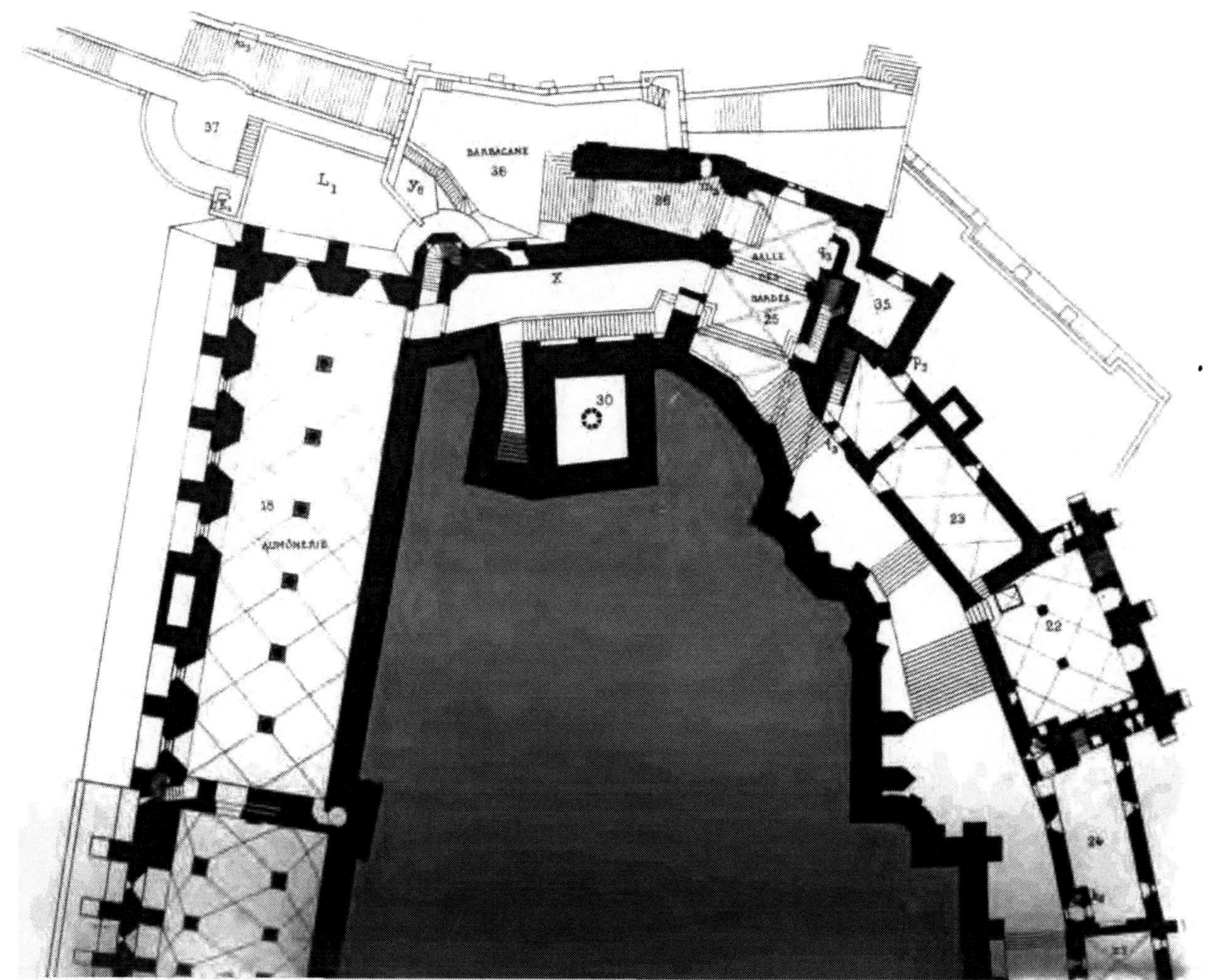
37
L1
y6
BARBACANE
36
26
X
SALLE
DES
GARDES
25
35
P3
30
23
22
18
AUMÔNERIE
24

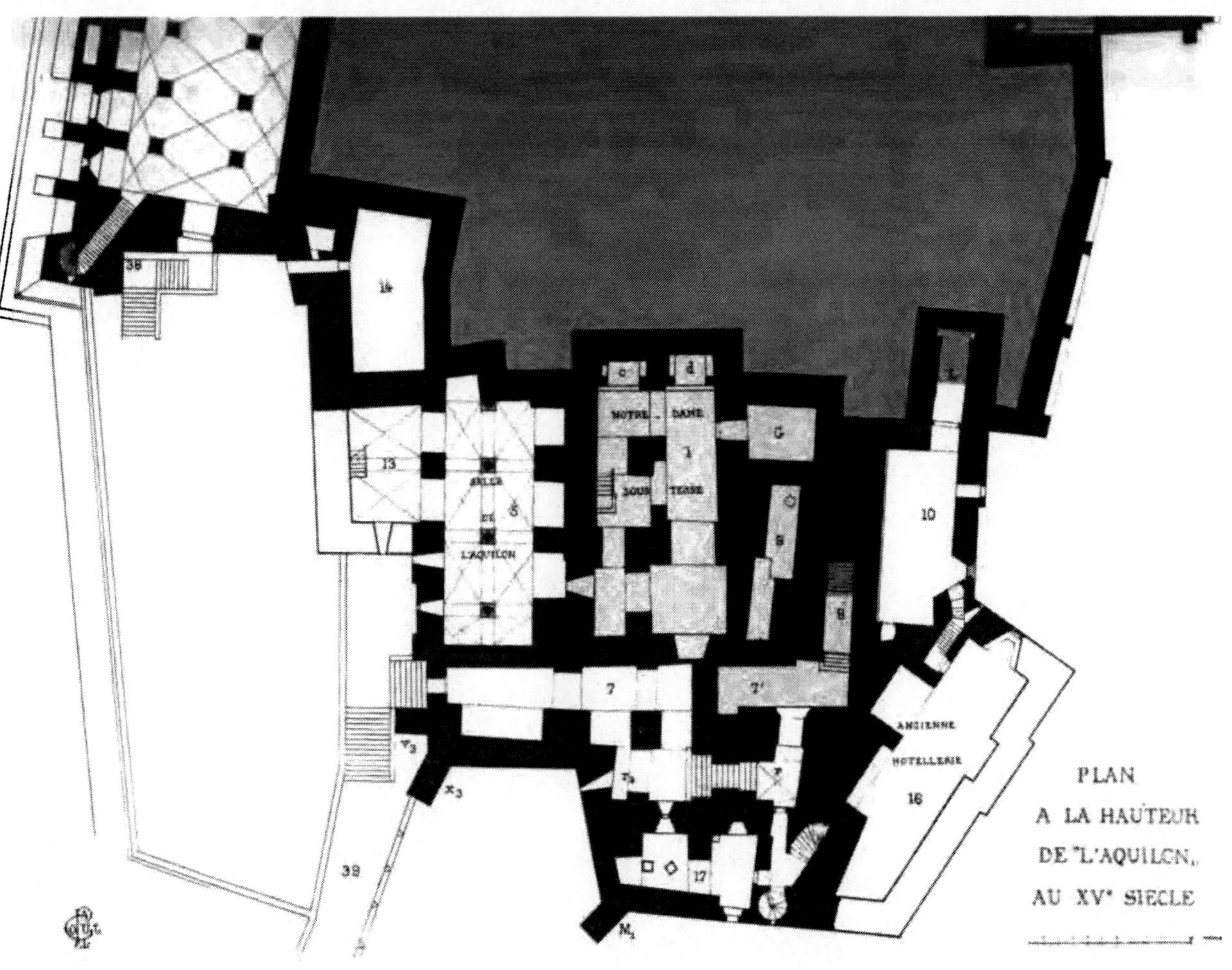

LIBRAIRIE ARMAND COLIN

PAUL GOUT _ LE MONT-SAINT-MICHEL. PL. XXVII

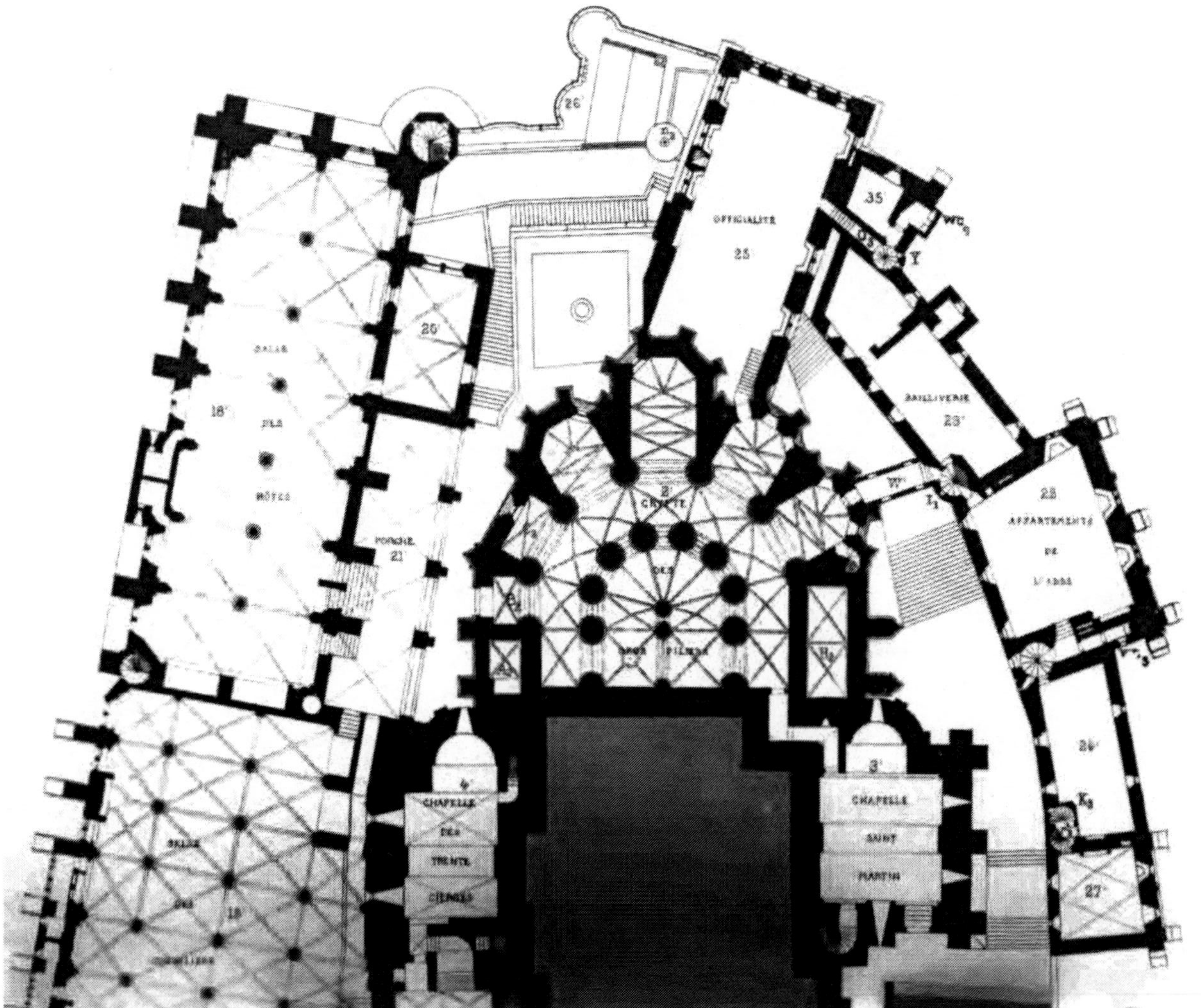

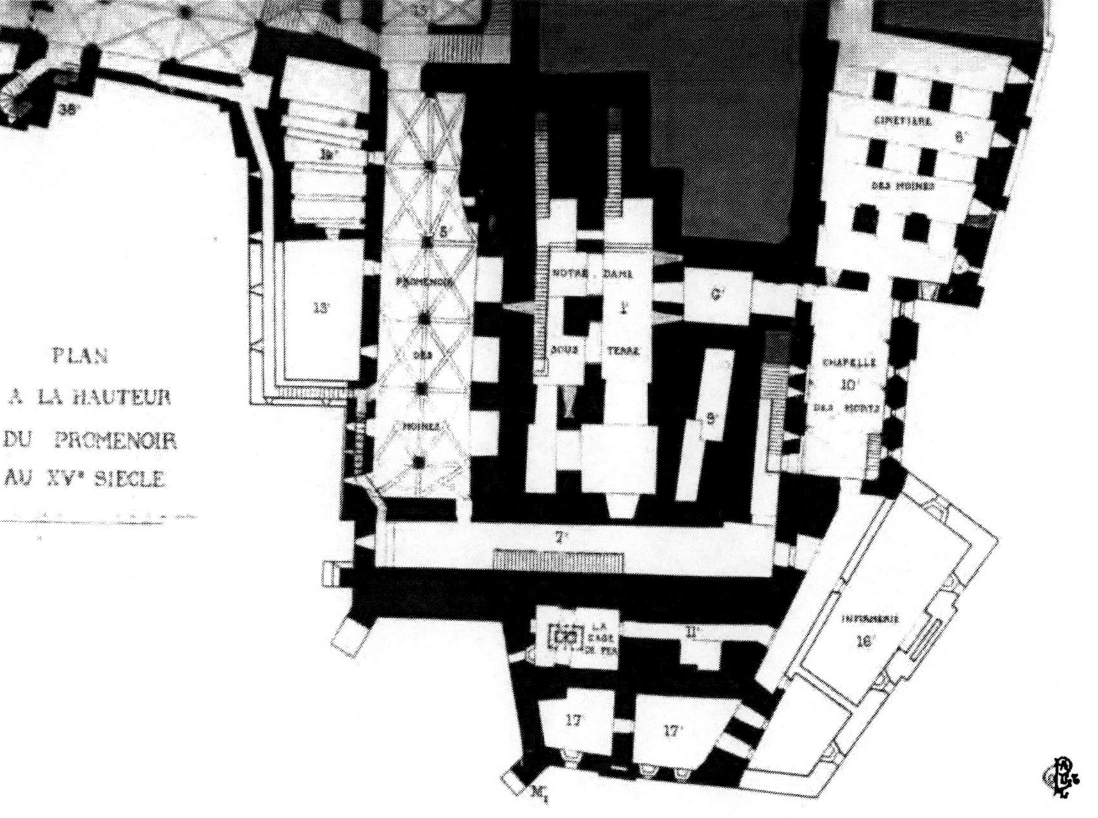

LIBRAIRIE ARMAND COLIN

PAUL GOUT.— LE MONT-SAINT-MICHEL. PL.XXVIII

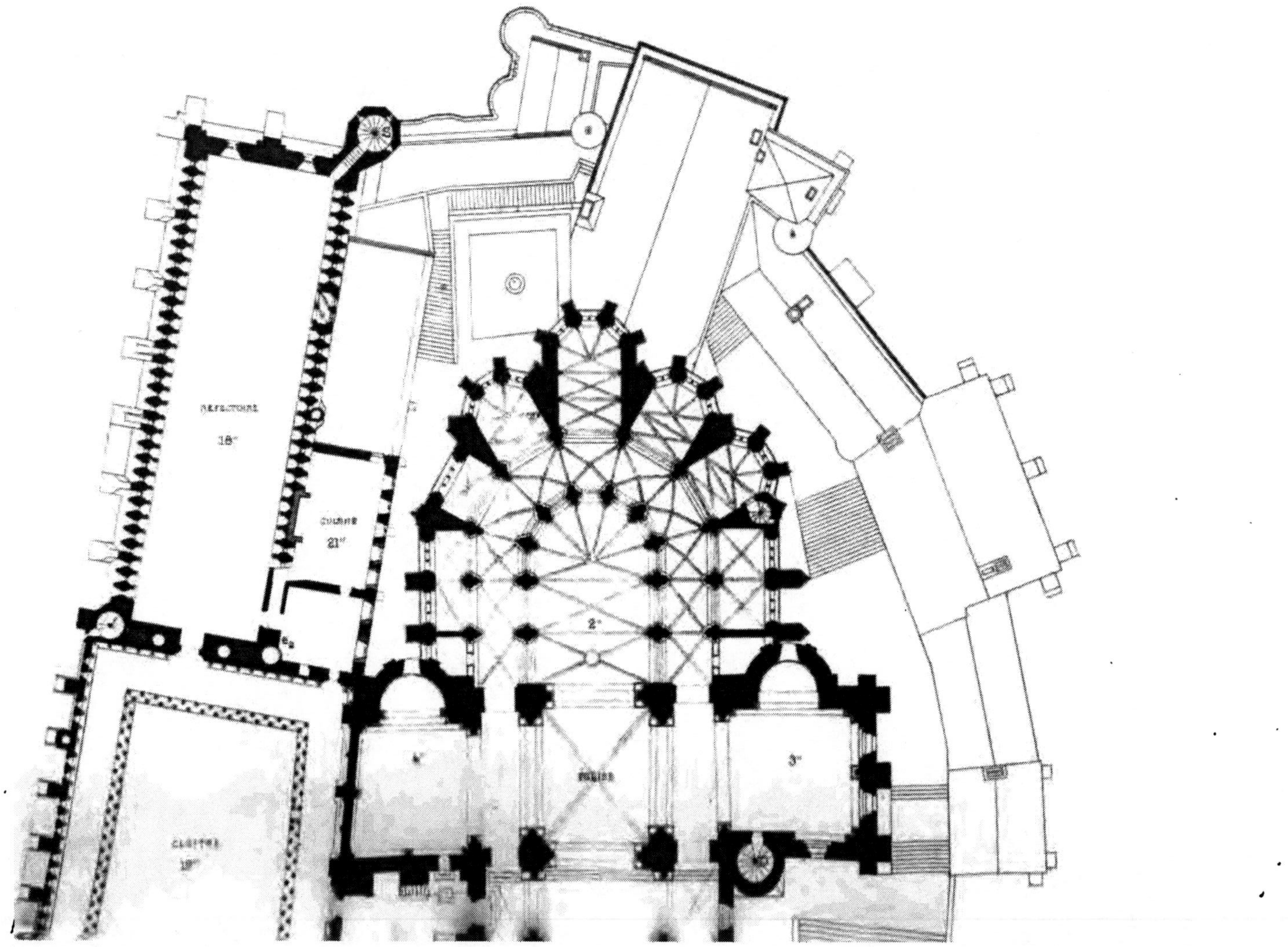

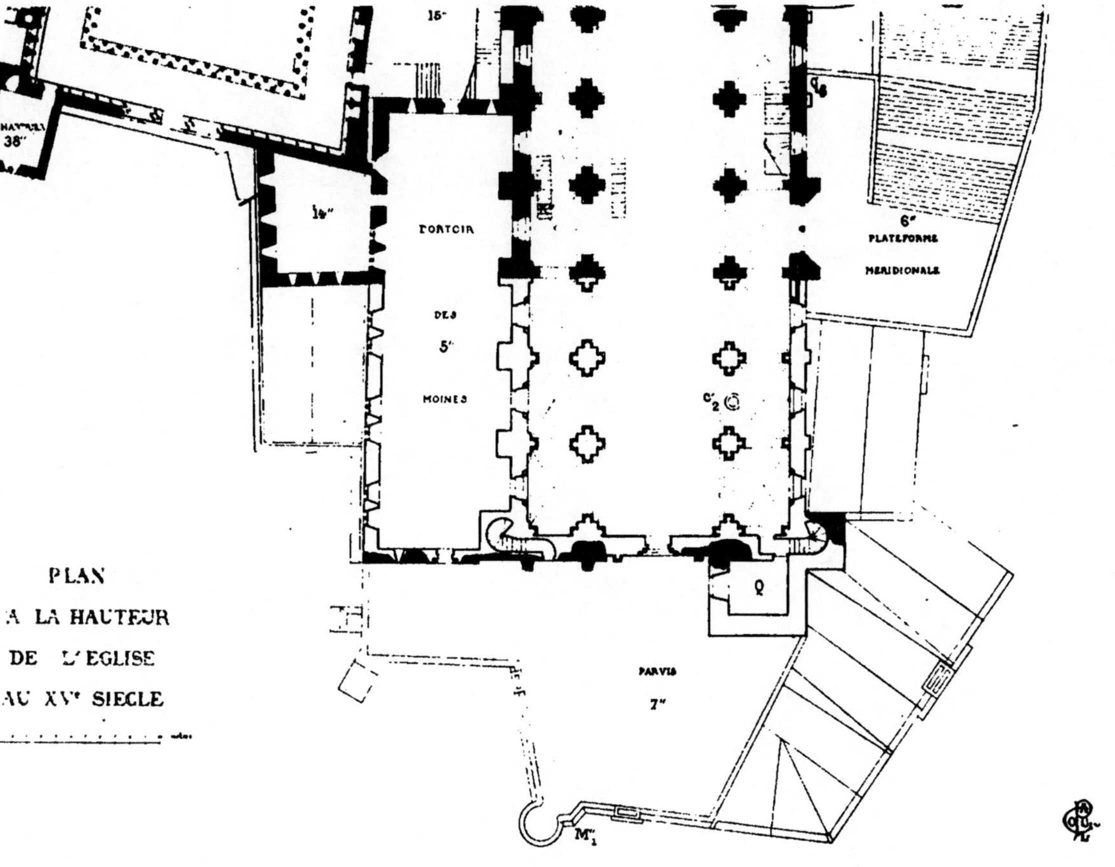

LIBRAIRIE ARMAND COLIN

de la ville, résultant lui-même de l'accroissement subit de la population. Jusqu'alors, étroitement resserré dans ses murailles du xive siècle, le bourg put désormais s'étendre au Midi jusqu'au niveau des grèves. La densité de sa population s'était accrue de l'apport des éléments extérieurs. En venant chercher a[illegible] dans ses murs, les seigneurs des environs, dépossédés de leurs biens [illegible]s et hommes d'armes de la [illegible]rs familles et leurs serviteurs, a[illegible]bablement triplé et au delà, le nombre des habitants. D'où la construction, dans le

Phot. Ch. Besnard.

FIG. 590. — Fonts baptismaux dans l'église paroissiale (XIIIe siècle).

Phot. Ch. Besnard.

FIG. 591. — Vitrail dans la Chapelle Saint-Jean de l'église paroissiale (XVe siècle).

second quart du xve siècle, de tout le groupe de maisons bordant la rue et étagées le long des ruelles, depuis l'église paroissiale jusqu'à la porte du Roi et s'étendant d'une part jusqu'aux murailles, et de l'autre sur les pentes environnant le pied des défenses extérieures du monastère.

Après la guerre, lorsque les seigneurs, rentrés en possession de leurs domaines, eurent quitté le Mont avec tout leur personnel, et que la garnison fut réduite à une simple garde de la place, la plupart de ces maisons furent affectées au commerce des « marchands d'imaiges », ou devinrent des hôtelleries. Largement ouvertes à rez-de-chaussée pour laisser pénétrer la lumière dans une grande salle servant de boutique ou de réfectoire pour les voyageurs, ces maisons se composaient généralement de deux étages encorbellés et contenant chacun deux pièces munies de vastes cheminées. Montées sur les piles de granit du rez-de-chaussée, les façades sont faites de pans de bois assis sur des sablières formant saillies successives à chaque étage; ces sablières reposent à leurs extrémités sur les encorbellements de granit des murs latéraux. Un escalier à vis contenu dans une tourelle à pans disposée contre la façade postérieure, dessert tous les étages et le comble dont la couverture était faite d'essentes de bois de châtaignier.

Nos figures 385, 386 et 387 représentent quelques-unes de ces maisons dont on voit malheureusement chaque année diminuer le nombre, alors qu'il serait pourtant si facile d'en mettre la plupart dans un état de conservation qui leur procurerait encore une longévité séculaire. Presque toutes avaient leurs noms, que l'on retrouve dans le Terrier du monastère et que nous donnerons plus loin[1].

Phot. Ch. Besnard.

Fig. 392. — Vitrail dans la Chapelle Saint-Jean de l'église paroissiale. Fragments du xvie siècle.

Église paroissiale (41). — Le manuscrit n° 214 établit dans les termes suivants les droits de l'abbaye sur l'église paroissiale au xve siècle : « Abbas confert pleno jure ecclesiam B. Petri de Monte et curatus seu vicarius ejusdem accepit ab ipso abbate curam animarum ac ipsum instituit et destituit ». Ce n'était en somme que la confirmation des droits qu'avait conférés à l'abbaye la charte de Richard II. On conçoit qu'au xve siècle, époque à laquelle la population Montoise s'était accrue considérablement, l'abbaye ait aidé à l'agrandissement de l'église et cherché à apporter quelque amélioration à l'indigence d'aspect de l'édifice paroissial qui contrastait regrettablement avec l'ampleur déployée partout dans le monastère suzerain.

Nous attribuons donc à la seconde moitié du xve siècle les transfor-

1. Appendice à la partie architecturale : Vocabulaire des diverses parties de l'Abbaye et de la Ville, *passim*.

mations qui firent presque entièrement disparaître le caractère roman de l'ecclésiole du XIe siècle. Cependant on était au lendemain d'un siège qui avait épuisé toutes les ressources et laissé le Mont-Saint-Michel tout entier dans le plus complet dénuement. Il fallait faire simple, utiliser tout ce qui était susceptible de resservir. On se contenta donc de prolonger les deux nefs en forme d'absides rectangulaires et de les exhausser par une surélévation des murs latéraux et des piliers qui gardèrent leurs moulures d'impostes romanes, comme si l'on eût voulu les conserver en témoignage des dispositions originelles. Dans cette reconstruction des arcades à une plus grande hauteur, celle de l'Ouest fut refaite avec les voussoirs même des doubleaux du XIe siècle susceptibles d'être utilisés, tandis que l'autre fut exécutée avec des matériaux neufs. La générosité privée vint en aide aux libéralités des moines : une famille Jaquet subventionna largement cette entreprise. On voit encore dans la baie qui éclaire la chapelle Nord de l'édifice, dédiée à saint Jean, une verrière qui a conservé des fragments de peinture sur verre très intéressants (fig. 391). En faisant abstraction du Saint Jean-Baptiste du centre et d'un certain nombre de pièces qui sont des restaurations toutes modernes, on y trouve quantité de petits motifs d'une expression charmante et d'un dessin des plus délicats. En haut, sur fond bleu, se détache le Christ en croix ayant à ses côtés la Vierge et saint Jean l'Évangéliste. Les douze apôtres et des anges garnissaient la bordure. Il ne reste plus que deux de ces anges et quatre apôtres tenant chacun un phylactère sur lequel sont inscrits des versets du symbole. On voit, en outre, des têtes d'hommes et de femmes intéressantes par leur caractère et leurs coif-

Phot. Ch. Besnard.

FIG. 393. — Sainte Anne et la Vierge enfant dans l'église paroissiale (XVe siècle).

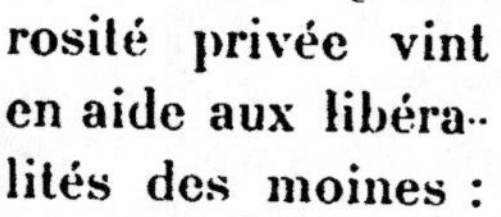

Phot. Ch. Besnard.

FIG. 394. — Vierge avec l'Enfant Jésus dans l'église paroissiale (fin du XVe siècle).

fures. Deux personnages à genoux, tournés vers le centre du vitrail, figurent le donateur et la donatrice : à gauche Raoul Jaquet est désigné par son nom en caractères de la fin du xve siècle ou plus probablement du commencement du xvie (fig. 392); à droite est sa femme dont le nom a disparu.

Dans la partie du mur méridional de l'église, proche de la chapelle de la Vierge, se trouve un enfeu jadis en forme d'arc brisé où est couchée une statue tumulaire (fig. 395)[1]. Cette statue n'a certainement pas été faite pour cet emplacement. Outre qu'elle a été traitée pour être vue isolément, elle possédait de chaque côté du coussin où reposait la tête de la défunte, deux anges dont l'un a été supprimé pour pouvoir introduire ce groupe sculptural sous cette arcade qui n'était pas assez profonde pour le recevoir. En dépit des stupides mutilations dont il a été l'objet, à la Révolution, cet ouvrage a conservé un aspect des plus attachants. Taillé dans une pierre aussi dure que fine, il présente tous les caractères de la belle sculpture de la fin du xve siècle. C'est le monument funéraire d'une femme, peut-être celui de la dame Jaquet : et il devait être isolé en un point quelconque de l'église. Lorsque les descendants de la famille de la défunte eurent disparu, on se décida sans doute, faute de place dans ce petit vaisseau, à transporter ce tombeau dans l'enfeu où on le voit aujourd'hui.

Phot. Ch. Besnard.

Fig. 395. — Gisante sur un tombeau de l'église paroissiale (fin du xve siècle).

A l'extrémité orientale du bas côté Sud est la chapelle de la Vierge avec une fenêtre dans l'ébrasement de laquelle on distingue encore d'intéressantes peintures de la même époque. D'un côté est représentée une Sainte Madeleine agenouillée; au-dessus un phylactère porte les mots : « noli

1. Toute la partie supérieure de cet arc a été refaite en forme de segment de cercle à une époque où l'on pratiqua au-dessus une fenêtre pour l'établissement de laquelle l'arc brisé ne laissait pas une hauteur suffisante.

Phot Ch Besnard.

Fig. 396. — Sainte Madeleine. Peinture dans l'église paroissiale (xve siècle).

me tangere (fig. 396) ». De l'autre est un évêque nimbé portant la main à sa tête : c'est probablement saint Aubert. Dans la partie ogivale de l'ébrasement on aperçoit quelques vestiges d'un Père Éternel au milieu d'un rayonnement de gloire. On remarque dans ces peintures, où le dessin est simplifié dans toute la mesure nécessaire à l'accusation du mouvement, une sincérité d'expression et un caractère mystique qui rappellent les belles figures des maîtres italiens du XIVe siècle.

Dans cette même chapelle, symétriquement placées contre un rétable du XVIIe siècle aujourd'hui disparu, on voit deux statues de pierre d'un modelé un peu alourdi par de fâcheuses couches de peinture : à gauche une Sainte Anne avec la Vierge enfant (fig. 393); à droite, la Vierge et l'Enfant Jésus (fig. 394). Ces deux statues paraissent de la fin du XVe siècle; toutefois celle de la Vierge à l'Enfant pourrait bien ne pas remonter au delà du commencement du XVIe.

Phot. Ch. Besnard.

Fig. 397. — Croix dans le cimetière paroissial (XVe siècle).

Le clocher (fig. 389), adossé au Midi de l'église, date de l'époque où fut remanié l'édifice tout entier. On remarque, sur sa face Nord, un solin et des corbeaux en pierre qui prouvent qu'à un moment donné la toiture de l'église se retournait perpendiculairement contre la tour, disposition dont la restauration qu'exige l'état lamentable de cette toiture, devra s'inspirer.

Quant aux fonts baptismaux, dont nous donnons (fig. 390) la reproduction photographique, ils datent du XIIIe siècle; mais leur socle est moderne.

L'énumération des œuvres du XVe siècle ne serait pas complète si nous négligions de signaler une intéressante croix de cette époque située au centre du cimetière paroissial (M_4 et fig. 397). Élevée sur un socle de forme cubique dont les angles sont ornés de chanfreins moulurés, cette croix porte sur une face le Christ et sur l'autre saint Pierre avec la tiare et les clefs.

CHAPITRE III

LA RENAISSANCE ET LES TEMPS MODERNES

I

L'ABBAYE, LES REMPARTS ET LA VILLE AU XVIe SIÈCLE

L'ABBAYE

L'ÉGLISE

Continuation de la reconstruction du choeur[1]. — *Triforium, Escalier de dentelle.* — Après une suspension de quarante-huit années, les travaux

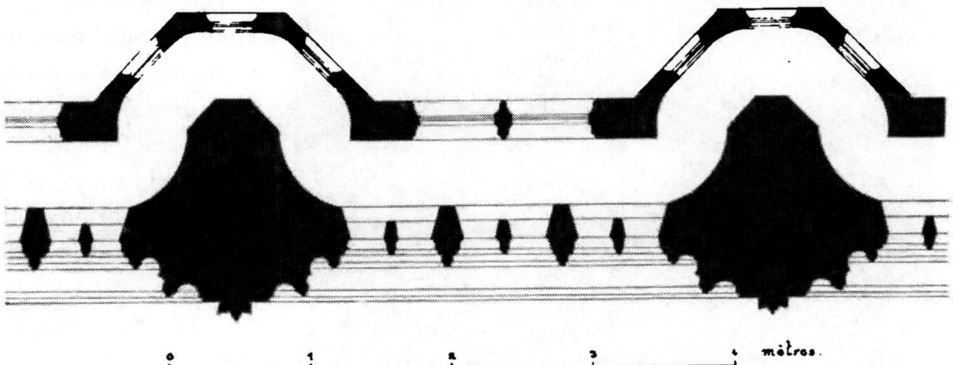

Fig. 598. — Plan du Triforium du chœur de l'église abbatiale.

furent repris en 1500 par Guillaume de Lamps qui monta le triforium

1. « L'an 1510, led. abbé Guillaume de Lamps, en mourant le 1er jour de mars et finissant sa vie, il finit aussy le bastiment et particulièrement le cœur de l'église neufve, appelé le grand œuvre. Guillaume d'Estouteville, abbé commendataire de ce lieu, en avoit faict jetter les fondements et iceux élevés jusques à la parfaicte voulte des chappelles du circuit et les dix pilliers d'autour le grand autel, jusques au hault d'iceux, les voultes étant audessus, comme aussy dud. circuit, imparfaictes. Ce Guillaume de Lamps, présent abbé, fit continuer le tout jusques aux secondes vitres, et parachever tous les pilliers et gardefoux qu'on voit audessus des chappelles susdites en dehors, et s'il ne fût point mort que de vieillesse, il auroit fait achever l'église totalement, car dès aussytost, qu'il fut esleu abbé, il mit des ouvriers après cette besongne. » (Dom Th. Le Roy, t. II, p. 19, 20.)

tout entier jusqu'à l'appui des fenêtres hautes. Cette galerie, ajourée d'un fenestrage de l'aspect le plus riche, présente une solution des plus ingénieuses au point de vue constructif. Profitant de l'encorbellement formé par les reins des voûtes des collatéraux, le mur extérieur de ce triforium contourne les points d'appui auxquels il laisse, de ce fait, toute leur solidité; et il accuse une série de pans coupés de l'effet le plus mouvementé. Au-dessus de cet avant-corps extérieur, et suivant le même contour que lui, un chemin de ronde protégé par un garde-corps délicatement découpé, procurait une circulation et facilitait le nettoyage et l'entretien des vitraux des fenêtres hautes. (Voir plan fig. 398 et vues intérieure et extérieure, fig. 399 et 400.)

Phot Ch Besnard

Fig. 399. — Triforium et fenêtres hautes du chœur de l'Abbatiale (xve siècle).

La multiplicité des entreprises de Guillaume de Lamps sur divers points de l'abbaye, aux alentours et au dehors, jointe à la courte durée de sa prélature, ne permit pas à cet abbé de monter le chœur au delà de l'appui des fenêtres. Ce fut là que son frère, Jean de Lamps, reprit, vers 1513, les travaux qu'il poursuivit jusqu'à complet achèvement de la couverture. Tout était terminé en 1521[1].

1. « L'an 1521, l'abbé Jan de Lamps fit parachever tout le hault de l'œdifice de l'œuvre... et mettre jusques à la dernière ardoise de la couverture. » (Dom Th. Le Roy, t. II, p. 33.)

L'année suivante, il fit poser des vitraux à toutes les baies dans les parties construites pendant sa prélature et celle de son frère Guillaume. Dom Th. Le Roy[1] nous décrit trois de ces verrières, en indiquant en outre les modifications dont elles furent l'objet par la suite. « ... Au bas du vitral du milieu, il fit mettre les armes de France, un escusson d'azur à trois fleurs de lys d'or, et les armes de la province de Normandie, un escusson de gueules à deux léopards d'or, et au vitral du costé de l'épistre, il fit mettre les armes du cardinal d'Estouteville et son effigie en peinture rouge au-dessus, avec les armes dud. cardinal sur le costé de l'oratoire sur lequel il est de genoux, ès quelles armes led. cardinal Le Veneur fit mettre les siennes en ced. oratoire et effacer celles des d'Estouteville, pour qu'on creust à l'advenir que le cardinal d'Estouteville ainssy représenté estoit l'effigie du cardinal Le Veneur : et de l'autre costé sçavoir de l'évangile, dans le 3e vitral, led. Jan de Lamps fit mettre son effigie en habit monacal avec un baston pastoral en sa main et ses armoiries en dessoubs; laquelle effigie et armoirie le cardinal d'Annebault fit ranger et reculer au-delà du montant dud. vitral et fit mettre en la place son effigie en habit de cardinal et ses armoiries au bas de son oratoire, et au dessoubs de lad. effigie Arthur de Cossé, évesque de Coustances, abbé commendataire de cette abbaye St-Michel, fit mettre de l'autre costé de l'autre vitral pareillement son effigie en painture de couleur violette avec les

Phot. Neurdein

Fig. 400. — Arcs-boutants et Triforium du Chœur. Avant restauration.

1. T. II, p. 34.

armes de Brissac en dessoubs : de laquelle maison il estait sorty. »

Exécuté d'après des plans arrêtés avant 1446, le chœur de l'église abbatiale du Mont-Saint-Michel a conservé jusqu'à la fin l'unité de style et le caractère de l'architecture du xve siècle[1]. De quelque côté qu'on le regarde, il est admirable de rectitude et d'harmonie. Sous quelque aspect qu'on le considère, on est charmé par la richesse et la mobilité perspective de ses lignes. Et lorsque, avec la connaissance qu'on peut avoir de l'architecture de cette époque, on imagine l'église entière, avec ses transepts et ses clochers, achevée d'après le même dispositif que ce chœur; quand on fait, par la pensée, l'effort nécessaire pour se représenter la forêt d'édicules qui eussent pour ainsi dire transformé le granit du rocher en une luxuriante végétation lapidaire, on est émerveillé de cet art du moyen âge où l'homme est parvenu à asservir si docilement la matière, que l'œuvre de l'artiste y apparaît comme le complément nécessaire de l'œuvre de la nature.

Phot. Lévy.

Fig. 401. — Les contreforts et « l'escalier de dentelle » après restauration.

Aussi bien cette richesse de conception et cette habileté d'exécution ne s'exercent-elles pas sans profit immédiat pour les besoins pratiques du programme constructif. Signalons, par exemple, l'escalier dit « de

1. Seuls faisaient exception les vitraux dont nous avons retrouve quelques fragments qui nous ont servi à la confection de la bordure des vitraux blancs par lesquels nous avons clos ces fenêtres. Ces vitraux avaient nettement le caractère de la Renaissance.

Phot Neurdein

FIG. 402. — VUE ABSIDALE DU CHŒUR RESTAURÉ DE 1899 A 1902.

dentelle » (fig. 401), dont les degrés utilisent ingénieusement la rampe de couverture d'un arc-boutant, pour franchir l'espace compris entre la tourelle de l'escalier logé dans un contrefort des chapelles, et le chéneau couronnant le haut du chœur. La hardiesse des évidements pratiqués dans le granit de son garde-corps rampant ont motivé sa célébrité qui est peut-être quelque peu disproportionnée, sinon avec sa valeur réelle, du moins avec la nature de l'intérêt que lui prête la curiosité des visiteurs.

Comme l'avait fait l'architecte du cardinal d'Estouteville pour la partie inférieure du triforium, celui des abbés Guillaume et Jean de Lamps, en continuant la reprise du chœur, l'avait limitée à des arrachements d'attente dans la travée contiguë au clocher. Au-dessus de l'arc en

Phot. Neurdein

FIG. 403. — Le Mont-Saint-Michel et le Mont Tombelaine au XVIIe siècle. Gravure de Peters, Bibl. Nat., Cab. des Estampes.

quart de cercle maintenant le déversement des piliers, il avait monté un mur plein qui épaulait la tour en attendant sa reconstruction. Il avait aussi exécuté en partie les contreforts et arcs-boutants appelés à contrebuter les voûtes des transepts. Et cependant le projet de reconstruction entière de l'église suivant le plan adopté par le cardinal d'Estouteville était déjà abandonné. Il l'avait été dès le moment où Guillaume de Lamps avait repris les travaux après leur longue suspension sous la prélature du cardinal d'Estouteville qui semble avoir reculé lui-même devant l'immensité de son premier dessein. Nous ne donnerons comme preuve de ce changement de parti que la reconstruction du clocher par Guillaume de Lamps sur les quatre piliers romans déjà chancelants.

RECONSTRUCTION DU CLOCHER[1]. — La foudre était tombée sur le

1. « L'an 1509, vers la fin d'iceluy, il fit refaire le clocher de l'église du monastère, les cloches, réparer les débris de lad. église, lequel il y avoit quelques années (néantmoins durant la prælature dudit abbé Guillaume de Lamps) que la foudre et le feu du ciel estoit tombé dessus, et l'avoit tellement bruslé et ruiné, faict fondre les cloches et faict quantité d'autres débris, particulièrement aux murailles et couvertures du hault de la chappelle de

clocher, l'avait incendié et en avait fondu les cloches. Dès 1509, Guillaume de Lamps faisait terminer la reconstruction du clocher et procédait à la refonte des cloches. Cette réédification d'un clocher sur les piliers et les arcs de la croisée des transepts romans qui ne présentaient aucune disposition susceptible de s'adapter aux travées établies en attente dans le chœur flamboyant, est incompatible avec l'intention de continuer l'église suivant le style de ce chœur. Les réparations que fit, en même temps, exécuter cet abbé à l'église suffiraient à démontrer son intention de conserver cet édifice plutôt que de le reconstruire.

Phot. Neurdein

Fig. 404. — Le Chœur avec sa clôture en pierre.
D'après une lithographie de Bouet faite en 1840.
Bibl. Nat., Cab. des Estampes.

La question se pose de savoir ce que pouvait être ce clocher. Certains auteurs, prétendant l'avoir étudiée, se croient en mesure d'avancer qu'il avait cent pieds de hauteur, depuis sa naissance jusqu'à sa pointe, et qu'il était surmonté d'une statue de saint Michel. Mais ils négligent de nous dire où ils ont puisé ces renseignements. De Thou signale bien dans ses *Mémoires* cette grande statue

la Trinité, ce qu'il fit refaire comme appert encore ce jourd'huy par l'apposition de ses armoiries dans un pillier de lad. muraille de la susd. chappelle au dehors. — J'ai tiré cecy desdits manuscripts, dans lesquels il est dit qu'il fit réparer les murailles des chappelles de la Trinité en hault, de Saint-Martin en bas, où est maintenant le moulin aux chevaux, de laquelle chappelle Saint-Martin (auparavant que cet abbé eût fait bastir l'aumosnerie et la cysterne), on alloit de plain-pied en cet endroict où estoit pour lors le cymetière dans lequel on enterroit les moynes. » (Dom Th. Le Roy, t. II, p. 17, 18.)

On remarque ici le document prouvant que le Cimetière des Moines établi au Midi sous l'abbé Ranulphe était encore sur ce même emplacement à la fin du xve siècle et qu'il n'a été désaffecté, tout au moins partiellement, que lorsque les constructions élevées par Guillaume de Lamps auprès du Saut-Gaultier absorbèrent une partie de cet emplacement.

en bronze doré, qui brillait d'un vif éclat quand elle était frappée des rayons du soleil; mais le clocher dont parlait cet historien était celui du XVIIe siècle. Les indications des estampes, tantôt discordantes, tantôt copiées les unes sur les autres, sont d'autant moins concluantes, que toutes celles de ces figures qui pourraient avoir quelque prétention à la fidélité, sont postérieures à la destruction du clocher du XVIe siècle. La plupart silhouettent une tour coiffée d'une toiture en forme de dôme, surmontée d'un campanile : or, c'est la disposition première du couronnement de la tour construite en 1609. Il nous reste comme suprême ressource, ce que dit Dom Th. Le Roy[1] du clocher de Guillaume de Lamps, en nous signalant l'incendie qui le consuma le 25 mars 1594, et dont il résulte que c'était une flèche en charpente d'une grande élévation. Sa tour contenait neuf cloches qui furent fondues dans le brasier. A cela se borne à peu près tout ce qu'on est fondé à présumer.

FIG. 405. — Coupe longitudinale de l'église indiquant la clôture du chœur.
Gravure faite en 1840. Bibl. Nat., Cab. des Estampes.

TRAVAUX DIVERS A L'ÉGLISE. — L'incendie antérieur qui, comme ce dernier sinistre, avait détruit le clocher, s'était communiqué au transept Sud et l'avait gravement endommagé. Tout le haut du pignon et une grande partie des contreforts durent être refaits. Les talus couronnant ces contreforts portent l'empreinte évidente de cette réfection dans la recherche de leur profilation quelque peu maniérée. Le contrefort appliqué à l'extrémité méridionale de la face Ouest de ce transept (en w_8 du plan Pl. XXXV) portait à son sommet les armes de Guillaume de Lamps encadrées dans une moulure saillante qui seule subsiste.

1. « La piramide duquel estant une des plus hautes du royaume..., fut totalement réduicte en cendres avec le poinct rond du cœur en sa couverture ». (T. II, p. 94.)

Quant à l'écusson et à la crosse abbatiale qui le surmontait et que l'on devine d'après la hauteur du cadre qui les entourait, il n'en reste plus rien.

La toiture de la nef avait tout naturellement souffert de ce même sinistre. Guillaume de Lamps « la fit tout à fait descouvrir et incontinant, l'an... 1509, la fit recouvrir tout à neuf de belle ardoise[1] ».

Dom Th. Le Roy attribue aussi à la prélature de Guillaume de Lamps, en l'année 1510, la construction du moulin à chevaux qui occupait la chapelle Saint-Martin avant que l'administration pénitentiaire n'y construisît l'immense citerne dont nous avons débarrassé cette belle crypte. Cet historien déclare cependant tenir ce renseignement « de quelques mémoires ès archives de ce monastère », mais il ajoute que les plaques de cuivre du tombeau de cet abbé n'en faisaient pas mention[2].

Fig. 406. — Travée de la clôture du chœur (1549). Gravure faite en 1840. Bibl. Nat., Cab. des Estampes.

Clôture et autel du chœur. — La transformation que l'époque de la Renaissance opéra dans l'architecture française s'accuse nettement dans la clôture du chœur et dans le grand autel que les moines firent exécuter de leurs propres deniers, entre 1543 et 1549[3]. Tandis que la construc-

1. Dom Th. Le Roy, t. II, p. 15.

2. T. II, p. 21. Le manuscrit de Dom Th. Le Roy porte, d'une autre main, l'addition suivante : « Il est à noter néantmoins qu'il y avoit d'autres moulins à chevaux dans le monastère durant les guerres des Anglois, et la place de celuy qui estoit dans Belle-Chère paroist encore visiblement ».

3. L'abbé Pigeon, qui donne de cette clôture une description détaillée en dénotant une étude particulière, dit avoir relevé. sur une des peintures, la date de 1543. Dom Th. Le Roy signale, d'autre part, la date de 1547 sur une pierre « au derrière de la porte pour sortir du

Phot. Neurdein.

Fig. 407. — Bas-relief de la clôture du chœur (1546).

tion du chœur s'était poursuivie jusqu'à complet achèvement (en 1521), suivant le plan arrêté dans la première moitié du xve siècle, la clôture et l'autel du sanctuaire, qui n'avaient pas été compris dans la conception primitive, empruntèrent leurs formes à la mode du temps, c'est-à-dire à la Renaissance du règne de François Ier, qui, en dépit de ses défaillances, de ses dérogations aux traditions de sincérité et de logique de l'art du Moyen Age, sut encore assouplir adroitement les formes de l'antiquité aux dispositions constructives propres à l'architecture du xvie siècle. Cette clôture se composait d'un mur d'environ deux mètres de hauteur, en pierre blanche de Caen richement sculptée, peinte et dorée, et remplissant exactement les intervalles entre les piliers du sanctuaire. Sur la face extérieure, donnant sur le déambulatoire, figuraient les écussons de l'abbé commendataire, Jacques d'Annebault, de ses prédécesseurs et

Phot. Neurdein.

Fig. 408. — Bas-relief de la clôture du chœur (1546).

cœur, du costé de midy, pour aller à la chappelle des reliques ». Mais il fait observer que certains manuscrits attribuent à ce travail la date de 1548. Nous ajoutons qu'une partie de cette clôture, figurée en 1840 dans la gravure dont nous donnons, fig. 406, la reproduction, portait la date de 1549.

de tous les moines. Intérieurement, la composition décorative se subdivisait en deux parties dont l'une, formant socle, était revêtue de peintures représentant différents sujets tirés de l'Ancien et du Nouveau Testament. Au-dessus, dans des défoncements de la pierre, disposés en forme de niches, étaient sculptés et peints divers motifs dont on a des spécimens dans les trois bas-reliefs qui subsistent de cette clôture, appliqués par l'administration pénitentiaire contre les murs de deux des chapelles du chœur. Voici, du reste, la description que M. Le Héricher donne de la décoration, en commençant par le côté gauche du chœur[1].

Phot. Neurdein.

Fig. 409. — Bas-relief de la clôture du chœur (1546).

« Le Mariage de la Vierge : cette grisaille nous rappelle le tableau de Perugin et de Raphaël. On reconnaît le grand prêtre aux cornes de sa mître et à l'ampleur de son éphod. A gauche est une scène analogue : le grand prêtre semble unir deux personnes.

« Adam et Ève chassés du Paradis terrestre. Ils sont dans une nudité complète. L'Ange brandit le glaive flamboyant. On voit le Paradis avec l'Arbre de la science, et, dans ses rameaux, le Démon tenant une pomme[2] (fig. 407).

« Adam après la chute. C'est une campagne nue : Adam bêche la

1. *M.-S.-M., mon. et hist.*, p. 208-210.

2. Ce motif de sculpture existe encore appliqué contre le mur oriental de la première chapelle du chœur au Nord (B'$_{3}$, pl. XXIX).

terre; le squelette de la mort est près de lui; Ève allaite un enfa ; plus loin Caïn tue Abel.

« Le premier bas-relief[1], c'est saint Luc avec ses attribut , bœuf ailé, etc. Il a le costume du XVIe siècle, il écrit sur un pupître ; sa tête exprime l'inspiration. Au-dessus de lui une banderolle porte ces mots : « *Et Gabriel angelus* » (fig. 409).

« Au-dessous sont la Salutation et l'Adoration, puis une scène où un ange chasse un homme d'un temple, peut-être Héliodore.

« Le bas-relief suivant est saint Jean, le pied posé sur un aigle, lequel s'appuie sur un globe. Une feuille de maïs rappelle l'Orient. Un phylactère porte : « *In principio erat Verbum* ».

« Au-dessous la Visite de sainte Anne. On remarque l'ondoiement d'un enfant. A côté, deux horribles figures, puis la mort du Juste et la Vision de l'Apocalypse avec une cité céleste et un ange planant dans les airs. Au-dessous est la date de 1549; à gauche saint Jean suivant le Christ.

« Le bas-relief de saint Mathieu. On lit : « *Secundum Matthæum* » et « *S. Matthæe, ora pro nobis* ». Un ange lui présente l'encrier et relève un pan de sa tunique. L'évangéliste écrit sur son genou et s'appuie sur la base d'une colonne.

« Au-dessous la Fuite en Égypte. A droite les mages, probablement, un d'eux fleurdelisé. Au haut une *vesica piscis* renfermant un Christ; à gauche un arbre de litanies ou un arbre de Jessé.

« Le relief de saint Marc. On lit : « *Secundum Marcum.* » On remarque un portique classique, un lion ailé tenant un encrier dans sa gueule.

« Au-dessous, sous un portique grec, un personnage avec une plume au chapeau; à droite une barque pleine, peut-être le Christ dans la barque; dans le lointain un mont pyramidal, peut-être le Mont-Saint-Michel; à gauche le Christ et les Douze, un malade à terre, peut-être le Paralytique.

« A l'extrémité de ces peintures est un bas-relief en bois[2], remarquable par la naïveté des symboles et l'expression des physionomies. C'est la Barque des âmes, tradition païenne métamorphosée et moralisée par le Christianisme. Au centre le Christ, avec une croix à banderolle; la barque est fragile, entr'ouverte; les flots sont irrités; des démons aux langues écarlates, à la peau de lézard, s'efforcent de la faire sombrer ou de monter à bord. Le Christ retire un homme des flots, trois sont dans la barque, plusieurs aspirent à monter, et parmi eux un enfant (fig. 408).

1. Il s'agit ici du bas-relief représentant les quatre évangélistes qu'on voit contre le mur occidental de la première chapelle du chœur au Midi (I'_2) (fig. 409). Les peintures qu'on remarque sur ces bas-reliefs ne sont pas anciennes : elles datent de l'administration pénitentiaire. Il y a des erreurs dans les inscriptions des phylactères.

2. M. Le Héricher a pris pour du bois ce bas-relief de pierre qui est aujourd'hui contre la paroi occidentale de la première chapelle du chœur au Nord (A'_2).

« Au-dessous est une fresque presque indéchiffrable : on ne reconnaît q   ne femme et un ange.

«   : charmante frise de la Renaissance règne au-dessus de cette zone pittoresque et de ces histoires bibliques, guirlande de mascarons, de médaillons, de têtes de satyres, de têtes de cheval, caprices sans signification, d une époque qui n'était plus qu'artiste, reliés par des nœuds gracieux ou des pédoncules effilés. »

Les portes (K'_2 et J'_2) qu'on remarque dans la première travée des collatéraux du chœur se rattachaient à l'ensemble de cette clôture. Elles sont à double face et se composent d'une ordonnance de pilastres enrichis d'arabesques et surmontés d'un entablement avec fronton audessus duquel se découpent des figurines finement ciselées et des motifs de sculpture ornementale en usage à cette époque.

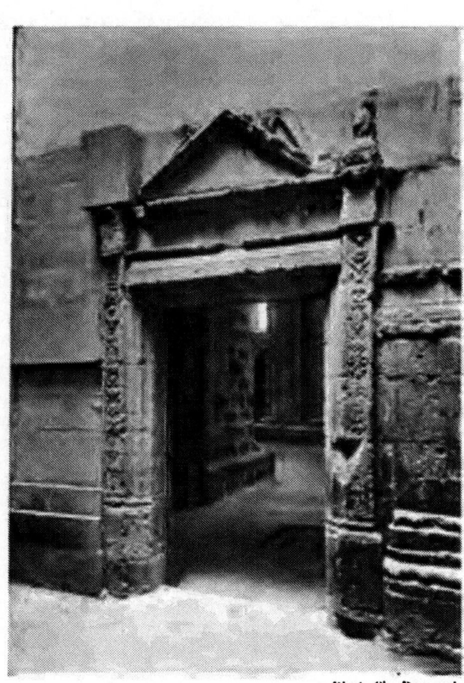

Phot. Ch. Besnard

Fig. 410. — Porte de la clôture du chœur. Côté Sud (1547).

Outre les couleurs éclatantes qui recouvraient toutes ces sculptures et en rehaussaient les reliefs, des fleurs et des feuilles peintes enrichissaient le modelé des moulures où il en subsiste des traces.

D'après la description qu'en donne l'abbé Pigeon[1], l'autel, plus ancien que cette clôture, aurait remonté aux premières années du XVIe siècle. Sa forme était celle d'un magnifique tombeau rectangulaire, décoré de riches arcatures, tout taillé à jour et lamé d'argent.

« Les angles, dit cet auteur, sont appuyés par de petits contreforts surmontés de pinacles délicatement sculptés. Sur les faces on en voit de plus petits, mais presque semblables, séparant des ogives géminées. A travers les lancettes trilobées et les tympans remplis de cœurs ondulés, on aperçoit la basilique d'argent ou Châsse de saint Aubert que les moines y plaçaient souvent, comme ce qu'ils avaient de plus précieux, pour orner ce riche intérieur. » Cette description répond bien à un autel du XVe siècle; mais nous ne la reproduisons qu'en faisant d'expresses réserves. Une égale circonspection doit accueillir la description suivante

1. *Nouveau guide descript. et hist. du voyageur dans le Mont-Saint-Michel*, p. 109. Malheureusement cet auteur néglige de dire où il a puisé ses renseignements.

du tabernacle donnée par les *Mémoires de la Marquise de Créquy* où il est dépeint comme il suit : « Le tabernacle est, comme le maître-autel, entièrement revêtu en argent massif, ainsi que ses gradins qui supportent une belle figure de l'ange exterminateur. Benvenuto Cellini n'a jamais rien produit de plus éclatant, de plus poétiquement chimérique, et de plus finement ciselé que la figure du dragon qui s'enroule et se débat sous les pieds de l'Archange. »

Description générale de l'intérieur de l'église. — A cette époque, l'église atteignit l'apogée de sa splendeur. Elle possédait un état complet dont, par la suite, s'altérèrent l'homogénéité et le caractère. Aussi, croyons-nous intéressant de retracer brièvement cet état en décrivant les particularités qui n'ont pas encore trouvé place dans nos descriptions précédentes.

Phot. Ch. Besnard.

Fig. 411. — Tête de Christ provenant de la *Pietà* donnée par l'abbé André Laure[2].

Les indications suivantes permettent d'extraire de notre plan (planche XXIX), la disposition de l'église à la fin du xvie siècle. En L'_2 le grand autel, en M'_2 les *stalles* placées en 1389 par Pierre Le Roy dans la croisée des transepts[1] où elles se retournaient, sous l'arc triomphal de la nef, en deux crochets contre lesquels s'adossaient les *autels* de *Saint-Michel en la nef* (k_4) et celui du *Crucifix* (l_4). Limitant le chœur intérieurement au déambulatoire, la *clôture* de pierre sculptée et peinte (y_4) dont nous venons de parler.

Pour clore la *chapelle des Reliques*, dite aussi de *Saint-Jean-l'Évangéliste*, qui occupait le transept Sud, il y avait (en g_4) la belle grille en fer forgé donnée en 1524 par Gabriel du Puy, lieutenant du Roi, mort le 12 octobre de la même année, et dont « l'épitaphe en cuivre et bronze », placé sur le mur occidental (en b_4) indique la sépulture en cet

1. Dom Martène, dans son *Voyage littéraire* (1re partie p. 137), rapporte que, dans les églises des monastères, le chœur est ordinairement dans la croisée des transepts. Viollet-le-Duc (*Dict. rais.*, t. II, p. 23) ajoute à cette observation : « Dans les églises monastiques il y avait presque toujours l'autel matutinal qui était celui où se disait l'office ordinaire, placé à l'entrée du sanctuaire au bout du chœur des religieux, et l'autel des reliques posé au fond du sanctuaire, et derrière ou sous lequel étaient conservées les châsses des saints. C'est ainsi qu'étaient établis les autels principaux de l'église de Saint-Denis en France, dès le temps de Suger ».

2. Cette sculpture est actuellement dans la sacristie de l'église paroissiale.

LÉGENDE

- **A'₂** Chapelle St-André (?)
- **B'₂** Chapelle St-Sébastien ou St-Scubilion (?)
- **C'₂** Chapelle St-Michel le petit.
- **D'₂** Chapelle St-Pierre. Autel refait en 1665.
- **E'₂** Chapelle N.-D. du Circuit et du Rosaire au XVIIe siècle.
- **F'₂** Chapelle Ste-Anne de l'œuvre. Autel refait en 1665.
- **G'₂** Chapelle de l'Annonciation, puis plus tard de St-Martin.
- **H'₂** Chapelle St-Pair (?) } puis de N.-D. de Pitié.
- **I'₂** Chapelle St-Aubert (?) } puis de N.-D. de Pitié.
- **J'₂** Salle obscure.
- **K'₂** Vestibule des lieux réguliers au XVIIe siècle.
- **L'₂** Maître-autel du XVIIe siècle, surmonté d'une niche avec la statue de St-Michel, lamée d'or, donnée en 1311 par Philippe le Bel.
- **M'₂** Stalles exécutées en 1389 sous Pierre Le Roy. Les sièges des choristes remontaient au XIIIe siècle ; et le lutrin en forme d'aigle en cuivre doré avait été donné en 1488 par Jean Gillain, procureur fiscal de l'abbaye. Les sièges des célébrants avaient été faits vers 1638, sous le prieur Dom Bernard Jeuardac.
- **MF** Sépulture de Martin de Furmendi.
- **RT** Sépulture de Robert de Torigni.
- **Ch** Chaire à prêcher.
- **Cp** Puits qui ne servait plus au XVIe siècle.
- **St** Descente à la Chapelle de N.-D. sous Terre.
- **Ep** Entrée primitive de l'église au XIe siècle. Elle était bouchée au XVIe siècle.
- **3''** Chapelle des reliques.
- **4''** Chapelle Ste-Madeleine. Les autels des Docteurs et de St-Nicolas y étaient placés.
- **a₄** Litre d'armes des 119 chevaliers défenseurs du Mont-St-Michel.
- **b₄** Épitaphe de Gabriel du Puy.
- **C₄** Statue de Jean de la Porte.
- **d₄** Autel de St-Jean l'Évangéliste, puis de St-Benoît, et, au XIXe siècle, de Notre-Dame-des-Anges.

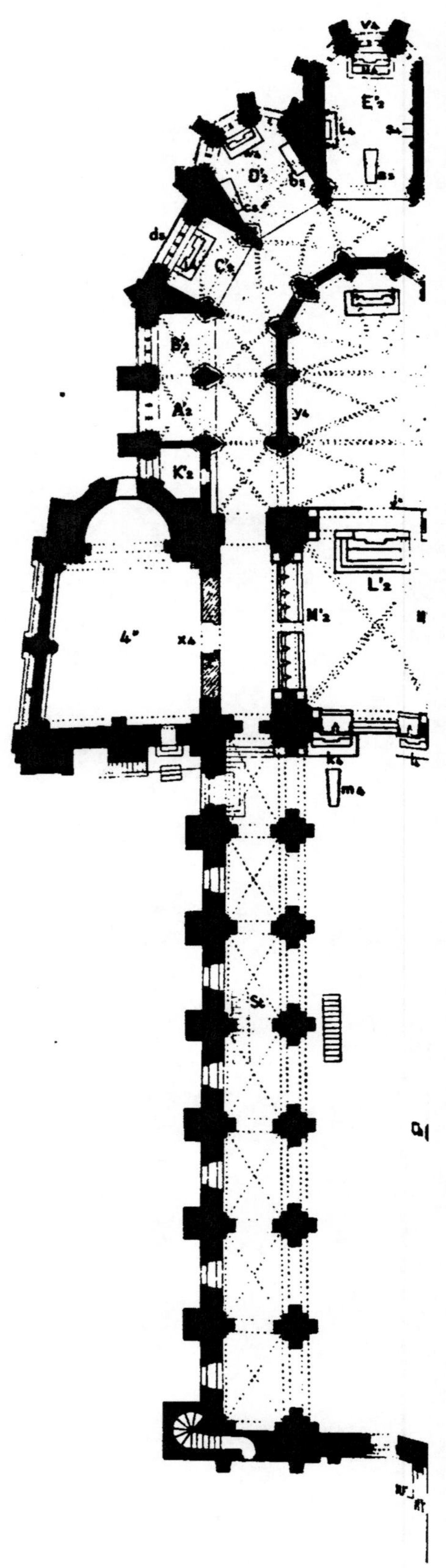

PLAN DE L'ÉGLISE ABBATIA[LE]

Avec indication de quelques dispositions an[ciennes]

LIBRAIRIE ...

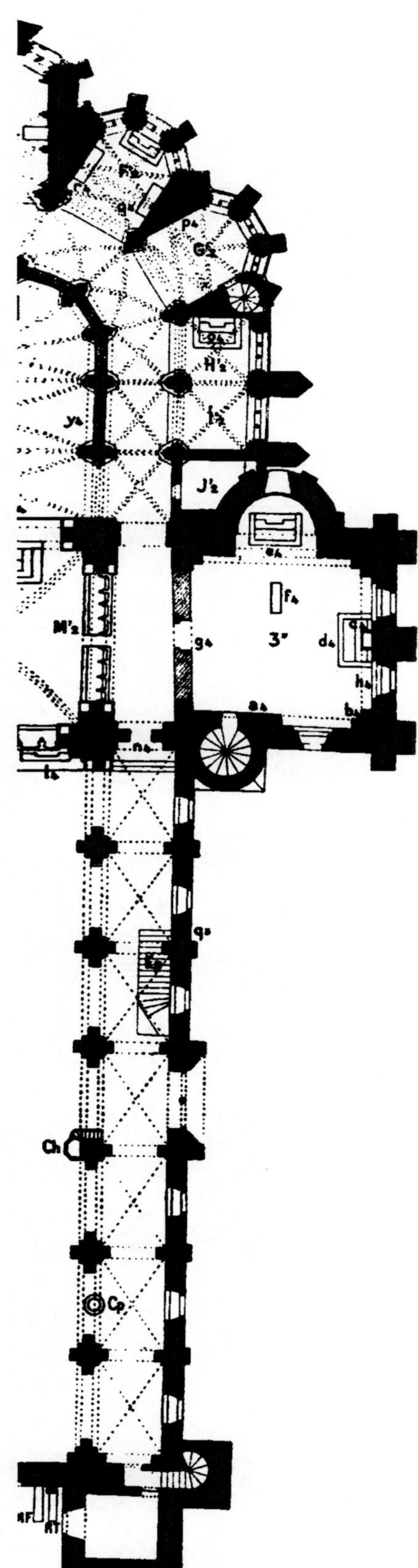

TIALE AU XVIIe SIÈCLE

térieures et ultérieures relatées dans l'ouvrage.

LÉGENDE

- e_4 Autel de la Trinité, de N.-D. de Pitié et de St-Sauveur.
- f_4 Dalle funéraire d'André Laure.
- g_4 Mur construit en 1630.
- h_4 Plaque de cuivre portant les noms de 99 chevaliers.
- i_4 Autel du XVe siècle surmonté de la statue de St-Michel donnée en 1415 par le Comte d'Harcourt.
- j_4 Grille donnée en 1524 par Gabriel du Puy et qui occupa l'emplacement g_4 jusqu'en 1630.
- k_4 Autel de St-Michel en la nef.
- l_4 Autel du Crucifix.
- m_4 Sépulture du Sieur de la Chastière.
- n_4 Petite ouverture cintrée, surmontée de l'écusson de Lorraine avec la date de 1638.
- o_4 Pietà donnée par André Laure.
- p_4 Épitaphe de Guillaume du Sollier.
- q_4 Tombeau de La Moricière, sieur de Vicques et de Hester de Tessier, son épouse.
- r_4 Tombeau du prince de Tende, 11e cap. du M[t].
- s_4 Tombeau de Jean de Lamps.
- t_4 Tombeau de Guillaume de Lamps.
- u_4 Autel et statue achetés par D. Huillard.
- v_4 Vitrail représentant l'histoire de la fondation de l'abbaye.
- w_4 Retable, travail anglais du XVIe siècle, provenant d'une église des environs et posé au XIXe siècle sur l'autel de cette chapelle.
- x_4 Mur construit en 1628.
- y_4 Clôture du chœur, exécutée de 1543 à 1546.
- z_4 Autel du Chœur, construit en 1547.
- a_5 Sépulture de R. de La Luzerne (18e cap.).
- b_5 Sépulture d'Augustin Moynet (10e prieur), mort en 1617.
- c_5 Sépulture de G. Duchesne (prieur).
- d_5 Vitraux représentant le sacre des rois de France, exécutés vers 1490.
- h_5 Tableau représentant le combat de St-Michel donné en 1645 par Jacques de Souvré.
- i_5 Tableau exécuté par Jean Loiseau.
- q_5 Meurtrière faite par Louis d'Estouteville.

endroit[1]. A côté (en a_4) la fameuse *litre peinte* des 119 *chevaliers* qui défendirent le Mont-Saint-Michel contre les Anglais. Adossé au mur méridional de ce transept (en d_4,) l'*autel de Saint-Jean-l'Évangéliste* avec la statue de l'abbé Jean de la Porte (c_4), dont la dépouille gisait sous les dalles de cette chapelle. Dans l'absidiole (en e_4), l'*autel de Notre-Dame de Pitié* (transporté en o_4), avec la scène sculptée de la Vierge tenant sur ses genoux le Christ expiré (fig. 411), présent de l'abbé André Laure, dont l'écusson ornait les colonnes du rétable, tandis que sa sépulture précédait les degrés de cet autel.

Fig. 412. — Tombeau de Guillaume de Lamps. d'après le manuscrit 4902 de la Bibl. Nat., fonds français.

En suivant le déambulatoire du Midi, on rencontrait (en H'_2 I'_2), une chapelle comprenant deux travées qui, comme sa symétrique au Nord, n'avait pas encore reçu de nom[2]. Cela tenait à ce que, jusqu'à l'arrivée des moines réformés de la Congrégation de Saint-Maur, ces deux chapelles servirent de sacristies.

La chapelle à la suite (G'_2) était alors sous

1. « Il fit mettre une belle grille peinte avec fleurons de fer peints au hault d'icelle, autour de la chapelle de Saint-Jan-l'Evangeliste, située en la croisée de l'église de ce monastère, devant l'autel de la Très-Sainte-Trinité, du costé du midy, laquelle grille a esté posée pour faire la cloison entre le grand autel et le cœur, depuis peu (Dom Th. Le Roy, porte le 11 mars 1647).... Item dans lad. chappelle de Saint-Jan-l'Evangeliste, il fit applicquer une lame de cuivre dans laquelle est exprimée une fondation d'un anniversaire au jour de son trespas et deux messes par sebmaine, un mécredy et sabmedy, à estre célébrées a perpétuité, en ladite chappelle, pour le repas de son âme. » (Dom Th. Le Roy, t. II, p. 44.)

2. L'authenticité des noms que nous donnons ici est garantie par les sources où nous les avons puisés qui sont : d'une part, les historiens montois du XVIIe siècle, et d'autre part, le manuscrit 4902 de la Bibl. Nat., où nous avons relevé ces noms.

le vocable de l'*Annonciation*[1]. Elle contenait la sépulture de Guillaume du Sollier, lieutenant pour le roi, qui, ainsi que l'attestait une plaque de cuivre (v_4) appliquée sur le mur, avait, quelques jours avant sa mort, en 1535, fait don de 20 livres tournois pour « la célébration d'un obit par chacun an au jour de son déceds[2] ». Auprès de ce guerrier reposait un moine, son frère, « Jehan d'Anville, aumosnier archidiacre de ceste abbaye, prieur de Pontorson. »

Fig. 413. — Monument funéraire de Jean de Lamps d'après le ms. 4902 de la Bibl. Nat., fonds français.

En continuant, on trouvait la chapelle *Sainte-Anne* (F'_2). On y voyait le tombeau (q_4) de Louis de la Moricière, sieur de Vicques, tué devant Pontorson, le 14 décembre 1590. Au-dessus du monument furent exposés, jusqu'en 1649, « son casque, sa lance et son enseigne ». Sa femme, Hester de Tessier, décédée en 1620, fut inhumée auprès de lui.

La chapelle centrale (E'_2) était consacrée à *Notre-Dame*. Les verrières représentaient des scènes de la vie de la Vierge, sauf la verrière centrale où était figurée l'histoire de la fondation de l'église du Mont-Saint-Michel.

Le principal intérêt décoratif que présentait cette chapelle, se trouvait dans les tombeaux qu'elle contenait. Indépendamment de la pierre tombale de Guérin Laure, décédé le 17 février 1513, et qui reposait sous le dallage, on voyait adossé au mur, du côté de l'évangile, le tombeau (t^1) élevé en 1514, par Jean de Lamps, à son frère Guillaume. Ce tombeau, dont nous reproduisons le dessin (fig. 412) et la description, d'après le manuscrit 4902 du fonds français de la Bibliothèque Nationale[3], était en pierre de Caen et représentait l'abbé couché avec ses habits pontificaux « la mitre en tête et la crosse entre les bras, un oreiller soubs sa tète » soutenu par un ange, et un lion sous ses pieds. « Il y a, dit ce manuscrit, 7 petites pleureuses de 17 poulces de hauteur, et contre la muraille il y a un pilastre qui s'élève au-dessus dudit tombeau, de la hauteur de 4 pieds environ, au-dessus duquel il y a 2 anges debout qui tiennent un écusson partie d'argent et gueules au lion de l'un en l'autre, et au-dessus est une crosse d'or; au-dessous du grand écusson il y en a deux autres petits sur deux

1. Dom Th. Le Roy, t. II, p. 48 et 49. Une annotation d'une autre main sur le manuscrit ajoute après cette appellation de l'*Annonciation* : « aujourd'hui Saint-Martin ».

2. *Ibidem*.

3. Folios 228 et 229.

plaques de cuivre, qui sont pareils à l'écusson ci-dessus expliqué[1]. »

En face, du côté de l'épître (en s_4) était le tombeau de Jean de Lamps, dernier abbé régulier du monastère, qui mourut le 4 décembre 1523. Sur une colonne à fût octogonal, décorée de sculptures, reposait la statue à genoux de cet abbé, dans le costume bénédictin, sa mitre déposée devant lui sur l'angle du chapiteau dont la corbeille portait son écusson, soutenu par deux anges. Notre figure 413 en reproduit le dessin d'après le manuscrit 4902[2], qui nous apprend en outre que cet édicule, fait en pierre de Caen, était appuyé « contre la muraille » et que son piédestal était « élevé à la hauteur de 7 pieds de Roy ».

Phot. Ch. Besnard.

Fig. 414. — Bâtiments abbatiaux au Midi. Vue générale prise à 1500 mètres du Mont.

A côté de la chapelle centrale, vers le nord, était la chapelle de *Saint-Pierre* (D'_2). Sa voisine, dédiée à *saint Michel du Circuit* (C'_2), était décorée des magnifiques vitraux dont nous avons reproduit la description; son autel, du plus pur xve siècle, était surmonté d'une statue de l'archange en argent pesant 76 marcs; elle avait été envoyée en 1415 par le comte d'Harcourt, à l'abbé Robert Jolivet.

En poursuivant toujours vers l'Ouest on rencontrait la chapelle (A'_2, B'_2) composée de deux travées et qui servait de sacristie aux chantres et aux novices. Enfin on arrivait au transept Nord où se trouvaient les trois autels de *Sainte-Madeleine*, des *Docteurs* et de *Saint-Nicolas*.

La nef avait conservé dans son ensemble toute la pureté de son style roman. Un lambris en forme de berceau cintré tapissait le dessous de la charpente de sa toiture, refaite en 1509, par Guillaume de Lamps[3].

1. Dom Th. Le Roy, t. II, p. 90, 91.

2. Folio 227.

3. « En haut du *cintre de la voûte* entre le cinquième et le sixième pillier sont les armes du Cardinal de Bourbon ». (Ms. 4902 de la Bib. Nat., fol. 219.) La voûte dont parle ce ms. est le berceau lambrissé refait en partie en 1619 sous l'administration de Pierre de Bérulle. Mais comme ce berceau n'était qu'une restauration de celui établi en 1509 par Guillaume de Lamps, il en avait gardé la disposition générale.

CONSTRUCTIONS DIVERSES
BÂTIMENTS ABBATIAUX ET ALENTOURS DU SAUT-GAULTIER

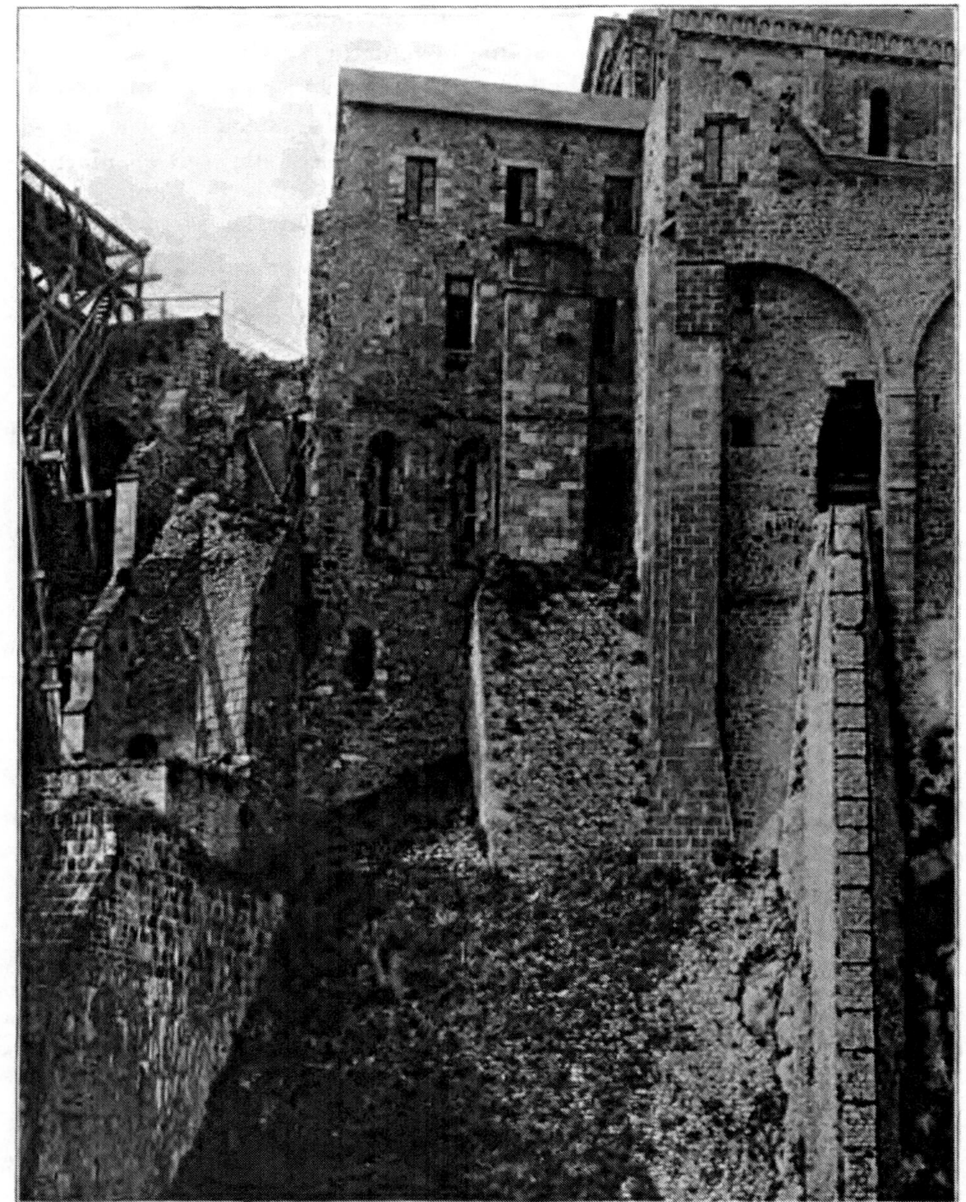

Phot. Durand.

FIG. 415. — Angle Sud-Ouest de la plate-forme du Saut-Gaultier. État en 1906.

LOGIS, AUMÔNERIE, CITERNE, GALERIE AJOURÉE. — L'une des principales entreprises de Guillaume de Lamps fut le développement des locaux abbatiaux et de leurs dépendances. A l'institution du premier abbé commendataire avait répondu un accroissement du nombre des dignitaires dans la hiérarchie monastique. Bien que toujours absent, ce prélat avait conservé ses appartements du logis abbatial; et l'importance des fonctions de

Phot. Durand.

Fig. 416. — Constructions de Guillaume de Lamps au Sud-Ouest. État en 1906.

son procureur exigeait qu'il fût aidé dans sa gestion des affaires temporelles du couvent. Le prieur claustral, de son côté, avait un sous-prieur pour le suppléer dans ses attributions spirituelles. Guillaume résolut donc de développer les locaux abbatiaux et de grouper, auprès, ceux destinés à des fonctionnaires dans l'ordre administratif et religieux, tels que le cellérier, le trésorier sacriste et l'aumônier. Il appuya contre la chapelle Sainte-Catherine (27, pl. XXXIV, XXXV et XXXVI), une construction (28), comprenant un rez-de-chaussée auquel on accédait du grand degré par une porte (s_8) aujourd'hui bouchée, dont le seuil répondait à celui de cette chapelle[1]. Au-dessus, il fit deux étages dont le premier fut établi à peu près de niveau avec celui du bâtiment voisin. Quant au second, il le prolongea jusqu'au logis abbatial et créa un vaste corps de logis qui, surmontant cette partie des bâtiments abbatiaux, communiquait de plain-pied avec l'église haute, d'un côté par la passerelle de bois jetée sur le grand degré, et de l'autre par une galerie ajourée (W_1) élevée sur le Saut-Gaultier pour permettre d'accéder à couvert au portail méridional de la nef (Z_1). Un escalier pratiqué dans une tourelle polygonale encorbellée sur un contrefort de la chapelle Sainte-Catherine, mit en communication ces étages entre eux et avec ceux adjacents. Ces nouvelles constructions prirent un grand caractère d'ampleur. Remarquables par la beauté de leurs proportions intérieures, ces appartements furent mieux éclairés que ceux du moyen âge. La plupart des croisées du dernier étage comportaient un meneau central traversé d'un croisillon de pierre[2]. L'une des salles (28″) de cet étage a conservé le lambris de bois qui en tapissait les murs. C'est un joli travail de menuiserie composé de panneaux à serviettes qui s'étendent jusque dans les ébrasements des baies, dans les voussures desquelles ces panneaux s'irradient de la façon la plus gracieuse. Nous sommes au moment où la Renaissance inaugure ses nouvelles méthodes décoratives. Aux corbeaux de forme torique succèdent, pour la portée des poutres des salles inférieures, des supports en cul-de-lampes moulurés sur leurs trois faces.

A proximité de ces constructions comprises dans le groupement des bâtiments abbatiaux, Guillaume appuya, contre le collatéral Sud de l'église, la demeure de l'aumônier, dont il combina les dispositions avec celles d'une citerne (50), indispensable aux besoins de l'habitation dans tous ces nouveaux corps de bâtiments[3]. Il transforma les emmarchements anciens, montant à l'église par l'intermédiaire du palier situé au haut de la galerie voûtée du XIe siècle, et fit accéder à la plate-forme du Saut-Gaultier (6″) par des séries de degrés continuant ceux qui, commençant à

1. Il y a là une première preuve qu'à cette époque le grand degré avait en ce point un palier et qu'au lieu des emmarchements actuels il y avait des constructions.

2. Ces croisillons ont été détruits soit par les moines de la Congrégation de Saint-Maur, soit par l'administration pénitentiaire. Les fenêtres elles-mêmes furent rétrécies au moyen d'un jambage ajouté latéralement, aux dépens de leur ouverture.

3. « L'an 1508 ledit abbé Guillaume de Lamps fit faire le logis de l'Aumosnerie où à présent (en 1647) on cuit le pain, tant pour les moynes que pour les pauvres. Item il y fit faire cette belle cysterne que l'on y voit à présent, œuvre tout à fait rare, avec touttes les murailles d'autour, ballustres, plomberies. » (Dom Th. Le Roy, t. II, p. 14, 15.)

la salle des Gardes, s'étaient jusqu'alors arrêtés à hauteur du palier de la chapelle Sainte-Catherine. Non pas cependant que ces nouveaux emmarchements eussent, à ce moment, reçu la disposition qu'ils ont aujourd'hui. La seule partie des marches comprise dans la largeur de la citerne remonte à cette époque; le surplus de leur largeur actuelle était alors occupé par un bâtiment, dont subsistent encore les corbeaux, en forme

Phot. L. Lebailly

Fig. 417. — Déblaiement, en 1904, des abords de l'église au Sud, préalablement à la restauration des emmarchements du Saut-Gaultier et de la Citerne de l'Aumônerie[1].

de culs-de-lampe, qui supportaient les poutres du plancher supérieur. En réparant les vieux emmarchements que le XVIIIe siècle avait substitués à l'état de choses établi par Guillaume de Lamps, nous avons découvert et mis en état de conservation les degrés primitifs, le dallage recueillant les eaux pluviales en forme de chéneau au pied du mur de la citerne, le mur et la porte de l'aumônerie dont on voit les piédroits (fig. 417), et

1. Nous faisons remarquer dans cette photographie : au premier plan, les marches du grand degré et les piédroits de la porte du XVIe siècle; plus loin à gauche une pile de la voûte qui couvrait l'arrivée des emmarchements du XIe siècle au Midi, et, au fond, l'ouverture dans le mur de l'église et le bouchement de la galerie montante de cette même époque.

quelques vestiges du soubassement de la galerie détruite. Ces vestiges, concordant avec le texte dans lequel Dom Th. Le Roy nous décrit les constructions faites en ce point par Guillaume de Lamps, permettent de reconstituer, avec une approximation suffisante, les dispositions données au XVIe siècle par cet abbé à toute cette région des bâtiments abbatiaux[1]. De cette même époque où les remaniements importants opérés dans les substructions du Saut-Gaultier firent disparaître entièrement les escaliers primitifs montant du cimetière des moines à l'église, date aussi la reprise de la façade Sud de ces substructions et l'établissement des contreforts et des arcs qui y sont appliqués. L'un de ces édifices mérite une mention spéciale : c'est la citerne (50) attenante à l'aumônerie, spécimen élégant et des plus curieux de ce genre de constructions. Nos figures 456 et 457 en donnent, plus loin, l'élévation et la coupe qui, jointes aux vues 418 et 419 de cet édicule, nous dispensent de le décrire en détail. Les parois intérieures de la partie contenant l'eau étaient revêtues de plomb. L'arc ogival la traversant en son milieu reçoit l'about de deux rangées de longues dalles supportant la matière filtrante, pierraille, gravier et charbon. Les arcatures lobées qui couronnent cette citerne et en supportaient la couver-

Phot. Ch. Besnard.

Fig. 418. — Déblaiement, en 1904, des abords de l'église au Sud. Découverte de la Citerne de l'Aumônerie.

1. « L'an 1509, cet abbé Guillaume de Lamps fit parachever le logis abbatial, les degrés pour monter au Sault-Gaultier, le mesme Sault-Gaultier, la gallerie d'icelluy, le petit pont qui prend de la salle dud. logis abbatial à l'église de pied droit. Il fit couvrir de plomb led. logis, gallerie et pont, pour à quoy parvenir il avoit faict abbattre les degrez simples par lesquels on montoit jusques dans l'église et les murailles qui estoient à costé, et fit faire au lieu de tout cela le Sault-Gaultier, comme on le voit à présent (en 1647), la gallerie et les corps de logis au bout du bas desquels est la cuisine appelée la cuisine de l'abbé, où il fit venir la cysterne du Sollier et fit faire une belle cave au dessoubs d'icelle et fit si bien joindre ces corps de logis neufs avec celuy qui est au-dessus de la chapelle Sainte-Catherine (basty autrefois par l'abbé Pierre Le Roy, l'an 1400), qu'il est difficile, à ne pas croire, qu'ils ayent été bastys en divers temps, et les fit couvrir de plomb au nyveau comme ils sont encore, lequel logis ainsy joint donne jusques à la bailliverie (lieu où led. abbé Pierre avoit faict loger le baillif ou procureur du monastère) et auquel à présent loge le lieutenant de la garde de cette place, lequel est divisé par un degré qui prend vis-à-vis de la cysterne du Sollier, du bas de l'œdifice en hault. » (Dom Th. Le Roy, t. II, p. 16.)

ture en plomb, se raccordaient avec celles absolument identiques de la galerie ajourée servant d'abri entre le nouvel étage des bâtiments abbatiaux et le portail latéral de l'église haute. Cette galerie, dont l'utilité pratique égalait l'aspect pittoresque, est figurée sur une gravure du XVIIIe siècle dont nous donnons la reproduction fig. 420. L'assise de couronnement du garde-corps actuel du Saut-Gaultier n'est autre que l'ancien appui des arcatures de cette galerie; on y voit encore les traces des piédroits. On ne sera pas sans remarquer (fig. 415 et 416), que la saillie sur laquelle reposaient ces arcatures est obtenue encore par un accolement, contre le mur, d'arcades portant sur la tête des contreforts. Deux de ces arcades sont faites d'arcs brisés. La troisième, en forme d'arc-boutant, prétend à l'avantage d'une moindre poussée sur l'angle de cette construction dont la hauteur ne laissait pas que d'être gênante.

Phot. Durand

FIG. 419. — La Citerne de l'Aumônerie restaurée.

Indépendamment de ces gros travaux de construction, Guillaume fit des travaux d'aménagement au logis abbatial proprement dit. Pour alimenter d'eau la cuisine de l'abbé, il acheva l'installation encore imparfaite de la citerne dite du Sollier (H_2), qu'il munit d'un revêtement en plomb, d'une tuyauterie et d'une couverture en dalles de granit[1].

LOGIS ET JARDIN DE L'ILE DES BAS. — Durant ces transformations des bâtiments abbatiaux, l'abbé n'habitait pas les appartements qui lui étaient

1. « Item led. abbé fit paracheverla cysterne ditte du Sollier, laquelle le cardinal d'Estouteville avoit faict commencer en jestant les fondements du grand œuvre, sçavoir du cœur de l'église neufve, y manquant la plomberie, le couvercle et les tuyaux que led. Guillaume de Lamps y fit adjouter ». (Dom Th. Le Roy, t. II, p. 15.)

attribués dans le monastère ; il est même permis de se demander, en considérant les infractions à la règle dont cette période de la vie monastique était coutumière et les habitudes quelque peu séculières qui s'y étaient introduites, si l'abbé n'avait pas le dessein de séjourner définitivement en dehors de l'enceinte du couvent. Il s'était fait construire au pied de l'abbaye, dans le terre-plein (A_3) qui s'étend de la terrasse de la Pillette (Q_1) au jardin du Tripot (N_2), une habitation avec cave, écurie et cha-

Phot. Neurdein.

Fig. 420. — Vue générale du Mont-Saint-Michel vers 1706. Reproduction de la gravure du *Monasticon Gallicanum*.

pelle[1]. Un sous-sol subsiste encore (en N_2 de notre plan général). Guillaume fit exécuter tous les terrassements nécessaires à l'aplanissement de cet enclos et à la confection des chemins qui conduisaient à ces bâtiments ou sillonnaient le jardin dont ils étaient environnés[2].

1. « L'an 1508, led. Guillaume de Lamps, abbé de ce Mont-Saint-Michel, fit bastir le logis abbatial, avec la chappelle, jeu de paulme, cave, esquurie qui se voient en bas du monastère, sittuées au milieu de la hauteur du rocher. Il fit pareillement applanir le jardin et le chemin pour aller au logis et en iceluy jardin, là où il se logea en attendant qu'il fit mettre les artisants qu'il avoit de coutume de tenir chacun jour en besongne, qui estoient plus de 80, après le logis neuf de l'abbé, qui est dans l'enclos du monastère. » (Dom Th. Le Roy, t. II, p. 14.)

2. Ce jardin attira l'attention du président de Thou, lors de son voyage au Mont à la fin du XVIe siècle ; car il est dit au livre IIe de ses Mémoires : « A côté de la maison abbatiale, on trouve, entre le midi et le couchant, un petit jardin de terre rapportée, où malgré le froid du climat il vient de fort beaux melons. »

Quatre-vingts ouvriers travaillaient constamment aux bâtiments abbatiaux. Le chantier des approvisionnements et des tailleurs de pierre occupait une partie du terrain aplani ; les voitures accédaient jusqu'au pied de la terrasse de la Pillette par la rampe des Fanils. Une fois travaillés, les matériaux étaient hissés, au moyen d'un monte-charge, jusqu'à hauteur de la terrasse du Saut-Gaultier. S'effectuant sous la surveillance directe de l'abbé, les travaux avançaient rapidement.

Travaux en dehors du Mont. — Le goût de Guillaume de Lamps

Phot Neurdein

Fig. 421. — Tour Gabriel, côté Est (xvie siècle).

pour les constructions se donna libre cours dans les dépendances du monastère. En 1509 « il fit parfaire un beau grand corps de logis au manoir de Brion, deppendant de la baronnie de Genests. Item au manoir de Loyselière, il fit faire quantité de beaux logements...., et des aqueducs et estangs pour recepvoir l'eau[1]. » Ce dernier manoir était un des plus beaux que possédât l'abbaye et le plus riche immeuble de la baronnie de Saint-Pair. Pendant toute sa prélature, Jean de Lamps fit travailler à Brion et à Loyselière, y développant les constructions déjà faites par Guillaume. « Son frère, dit Dom Th. Le Roy, y avoit faict faire merveilles et luy y fit

1. Dom Th. Le Roy, t. II, p. 18-19.

faire miracles[1] ». Ces somptueuses demeures où les religieux du Mont-Saint-Michel allaient de temps en temps rompre avec les sévérités de la vie monastique, étaient entièrement terminées en 1525. Mais elles manquèrent d'entretien, et, dès le milieu du XVIIe siècle, toutes deux commençaient à tomber en ruines.

FORTIFICATIONS EXTÉRIEURES ET REMPARTS

TRAVAUX DE GABRIEL DU PUY

Dans le premier quart du XVIe siècle, Gabriel du Puy, seigneur du Murmays et lieutenant pour le roi sous l'autorité du capitaine Ymbert de Batarnay, comte du Bouchage, fit exécuter d'importants travaux de fortification et munit les remparts de canons, fauconneaux et couleuvrines qui mirent la place dans un état de défense des plus complets.

Ravelin des Fanils, tour Gabriel. — Assis au pied du rocher, dans une situation aisément accessible des grèves, les bâtiments des Fanils n'avaient, pour protéger leur entrée, que le flanquement des hauteurs voisines et de la tour (35) qui occupait leur angle Sud-Est. A leur autre extrémité, ils se trouvaient exposés au tir d'une artillerie postée sur la face occidentale du Mont, où aucun engin de la défense n'était pour riposter. Cependant leur possession par l'ennemi n'aurait pas eu pour seule conséquence de priver l'abbaye de ses approvisionnements; elle aurait mis en péril la ville elle-même, par l'occupation des escarpements du Midi. Gabriel du Puy résolut donc d'augmenter la résistance de cette partie de la place en établissant, en avant de l'entrée de ces bâtiments, l'épaisse muraille d'une avancée (51) percée d'embrasures pour l'artillerie. Sur la face Est du quadrilatère, il établit une porte (O_2) qu'il munit de puissantes fermetures. Puis, transformant en un point d'appui solide l'un des points les plus faibles de la défense, il construisit, à l'extrémité occidentale du rocher, une énorme tour (52) composée de trois étages de batteries[2]. Chacun d'eux est percé d'embrasures recouvertes de linteaux en pierre et évasées vers l'extérieur seulement. Une voûte annulaire recouvre ces salles; elle s'appuie sur un pilier central, un peu décentré afin de laisser plus de place du côté des pièces à feu, et pourvu d'une trémie par où s'échappait la fumée de la poudre. Ces trémies se réunissaient dans une cheminée dont la souche dominait la terrasse qui couvrait la tour. La plate-forme, primitivement bordée d'un parapet percé de meurtrières pour la mous-

1. Dom Th. Le Roy, t. II, p. 36.
2. « Il fit faire, en ayant la commission des deniers royaux, la tour sur laquelle est à présent le moulin à vent, appellée de son nom La Gabrielle ». (Dom Th. Le Roy, t. II, p. 43.)

queterie, fut transformée un peu plus tard, mais dans ce même XVIe siècle, en batterie barbette. Elle fut alors couronnée d'une épaisse muraille talussée, dont la base reposait sur l'encorbellement des mâchicoulis qui se trouvèrent bouchés, à l'exception de ceux répondant aux embrasures ménagées pour les bouches à feu; joignons-y ceux situés du côté du rocher où il pouvait être utile de défendre le pied de la tour contre la sape. Ce parapet était interrompu par une échauguette (u_3) d'où un guetteur embrassait du regard une immense étendue de grève dans les directions du Nord, de l'Ouest et du Sud. Nous appelons l'attention du lecteur sur le profil talussé du parapet, qui avait pour but de faire ricocher les projectiles et d'atténuer, par ce fait, leurs effets destructifs. Peu connue et peu pratiquée dans les restaurations visant à reconstituer l'état ancien des couronnements de tours de cette époque, cette disposition n'en est pas moins d'une authenticite certaine. Il en existe plusieurs spécimens datant de ce même XVIe siècle au château de Fougères; et des tapisseries du même temps en présentent aussi des exemples incontestables.

Phot. Ch. Besnard.

Fig. 422. — Tour Gabriel, côté Ouest (XVIe siècle).

Dans l'étage inférieur de la tour et dissimulée par le rocher, se trouve une poterne (X_3) que défendait une herse manœuvrée de l'étage supérieur. Au troisième étage une porte donnait accès au terre-plein des Fanils. Des escaliers font communiquer entre eux ces divers étages; ils aboutissent à la plate-forme reliée aux courtines qui suivaient le rocher jusqu'aux escarpements de l'Ouest.

Avancée et corps de garde. — Dans les premières années du

XVIe siècle, le mode d'attaque usité au moyen âge ne s'était pas sensiblement modifié et les efforts de l'assaillant se portaient toujours sur les portes. C'était encore sur l'éventualité d'une surprise favorisée par la complicité d'une trahison, que celui-ci pouvait fonder ses meilleures chances de succès. Or, le premier obstacle que présentait la porte de la barbacane en avant de l'entrée de la ville ne garantissait qu'imparfaitement cette dernière contre la soudaineté d'une attaque qui n'aurait pas laissé au défenseur le temps de manœuvrer le pont-levis. Devant cette

Phot. Neurdein.

FIG. 423. — Porte de l'Avancée et Corps de garde des bourgeois (XVIe siècle).

insuffisance de la barbacane (48) du XVe siècle, Gabriel du Puy résolut de la renforcer d'une avancée (53), munie de bouches à feu balayant les abords de l'entrée. Cet ouvrage comportait, à l'intérieur, un mur à l'usage de la mousqueterie pour protéger l'entrée de la barbacane au cas où l'ennemi viendrait à s'emparer de cette avancée[1]. Défilant l'entrée du boulevard,

1. « Il fit faire le boulevard à l'entrée de la ville avec le corps de garde audit lieu, et ainssy qu'on le peut conjecturer, il fit faire cette petite maison ruynée à présent, sittuée sur le rocher, au-dessus dud. corps de garde de la ville, pour mettre des chiens et dogues d'Angleterre pour garder lad. ville. Item, il fit faire les cinq pièces de canon et fauconneaux qui sont sur le rocher au dessoubs de la tour Perrine et sur la tour appellée Claudine, du costé du septentrion, deux desquelles pièces sont assez notables; le tout de plusieurs autres canons et couleuvrines, jadis qu'avoient faict faire les abbez de ce monastère à leurs frais, lesquels led. du Puy fit fondre et remettre en l'estat qu'on les voit à présent. Il y fit mettre un porc-épic aux unes et une salamendre aux autres, avec ses armes qui sont blasonnées de

cette fortification se compose d'un front relié à sa courtine Ouest et terminé à l'autre extrémité par un corps de garde (S_2). Sa porte principale (P_2) pour voitures est pourvue, d'un côté, d'une petite poterne pour les piétons et de l'autre, d'une embrasure de canon battant les abords. Ce portail principal était muni d'un fort vantail pivotant autour d'un axe horizontal à l'aide de tourillons se logeant dans des excavations pratiquées dans le granit. A l'intérieur de la cour déterminée par ce nouveau front, un mur (R_2), couronné d'un crénelage, s'appuie, à une extrémité, sur le redan de la barbacane, et communique, de l'autre, avec le corps de

Phot. Neurdein.

Fig. 424. — Vue intérieure de l'Avancée de la ville (XVIe siècle).

garde (S_2); il favorisait la résistance des défenseurs et protégeait l'entrée de la barbacane dans le cas où la porte de l'avancée aurait été forcée.

A l'extérieur, et en avant du corps de garde, on transporta (en y_3) les fourches patibulaires que Louis d'Estouteville avait d'abord fait dresser à côté de la porte de la barbacane[1].

Remparts. — Les nouveaux progrès de l'artillerie avaient nécessité des remaniements partiels des remparts et le renforcement des dispo-

la sorte: porte esquartelé au premier et dernier d'or, au lyon de gueule armé et lampassé de mesme; au 2e et 3e de gueule, à la fasce d'or chargée de trois fleurs de lys d'azur, au lyon naissant d'azur armé et lampassé d'azur. Item. il fit mettre les placques de bronze et de cuyvre qui se voient à lad. tour Gabrielle et à la porte du boulevard, avec deux salamendres et les armes de France où se voit le temps qu'il fit faire ces choses. » (Dom Th. Le Roy, t. II, p. 43-44.)

1. Voir la gravure de Peters, fig. 403.

sitions défensives adoptées au XVe siècle par Louis d'Estouteville. Ils eurent pour conséquence une surépaisseur considérable donnée aux murs et le rétrécissement relatif, malgré l'augmentation du calibre des engins de guerre, des ouvertures à ménager pour l'introduction des pièces à y mettre en batterie. Une particularité des nouvelles embrasures offre un indice précieux pour fixer la date de ces travaux de défense : elle est motivée par le besoin de donner aux embrasures la forme leur procurant la plus grande résistance possible au choc des projectiles de l'ennemi.

Phot. Neurdein.

Fig. 425. — Annexe de l'ancienne hôtellerie de la Lycorne. (XVIe siècle).

Au XVe siècle, les dispositions adoptées pour les embrasures des pièces à feu se ressentaient encore de la forme usitée au moyen âge pour les archères. Largement évasées à l'intérieur, elles étaient recouvertes d'une voûte en segment de cercle composant une excavation qui avait l'inconvénient d'affaiblir le mur par deux angles aigus aux points servant de but aux projectiles de l'assaillant et où, cependant, il y avait d'autant plus intérêt à rendre les murailles impénétrables, que c'était précisément là qu'elles abritaient les servants des pièces de la défense. Les architectes militaires du XVIe siècle remédièrent à cet inconvénient en limitant les ébrasements au strict nécessaire pour le pointage, sauf à étendre leur champ de tir en répartissant un plus grand nombre d'ouvertures sur la longueur, la hauteur et la circonférence de leurs fortifications; puis ils couvrirent ces vides, dans toute la traversée des murs, au moyen de linteaux en pierre ne laissant, au-dessus de l'appui, que l'espace nécessaire pour la visée et le logement de la pièce. La plupart des embrasures exécutées au Mont-Saint-Michel pendant le XVIe siècle procèdent de ce principe qui permet de les distinguer des ouvrages faits au siècle précédent par les ordres du capitaine Louis d'Estouteville. Leur comparaison d'après des exemples pris notamment dans la tour Boucle, d'une part, et la tour Gabriel, d'autre part, est des plus concluantes. Il est cependant des cas où des ébrasements du XVe siècle ont été modifiés extérieurement au XVIe, suivant le nouveau mode, en conservant intérieurement leur disposition première. C'est ainsi qu'à la tour Claudine on voit, à l'intérieur, des ébrasements surmontés de voussures cintrées en petit appareil, alors qu'au dehors l'ouverture est couverte de linteaux appareillés. Ce sont là des spécimens des retouches faites à cette tour par Gabriel du Puy, auquel on doit, d'ailleurs, les embrasures pratiquées dans la partie montante du rempart contre laquelle est appuyé le grand degré et dans le mur en retour immédiatement à la suite.

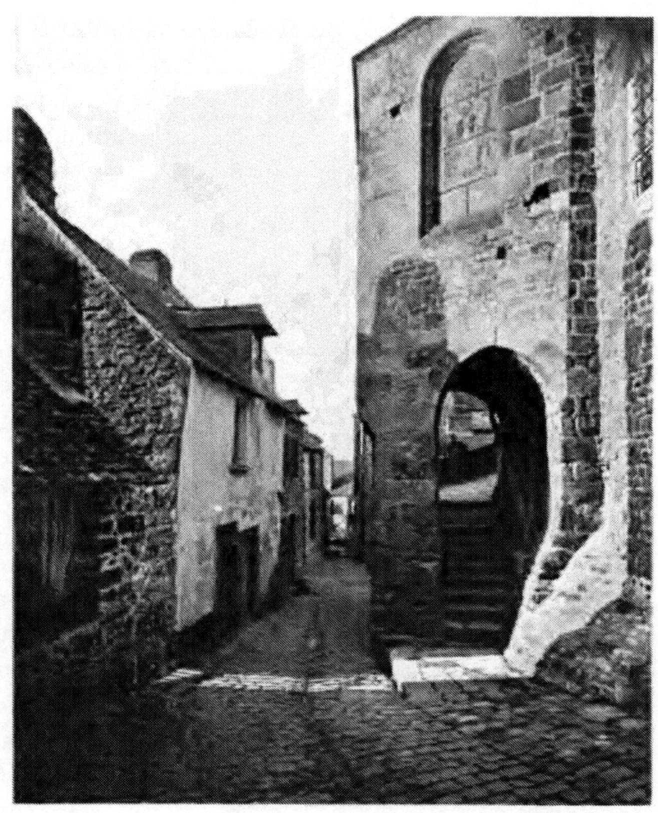

Phot. Neurdein.

FIG. 426. — Chœur de l'église paroissiale (XVIe siècle). Vue au Nord-Est.

De même que l'abbaye, les fortifications du Mont-Saint-Michel avaient revêtu, au XVIe siècle, un état complet qui faisait alors de cet îlot une place forte d'une solidité exceptionnelle. Avec la connaissance qu'on a gardé de ce qui subsistait de l'armement dans la seconde moitié du XVIIIe siècle, après les exactions de plusieurs gouverneurs, on peut imaginer l'importance de cet armement à la fin du XVIe siècle. Pourtant la garnison ordinaire était peu nombreuse, puisqu'en 1565 « les hommes d'armes défenseurs » n'étaient qu' « au nombre de 27 en y comprenant le capitaine René de Batarnay et le lieutenant Guy de la Vairie[1].

LA VILLE

Le XVIe siècle n'apporta guère de modifications notables à l'aspect général de la ville. La rue existait dans toute sa longueur, et les ruelles branchées sur cette artère principale frayaient déjà leur chemin aux habitants logés sur le flanc des escarpements dominés par l'abbaye. Quelques maisons vinrent cependant s'intercaler entre celles du siècle précédent. D'autres s'agrandirent : mais, pour la plupart, la difficulté était grande pour s'étendre, le terrain manquant un peu partout et principalement dans le voisinage de la voie principale. L'une des hôtelleries de la ville, celle dite « de la Lycorne » (Q_2), réussit à se faire une annexe au moyen d'une petite construction en pan de bois recouverte d'essentes, jetée transversalement sur la rue. Sur chaque versant de la couverture se détachent des lucarnes dont les deux pentes, réunies par une partie demi-conique, se terminent par un poinçon en plomb d'un joli travail et d'une agréable silhouette.

Phot. Ch. Besnard.

Fig. 427. — Chœur de l'église paroissiale (XVIe siècle). Vue au Sud-Est.

L'église paroissiale fut encore une fois agrandie par la construction d'une abside à pan (T_2) s'étendant jusqu'à l'alignement de la rue. Une voûte en berceau, sous laquelle passe la rampe montant au cimetière paroissial, supporte cette abside qui se termine à son extrémité par des encorbellements de pierre dont la forme et l'appareil établissent la date de cette annexe qui ne remonte certainement pas au delà des dernières années du XVIe siècle. Cette rampe repose elle-même sur des voûtes formant deux caveaux aujourd'hui bouchés, dont l'un, malgré ses dimensions

1. *Annales religieuses de l'Avranchin*, par l'abbé Desroches. — *Mémoires de la Société des antiquaires*, t. XXVII, p. 84.

restreintes, fut habité dans le siècle dernier par une famille de miséreux composée des parents et de leurs quatre enfants. L'ouverture de l'autre caveau était déjà maçonnée; quand on la déboucha, on y trouva plusieurs charretées d'ossements provenant sans doute du cimetière paroissial.

II

L'ABBAYE, LA VILLE ET LES REMPARTS AUX XVIIe ET XVIIIe SIÈCLES

L'ABBAYE

L'EGLISE

Après la période d'épanouissement de leur splendeur artistique, les monuments du Mont-Saint-Michel entrèrent, avec le XVIIe siècle, dans la période de décadence et de mutilation qui ne cessa d'empirer durant le XVIIIe et le commencement du XIXe siècle. Négligeant les mesures d'entretien les plus urgentes, les abbés commendataires laissaient tomber les édifices dans un lamentable état de ruine. On se rappelle qu'il fallut l'arrêt du Parlement de Rouen, en date du 12 septembre 1602, pour contraindre le cardinal de Joyeuse à faire exécuter une tour à l'emplacement du clocher central brûlé par la foudre en 1594[1]. Quand ce clocher fut terminé (1609) on y monta cinq cloches dont quatre provenaient de la refonte du métal de celles qui avaient été détruites par l'incendie. Ce clocher se composait d'une tour carrée en pierre qui comprenait deux étages se retraitant extérieurement à hauteur de la corniche du chœur. Un cordon séparait l'étage supérieur en deux zones munies, sur chaque face de la tour, de deux baies superposées, l'une cintrée, l'autre géminée. L'exiguïté de ces ouvertures ne pouvait comporter l'installation des cloches, dans cette partie du clocher. La gravure (fig. 420), tirée du *Monasticon Gallicanum*, représente ce clocher avec un peu plus de détail

1. « Il commanda à ses agents d'y faire travailler incessamment, et en donna le soin particulier à Pierre de La Luzerne, chevallier, seigneur de Brevent, gouverneur 17e de ce lieu, lequel tenoit en général à ferme cette abbaye dud. cardinal, et à Jan de Seurtainville, sieur de Lanctot, qui estoit fermier d'Ardevon sous led. de Brevent et lieutenant de cette place, lesquels, en moins de rien et avec grande diligence, firent refaire les trois pilliers et grande partie de la nef à l'entrée de l'église du monastère, qui estoit tombée faulte d'entretien, il y avoit quelques ans.....

« L'an 1609, les agents dud. Cardinal de Joyeuse firent parachever le clocher de l'esglise comme on le voit à présent, à sçavoir tout ce qu'on voit au-dessus de la voulte du cœur soubstenue des quatre gros pilliers, tant murailles que couvertures et plomberies dudit clocher que du point rond. Il y a un chyphre sur une pierre à l'entrée dud. clocher au-dessus dud. poinct rond qui déclare lad. année 1609... » (Dom Th. Le Roy, t. II, p. 106 et 108.)

mais suivant les dispositions qu'on retrouve fig. 428 où une tour, coiffée d'une toiture courbe, est surmontée d'un campanile en charpente, couvert en forme de dôme, et où est disposé le beffroi[1]. Cet ouvrage, dont la modestie relative témoignait du désir qu'on avait eu de remplacer le clocher détruit dans des conditions économiques, s'harmonisait avec la silhouette générale dans toute la mesure compatible avec la différence des formes propres à des styles aussi différents. Mais il avait un grave défaut : celui d'imposer aux piliers qui le supportaient une charge au-dessus de leurs forces. Depuis le xve siècle ces piliers manifestaient des symptômes inquiétants. Pour alléger leur surcharge, l'architecte de Guillaume de Lamps avait, en praticien avisé, composé un clocher où le bois jouait le principal rôle. Malheureusement ce mode de structure présentait un autre genre d'inconvénient, celui de la combustibilité, qui avait préci-

Phot. Neurdein

Fig. 428. — Vues du Mont-Saint-Michel, d'après les gravures des *Annales bénédictines*.

1. Le pignon et la toiture demi-circulaires du bâtiment du noviciat donnant sur le Saut-Gaultier devaient remonter à cette même époque.

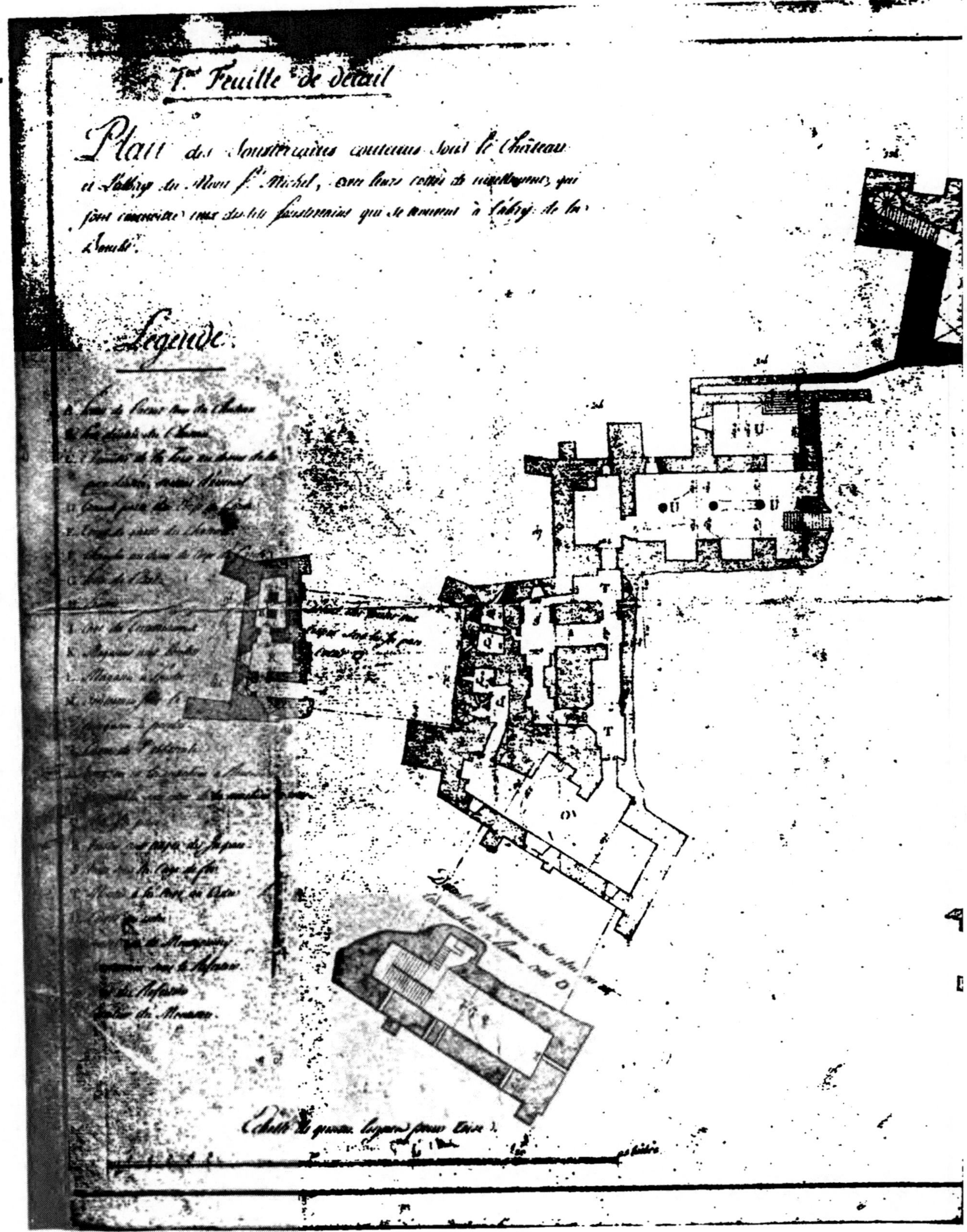

PLAN DE L'ABBAYE A LA

Dressé, en 1775, par Fou

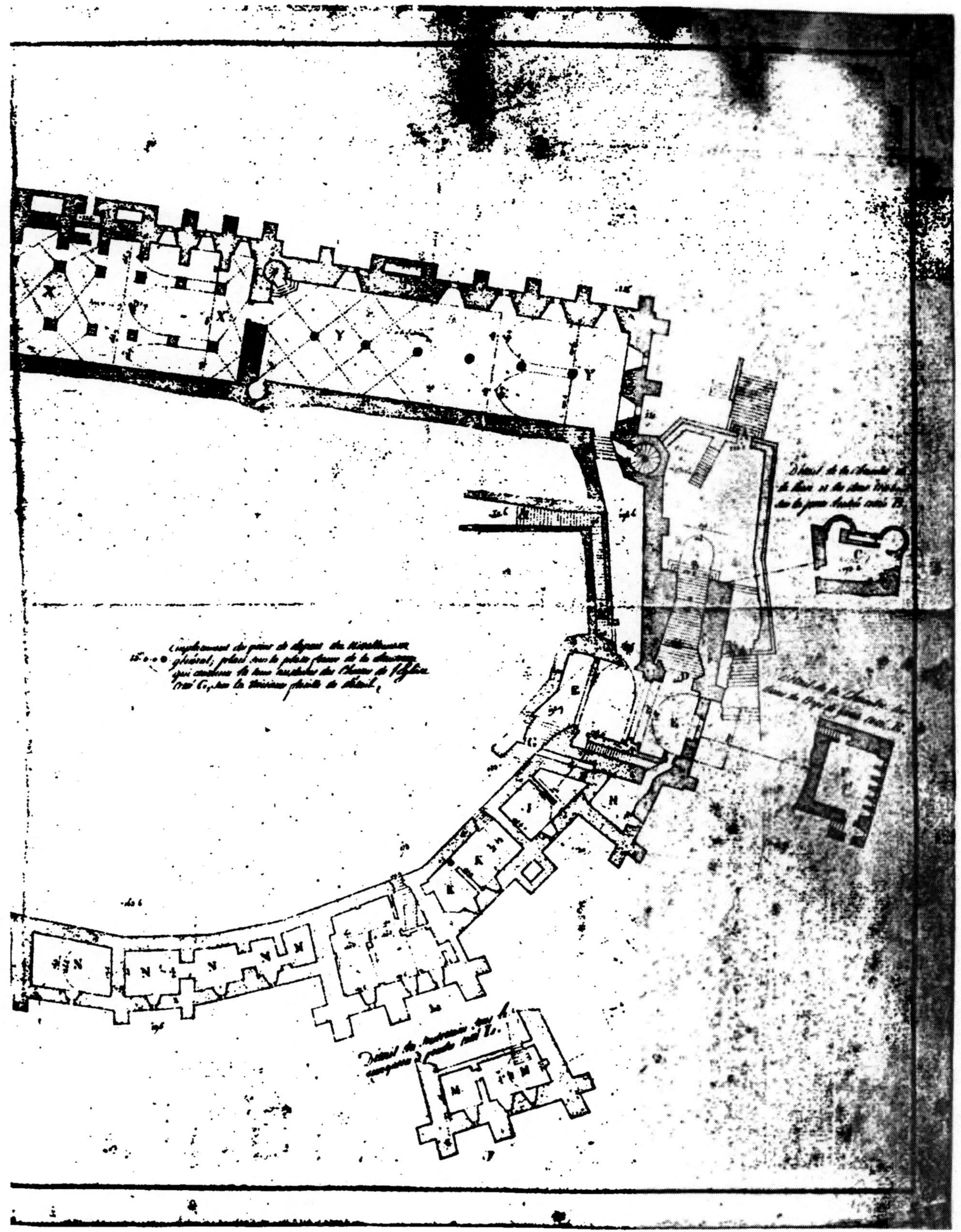

HAUTEUR DE L'AQUILON.

tiac, Ingénieur du Roi.

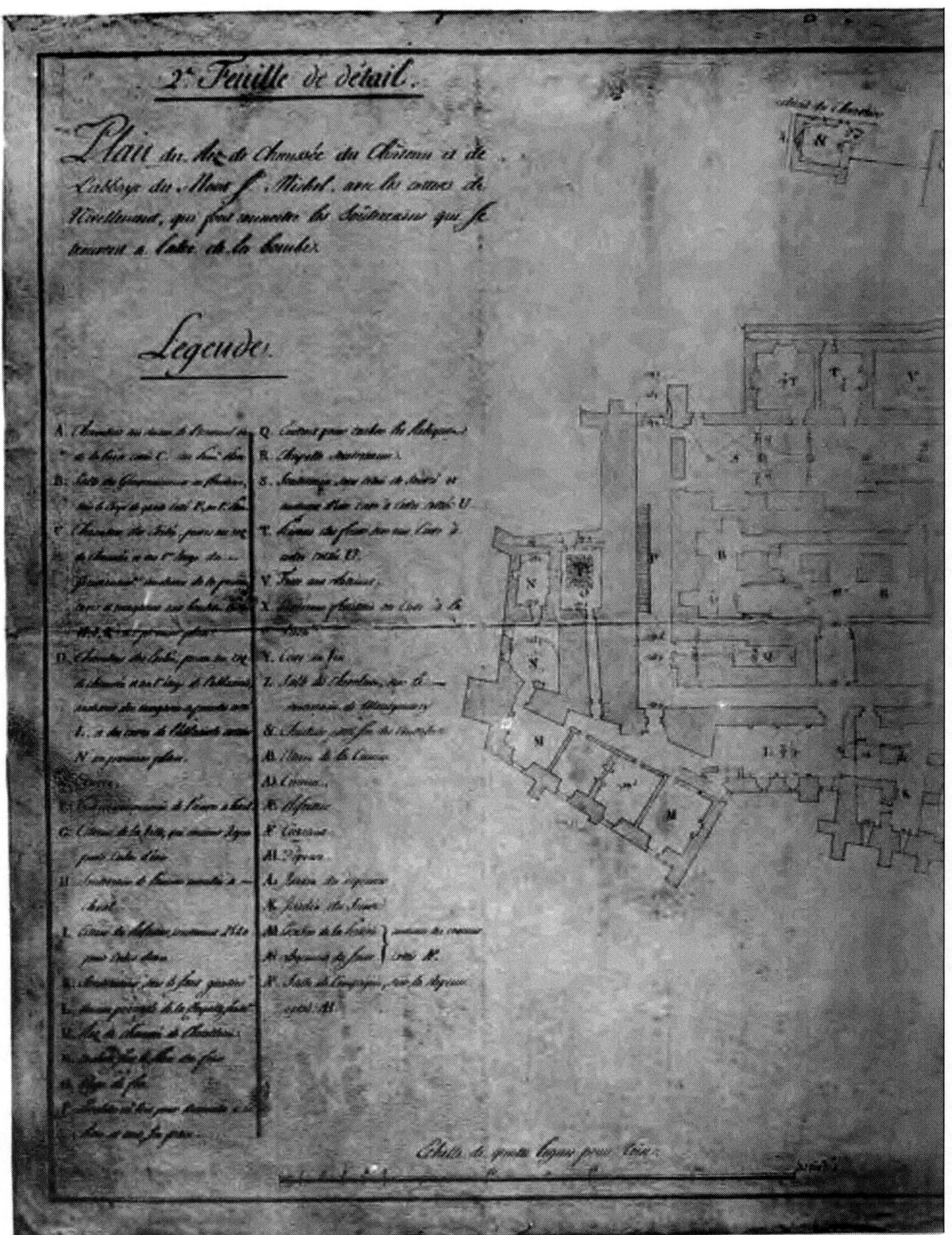

PLAN DE L'ABBAYE A LA

Dressé, en 1775, par F

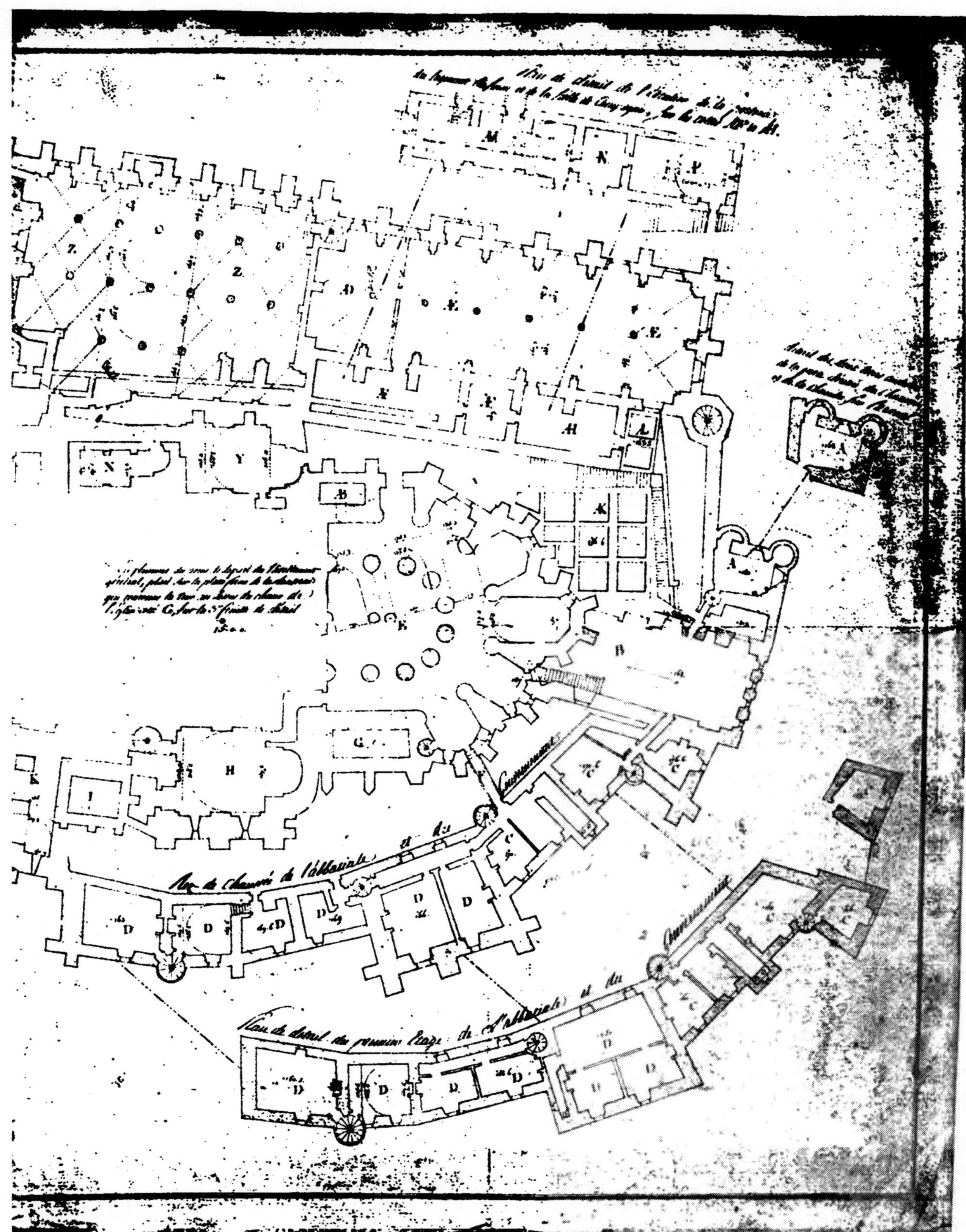

IAUTEUR DU PROMENOIR.

liac, Ingénieur du Roi.

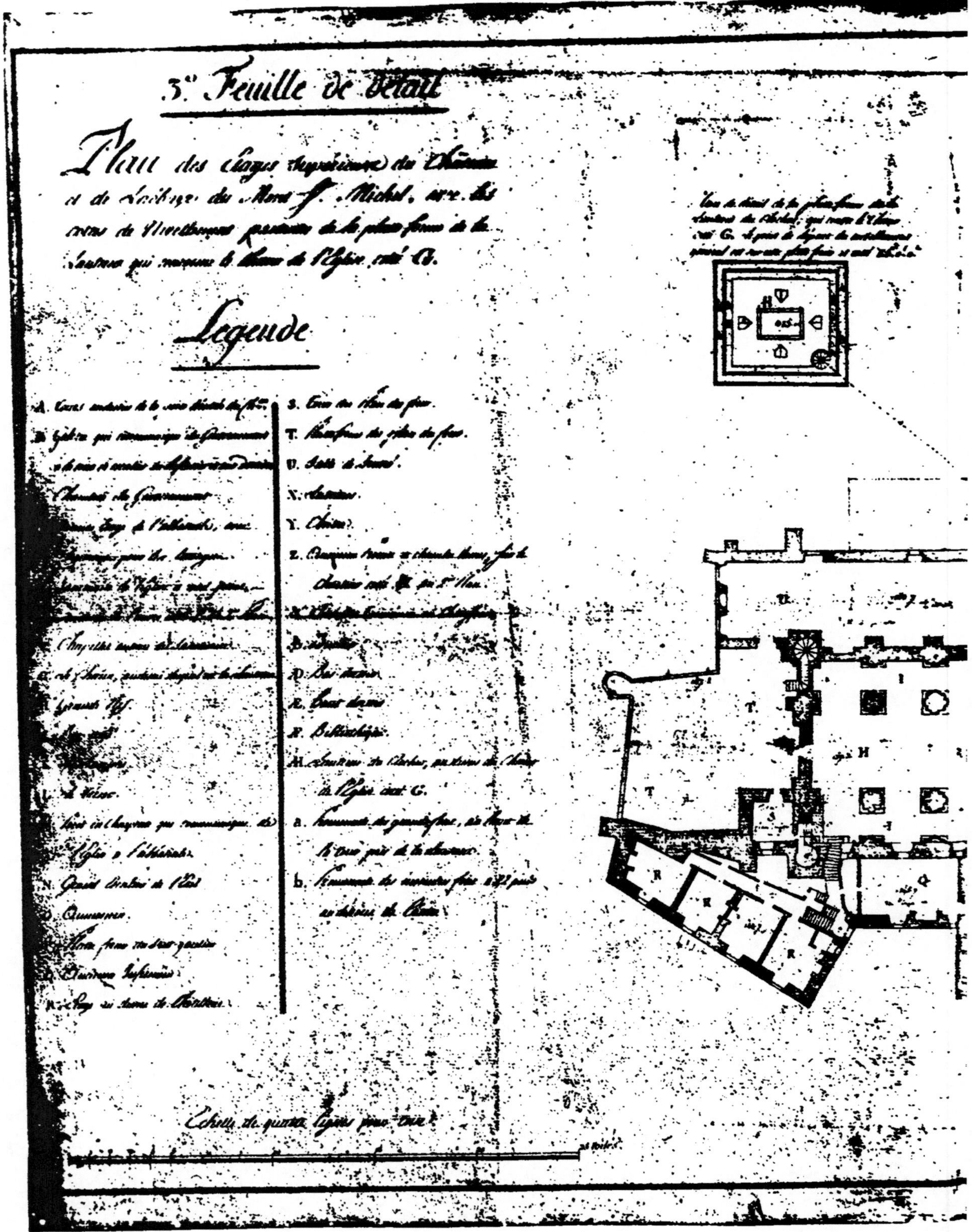

PLAN DE L'ABBAYE A

Dressé, en 1775, par

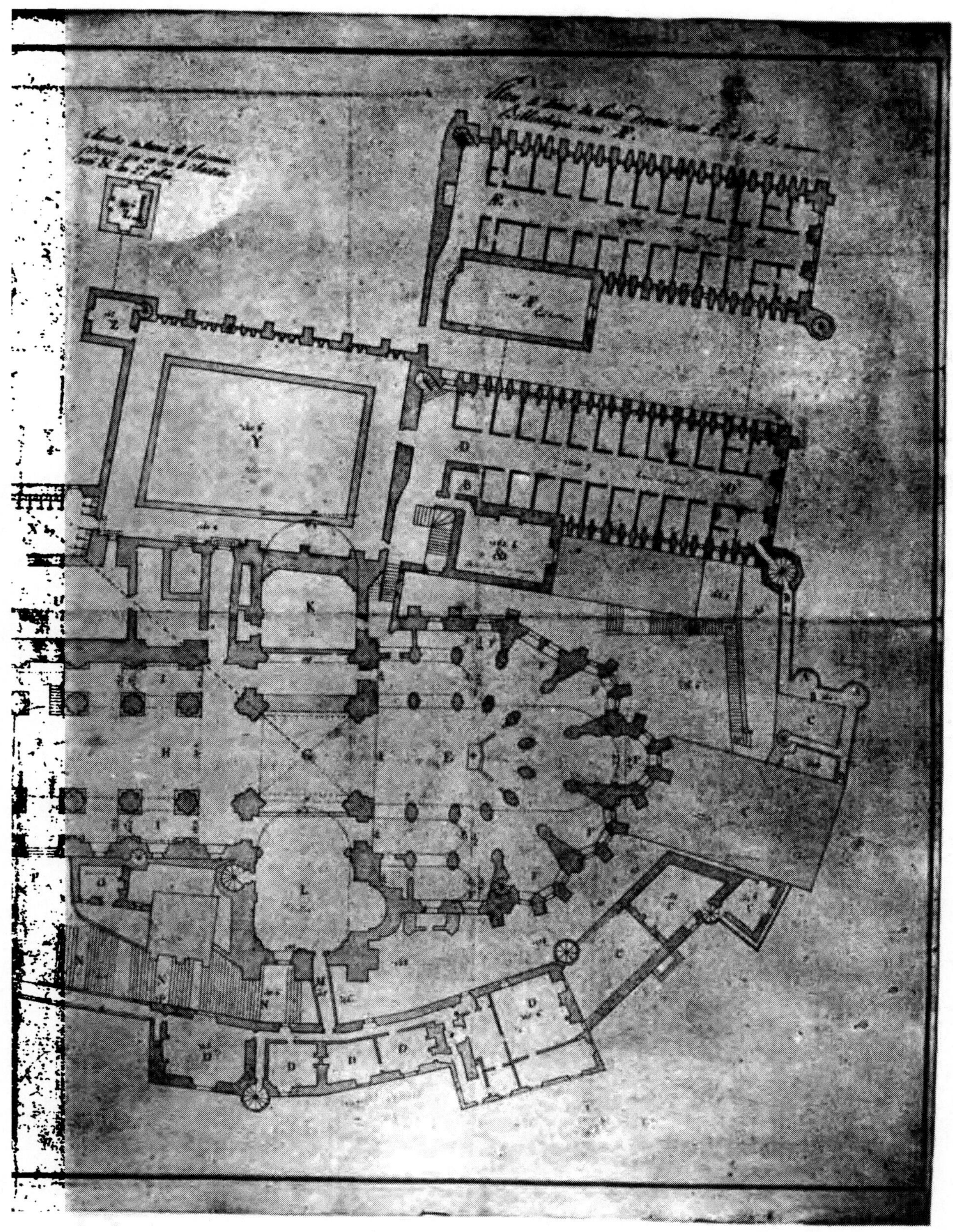

:AUTEUR DE L'ÉGLISE

c, Ingénieur du Roi.

sément déterminé la destruction de cet ouvrage. Le clocher de 1609 joignait à ce défaut, dont ne l'exemptait pas la grosse charpente de son campanile, celui de l'énorme charge des maçonneries pleines de sa tour sur les arcs de la croisée, arcs dont la poussée exerçait en outre un effet désastreux sur des piles déjà compromises et mal maçonnées à l'origine. Lorsqu'en 1894 on reprit ces piliers, on constata, en les démolissant, qu'ils ne se composaient que d'un parement de pierre

Phot. Ch. Besnard

Fig. 429. — Portail occidental de l'église construit vers 1780.

de taille mal relié à un noyau de blocage dont les mortiers pulvérulents n'avaient aucune cohésion. Ainsi s'explique l'importance des désordres qui motivèrent, au xviie siècle, l'adoption de mesures confortatives d'une grande puissance. En 1628, l'état de l'arc-doubleau du Nord était tel que le prieur Dom Placide de Sarcus dut faire boucher l'arcade tout entière. On en profita pour installer, dans le transept Nord ainsi limité, la sacristie qu'on entoura de lambris et d'armoires pour les vases sacrés et les vêtements sacerdotaux. En même temps, on procéda à un rejointoiement général de l'intérieur de l'édifice. Ce bouchement ne suffit même pas pour assurer la stabilité de l'œuvre : car nous avons vu, en 1657, l'office divin transféré du chœur à la chapelle Notre-Dame-du-Circuit à l'occasion de la reprise du pilier Sud-Ouest de la tour cen-

Fig. 450. — Clocher du XVIIe siècle après réfection de la toiture
a la suite de l'incendie de 1776.
Élévation a l'ouest. Reproduction du dessin relevé de M. Victor Petitgrand.

FIG. 431. — CLOCHER DU XVIIe SIÈCLE APRÈS RÉFECTION DE SA TOITURE
A LA SUITE DE L'INCENDIE DE 1776.
COUPE LONGITUDINALE. REPRODUCTION DU DESSIN RELEVÉ DE M. VICTOR PETITGRAND.

trale qui « manquait par le fondement et attiroit la voulte de la croisée du costé du septentrion à luy comme aussy lad. voulte du clocher ». On lui fit un empattement et l'on boucha partiellement l'ouverture du bas côté par un mur où l'on ménagea une porte au-dessus de laquelle on plaça la croix de Lorraine. Cinq ans après, ce furent les deux piliers du côté du chœur qu'on dut étayer pour remédier à leur fléchissement.

Le lambris revêtant par-dessous la charpente de la nef, déjà restauré par Guillaume de Lamps, fut refait en 1619 : on y appliqua les armoiries de l'abbé Henri de Lorraine à proximité du portail occidental.

L'arrivée, en 1622, des Bénédictins réformés de la Congrégation de Saint-Maur marque une date plutôt néfaste pour les merveilles d'art qui tombèrent en leur possession. Remarquables par leur culture intellectuelle, ces religieux apportèrent, en matière d'art, une indifférence ou un mauvais goût qui en firent en quelque sorte les complices inconscients de l'abandon où les abbés commendataires avaient laissé les édifices. Nous ne rappellerons ici, comme preuve de leur insouciance ou de leur légèreté à cet égard, que le fait de ces hommes qui, arrivant dans ce monastère en ruine, à peine en état de les abriter, commencent par établir un jardin planté d'arbustes et de fleurs sur l'aire plombée du cloître, sans songer aux conséquences désastreuses que cette fantaisie devait avoir pour une des plus belles salles du monastère, la salle des Chevaliers. En 1629, ils abandonnent la chapelle des Trente Cierges, malgré sa beauté et la sainteté des souvenirs qui s'y rattachent; ils en détruisent impitoyablement l'absidiole et en défoncent le mur Nord pour faciliter le passage aux provisions provenant du poulain. En 1645, délibérant sur l'état précaire de la tour construite au XIIe siècle, sous Robert de Torigni, l'assemblée du chapitre décide de demander au roi l'autorisation de la démolir. L'année suivante, on entreprend la réfection du dallage de l'église en commençant par le haut et les transepts : mais avec quels matériaux? avec des pierres qu'on recueille de-çi de-là dans les salles abandonnées des substructions de l'Ouest ou les marches qu'on arrache à l'escalier de l'ancienne galerie rampante du Midi.

Cependant l'ouragan du 17 avril 1640 avait saccagé les toitures et renversé quantité de pinacles sur les voûtes des chapelles dont ils avaient traversé les couvertures. Mais on songeait surtout aux travaux somptuaires. C'était le grand autel à saint Michel, conçu dans le goût du jour avec des colonnes torses enguirlandées de pampres et des figures de saints, peintes et dorées, qu'on finissait de poser en 1647, en même temps qu'on plaçait des vantaux du même style à la porte latérale du Saut-Gaultier. C'était, en 1661, le même décor de menuiserie substitué aux autels de pierre des chapelles du circuit; puis, en 1670, la grande chaire à prêcher, avec sa cuve aux arcatures ornées de figures et son dôme hémisphérique, qu'on venait accrocher au troisième pilier du côté droit de la nef[1]; puis encore les tableaux peints par Jean Loiseau. Enfin, en 1684, on faisait « dorer le tour des chapelles », (ce qui veut indiquer la clôture du chœur), et modifier les dispositions du transept Sud où, trois ans plus tard, on transportait le trésor.

En 1776, la foudre incendie, pour la douzième fois, l'église. Attiré par le métal des cloches, le fluide détruit la charpente du clocher et ébranle la façade occidentale de la nef déjà sillonnée de lézardes. Pour parer au danger que présentait la stabilité précaire des trois premières travées, on ne trouva pas de meilleur moyen que de les démolir; puis on boucha l'ouverture de la nef et des bas côtés par le hideux portail (V_2), qui déshonore la face occidentale du monument. Dans les ordonnances par lesquelles on a entendu décorer cet odieux frontispice, on a copié maladroitement un certain nombre de chapiteaux provenant des travées démolies, et qui ont pris un caractère bizarre accentuant le ridicule de cette piteuse composition. Même après un effort complaisant pour l'admettre comme répondant à la mode du temps où il a été fait, ce décor est insupportable par la laideur et l'inexpérience de sa mouluration.

Quant au clocher dont la toiture et le campanile s'étaient effondrés, on se contenta d'en réparer la tour de pierre et de la couvrir d'une toiture à quatre pans, d'inclinaison assez rapide pour déterminer à leur crête une terrasse bar longue qu'on utilisa en 1796 pour l'installation du télégraphe aérien, reliant Paris à Saint-Malo[2].

BÂTIMENTS CONVENTUELS ET DÉPENDANCES

Travaux confortatifs. Construction d'un moulin a vent. Nouvelles distributions intérieures. — Dès 1617, l'architecte de l'abbé commendataire, Henri de Guise, avait établi un devis s'élevant à 30 000 écus et comprenant tous les travaux de réparation les plus urgents à faire exécuter à l'église et aux bâtiments conventuels. Effrayé du péril qui menaçait les bâtiments de Robert de Torigni à l'Ouest, on éleva incontinent le gros contrefort (Z_2) qui fut terminé dès l'année suivante. On voit à son sommet, sur sa face Nord, l'écusson couronné de l'abbé Henri de Guise. Ce contrefort eut bien son utilité temporaire, et il est fort probable qu'à son

1. « Au 3e pillier du même côté (droit), auquel est attachée la chaire, sont les armes du cardinal de Joyeuse sur carreau (pierre blanche de Caen.) » (Ms. 4902 de la Bibl. Nat., fol. 219.)

2. En parlant de cet appareil dans sa lettre du 28 juin 1836, V. Hugo écrivait : « Pour couronner le tout, au faîte de la pyramide, à la place où resplendissait la statue colossale dorée de l'archange, on voit se tourmenter quatre bâtons noirs. C'est le télégraphe. Là où s'était posée une pensée du ciel, le misérable tortillement des affaires de ce monde. C'est triste. » (*En voyage. France et Belgique*, p. 52.)

défaut, les bâtiments occidentaux du XIIe siècle se fussent écroulés. Cependant son emplacement n'a pas été bien choisi : car il n'était pas appliqué aux points où sa présence était le plus nécessaire. Il n'empêcha pas la chute de l'hôtellerie et ne pouvait y prétendre là où il était placé; d'ailleurs, il était trop distant des poussées qu'exerçaient sur les murs les voûtes du bâtiment Ouest pour être en mesure de les contrebuter. Le même cube de maçonnerie réparti sur deux ou trois points d'un choix judicieux eût été beaucoup plus efficace.

Quand les religieux de la Congrégation de Saint Maur arrivèrent au Mont-Saint-Michel, le 27 octobre 1622, l'état de délabrement de l'abbaye était tel qu'ils durent s'installer provisoirement dans les bâtiments abbatiaux du Midi. Ce provisoire dura sept ans. Dans cet intervalle, outre les réparations et appropriations qu'on fit de tous côtés, Dom Placide de Sarcus, devant l'incommodité des moulins à chevaux et l'éloignement des moulins épars dans les dépendances extérieures de l'abbaye, fit construire un moulin à vent au-dessus de la tour Gabriel. La situation était bonne en ce point le plus exposé aux vents régnants et à proximité des greniers des magasins des Fanils; la silhouette de la tour n'eut même pas trop à y perdre. L'année qui suivit l'achèvement de ce moulin (1627), le même prieur, qui semble s'être acquitté avec conscience de sa mission de veiller à l'entretien des propriétés abbatiales, fit faire d'importantes réparations au manoir d'Ardevon, laissé à l'abandon depuis la prélature de Jean de Lamps.

Le 25 septembre 1629, les religieux s'installèrent dans les lieux réguliers de la Merveille nouvellement appropriés à leur usage. L'abbaye proprement dite avait été transférée de ce côté; les bâtiments abbatiaux du Midi étaient désormais réservés aux gouverneurs, à leurs lieutenants et à leurs suites. La salle des Gardes servait de vestibule commun; mais l'entrée du monastère était par la cour de la Merveille. La porterie occupait les salles voisines du grand vestibule du XIIIe siècle transformé par l'addition d'emmarchements destinés à en raccorder le dallage avec le nouveau sol extérieur. L'une des voûtes de ce vestibule avait été percée pour le passage d'un escalier accédant à l'étage supérieur où se trouvaient les dortoirs et d'autres locaux réguliers. En admettant, dans son principe, cet escalier probablement nécessaire, mais certainement fâcheux pour l'aspect de ce beau vestibule, on reconnaîtra qu'il n'est pas maladroitement conçu. Mais sa position devant les arcades dont il a entraîné le bouchement partiel, a eu pour effet d'obscurcir cette galerie déjà peu favorisée quant au jour, et de donner à cette entrée un aspect empreint de tristesse. Terminé dès 1629, cet ouvrage porte de divers côtés la croix armoriale de l'abbé Henri de Lorraine.

A l'autre extrémité de la porterie, l'ancienne chapelle Sainte-Madeleine avait été divisée, dans sa hauteur, par un plancher qui en avait coupé les colonnettes et défoncé les murs. A rez-de-chaussée était le « lavoir », c'est-à-dire la laverie pour le réfectoire voisin; l'étage au-dessus servait de « chambre des hostes ». On y pénétrait directement du jardinet planté sur l'emplacement de la citerne absidale depuis longtemps hors d'usage, en franchissant un petit pont jeté transversalement aux degrés accédant à la cour haute de la Merveille.

Le réfectoire des religieux occupait l'ancienne salle des Hôtes[1] qui, divisée par un mur prolongeant le meneau central de la grande porte et celui de la fenêtre vis à vis, contenait aussi la cuisine englobant les deux grandes cheminées du mur occidental[2]. A proximité, une ouverture avait été percée dans le mur Sud, afin de permettre d'utiliser, comme dépôt de légumes, le sous-sol voûté du vestibule.

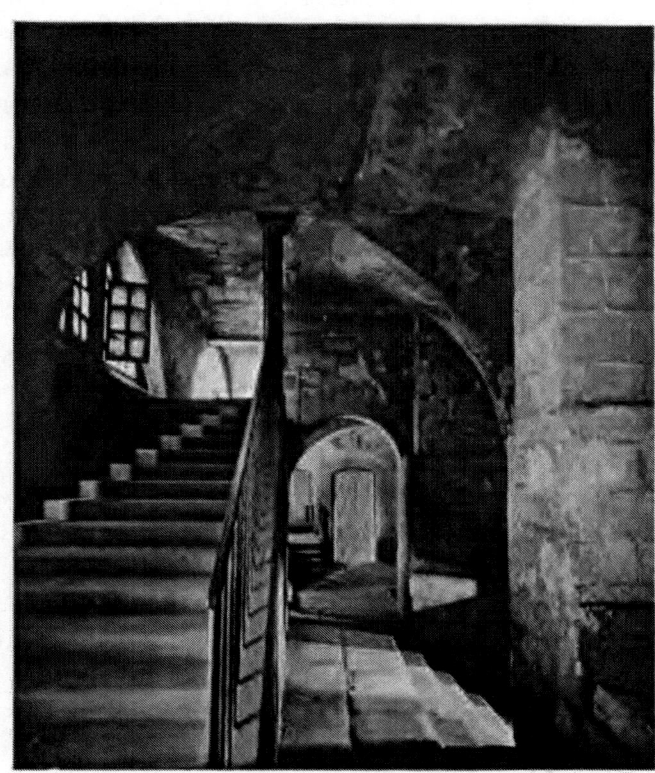

Phot. Ch. Besnard.

FIG. 432. — Vue intérieure du Porche de la Merveille, montrant l'escalier fait en 1629 par les Bénédictins de la Congrégation de Saint-Maur.

Le cellier et l'aumônerie étaient affectés à des usages domestiques; dans cette dernière, où l'on procédait à la lessive et au blanchissage du linge du couvent, on avait profité des ébrasements de deux des fenêtres de la façade Nord (celles précisément où avaient été établis originairement les vidoirs servant à rejeter au dehors les résidus et les ordures ménagères) pour y faire deux cheminées qui débouchaient sur la face extérieure du bâtiment au moyen d'un coffre supporté par deux corbeaux existant encore sur cette façade. Quant aux ouvertures des anciens

1. Cette salle « servoit aux plombeurs pour appareiller leur plomb et leurs soudeures pour l'entretien des bastiments de ce Mont ». (Dom Th. Le Roy, t. I, p. 51.)

2. « En un bout on distingua la cuisine du couvent par une muraille de séparation ». (*Ibid.*)

vidoirs, elles avaient été bouchées pour asseoir les foyers de ces cheminées.

On montait alors les provisions au monastère au moyen de poulains « et d'une grande roue, en forme de machine, establie au bout de la grande sale desoubs le cloistre et d'un gros cable long de 80 braces[1] ». On avait pratiqué un trou carré dans la voûte du cellier pour introduire ces provisions dans la salle des Chevaliers, d'où on les dirigeait vers la chapelle des Trente Cierges. On avait fait communiquer entre elles ces deux salles par une ouverture munie de degrés dans leur mur séparatif. Mais on ne tarda pas à abandonner, pour l'approche des approvisionnements, cet emplacement que justifiait au XIIIe siècle la présence de la tour fortifiée de la fontaine Saint-Aubert, fournissant l'eau, et vers laquelle convergeaient des voies d'accès et des moyens de déchargement devenus impraticables au XVIIe siècle. Le plan du XVIIIe siècle (Pl. XXX) indique, au Midi (en O), la roue du poulain fonctionnant dans l'étage inférieur de l'hôtellerie de Robert de Torigni, sur le flanc Est de laquelle se trouvait le plan incliné servant à hisser les provisions. Celles-ci pénétraient dans le monastère par une ouverture percée spécialement dans le sous-sol de la galerie Nord-Sud, puis traversaient « l'Aquilon » où l'on avait pratiqué un escalier (V_2) permettant de les monter jusqu'au promenoir. De là on les dirigeait vers la chapelle des Trente Cierges, désormais désaffectée, et dont on détruisit l'absidiole pour n'en plus faire qu'un passage entre les vieux bâtiments romans et les nouveaux aménagements de la Merveille.

Mais revenons au vestibule.

Après avoir gravi l'escalier qui en traversait la voûte, on arrivait à l'ancien réfectoire que les nouveaux occupants avaient divisé dans sa hauteur en deux étages de cellules pour leur servir de dortoir[2]. On avait pour cela mutilé odieusement cette superbe salle dont les colonnettes avaient été coupées pour y creuser l'encastrement des poutres du nouveau plancher. Un autre plancher, disposé à la base du comble, y déterminait un dernier étage où se trouvaient disposés « la classe d'un bout, et de l'autre un grenier ».

De plain-pied avec le premier étage du dortoir, on avait aménagé dans l'ancienne cuisine une « chambre commune » ou chauffoir pour la réunion des religieux. En 1646, on suréleva ce bâtiment d'un étage et on y installa « la bibliothèque[3] » prenant jour par un oculus de forme ovale dans le pignon au-dessus du cloître. L'année suivante, on établit une communication directe entre ces divers locaux et l'église, au moyen d'un pas-

1. Dom Th. Le Roy, t. I, p. 47.

2. « En moins de rien, les dortoirs hauts et bas furent construits, comme on les voit à présent, dans le lieu qui servoit de refectoire à MM. les anciens. » (Dom Th. Le Roy, t. I, p. 51.)

3. Ces renseignements sont tirés de la lettre de Frère Julien Doyte à Mabillon, datée du Mont-Saint-Michel le 8 avril 1706. (Bibl. Nat., fonds fr., n° 19652, p. 96).

sage pratiqué sur l'emplacement de l'absidiole démolie. En même temps on établit un accès à l'église pour les personnes du dehors. De la cour haute de la Merveille, elles suivaient le dégagement longeant la salle des Chevaliers, gravissaient les emmarchements à l'Est du vieux promenoir, au haut desquels se trouvait une porte cintrée, pratiquée dans un mur délimitant un passage entre l'église et le cloître, et entraient dans l'église par le portail latéral Nord du XIIe siècle. On avait ainsi évité toute promiscuité entre le personnel monastique et le monde extérieur. Toutefois le passage entre l'église et le cloître devait d'autant plus être accessible aux étrangers qu'il servait de vestibule à « la procure » qui, auparavant située dans la tour Sud de l'église, avait été, en 1644, transportée dans des locaux aménagés en cet endroit. Les personnes qui avaient affaire au procureur ou économe, les fermiers et les fournisseurs du monastère, montaient au bureau de ce fonctionnaire par un escalier de bois pratiqué aux lieu et place des degrés de pierre qui, au moyen âge, atteignaient le chemin de ronde pourtournant le faîte du cloître. Les vestiges de ces dispositions, d'ailleurs dépourvues d'intérêt et manifestement altérées sous l'administration pénitentiaire, subsistaient encore quand nous avons

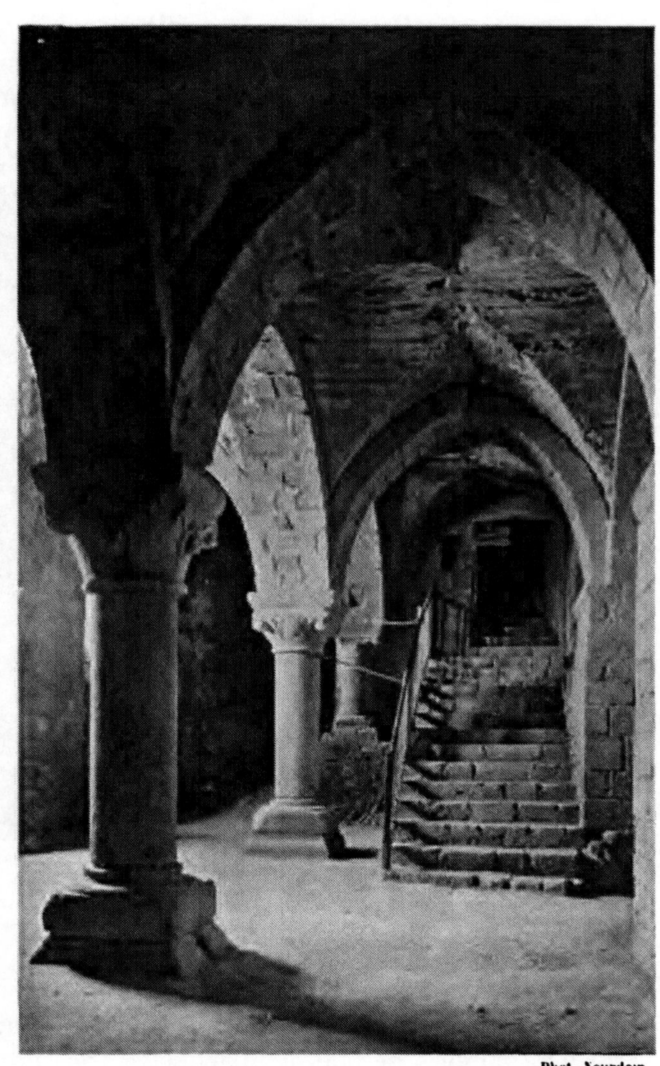

Phot. Neurdein.

FIG. 433. — Salle de l'Aquilon. Escalier du XVIIe siècle accédant au promenoir des moines.

entrepris de compléter, dans notre restauration, les amorces du passage à couvert des XIIe et XIIIe siècles entre l'église et le cloître.

Les nouveaux moines recherchaient plus le confortable que leurs prédécesseurs. En 1645, ils avaient fait planchéier les galeries du cloître et mettre des châssis aux petites baies donnant vue sur la mer. L'année d'après, ils terminaient la mise en état de l'ancien dortoir qu'ils avaient transformé en une immense salle pour leur servir à prendre leur récréation

Phot. Neurdein.

Fig. 434. — Vue des bâtiments du XIe siècle au Nord, montrant le contrefort construit en 1644 pour parer à leur déversement.

quand le vent était trop fort ou la température inclémente. Cette salle, qui prit le nom de l'abbé de Souvré, sous lequel elle fut aménagée, était couverte d'un lambris de bois et planchéiée ; des tableaux religieux et des cartes des principales villes de France en décoraient les murs.

Préalablement à l'aménagement de cette salle dans ce qui restait de l'ancien dortoir, on avait dû reprendre en partie le soubassement du bâtiment du XIe siècle. La dernière travée occidentale du vieux promenoir présentait un déversement considérable. De multiples remaniements de cette partie du mur pour y modifier l'emplacement des baies et y pratiquer une cheminée avaient été opérés en mauvaise maçonnerie de pierre sèche. Inquiets de ces désordres, les religieux avaient fait jeter, en 1642, les fondements du gros contrefort (X_2) qui, terminé en 1644, avec le concours financier de l'abbé de Souvré, prévint la chute de cette partie du bâtiment du XIe siècle.

Les latrines étaient disposées (en 14")[1] à l'extrémité de ce bâtiment et conséquemment à l'angle du cloître, emplacement relativement central. Le sous-sol de l'ancienne cuisine leur servait de fosse.

Phot. Neurdein

Fig. 435. — La rue dite du Château en 1880.

Infirmerie, prisons, noviciat, locaux scolaires. — Le vieux promenoir et la salle de l'Aquilon n'étaient plus que des dégagements qui, aboutissant à la grande galerie transversale du Nord au Sud, servaient à la communication des bâtiments conventuels proprement dits avec leurs dépendances de l'Ouest et du Midi.

L'infirmerie était revenue à l'emplacement (16") qu'elle occupait au XIIe siècle au-dessus de l'hôtellerie construite par Robert de Torigni. Il ne pouvait guère y avoir pour elle de meilleure orientation. Les substructions de l'Ouest étaient affectées aux prisons : la fameuse cage de fer était suspendue (en 11')[2] à la voûte de la salle de l'Officialité primitive, à laquelle on n'accédait plus que par le long couloir débouchant dans le dégagement qui desservait l'infirmerie. A l'étage au-dessous se trouvaient *les deux jumeaux*. L'escalier qui longeait le mur de la grande

1. X du plan du XVIIIe siècle, planche XXXII.
2. O du plan du XVIIIe siècle, planche XXXI.

galerie faisait commodément communiquer ces deux étages entre eux. Il n'était pas moins aisé de se rendre, des bâtiments monastiques proprement dits, tous situés au Nord, à ceux du noviciat et aux locaux scolaires situés au Midi, toujours par la même galerie et sans avoir à traverser l'église. Nous avons signalé l'importance considérable qu'occupait l'enseignement dans la vie intellectuelle des Bénédictins de la Congrégation de Saint-Maur. Indépendamment des enfants qui se destinaient à la carrière monastique, ils recevaient, dans leurs écoles, des jeunes gens du dehors, auxquels ils enseignaient toutes les connaissances. Les locaux affectés à cet usage étaient donc de ceux auxquels devaient avoir accès les personnes étrangères au couvent, et se trouver en même temps à proximité de ceux réservés aux novices. Ces deux services se trouvaient groupés dans les deux derniers étages qui surmontaient le bâtiment entre la vieille hôtellerie et le Saut-Gaultier. Les salles des bâtiments abbatiaux furent aussi affectées à un usage scolaire. Dans la seconde moitié du XVIIe siècle, comme on avait renoncé à voir jamais le commendataire à l'abbaye, « la grande salle de l'Abbé » servit à la classe de philosophie et de théologie[1].

Gouvernement de la forteresse. — Tout le surplus des bâtiments abbatiaux et Belle-Chaise étaient occupés par le gouverneur de la forteresse, par son lieutenant, par le personnel de leurs suites et leurs serviteurs. Les appartements du gouverneur étaient contigus à ceux de l'abbé ou du prieur vers l'occident. Ceux du lieutenant, dans le logis attenant à Belle-Chaise[2].

Pour distribuer les appartements de tout ce personnel civil, on commença, au logis abbatial, la série des transformations qui aboutirent plus tard à la confection des cellules du Grand et du Petit Exil. On démolit alors, dans le pavillon abbatial, les anciens planchers de Richard Turstin, pour faire trois étages de deux et on divisa ces étages par les distributions qu'on voit encore. Traversées par ces planchers, les belles croisées du XIIIe siècle furent, les unes baissées, les autres bouchées, saccagées et remplacées par de pauvres fenêtres ne laissant plus pénétrer qu'une lumière rare dans ces mornes séjours. Les grandes cheminées gothiques furent détruites, et leurs foyers, rétrécis, furent transformés pour l'application de jambages suivant la mode du temps.

C'est vers cette époque que la grande salle de l'ancienne Officialité prit le nom de salle du Gouvernement, sous lequel on la désigne encore aujourd'hui : c'était le salon de réception des gouverneurs.

La salle des Gardes, entrée commune, servait de corps de garde aux

1. Addit. de Dom Ét. Jobart, p. 161.

2. « La bailliverie (lieu où led. abbé Pierre avait faict loger le baillif ou procureur du monastère) et auquel à présent (1647) loge le lieutenant de la garde de cette place. » (Dom Th. Le Roy, t. II, p. 16.)

soldats, dont les armes étaient suspendues aux murailles; les étages de la tour Perrine étaient leurs dortoirs. Des rondes journalières ayant pour consigne d'étendre leur surveillance tant à l'intérieur qu'à l'extérieur de l'abbaye, traversaient forcément les lieux réguliers. Pour affranchir les religieux du contact avec la soldatesque, le prieur Augustin Moynet fit exécuter, en 1659, de divers côtés, des murs qui dispensèrent désormais ces rondes de pénétrer dans le couvent. Du nombre furent les murs limitant, au pied de la Merveille, l'espace entre ce bâtiment et le petit bois[1]. Mais, en dépit des mesures propres à favoriser l'indépendance de chacun, des querelles s'élevèrent entre les religieux, les soldats et les habitants de la ville. En 1667, l'abbé de Souvré obtint de Louis XIV le rétablissement du privilège conféré par les rois de France aux religieux, de faire garder eux-mêmes le monastère et la ville. De ce fait, le commendataire devenant gouverneur, le prieur reçut les fonctions de lieutenant. La garnison quitta le Mont; le prieur « fit diviser toute la bourgeoisie en six escouades, chacune composée de 9 à 10 hommes ». Une escouade montait la garde chaque jour à la porte de la ville ; trois hommes en étaient détachés pour garder jour et nuit la porte du château avec un des portiers de l'abbaye. Tous les soirs, les clefs de la forteresse étaient remises au prieur et celles de la ville au « Capitaine ou Sergent des habitants ».

LA VILLE ET LES REMPARTS

La ville ne prit aucune extension nouvelle à partir du xviie siècle. Quelques façades refaites dans le genre de l'époque, remplacèrent celles d'anciennes maisons du moyen âge devenues par trop délabrées. L'hôtellerie de la « Teste d'Or » ou de Saint-Michel, fréquentée par les grands seigneurs, et qui, après s'être maintenue jusqu'au xxe siècle à la hauteur de sa réputation, vient d'être démolie en 1906, avait été remaniée au milieu du xviiie siècle. La population restait stationnaire. L'élément militaire y avait pris de l'importance : mais les locaux affectés à la garnison manquaient de confortable. Au cours de nos recherches dans les archives du service hydrographique de la marine, nous avons relevé, dans le rapport d'un prieur au ministre d'alors, un passage où il est fait mention du mauvais état de santé des soldats qu'il était nécessaire de relever fréquemment pour les soustraire aux rigueurs de ce séjour réputé meurtrier.

On remarque dans le sol de l'église paroissiale, devant son entrée

1. Ces murs ont été dérasés en 1903 à hauteur d'appui. Ils entretenaient de l'humidité dans toute cette région inutilisée des dépendances abbatiales. Aujourd'hui ces enclos sont transformés en terrasses d'où les visiteurs jouissent des plus belles vues sur toute l'étendue de la baie.

latérale du Sud, un certain nombre de dalles tombales venant de divers points, et qui furent ultérieurement incorporées au dallage de cet édifice. La plupart sont du XVIIe siècle et portent des inscriptions ou des attributs sculptés en saillie sur le granit. Nous citerons notamment celles de Pierre Herpin, prêtre bourgeois et secrétaire de l'abbaye, avec la date de 1601 ; de Philippe Selaine, 1607 ; de Remon de Hermanville, avec un écu à deux clefs, 1617 ; de M. Roger, prêtre bourgeois, 1618, avec un calice ; de Mre Jean de Chartier, curé, 1627 ; de Gilles, sergeant-major de cette place, 1630 ; de Vincent Rogerie, bourgeois m^e^ masson, 1670, avec une équerre ; et de Jean de Surtainville, Sr de Lanctot, lieutenant, décédé le 20 mars 1620 et dont l'épitaphe est appliquée sur le mur méridional de la chapelle de la Vierge. C'est une plaque de marbre où, au-dessous d'écussons aujourd'hui disparus et qui devaient être sculptés ou appliqués en bronze, on lit des vers gravés en lettres capitales, dorées, avec filets creusés entre les lignes (fig. 437).

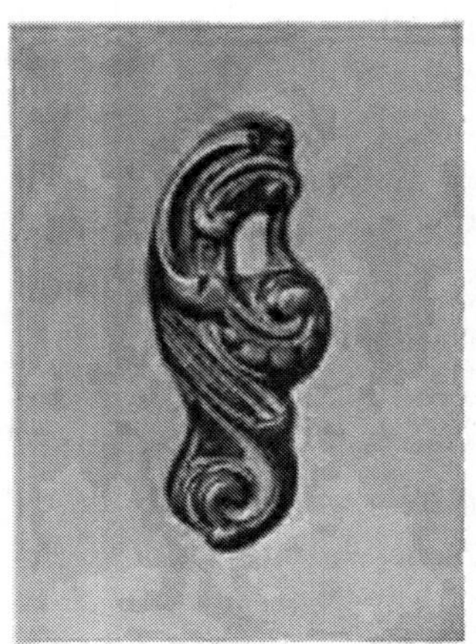

Phot. Ch. Besnard.

FIG. 436. — Bouton de porte en cuivre de l'Hôtellerie de la Teste d'Or ou de Saint-Michel, démolie en 1906.

Il nous reste à parler des fortifications de la place.

Un des caractères distinctifs de l'architecture militaire de cette époque réside dans le développement des plates-formes de couronnement des tours pour l'emplacement de batteries barbettes. Les toitures coniques disparaissent, faisant place aux terrasses disposées sur d'épaisses voûtes qui remplacent partout les solivages des planchers. La fragilité de ces couvertures sous le choc des projectiles de pierre et de fonte détermine les ingénieurs militaires à les abandonner. A un autre point de vue, leur emplacement était trop précieux pour que ces derniers ne l'aient pas utilisé pour l'installation de batteries plongeantes.

Phot. Ch. Besnard.

FIG. 437. — Épitaphe de Jean de Surtainville s^r^ de Lanctot, dans l'église paroissiale (1620).

Les remaniements opérés au XVIIe siècle dans les remparts du Mont-Saint-Michel obéissent à cette loi du progrès dans l'art de la fortification. La toiture en poivrière de la tour du Roi fut enlevée et le couronnement de cette tour dérasé pour l'établissement d'une terrasse se raccordant avec le chemin de ronde qui longe le logis du Roi. Le mâchicoulis de ce chemin de ronde, désormais inutile, fut lui-même en partie remanié : la dernière rangée de corbeaux fut retraitée sur celle immédiatement inférieure, et le nouveau mur, monté sur cet encorbellement amoindri, réduisit les ouvertures des mâchicoulis aux étroites fentes qu'on voit aujourd'hui.

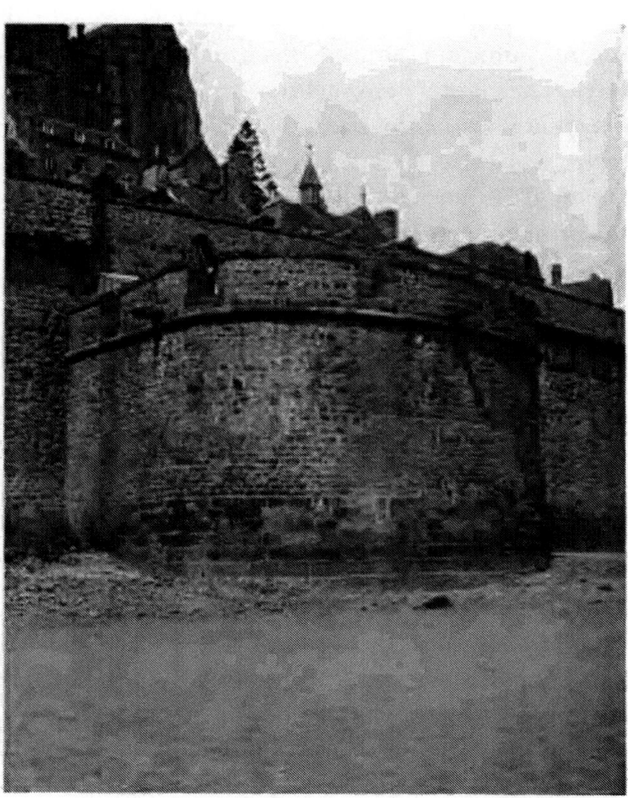

Phot. Ch. Besnard.

Fig. 438. — Tour Basse (XVIIe siècle).

De cette même époque date la réfection complète de la tour Basse, pour recevoir une batterie barbette aménagée suivant tous les progrès réalisés dans ce genre de fortification.

Tant que la place fut aux mains de gouverneurs militaires, les remparts restèrent entretenus comme il convenait. Mais dès qu'elle rentra sous l'autorité directe des abbés commendataires qui ne craignaient rien pour leur propre sécurité, ces fortifications commencèrent à être abandonnées et finirent par tomber en ruines.

Un édit de 1681 les avait incorporées au domaine de la Couronne. En prenant possession d'une partie de l'abbaye pour y enfermer des prisonniers d'État, Louis XV imposa une garnison à la place. Mais le temps continuait son œuvre de destruction et les remparts tombaient en ruines. « Le Sr de Caux, ingénieur en chef sur les costes de Normandie, » fut envoyé au Mont-Saint-Michel pour établir le devis des réparations nécessaires aux murailles. Le devis monta à 37 146 livres; et un arrêt du 5 avril 1731 décida qu'il serait procédé à l'adjudication[1] au rabais, et que le paiement serait fait par les sous-fermiers des domaines de la généralité de Caen, sauf remplacement de la somme, en trois années, sur la province de Normandie. Les travaux furent immédiatement exécutés.

Ce furent les derniers. A dater de ce moment, aucune mesure d'entretien ne fut prise pour assurer la conservation des remparts du Mont-Saint-Michel. Le gouvernement de la République s'en désintéressa complètement; et, en 1797, les commissaires du district d'Avranches vendirent, pour une somme insignifiante, la tour Gabriel à un habitant du pays. On planta deux arbres de la liberté, l'un au milieu de la tour qui emprunta son nom à cet arbre et qu'on avait préalablement remplie de terre, et l'autre devant le corps de garde des bourgeois, à la place qu'occupaient auparavant les fourches patibulaires, symboles d'un pouvoir désormais déchu.

III

LES MONUMENTS DU MONT-SAINT-MICHEL APRÈS L'ABBAYE BÉNÉDICTINE ET JUSQU'A NOS JOURS

Le XIXe siècle vit empirer les mutilations et se précipiter les ruines. Tous les bâtiments, y compris la basilique, furent défigurés et meurtris par leurs transformations en prisons et en ateliers. Nous avons indiqué, dans notre partie historique, les aménagements pratiqués intérieurement pour proportionner la capacité des locaux au nombre croissant des détenus : la salle des Chevaliers, le promenoir, la salle du Gouvernement, subdivisés en ateliers de tissage, de menuiserie, de boutons et de chapeaux; la galerie Nord du cloître surélevée d'un étage de cellules en bois dites « les Loges »; l'église partagée en deux dans sa hauteur, sa sacristie transformée en cuisine, sa nef en réfectoire et son transept Sud muni d'une pompe qui élevait l'eau de la grande citerne située au-dessous, dans la chapelle Saint-Martin. Le chœur seul, qu'un simple rideau de toile verte séparait de la nef[2], avait été respecté et conservait son autel. Quant aux

1. Procès verbal de l'adjudication. Bibl. Nat., Cab. des Estampes. Topogr. de la France (Manche).

2. « La nef séparée du chœur par un grand rideau de toile verte est garnie de tables et de bancs, car on l'a utilisée en réfectoire.

« Quand on dit la messe on tire le rideau, et les condamnés assistent à l'office divin sans déranger leurs coudes de la place où ils mangent. Cela est ingénieux. » (Gustave Flaubert, *Par les Champs et par les Grèves*.)

chapelles rayonnantes, elles avaient été séparées par des murs et divisées en deux étages, pour servir d'ateliers. On conçoit les défoncements opérés dans les murailles pour les liaisons de ces cloisonnements et les scellements de ces planchers, sans parler des coups et des fractures de toutes sortes qu'entraînaient l'exécution et l'occupation de ces multiples distributions.

Tandis que l'abbaye tout entière était sacrifiée à sa nouvelle destination, une première catastrophe venait ouvrir une large brèche dans le flanc de ses substructions méridionales : en 1817, l'ancienne hôtellerie de Robert de Torigni affectée au quartier des femmes s'écroula soudainement. Malgré l'imminence de la chute d'une partie des bâtiments du Sud-Ouest, la brèche resta béante. Ce ne fut que plusieurs années après qu'on songea à établir la batterie de contreforts et le soutènement informes (Y_2), au moyen desquels on finit par étayer ce qui subsistait. Ces ouvrages titaniques n'agissent que par une accumulation gigantesque de matériaux qui, plus ingénieusement distribués, n'eussent pas pris, dans l'ensemble des constructions, une importance nuisible à l'aspect général. Encore leur doit-on la reconnaissance d'avoir arrêté la ruine des parties compromises. Ce soutènement était terminé en 1863. Pour charroyer l'énorme quantité de pierres qui y fut employée et qu'on extrayait du rocher lui-même sur le côté Ouest, on avait préalablement exécuté une rampe d'accès (Z_2) encore existante derrière la tour Gabriel et qui est pré-

Phot. Neurdein.

FIG. 459. — Vue de l'Abbaye et des remparts du Nord. Reproduction d'une lithographie d'Hostein. Bibl. Nat., Cab. des Estampes.

cisément celle dont nous proposerions la réutilisation, dans l'hypothèse de la cession des Fanils pour débarrasser l'entrée de la ville. Cette rampe chemine sur un remblai d'immenses blocs de granit dont l'appareil cyclopéen donne à cet ouvrage un très puissant caractère. Mais la mer, à qui rien ne résiste, en déplace de temps en temps quelques assises.

Déjà, en 1819, on avait pratiqué dans le rocher la large voie (52) qui, partant des Fanils, aboutissait au pied du poulain. En commémoration de cette entreprise, le préfet de Vancey avait fait élever une pyramide à

Phot. Durand.

FIG. 440. — Caserne construite en 1828 sur l'emplacement des Fanils pour la garnison du Mont-Saint-Michel. Côté Ouest.

base triangulaire qu'on voit au bord de ce chemin; et sur laquelle on aperçoit la trace d'un écusson fleurdelisé qui la décorait[1].

La prison fut d'abord gardée par des invalides. On y mit ensuite des troupes de ligne ou départementales; on dut pendant quelque temps y envoyer des détachements des gardes nationales des villes et communes voisines. En 1825, l'établissement était dirigé par un administrateur principal qui avait à sa disposition une garde de vétérans[2]. Pour loger ces troupes, on construisit une caserne. Élevée, en 1828, sur l'emplacement des Fanils (52) dont elle entraîna la démolition, cette caserne se compose de deux étages sur un rez-de-chaussée traversé par le passage du chemin mon-

1. On voit cette pyramide à gauche de notre figure 440.
2. Blondel, *Not. hist. et top.*, p. 85.

tant au poulain. En retour d'angle, au Sud-Ouest, une aile longe la mer sur les fondements mêmes des anciens magasins abbatiaux. Parallèlement, de l'autre côté de la cour, se trouvait une seconde aile un peu moins élevée, dont les ruines, devenues dangereuses, durent être détruites en 1904. Pratiquement conçus en raison de leur destination, ces bâtiments n'ajoutent assurément rien d'avantageux à la silhouette générale du Mont; du moins, la sobriété de leurs formes et de leur coloration ne blesse-t-elle pas les regards. On n'en pourrait malheureusement pas dire autant d'une foule de constructions qui s'élevèrent au Mont-Saint-Michel depuis cette époque, surtout dans ces derniers temps où il semblerait parfois qu'on se plût à déshonorer le flanc méridional de la montagne des conceptions architecturales de la plus honteuse et la plus provocante laideur.

Phot. Neurdein.

Fig. 441. — La nef de l'église abbatiale en 1840. Reproduction d'une lithographie de Bouet.

Survint l'incendie de 1834, qui rongea profondément les maçonneries de la nef romane et en réduisit en cendres la toiture. Les dommages furent estimés par M. Desquesne, architecte de la maison de détention, à une somme de 40000 francs dont 20000 lui parurent nécessaires pour réparer les pertes faites par les ateliers de travail[1]. On dut faire immédiatement une charpente et une couverture neuves, étayer l'édifice sur plusieurs points et boucher, par des murailles, les vides de plusieurs travées. On s'en tint là jusqu'en 1837 où d'énormes lézardes se manifestèrent de divers côtés; « l'édifice, calciné par le feu, sembla s'affaisser sur lui-même, et les piliers du tran-

1. Victor de Maud'huy, *Du Mont-Saint-Michel au péril de la Mer*, p. 39 et 40.

sept, écrasés sous la grosse tour carrée... perdirent un grand nombre de leurs assises[1] ». L'administration supérieure envoya alors M. Achille Le Clerc, architecte, membre du Conseil des Bâtiments civils, inspecter le monument avec mission de se concerter avec M. G. Doisnard, architecte du département de la Manche, pour prévenir, par des mesures confortatives ou par des étaiements, une chute devenue imminente. Nommé définitivement, en 1838, architecte du Mont-Saint-Michel, M. Doisnard établit aussitôt une grande charpente de soutènement au-dessous des arcs et contre les piliers de la croisée des transepts.

Phot. Neurdein.

Fig. 442. — Vue prise du haut de l'abside de l'église abbatiale[2] en 1843.

On reprit trois piliers du collatéral Sud, auxquels on rendit peut-être leur solidité mais non le caractère de ceux qu'on essaya d'imiter. La profilation et la sculpture, indiquent une inexpérience stupéfiante de l'art du moyen âge. On frémit à la pensée que l'architecte qui a dirigé ces reprises projetait de remplacer le clocher en péril par un autre de sa composition.

Quand l'évêque de Coutances fut locataire de l'abbaye, il essaya de

1. Gustave Doisnard, *Notice historique et archéologique sur le Mont-Saint-Michel*, p. 59.

2. Cette reproduction d'une lithographie de Sagot révèle l'existence d'un pont jeté, par l'administration pénitentiaire, entre la plate-forme absidale et le haut du Châtelet.

nettoyer et d'assainir les édifices. Il fit disparaître les cloisons et les planchers qui les encombraient, et procéder à quelques réparations avec ses ressources particulières aidées d'un secours annuel de 20000 francs, qu'il obtint de 1865 à 1870 sur la cassette de Napoléon III. Mais ces travaux, exécutés sans direction technique sérieuse, ne profitèrent pas beaucoup aux monuments. La nef romane notamment fut pourvue d'une imitation de voûtes d'arêtes en plâtras et bois, avec doubleaux et arêtiers qui reposaient sur des chapiteaux en plâtre. Quant aux murs et aux arcs rongés par l'incendie, on se contenta d'en dissimuler les blessures en recouvrant leurs plaies d'un enduit composé d'une granulation leur donnant l'apparence d'un parement de granit. Cette manière de déguiser le mal en rendait les effets d'autant plus redoutables.

Phot. Ch. Besnard.

FIG. 445. — Mur contenant l'égout construit sous l'administration pénitentiaire.

En 1872, M. Édouard Corroyer, architecte attaché à la Commission des Monuments historiques, fut chargé par l'Administration des Beaux-Arts d'étudier l'état des monuments du Mont-Saint-Michel et de préparer des projets de leur restauration; cette opération « devait être combinée avec les ressources du crédit attribué à la restauration des monuments historiques, de manière à préserver d'abord les parties les plus remarquables[1]. »

Les remparts étaient alors dans un état déplorable. La tour du Nord, remplie de terre, absorbait l'eau pluviale qui dégradait ses murs. Il en était de même de la tour de la Liberté et de la tour Boucle converties en jardins potagers. Cette dernière était en outre crevassée sur divers points. « Les *Poternes* de la Barbacane et de l'Avancée étaient bouchées, et l'*Avancée* elle-même n'était plus qu'un dépôt d'immondices laissant à peine le passage nécessaire; les deux *bombardes* qui décoraient, ou devaient décorer la porte de la Barbacane, reposaient sur un amas de détritus et

1. Rapport présenté en 1874 par M. de Fourtou, ministre l'Instruction publique, des Cultes et des Beaux-Arts, à M. le Président de la République pour soumettre à sa sanction un projet de décret ayant pour objet de prononcer l'affectation, au service des Monuments historiques, de la proprieté domaniale de l'abbaye du Mont-Saint-Michel, pour en assurer la conservation

l'entrée de l'ancienne place de guerre était devenue la *voirie* de la ville[1]. »

Les travaux de restauration, effectués sous la haute direction de la Commission des Monuments historiques, commencèrent en 1875, et en 1877, ils avaient dépassé une dépense de 100000 francs. M. Corroyer[2] lui-même nous en fait connaître la nature. « Ces travaux, dit-il, ont eu pour objet la consolidation des parties les plus compromises de l'édifice; la construction d'un robuste contrefort à l'angle Sud-Ouest des bâtiments, afin d'arrêter leur écroulement menaçant; la reprise en sous-œuvre des piles, des murs, des voûtes des substructions romanes et des constructions ajoutées à l'Ouest par Robert de Torigni; la restauration du dallage fait à la fin du XVIIIe siècle après la suppression des trois premières travées de la nef, et formant le sol de la grande plate-forme à l'Ouest, devant la façade actuelle de l'église — ce dallage ancien était enfoui sous une couche de terre recouverte d'un enduit grossier laissant séjourner les eaux pluviales qui s'infiltraient dans les voûtes et les murs souterrains et leur causaient de graves dommages — la reprise en sous-œuvre de la base de l'hôtellerie ruinée, dont les murs lézardés pouvaient entraîner la destruction de la partie Sud des soubassements romans et des bâtiments adjacents.

« La barbacane précédant la porte de la ville a été restaurée; son crénelage a été rétabli; sa porte a été réparée et sa poterne débouchée. L'avancée de la barbacane et sa poterne ont été débarrassées des murs et de la fosse à fumier qui l'encombraient. Les bombardes anglaises décorant la deuxième porte, mais barrant la poterne latérale, ont été placées sur une petite plate-forme leur formant un piédestal qui, s'il n'est pas digne d'elles, en ne remplaçant pas les *caissons* primitifs qui leur servaient d'affûts, permettra au moins d'examiner dans tous leurs détails ces curieux types de l'artillerie du XVe siècle. »

Après ces diverses réparations, M. Corroyer commença la restauration des parties hautes de la Merveille. Il reprit le cloître dont il refit presque tous les fûts de colonnettes; il raccorda les sculptures des tympans les plus endommagés et établit une charpente avec berceau lambrissé, recouverte d'une toiture en tuiles-écailles émaillées et disposées en chevrons de trois couleurs : bleu foncé, rouge et jaune. Il fit l'aire intérieure du cloître avec pentes et revers en dalles de granit, conduisant les eaux pluviales dans les gargouilles extérieures. Commencée en 1877, cette restauration fut complètement achevée en 1881.

En 1882, M. Corroyer entreprenait la restauration du réfectoire des moines[3]. Lorsqu'on eut abattu les cloisonnements et les planchers qui

1. Éd. Corroyer, *Descript. de l'abb. du M. S. M.*, p. 325.
2. *Ibid.*, p. 41.
3. Ce travail ne fut entièrement achevé qu'en 1890 sous les ordres de M. Victor Petitgrand

Phot. Neurdein

FIG. 444. — COUPE TRANSVERSALE SUR LE MONT-SAINT-MICHEL EN 1875.
Reproduction du dessin de M. Éd. Corroyer appartenant aux archives de la Commission des Monuments historiques.

Phot. Neurdein.

Fig. 445. — Vue du cloître restauré.

subdivisaient cette salle, ses murs présentèrent les plus lamentables mutilations. Les colonnettes des arcatures encadrant les baies avaient été défoncées pour l'encastrement des poutres des planchers, ou coupées pour le liaisonnement des cloisons séparatives des cellules. La restauration remédia à toutes ces mutilations et les fit disparaître. En même temps elle reprit extérieurement l'arase des murs en vue de l'établissement des chéneaux; puis elle les couronna du crénelage que, dans l'intérêt de la vérité archéologique, nous nous sommes permis de signaler comme une erreur évidente.

Le réfectoire fut ensuite couvert d'une toiture, avec berceau lambrissé, conformément aux dispositions primitives sur lesquelles il ne pouvait du reste y avoir aucun doute.

En 1876, l'État avait racheté la tour Gabriel. Quatre ans après, on restaura la tourelle du XVIIe siècle qui la surmontait. On rétablit également l'échauguette dont elle était pourvue et on y logea le phare du Couesnon : devenu inutile du fait de la non-navigabilité de la rivière, ce phare fut supprimé en 1902.

Dès 1886, la tour Boucle avait été débarrassée de la terre et des immondices qui la remblayaient intérieurement. Cette opération se poursuivit ensuite pour les tours Nord et de la Liberté qui furent successivement déblayées.

L'achèvement de la réfection du comble du réfectoire fut le pre-

Phot. Neurdein.

FIG. 146. — Flèche construite en 1896 et 1897.

mier travail qu'exécuta M. l'architecte Victor Petitgrand quand il fut chargé, en 1890, de la direction des travaux.

A côté du réfectoire, il restaura le chauffoir que les Bénédictins de la Congrégation de Saint-Maur avaient établi sur l'emplacement de l'ancienne cuisine du XIIIe siècle; puis l'escalier construit, sous ces mêmes moines, pour accéder à cet étage directement, du vestibule de la Merveille.

Phot. Neurdein

FIG. 447. — Pont reliant à l'église haute les bâtiments abbatiaux de Guillaume de Lamps.

M. Petitgrand exécuta aussi le petit pont de bois (fig. 447) reliant les bâtiments abbatiaux au transept Sud, répara une partie des remparts à l'Est et aménagea le corps de garde des Bourgeois.

Mais l'œuvre la plus importante de cet habile architecte fut la reprise des quatre gros piliers de la croisée des transepts et la construction du clocher qu'il venait de terminer quand la mort l'arracha à ces travaux. Il n'eut même pas la satisfaction de voir la flèche dépouillée de ses échafaudages. M. Petitgrand avait soumis aux délibérations de la Commission des Monuments historiques plusieurs projets pour ce clocher qui devait occuper une place capitale dans la silhouette de la montagne et à l'exécution duquel notre regretté confrère a appliqué son grand talent d'artiste.

La statue de l'Archange qui le termine est un pur chef-d'œuvre de Fremiet, exilé à une hauteur où personne n'en peut malheureusement admirer la beauté et le caractère. Nous ne saurions nous faire ici l'écho des diverses opinions que nous avons entendu émettre sur ce couronnement du Mont-Saint-Michel. C'est affaire à chacun de juger suivant son sentiment. Quant à nous, le respect que nous devons aux décisions de la Commission des Monuments historiques nous interdirait toute appréciation sur les ouvrages qu'elle a sanctionnés de sa haute approbation, si nous n'étions déjà tenu, par un sentiment que tout le monde comprendra, à une réserve absolue touchant les travaux exécutés par nos deux prédécesseurs au Mont-Saint-Michel.

Bien que l'exposé de nos propres travaux, depuis 1898, ait ici sa place, nous le réservons pour le chapitre suivant, où nous nous proposons de le faire précéder de quelques considérations générales sur la conservation et la restauration des monuments historiques.

CHAPITRE IV

LA CONSERVATION ET LA RESTAURATION

I

CONSIDÉRATIONS GÉNÉRALES SUR LA CONSERVATION ET LA RESTAURATION DES MONUMENTS HISTORIQUES

L'étude des monuments du passé ne doit pas se borner à admirer les œuvres de nos devanciers et à enregistrer les faits qui se rattachent à leur histoire. Limitée à ce point de vue platonique, elle perd une grande partie de sa portée : elle n'offre plus guère qu'un aliment à la curiosité alors qu'elle devrait être une source d'enseignement fécond.

Ce n'est pas ici le lieu d'extraire la didactique que dégage l'architecture des magnifiques spécimens de l'art français groupés au Mont-Saint-Michel. Ce travail, quel qu'en pourrait être l'intérêt, donnerait à cet ouvrage déjà long un développement trop important. La France est couverte de monuments de la même époque, susceptibles de rivaliser avec ceux du Mont-Saint-Michel quant au profit qu'on peut tirer de l'étude analytique de leur structure et de leur décoration. Notre but ici consiste à rattacher la question si complexe et si controversée de la restauration, à un groupe d'édifices des trois catégories religieuse, civile et militaire, et portant l'empreinte des transformations successives que le temps et les circonstances leur ont fait subir. Nous essaierons, à leur sujet, de préciser ce qu'on doit entendre par restaurer un monument historique, de montrer de quelles études préalables cette opération doit être précédée, sur quels principes elle doit s'appuyer, de quelle méthode elle doit procéder et enfin quel doit en être le résultat pratique et moral. De l'application de cette théorie aux cas particuliers des édifices du Mont-Saint-Michel qui, par leur importance exceptionnelle, par la variété de leurs destinations et de leurs styles, présentent des spécimens sur lesquels il est particulièrement profitable de raisonner, pourront naître d'utiles indications en vue de doctrines spéciales à ce genre d'entreprises. Les restaurations ont soulevé tant de critiques de la part des archéologues, du public et de la presse, qu'un accord serait vraiment désirable sur la manière de conserver, d'entretenir et de restaurer les édifices que nous a légués le passé, afin de les mettre en état de nous révéler, dans le présent, tout l'intérêt qu'ils peuvent cacher, et de transmettre leurs enseignements, aussi longtemps que possible, aux générations à venir. En prenant ici comme thème, dans notre étude de la conservation et de la restauration des monuments, nos propres travaux du Mont-Saint-Michel, nous n'avons d'autre prétention que de produire des exemples à l'appui de nos raisonnements. Nous exposerons simplement ce que nous avons fait, en y joignant les motifs qui nous ont conduit à en proposer l'exécution à la Commission des Monuments historiques dont le jugement souverain, sanctionné par l'autorité ministérielle, ne comporte de notre côté aucune discussion. Mais la part d'initiative et de responsabilité est, en pareille matière, si grande pour l'architecte, et il conviendrait, suivant nous, de l'augmenter encore à un tel point, qu'il serait désirable qu'il existât une sorte de Code de la restauration, fait du recueil des lois de l'expérience en la matière, prévoyant les cas principaux, indiquant des solutions générales et traçant un cadre des opérations ordinaires. La nécessité de cette espèce de réglementation s'affirme d'autant plus aujourd'hui, que les épreuves, forcément théoriques, d'un concours introduisent, dans le service des Monuments historiques, de jeunes architectes auxquels il conviendrait de pouvoir inculquer, à leurs débuts, les principes rationnels de la conservation et de la restauration des édifices.

Nous ne saurions songer à traiter ici cette importante question avec toute l'ampleur qu'elle comporte; nous nous proposons de le faire ailleurs avec tous les développements désirables. Son étude doit se subdiviser en autant de sujets que de catégories répondant à des cas spéciaux du programme général de la conservation et de la restauration. Il y aurait à envisager toutes les variétés d'hypothèses, celles où les édifices doivent demeurer inutilisés et celles, au contraire, où ils sont appelés à se plier aux exigences de destinations modernes; puis, dans le cas fréquent de la diversité des époques, voir sur quels motifs doit s'appuyer l'option pour celle qui se rattache à la période historique ou artistique la plus intéressante; et bien d'autres considérations aux conséquences aussi décisives. Nous nous limiterons ici au cas spécial qui nous occupe, celui d'un groupe d'édifices d'époques différentes ayant répondu à un programme déterminé, dont les développements ont nécessité des additions, des transformations et abouti à un état complet admirable à la fin du XVIe siècle. Privés ensuite d'entretien, puis mutilés, d'abord par leurs occupants naturels qui n'étaient plus à même d'en comprendre les beautés, et ensuite par une administration pénitentiaire qui ne songea qu'à en tirer tout le parti possible pour ses services spéciaux, ces monuments furent tour à tour abandonnés, défigurés, saccagés ou encombrés d'éléments étrangers au développement normal de leur principe originel. Fallait-il, par crainte des critiques que soulèvent habituellement les restaurations, laisser la salle des Chevaliers, le réfectoire, le vieux promenoir et d'autres, encombrés des cloisons qui les avaient subdivisés en ateliers des détenus de la Maison centrale? Fallait-il, par respect pour ce qui existait et sous le prétexte que cet état répondait à une évolution de l'histoire du monument, laisser la nef de l'église partagée dans sa hauteur par les planchers de dortoirs improvisés? Nous ne croyons pas l'affirmative soutenable raisonnablement. Était-il même possible, après nettoyage, de laisser les choses en l'état, en se bornant à assurer l'étanchéité des couvertures et d'étayer, sans plus, ce qui menaçait de s'écrouler? Enfin, pouvait-on, obéissant au scrupule de ne rien excepter de ce qui se rattachait aux diverses phases historiques des monuments du Mont-Saint-Michel, leur procurer la plus grande somme d'intérêt et d'authenticité et leur assurer une pérennité suffisante, en restreignant les mesures protectrices à une conservation pure et simple sans être amené à restaurer ou à restituer? Les conclusions de cette étude le diront.

Phot. Neurdein.

Fig. 448. — Grand Escalier des remparts (xve siècle). Reproduction d'une lithographie de Chapuy faite en 1840.

Mais il nous faut d'abord entrer dans quelques considérations générales sur la conservation et la restauration des monuments anciens.

D'une manière abstraite, mettre un monument historique en état de conservation, c'est entretenir ou fortifier ses moyens de résistance aux agents naturels de destruction, et à toutes les causes qui précipitent l'action désagrégeante du temps. Cette conservation procède d'une surveillance soutenue et de réparations limitées au remplacement partiel des éléments composant l'organisme des constructions. Mais lorsque cet entretien a été longtemps négligé, il peut devenir nécessaire de refaire des parties importantes des constructions, et cela plusieurs siècles après une ruine qui n'a parfois laissé aucun vestige des dispositions disparues. C'est alors que se pose le problème de la restauration, dans les données duquel interviennent de multiples circonstances concourant à en compliquer la solution. Si l'on s'en rapportait à l'intransigeance des ennemis de la restauration, la solution se simplifierait beaucoup. On se bornerait à des mesures confortatives remédiant aux désordres survenus dans la structure, par l'application d'éléments de stabilité ne prétendant nullement à entrer dans la composition architectonique de l'œuvre. Ruskin ne trouve-t-il pas préférable à toute reprise d'une voûte qui s'écroule, son étaiement par un cintrage définitif. On se fait malaisément à l'idée d'un bas côté ou d'un déambulatoire restant perpétuellement encombrés des bois d'étaiements de leurs voûtes, dissimulées elles-mêmes derrière leurs couchis. Voici, par exemple (fig. 449), l'état lamentable de ruine dans lequel se trouve aujourd'hui la petite chapelle Saint-Étienne. Trouverait-on admissible d'y laisser définitivement ses cintres et sa clôture de planches par respect pour son intégrité? Nous ne le pensons pas. Il est, en la matière, des fantaisies théoriques qui peuvent venir sous la plume d'écrivains exerçant leur talent à la critique d'un art qu'ils n'ont jamais pratiqué. Mais l'homme de métier, journellement aux prises avec de redoutables réalités, vit dans un ordre d'idées plus positif et plus sévère. Non, il ne suffit pas de s'opposer artificiellement à la chute d'un édifice pour prolonger son existence et sauvegarder son intérêt artistique ou historique; il faut encore lui rendre la santé dans toute la mesure qu'autorise son âge, et compatible avec le maintien intégral des conditions essentielles de sa stabilité et de son caractère.

On ne peut donc généralement se dispenser de restaurer : mais il convient de le faire avec une prudente réserve, en un mot *le moins possible*, mais autant qu'il est *indispensable* pour assurer la stabilité des monuments et mettre en lumière l'intérêt historique et artistique qu'ils recèlent, parfois, sous des transformations modernes ou sans valeur.

Dans la pluralité des cas, les édifices à restaurer se composent d'éléments datant d'époques diverses. Telle église, par exemple, dont la nef remonte au XIIIe siècle, a son chœur, refait au XVe siècle, qui menace ruine : le remplacer par une restitution aussi parfaite qu'on la puisse supposer, en harmonie de style avec la nef, est une énormité contre laquelle on ne saurait s'élever trop violemment. La grande faute de certaines restaurations, et non des moindres, qui ont été faites, il y a environ quarante ans par des artistes éminents, fut d'introduire, dans la méthode de la restauration de nos édifices du moyen âge, le principe de l'unité de style. Les architectes qui ont exécuté ces restaurations obéirent,

Phot. Ch. Besnard

Fig. 449. — Chapelle Saint-Étienne. État en 1909.

sans s'en douter, à une préoccupation d'ordre académique et devinrent, de ce fait, les complices des détracteurs de l'art qu'ils s'efforçaient de servir avec toute la sincérité de leurs convictions artistiques. L'idée d'unité de style résulte de l'éducation classiqne : elle prend naissance dans la manière dont cette éducation envisage l'unité de composition de l'art antique. Or les monuments du moyen âge échappent absolument à cette conception de la beauté qui, chez eux, prend le caractère du charme indéfinissable que répand la nature sur toutes ses œuvres. Au point de vue purement historique, la recherche systématique de l'unité dans la restauration n'est pas moins condamnable, puisqu'elle conduit à arracher des pages intéressantes du livre que constitue le monument, sous le prétexte qu'elles ne sont pas toutes écrites avec les mêmes caractères.

Restaurer doit donc consister, avant tout, à conserver, à maintenir dans leur intégrité les éléments constructifs d'un édifice et les dispositions successives qu'il a revêtues, dès lors qu'aucune d'elles ne porte atteinte à sa stabilité, à son intérêt artistique, ou n'est pas de nature à altérer les caractères saillants de son histoire. Dans cette limite, toutes ses pierres sont également respectables et il ne doit en être détaché que celles que le temps, les intempéries ou quelque sinistre meurtrier ont rendues absolument incapables de jouer leur rôle dans la structure.

Nous disons dans la structure, et non dans la décoration : car peu importent les mauvais traitements dont témoignent les pierres, les cassures, voire même les brûlures qui en ont endommagé les parements, dès lors que ces matériaux ne sont pas assez profondément attaqués pour pouvoir remplir leurs fonctions dans la stabilité de l'œuvre. Mieux vaut assurément un ancien morceau écorné, épaufré, exfolié même sous les flammes, qu'un morceau neuf qui, ne se rattachant pas à l'existence historique du monument, ne peut offrir à tous égards qu'un intérêt inférieur à celui qu'il remplace. Il en est de même pour la sculpture : une figure ancienne, si mutilée soit-elle, l'emportera toujours par un charme spécial sur une figure moderne qui en serait la plus fidèle reproduction ou la restitution la plus adroite. La sculpture décorative doit, elle aussi, demeurer intacte quel qu'en soit l'état de délabrement, si le morceau dans lequel elle a été ciselée a conservé sa résistance. Cependant, en cas de nécessité impérieuse de remplacement partiel ou total, nous ne sommes pas d'avis d'arrêter à l'épannelage la réfection de la sculpture. Ce mode austère tient plus du mauvais goût que du scrupule. Un des caractères distinctifs des œuvres d'art du moyen âge est de ne pouvoir se passer d'aucun des éléments qui les composent, même au point de vue décoratif. Rien n'y est superflu, partant rien n'en peut être supprimé. Les feuilles d'une frise, les enroulements d'un bandeau, les crochets d'un gable sont motivés par un besoin de l'œil et répondent à un sentiment personnel de l'artiste qu'il importe de respecter. Si une raison d'ordre constructif exige le remplacement d'assises de pierre sculptées, il faut aller jusqu'au bout et refaire la sculpture à l'aide des documents dont on dispose.

En résumé, la restauration ne doit jamais, en principe, s'écarter de la conservation d'un état de l'édifice, antérieur à des mutilations ou à des transformations n'ayant aucun lien défini avec son histoire ou son caractère artistique.

Mais il est des cas graves où la conservation *en place* semble devoir être plus difficile et plus dispendieuse que la reprise avec les matériaux susceptibles d'être réemployés. L'édifice est si malade, si déformé, présente de tels hors-d'aplomb et ce qu'il en reste d'utilisable est si clairsemé dans l'ensemble, qu'on ne conçoit guère la possibilité de consolider qu'en déposant pour reposer ensuite avec introduction, dans cette réfection, de matériaux et de mortiers neufs. Toutes ces raisons réunies ne sauraient prévaloir pour justifier une reconstruction. A aucun point de vue ce mode de restauration n'est admissible : un édifice reconstruit n'est plus le même édifice. Ses déformations, ses bouclements, ses tassements, les dislocations de son appareil, la qualité de ses mortiers lui sont propres et constituent son identité. La dépose est une dissolution momentanée de l'œuvre dont aucune réfection, si rapide soit-elle, ne peut effacer la réalité ni atténuer les effets ; sans compter qu'elle expose à mettre hors de service quantité de fragments endommagés qui, maintenus en œuvre, auraient pu durer fort longtemps encore. Il convient donc, en principe, de rejeter absolument cette solution extrême, fertile en mécomptes et dont la conséquence irréparable pour l'étude de nos vieux monuments, se résume en la perte d'un de leurs caractères les plus précieux : leur authenticité.

D'ailleurs il ne peut plus être de circonstance où la désagrégation des éléments constructifs d'un édifice puisse exiger la dépose et la repose, depuis que l'invention d'un nouveau matériau est venue procurer à l'architecte un moyen de consolidation applicable à la variété infinie des cas. Par les aptitudes pour ainsi dire illimitées de sa résistance, par la souplesse de ses adaptations et la plasticité de sa matière, le ciment armé fournit aujourd'hui, à la restauration des monuments anciens, un procédé confortatif d'une puissance extraordinaire. Il est bien entendu que nous ne voulons parler que du système du ciment armé basé sur le principe du maillage de fer noyé dans une mince dalle de mortier de ciment et raidi par des épines contreforts. Ce système permet désormais d'obtenir des étaiements définitifs et indestructibles, soit au cœur même des constructions et conséquemment invisibles, soit extérieurs et remplissant alors, à demeure, les fonctions de chevalements, d'étrésillonnements et de bandages pour arrêter les déformations, raidir les fléchissements, soulager les voûtes, réduire les poussées et, en général, annihiler les causes des désordres qui affectent habituellement les constructions séculaires. Avec de pareils moyens à sa disposition, il serait aussi maladroit que barbare de recourir à des procédés reconstructifs.

Conserver et entretenir, par la mise hors d'eau, l'assainissement et les mesures confortatives, tel est le moyen dont, le plus souvent, doit procéder la restauration des monuments. Car nous n'avons pas à envisager ici les restitutions plus ou moins hypothétiques, qui ne sont guère que des développements parfois imaginaires donnés à un thème fourni par quelques fragments d'architecture ou quelques ruines informes. Mais il nous reste maintenant à examiner le but poursuivi quand on veut, outre la conservation, assurer la restauration d'un monument; puis à déterminer la méthode à suivre en raison des cas et des circonstances qui se présentent.

C'est-à-dire qu'après ces quelques indications sommaires sur la technique générale du problème, nous voudrions entrer dans quelques considérations touchant la diversité des solutions que comporte la variété des données.

Instruit de la complexité des programmes de restauration des édifices, le public entretiendra peut-être un jour des dispositions plus bienveillantes et plus justes pour le résultat des efforts faits par des architectes qui apportent, à ce genre de travaux, une conscience et un dévouement qu'anime, avant tout, la passion de leurs études.

En dehors du but abstrait de la conservation d'un ouvrage d'architecture, la restauration d'un monument doit satisfaire aux nécessités d'un programme utilitaire, c'est-à-dire à une destination. Quand il s'agit d'une église conservant son affectation, la question est des plus simples, puisque la restauration, dans ce cas, n'est subordonnée à aucune considération étrangère au maintien pur et simple des dispositions originaires du monument. Mais si, par exemple, un château ou un établissement monastique sont appelés à recevoir les services publics d'un hôtel de ville, d'un musée, ou toute autre affectation, on conçoit la difficulté qui se présente pour concilier, comme il convient, les exigences spéciales de cette nouvelle destination, avec le respect dû au caractère d'authenticité propre à l'édifice désaffecté.

Ce ne sont encore pas les particularités de l'un de ces cas spéciaux qui doivent faire l'objet de cette étude. Le cas que nous avons à analyser est celui d'édifices à conserver pour eux-mêmes, pour leur intérêt et leur propre gloire, sans préocupation d'une destination d'aucune sorte. Ces édifices répondent au développement progressif d'un programme monastique pendant une succession de siècles qui ont, chacun, apporté à des conceptions initiales, des additions, des transformations, et ont imprimé partout le caractère propre à l'architecture de chaque époque. Ce sont plus que de curieux spécimens de l'art français du moyen âge encadrés d'un site merveilleux : ce sont les pages mouvementées de l'histoire religieuse, militaire et civile d'un lieu célèbre par les événements prodigieux et les luttes héroïques dont il a été le théâtre, par les souvenirs tragiques qu'il évoque encore dans l'imagination des visiteurs. A ces divers titres, la restauration du Mont-Saint-Michel n'est pas seulement du ressort de l'art architectural et de la science archéologique : elle se réclame encore des investigations de l'historien. Nuls monuments ne tirent plus d'importance de leur caractère historique que ceux du Mont-Saint-Michel. Opérée abstraitement au point de vue purement architectural, leur restauration, en admettant même qu'elle fût rationnellement possible, ferait disparaître à chaque pas ce fond précieux de leur intérêt spécial. Que révéleraient au savant, au philosophe, au poète, ces pierres répondant à des besoins et à des circonstances méconnus, si leur conservation ne s'attachait à en dégager le principe originel et à en préciser la vérité historique. La résurrection qu'opère la restauration de monuments de ce genre ne s'applique pas seulement à leur existence matérielle : elle s'étend à leur existence pour ainsi dire métaphysique et morale, vie réflexe qu'emprunte un édifice à la vie réelle de ses occupants, et que la restauration a également pour mission de rallumer, sinon par le rétablissement effectif de destinations devenues inutiles ou désuettes, du moins par la vivification des marques extérieures révélatrices de ce qui constituait ce que nous nous risquons à appeler l'âme d'un monument du passé.

En raison de ces conjonctures, l'un des principaux objectifs de la restauration des monuments du Mont-Saint-Michel devait être de mettre en lumière la série des transformations caractéristiques des développements de leur existence historique. Or, pour être en mesure de faire ressortir ces transformations avec clarté, il fallait les avoir extraites avec certitude d'une étude comparative des lieux et des textes. Le résumé de ce travail à la fois topographique et historique a composé la matière des deux premières parties de cet ouvrage. C'est cette étude qui nous a mis sur la voie de l'emplacement de l'oratoire primitif, élément embryonnaire des œuvres gigantesques réalisées par la succession des siècles. C'est elle qui nous a déterminé à des recherches (dont elle a ensuite eu pour conséquence de corroborer les résultats), sur l'existence certaine et jusqu'ici ignorée de la vieille collégiale et des substructions de la primitive abbaye carolingienne. C'est elle aussi qui a jeté un jour nouveau sur la constitution et le fonctionnement d'une abbaye romane répondant nettement aux prescriptions des statuts de l'ordre bénédictin, et à laquelle succéda, au XIIIe siècle, l'abbaye gothique entreprise, sinon entièrement réalisée, conformément au même thème développé sur des bases colossales. C'est à elle enfin que nous devons la connaissance exacte de l'organisation du monastère, de la destination de ses divers monuments, des circonstances relatives aux transformations qui y ont été opérées, aux mutilations qu'ils ont subies, bref de tout ce dont est fait leur passé historique.

Tel était en quelque sorte le fond métaphysique et moral sur lequel devaient s'appuyer les opérations techniques des travaux de restauration du Mont-Saint-Michel. Nous allons dire maintenant comment nous y avons procédé et indiquer finalement ce qui reste à faire, suivant la même méthode, pour que cette restauration soit complète.

II

LA RESTAURATION DES MONUMENTS DU MONT-SAINT-MICHEL

Mise hors d'eau et restauration de l'église. — Quand nous prîmes, en 1898, la direction des travaux, l'église, à l'exception du clocher nouvellement construit sur la croisée des transepts, n'avait pour ainsi dire plus de couverture. Les bois des charpentes, profondément attaqués, étaient inutilisables; et les toitures qui les recouvraient, disloquées et brisées sous la flexion de voligeages pourris, laissaient pénétrer la pluie sur les voûtes du chœur et des transepts, ainsi qu'à l'intérieur de la nef.

Nous commençâmes par le chœur, dont nous fîmes, entièrement à neuf, la toiture en suivant la pente des larmiers en pierre préparés dans la tour centrale. Ce travail entraînait la reprise du couronnement des murs dont la corniche disjointe laissait pénétrer les eaux pluviales au cœur des maçonneries. Un écoulement régulier fut soigneusement aménagé au moyen de gouttières en cuivre recevant les eaux au bas du comble, pour les envoyer dans des conduits de même métal introduits, de chaque côté, dans les cavités existantes sur les arcs-boutants où des tuyaux de descente les recueillirent le long des contreforts. Ce mode d'écoulement direct du comble à la tuyauterie, qui soustrait les maçonneries de couronnement aux ravages qu'occasionne le passage des eaux sur les joints de pierre des chéneaux, est incontestablement le plus perfectionné. Mais les intransigeants de l'archéologie pure nous objecteront qu'il était inusité, sinon inconnu, au moyen âge. Nous estimons qu'en la matière, le bon sens doit prévaloir sur le scrupule archéologique et que, quelle que soit la conscience apportée à la restitution de l'état ancien, il serait naïf autant que barbare de se priver de procédés procurant une plus grande sécurité et une durée supérieure, pour la simple satisfaction de reproduire ce qui était. Nous ne pouvons entrer ici dans tout le détail technique de la restauration : et en signalant cette disposition nous n'avons pour but que de faire comprendre que l'architecte est forcément conduit à user, dans un but pratique, des moyens les plus perfectionnés et les plus puissants; mais nous ajoutons qu'il doit toujours le faire sans préjudicier au caractère, ni défigurer les dispositions des organes fonctionnels des édifices qu'il restaure.

Commencée par les parties hautes du chœur, la restauration se poursuivit extérieurement par la réfection des clochetons des contreforts et du couronnement de l'escalier de dentelle. Aurait-il mieux valu respecter leur état en les laissant décapités? Nous ne le pensons pas. Le caractère de cette belle page d'architecture du xve siècle repose en partie sur l'aspect de sa forêt d'arcs-boutants et de contreforts : tronquées, ces pyra-

Phot. Ch. Besnard.

FIG. 450. — Vue du chœur (xve siècle) et de la croisée des transepts (xie siècle). Après restauration.

mides accusatrices d'une fonction qu'elles remplissent effectivement dans la structure, faillissaient à cette fonction et ne comptaient plus dans la silhouette générale avec la même accentuation. D'ailleurs, la restitution des parties manquantes ne laissait pas la moindre place à l'hypothèse. Il n'en était pas de même cependant du garde-corps couronnant extérieurement le triforium dont il ne reste plus rien que les attentes dans la corniche, en admettant même qu'il ait jamais existé : imaginer là de toutes pièces un garde-corps, eût été, suivant nous, une faute au double point de vue de la méthode et du bon sens, étant donné le coût de ce travail somptuaire, alors que quantité d'ouvrages périclitaient à côté, faute de ressources pour les consolider.

Puis vint le tour des couvertures du déambulatoire et des chapelles du chœur. Primitivement couvertes de plomb, ces terrasses, devenues caduques, avaient fait place à des toitures modernes dont les traces de solins sont encore visibles contre les parois des contreforts. Si les terrasses en plomb eussent existé même dans le plus lamentable état, la question de leur restauration se serait posée. Mais, disparues, fallait-il les remplacer par d'autres de même nature? Assurément non. L'archéologie n'y eut rien gagné, et l'économie autant que la sécurité et la durée des ouvrages n'eussent eu qu'à y perdre. Depuis l'invention du ciment armé, le système des terrasses et des chéneaux en plomb est un mode suranné qui ne doit trouver d'application que dans des cas très spéciaux. La couverture des chapelles et du déambulatoire a donc été faite en ciment, et n'a cessé jusqu'ici de procurer aux voûtes qu'elle abrite une étanchéité parfaite.

Pendant que s'exécutaient ces travaux, nous procédions également à l'exécution de la travée du chœur attenante aux piliers de la croisée des transepts, travée dont les constructeurs du xve siècle avaient ajourné l'exécution, jusqu'au moment où ils réaliseraient la reprise de ces piliers. Nous avons vu que, pour obvier au fléchissement de ces derniers, ils avaient appliqué, contre chacun d'eux, un arc en quart de cercle formé du prolongement de la moitié du doubleau des bas côtés ; puis, qu'ils avaient monté dessus une maçonnerie pleine. Ils n'avaient, par suite, pu voûter la travée des collatéraux et s'étaient bornés à amorcer les arêtiers. L'espace compris entre le chœur et les transepts était couvert, tant au Nord qu'au Sud, de toitures informes au-dessous desquelles un faux plancher, entièrement pourri, s'étendait à hauteur des voûtes des chapelles. Après la réfection des piliers, ces dispositions provisoires n'avaient plus de raison d'être : d'autre part, elles n'étaient pas restaurables. Aucune considération ne militait en faveur de leur maintien, tandis que plusieurs raisons faisaient désirer de les voir disparaître, non pour doter le chœur d'une travée de plus n'ajoutant rien à son intérêt, mais pour assainir ces parties du monument ravagées par l'humidité, rendre intelligibles les dispositions propres aux constructions des xie et xve siècles et finalement opérer leur soudure nécessaire, dans des conditions pratiques et, à la fois, expressives pour la compréhension de leur histoire. Nous nous sommes donc arrêté au parti consistant à restaurer l'absidiole du transept Sud, et à reconstruire de fond celle du transept Nord détruite au xviie siècle; à établir en arrière de chacune d'elles une sorte de courette d'isolement permettant de considérer, du haut des terrasses couvrant les chapelles, d'une part, l'état ancien des transepts du xie siècle, et d'autre part les attentes ménagées dans les arcs-boutants et les contreforts du xve siècle en prévision de la réfection de ces mêmes transepts, conformément au projet de reconstruction générale formé à cette époque. Puis nous avons procédé à la construction de la travée du chœur avec son triforium et ses baies, telle qu'il eût fallu l'exécuter pour se raccorder avec de nouveaux transepts, mais en l'appuyant cependant, sans liaison apparente, contre les piliers restaurés du xie siècle. Et, toujours soucieux d'affirmer les desseins des constructeurs du xve siècle, nous avons placé sous la retombée des doubleaux des bas côtés, un corbeau dont le caractère en quelque sorte provisoire, fait clairement ressortir l'ajournement de leurs projets (Voir fig. 451).

Phot. Ch. Besnard

Fig. 451. — L'église après restauration.
Vue prise du triforium du chœur en 1909.

On remarque à droite la retombée de l'arc-doubleau sur un corbeau appliqué contre le pilier de la croisée du transept.

On pourrait s'étonner de la présence de la balustrade lobée couronnant la corniche des absidioles du xie siècle. Cependant cette balustrade existait aux deux tiers du pourtour de l'absidiole Sud; et la preuve de son authenticité existe dans le fait qu'une partie est noyée dans le contrefort du chœur du xve siècle, voisin de cette absidiole; nous n'avons eu qu'à la compléter. Du reste, nous avons dit que cette balustrade et la corniche qui la supporte, étaient le résultat d'une transformation uniforme du bas des combles et du couronnement des constructions du xie siècle, opérée au xiiie siècle par l'abbé Richard Turstin, qui pourvut en outre, de cet appendice décoratif et utile, la plupart des édifices qu'il fit élever.

La restauration des transepts suivit immédiatement celle du chœur.

Les couvertures, pignons et couronnements de murs furent exécutés presque complètement à neuf, rien ne restant de leurs dispositions primitives plusieurs fois remaniées. Les voûtes en berceau attenantes à la tour centrale n'existaient plus qu'en partie et durent être refaites entièrement. Il en fut de même de la voûte du transept Nord qui s'écroulait. Celle du transept Sud avait mieux résisté et put être conservée au moyen de quelques reprises. Mais son extrême lourdeur avait exercé, sur les murs, des poussées auxquelles ils avaient cédé : deux profondes crevasses, à proximité du pignon Sud, accusaient un déversement latéral qui prenait chaque jour des proportions d'autant plus inquiétantes que les murs se composaient extérieurement de pierres de petit appareil, dont un mortier pulvérulent était impuissant à maintenir la solidarité. Nous appelâmes à notre aide les procédés confortatifs fournis par le ciment armé. Avant d'araser les murs latéraux, nous établîmes à hauteur des reins de la voûte, au point d'application des poussées, une sorte de poutre en ciment armé, noyée à plat dans chacun des deux murs, depuis le pignon des transepts jusqu'à celui plus élevé du collatéral. Pour neutraliser l'une par l'autre les deux poussées, un chaînage en fer fixé à l'extrémité de ces poutres traversa le transept dans l'épaisseur du pignon où, rencontrant le vide de la rose, il se confondit avec une des barrelotières du vitrail. Les lézardes furent coupées par de fortes reprises; et depuis, il ne s'est pas reproduit le moindre mouvement.

Nous employâmes le même procédé pour remédier au bouclement extraordinaire des murs de la nef qui, au Midi, atteignait environ 30 centimètres dans la longueur des quatre travées. Ces murs, dont la ruine paraissait imminente, devaient être conservés à tout prix, sous peine de faire perdre à l'édifice une partie de son authenticité. Celui du Midi surtout manifestait les plus graves désordres : il est symétrique à celui qui s'est écroulé au Nord peu de temps après la construction de l'église; et, bien qu'ayant résisté, peut-être à cause de son exposition, il n'en était pas moins dans l'état le plus alarmant, surtout étant donnée sa composition en petits matériaux sans queue, formant, de chaque côté, un placage sans liaison avec un blocage intérieur dont le mortier se pulvérisait sous la simple pression des doigts. On avait jadis appliqué, au point le plus saillant du déversement, un arc-boutant qui témoignait de l'ancienneté de ces désordres, mais que notre procédé confortatif devait s'efforcer à faire disparaître. Le déversement étant extérieur de part et d'autre, il importait, pour le combattre, de chaîner ensemble les deux murs. Les entraits de la charpente à faire nous en fournissaient le moyen; mais il fallait encore raidir les intervalles entre chacun d'eux. Nous établîmes donc, depuis la tour centrale où il fut scellé, jusqu'au pignon occidental de l'église dans lequel il fut chaîné, un poitrail à plat, noyé dans la

COUPES SUR LA NEF DE L'ÉGLISE ABBATIALE

Projet de restauration exécuté de 1905 à 1909.

maçonnerie d'arasement; chaque tirant de la charpente fut muni, à ses extrémités, d'un sabot en fer assemblé avec l'armature des deux poitrails symétriques, qu'il relia entre eux à intervalles réguliers. Des reprises partielles dans les murs et de profonds lancis de pierre pratiqués dans les arases complétèrent l'efficacité de cette consolidation grâce à laquelle nous avons pu conserver en place, sans recourir à leur reconstruction, des murs que menaçait une ruine prochaine. L'arc-boutant fut enlevé, et l'édifice débarrassé de sa béquille, recouvra, à l'aide de quelques reprises indispensables et judicieusement réparties, son caractère primitif et sa solidité. La charpente de la toiture, soigneusement préservée, au moyen de sablières armées en accouplement, de toute poussée de ses chevrons portant-fermes, vint ajouter son poids uniformément réparti, à l'assiette nouvelle de ces murs restaurés. Le vide intérieur de cette couverture compose un berceau cintré, formé de frises de chêne assujetties, au droit de chaque chevron, par une cerce clouée suivant le mode des berceaux lambrissés des églises normandes et bretonnes dépourvues de voûtes de pierre. Pour assurer le complément des mesures nécessaires à la circulation dont les galeries pratiquées au XIIIe siècle, au pied des combles, accusent la préoccupation, des gradins ont été disposés sur toutes les toitures, facilitant l'accès de l'une à l'autre et à la tour centrale. L'escalier du transept Sud, restauré dans ce but, dessert à leurs hauteurs

Phot. Ch. Besnard

FIG. 452. — La Nef (XIe siècle) après restauration. Vue prise en 1910.

respectives les galeries du bas côté, du transept et de la nef, d'où partent les gradins accédant à toutes les parties des combles.

A l'intérieur du vaisseau, la restauration s'est appliquée à un remplacement des pierres rongées par l'incendie de 1834 et à un rejointoiement général. Les ravages de ce sinistre avaient eu une gravité dont il était absolument impossible de se rendre compte avant d'avoir sondé toutes les pierres auxquelles un habile maquillage, fait de plâtre et de poudre de granit, avait donné une apparence des plus rassurantes. Quand on détachait cet enduit, le mal apparaissait dans sa réalité désastreuse. Les transepts n'offraient que des parements de pierre s'exfoliant en lamelles rougies par le feu. Dans la nef, les intrados des arcs-doubleaux des collatéraux, longuement léchés par les flammes, avaient perdu leur section rectangulaire à laquelle s'était substituée une forme vaguement torique. De moins résolus à la conservation auraient pu s'abandonner à des reconstructions tout au moins partielles. Mais nous considérions trop cette conservation comme le but capital pour transiger sur ce point. Nous avons donc pris les dispositions propres à sauvegarder, le mieux possible, ce principe essentiel. Pourtant, malgré un marquage préalable, malgré des indications précises et une vigilance soutenue à interdire le remplacement de morceaux tant soit peu susceptibles de remplir leur rôle dans la structure, nous ne saurions affirmer qu'aucune des pierres éliminées n'aurait été capable de fournir encore quelque service. L'architecte non plus que ses représentants à aucun degré ne peuvent être constamment présents à toutes les opérations de détail, ni assister, pendant toute leur durée, aux travaux de refouillement préalables à ces sortes de reprises; l'initiative de l'ouvrier intervient alors, tendant plutôt au mode brutal et expéditif de l'abattage, qu'à celui de la conservation. C'est là une source d'attristantes déceptions pour l'architecte scrupuleux et épris de sa tâche, qui se voit parfois impuissant à prévenir d'irréparables légèretés imputables à l'insouciance des exécutants. C'est pourquoi on ne favorisera jamais trop le zèle des entrepreneurs et des ouvriers qui cherchent à se spécialiser en ce genre de travaux. Il faudrait qu'indépendamment d'une bonne école des meilleures pratiques de la construction, ils y trouvassent des avantages pécuniaires et moraux, les engageant à s'y consacrer spécialement. Hâtons-nous cependant d'ajouter qu'au Mont-Saint-Michel, surveillants, entrepreneurs et ouvriers n'ont jamais manqué d'apporter à nos efforts le concours généreux de leur intelligence et de leur dévouement.

Des travaux exécutés au XVIIe siècle pour consolider les piliers du clocher central, il subsistait encore le rétrécissement des arcades des bas côtés et du déambulatoire, s'ouvrant sur les transepts. Ces maçonneries, au centre desquelles avait été percée une arcade plus petite, avaient perdu leur raison d'être depuis la reprise des piliers; elles nuisaient en outre à la perspective : nous les fîmes disparaître sans regret.

Le déambulatoire et les chapelles du chœur étaient dallés en granit et en carreaux de Caen; le transept Sud[1] et la croisée centrale possédaient encore le dallage en granit établi par les moines de Saint-Maur à 8 centimètres environ au-dessus de l'ancien sol du chœur qui s'étendait de niveau jusqu'aux marches de l'arc triomphal et des bas côtés de la nef. Nous n'avons pas cru devoir tout refaire, pour descendre ce sol des 8 centimètres dont il avait été surélevé au XVIIe siècle, et nous avons complété les parties manquantes du dallage des transepts, à l'aide de morceaux de granit épais trouvés çà et là dans la nef que nous avons refaite en granit neuf. Ce sol de la nef est à peu près à son niveau primitif du XIe siècle. Nous y avons engravé les projections des substructions de l'abbaye carolingienne qui, comme nous l'avons dit, s'y trouvent sous une épaisseur moyenne de remblai de 90 centimètres pour la nef et de 40 centimètres pour la croisée des transepts.

L'une de nos premières et plus intéressantes découvertes fut celle que nous fîmes, en 1903, de l'entrée primitive de l'église au Midi. La présence d'un encorbellement sous la colonne du collatéral était une singularité qui avait éveillé notre curiosité. Dans le sol de l'église en cet endroit une fouille, poussée à fond, ne tarda pas à mettre successivement à découvert les traces de l'escalier dont les marches avaient été enlevées (probablement au XVIIe siècle), la voussure[2] pratiquée dans le soubassement du bas côté et l'arc de tête (incomplet) du berceau rampant de la galerie descendant à l'entrée primitive des XIe et XIIe siècles. La restitution de l'état ancien fut des plus aisées : il nous suffit de rétablir les degrés disparus, de compléter, dans les arcs et les soubassements des murs, les claveaux et les morceaux manquants et finalement de déboucher la galerie.

La porte latérale au Sud présentait les plus déplorables mutilations. Indépendamment de sa mouluration et de sa sculpture quelque peu informes, ses piédroits arrachés ne comportaient plus la feuillure nécessaire au logement d'une menuiserie, et le linteau avait complètement disparu. Ces considérations d'ordre pratique faisaient impérieuse la nécessité de rendre à cette porte les éléments de sa structure dont elle était dépouillée. A cela se borna sa restauration.

Assainissement général. — Écoulement des eaux pluviales. — Restaurations s'y rattachant. — Les touristes qui se plaignent encore, parfois avec raison, de la malpropreté du Mont-Saint-Michel, n'imaginent

1. Le transept Nord, isolé de la nef par un mur et transformé en sacristie au XVIIe siècle, avait été planchéié.

2. Des deux arcs superposés, un seul existait aux trois quarts. L'ouverture était bouchée par une maçonnerie de remplissage.

guère jusqu'où allait son état de délabrement et d'abandon il y a seulement une douzaine d'années. Certes, il reste encore beaucoup à faire avant de voir s'opérer régulièrement, pour la ville, l'évacuation résiduaire du passage journalier de plusieurs centaines de visiteurs; mais les travaux d'assainissement exécutés depuis cinq ou six ans, par les soins de l'administration des Beaux Arts, ont déjà eu des résultats considérables. Le reste dépendrait principalement de mesures administratives et de police dont la municipalité montoise aurait à assurer la rigoureuse observation. Le premier élément de propreté pour une ville est l'eau : et le Mont-Saint-Michel en manquait absolument. Les moines du moyen âge avaient su pourvoir à l'alimentation de leur couvent : mais ils s'étaient toujours montrés parcimonieux à l'égard des habitants. D'ailleurs, une partie (et la plus importante) des moyens qu'ils avaient employés se trouvait abandonnée depuis plusieurs siècles.

Phot Berthaud.

FIG. 455. — La Citerne de l'Aumônerie avant sa restauration. Vue prise du Saut-Gaultier en 1900.

La restauration des couvertures de l'église avait motivé une étude générale de l'écoulement des eaux pluviales, non seulement de cet édifice dont toute la région orientale avait son évacuation dans les citernes annexes de la crypte des Gros Piliers, mais aussi de toutes les toitures, terrasses ou plates-formes de l'ancienne abbaye, en vue de les recueillir au profit des habitants du Mont. La récupération des eaux pluviales devait s'opérer distinctement pour les deux sortes d'eaux potables et non potables, suivant qu'elles provenaient directement de toitures ou bien de terrasses et de plates-formes où les polluait le passage journalier des visiteurs. Le parti auquel nous nous arrêtâmes consista en l'utilisation des anciennes citernes auxquelles nous en ajoutâmes deux nouvelles, dont l'adjonction permit de proportionner le cube d'eau disponible, aux besoins de la population montoise.

Trois des citernes que le Moyen Age et la Renaissance avait vu se construire dans l'abbaye, étaient encore en service : mais leurs revêtements intérieurs en plomb manquaient d'étanchéité, et leurs maçonneries souffraient des infiltrations. Ces trois citernes étaient, outre les deux au Nord et au Sud de la crypte des Gros Piliers, celle de l'Aumônerie, construite par Guillaume de Lamps dans l'angle formé par le transept et le collatéral Sud de l'église. Avec une partie de la valeur des vieux plombs repris en compte par l'entrepreneur, il nous fut facile de remplacer ces revêtements métalliques coûteux, sinon dangereux pour la potabilité de l'eau, par une doublure en ciment armé qui assura une parfaite étanchéité. Ces trois citernes contiennent maintenant des réserves d'eau s'élevant pour la citerne du Nord à 28^{mc},800, pour celle du Sud, à 75^{mc},300, et pour celle de l'Aumônerie à 72^{mc},140; l'eau de cette dernière est potable.

Phot. Ch. Besnard.

Fig. 454. — La Tour dite de l'Horloge contenant l'escalier qui dessert les combles de l'église. Vue prise du Saut-Gaultier en 1909.

La restauration de la citerne de l'Aumônerie nécessite une mention spéciale. Noyée au milieu de constructions modernes qui en prolongeaient la face Sud le long du grand degré, il était assez malaisé de la concevoir de prime abord[1]. Cependant le retour des arcatures de sa face Ouest, à

1. Les constructions derrière lesquelles cette citerne disparaissait en partie étaient relativement récentes. Son isolement en 1847 ressort de la description qu'en donne à cette époque M. Le Héricher (*M.-S.-M. mon. et hist.*, p. 189) dans les termes suivants : « Là encore (près du Saut-Gaultier) est la Grande Citerne, charmante cage carrée, tout à jour, à galerie trilobée : elle contenait 1200 tonneaux. » Une vue de cet édifice remontant à la même époque confirme cette disposition qui est celle que lui a rendue notre restauration. (Voir fig. 455.)

l'intérieur des bâtiments, nous avait déjà mis sur la voie de ce gracieux édicule, lorsque, en déblayant l'emplacement pour dégager les derniers vestiges de l'Aumônerie attenant à l'église, il nous apparut avec toute la clarté désirable pour pouvoir le restituer sans hésitation. La restitution de l'état primitif a consisté dans le rétablissement des arcatures de la face orientale qui avaient été détruites et dans quelques raccords de mouluration et de sculpture du côté Ouest.

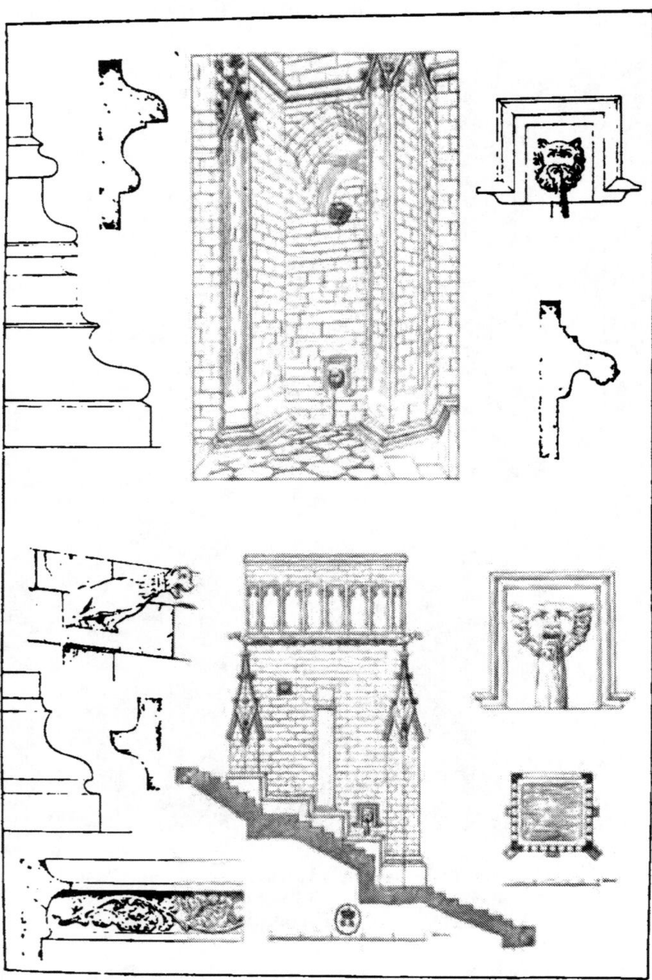

Fig. 455. — La Citerne du Sollier et la Citerne de l'Aumônerie.
Reproduction d'une gravure du Cabinet des estampes datant de 1840.

Le dégagement de cet intéressant édifice avait eu une répercussion sur l'état des abords de l'église et du Saut-Gaultier auquel la découverte de l'entrée latérale du XIe siècle avait nécessité d'apporter quelques modifications. D'autre part, pour recueillir les eaux des plates-formes supérieures, les trop-pleins des citernes, les eaux des bâtiments abbatiaux, et celles superficielles du grand degré abbatial, il fallait établir sous ce dernier une tuyauterie. Enfin, l'état déplorable de ce grand degré appelait une reprise sérieuse de ses emmarchements jusqu'à la salle des Gardes. Ce travail fut exécuté, et suivi de près de l'exécution du grand degré extérieur qui compléta l'établissement définitif et pratique de la montée, depuis les dernières marches de la ville, jusqu'au plateau central de l'abbaye.

L'établissement de ce grand degré extérieur répondait surtout à une

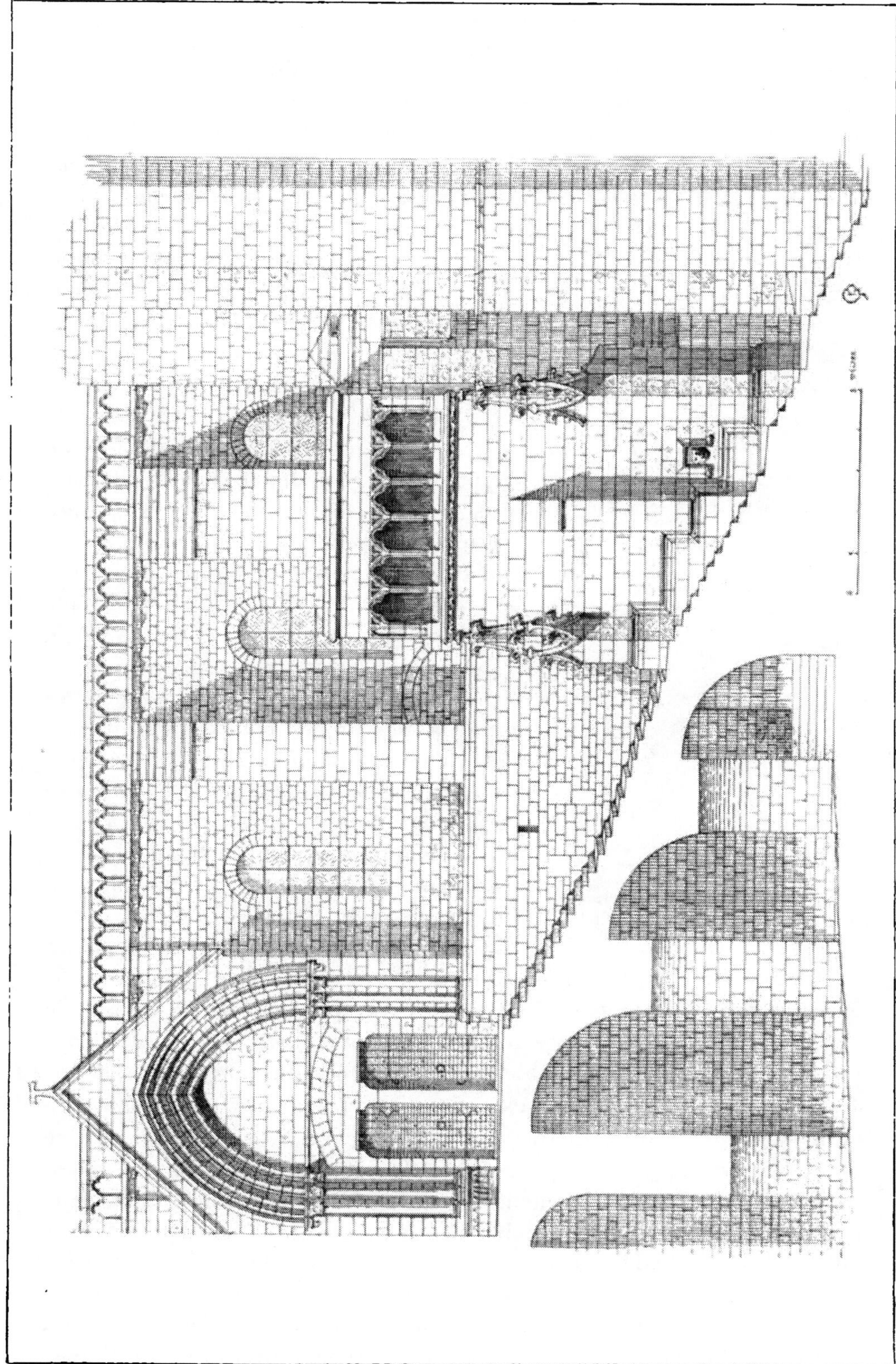

Fig. 456. — COUPE LONGITUDINALE SUR LE GRAND DEGRÉ ABBATIAL ET ÉLÉVATION DE LA CITERNE DITE DE L'AUMONERIE.
Projet de restauration mis à exécution en 1904.

nécessité d'ordre pratique pour la facilité d'accès à l'abbaye ; car il n'existait de certitude sur ses dispositions primitives que jusqu'au point où son mur de clôture tombait en ruine et où se trouvait une porte bavole (Voir fig. 351). Pour le surplus, il ne restait, pour le rétablir, que les fondations des murs qui le limitent sur le chemin des Loges : et comme aucun texte, à notre connaissance, n'a parlé ni de son existence ni de sa démolition, nous nous demandons si, tout en ayant formé le projet quand il construisit la barbacane et la poterne du Sud, Pierre Le Roy, prévoyant et inquiet devant les prodromes de la guerre de Cent ans, n'en aurait pas ajourné, à des temps plus sûrs, une exécution qui ne se serait peut-être jamais réalisée. Quoi qu'il en soit, fidèle au principe de ne restaurer que lorsqu'il est possible de s'appuyer sur des données indiscutables, nous n'avons nullement cherché à faire œuvre de restauration. Et en dehors de l'établissement de marches en prolongement des arrachements qui en existaient dans le mur de clôture, depuis le palier en avant de la porte de la barbacane jusqu'aux environs de la porte bavole, nous nous sommes borné à établir des emmarchements qui n'ont d'autre prétention que de procurer aux visiteurs les avantages de la montée la plus directe et la moins pénible à l'abbaye. Toutefois, pour profiter de la cavité existant sous ses emmarchements, nous l'avons doublée de ciment armé et y avons disposé une citerne précédée d'une chambre de décantation et de visite, où vient déboucher le collecteur de la tuyauterie qui recueille les eaux pluviales des plates-formes, terrasses, grands degrés, et en général, toutes les eaux non potables, ainsi que les trop-pleins des autres citernes abbatiales. Elle constitue ainsi un réservoir d'une contenance de 142 mètres cubes d'eau propre aux nettoyages et à l'arrosage. Au bas du grand degré, dans une courette située dans l'angle rentrant du rempart, et qui peut être fermée ou ouverte suivant les disponibilités de l'approvisionnement et les nécessités de la population, deux robinets distribuent l'eau potable de ce réservoir et l'eau potable des citernes spéciales qui le traverse, canalisée dans une tuyauterie de plomb.

Fig. 457. — Coupe transversale sur la Citerne dite de l'Aumônerie.

Cet approvisionnement ne laisse pas que d'être considérable ; et les Montois du xxe siècle sont redevables à l'administration des Beaux-Arts d'un bienfait dont ni les abbés, ni les gouverneurs, ni les rois de France n'avaient songé à doter aussi généreusement leurs ancêtres. Car nous n'avons pas fini l'énumération des citernes qui alimentent ces robinets publics et tous ceux épars, dans l'abbaye même, pour le personnel de garde et l'entretien des cabinets d'aisances que nous avons en outre installés dans la cour attenante à la tour Claudine.

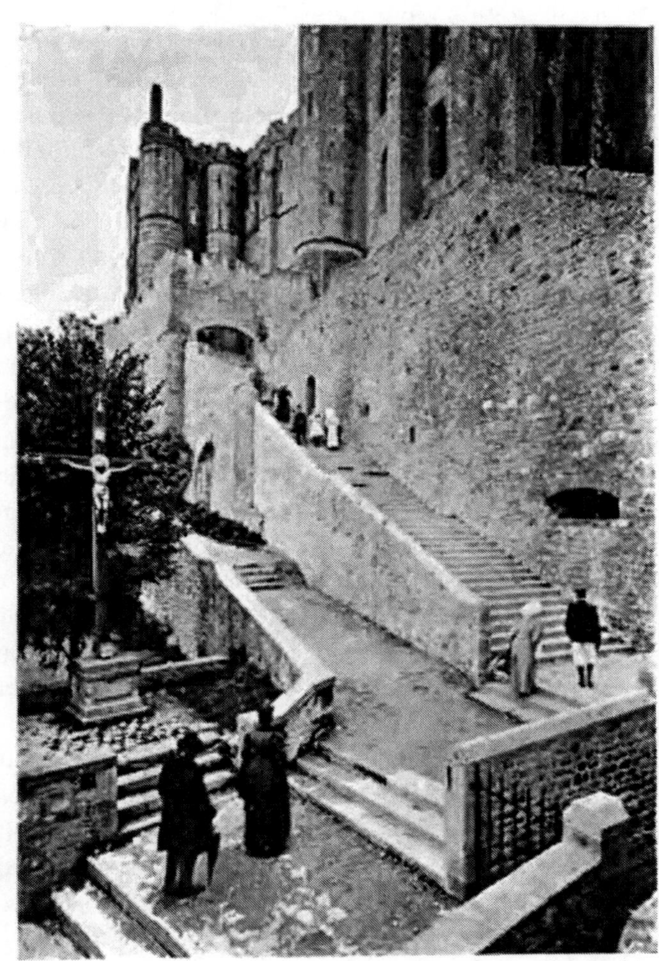

Phot. Neurdein

Fig. 458. — Le grand degré extérieur après restauration. Vue prise en 1906.

Pour utiliser les eaux du côté Nord de la Merveille qui se perdaient dans le sol en lui procurant une humidité préjudiciable aux soubassements, nous les avons dirigées vers la tour Claudine et recueillies dans un caveau souterrain qui devait, au xve siècle, servir de dépôt de poudres. Doublé maintenant à son intérieur d'un solide revêtement de ciment armé, ce caveau reçoit directement toutes les eaux des versants Nord des toitures de la Merveille, et constitue désormais une réserve de 56 mètres d'eau potable de bonne qualité.

Ce n'est pas tout : il nous reste à parler de la plus volumineuse et la plus intéressante de toutes les citernes abbatiales, celle dont nous devons la découverte à l'étude des textes suivie de fouilles aux résultats décisifs. Nous avons donné, en son temps, l'historique et la description de cette citerne construite en 1417, par Robert Jolivet, quand il préparait le Mont-Saint-Michel à se défendre contre les Anglais. Transcrivant la lettre de Charles VI qui en fait mention, Siméon Luce en avait conclu que l'une au moins des citernes du Mont-Saint-Michel était antérieure à Guillaume d'Estouteville et aux travaux exécutés en 1450[1]. Où était donc cette citerne? Personne n'avait encore songé à la chercher. Nous eûmes la curiosité de le faire.

Il y avait, derrière l'abside, un petit parterre que le gardien entretenait de plantes et d'arbustes. Au centre, caché sous la terre, se trouvait un puits parementé de belle pierre de taille et que nous connaissions pour y avoir précédemment fait vérifier le perd-fluide du paratonnerre, qui y descendait dans un amas de charbon. En explorant des broussailles qui masquaient le pied des contreforts de la chapelle absidale, nous remarquâmes que l'angle de l'un d'eux, au lieu de reposer sur le sol, se terminait par un encorbellement. Cette particularité fut pour nous révélatrice. En fouillant, nous rencontrâmes un mur de 1m,60 d'épaisseur, doublé intérieurement d'un second de 0m,40, hourdé seulement en argile et séparé du premier par une couche de 0m,20 d'épaisseur de même matière. Méthodiquement poursuivie la fouille fit découvrir la citerne telle que nous l'avons décrite[2]. Mais à mesure que s'opérait le déblaiement, le mur d'argile se détachait et tendait à s'écrouler : pour obvier aux accidents il fallut le démolir, car aucun motif n'eut justifié sa consolidation. Fait sans doute après coup, en vue d'une étanchéité qu'il était impuissant à procurer, on ne pouvait songer à le réparer. D'autre part, le mur du soutènement extérieur, pourvu de contreforts trop faibles du côté de l'escalier de la cour de la Merveille, s'était déversé. Il eût été imprudent de le surcharger de la poussée énorme de l'eau. Il fallait donc trouver une solution répondant au double but d'une étanchéité parfaite pour le récipient et d'une consolidation de ce mur. Le ciment armé nous la procura. L'intérieur de la citerne fut revêtu d'un maillage de fer noyé dans le ciment et renforcé d'une ossature d'épines contreforts. Par surcroît de précaution, les faces opposées furent reliées deux à deux par des batteries d'épines qui donnèrent à l'ensemble une cohésion illimitée. Un dallage de même matière recouvrant tout le vide et s'étendant sur l'arase des murs, compléta la solidarité de tous les éléments de cet ouvrage et en composa, avec le fond du même genre, une sorte d'immense boîte absolument indéformable (Voir fig. 459). Pour perfectionner le système de filtrage imaginé par les constructeurs du moyen âge, nous avons établi, au pied de la cheminée de puisage, deux compartiments concentriques : le premier, rempli de gravillon, et le second de sable fin déterminent ensemble deux zones annulaires de filtrage qu'a traversées l'eau avant de prendre son niveau à l'intérieur du puits au sommet duquel une margelle couverte, mais percée de fentes d'aération, facilite le puisage au niveau de la plate-forme du vestibule de la Merveille. Une tuyauterie, traversant le mur, distribue l'eau en

1. *Chron. du M.-S.-M.*, t. I, p. 88.
2. Voir ci-dessus fig. 561, et p. 546.

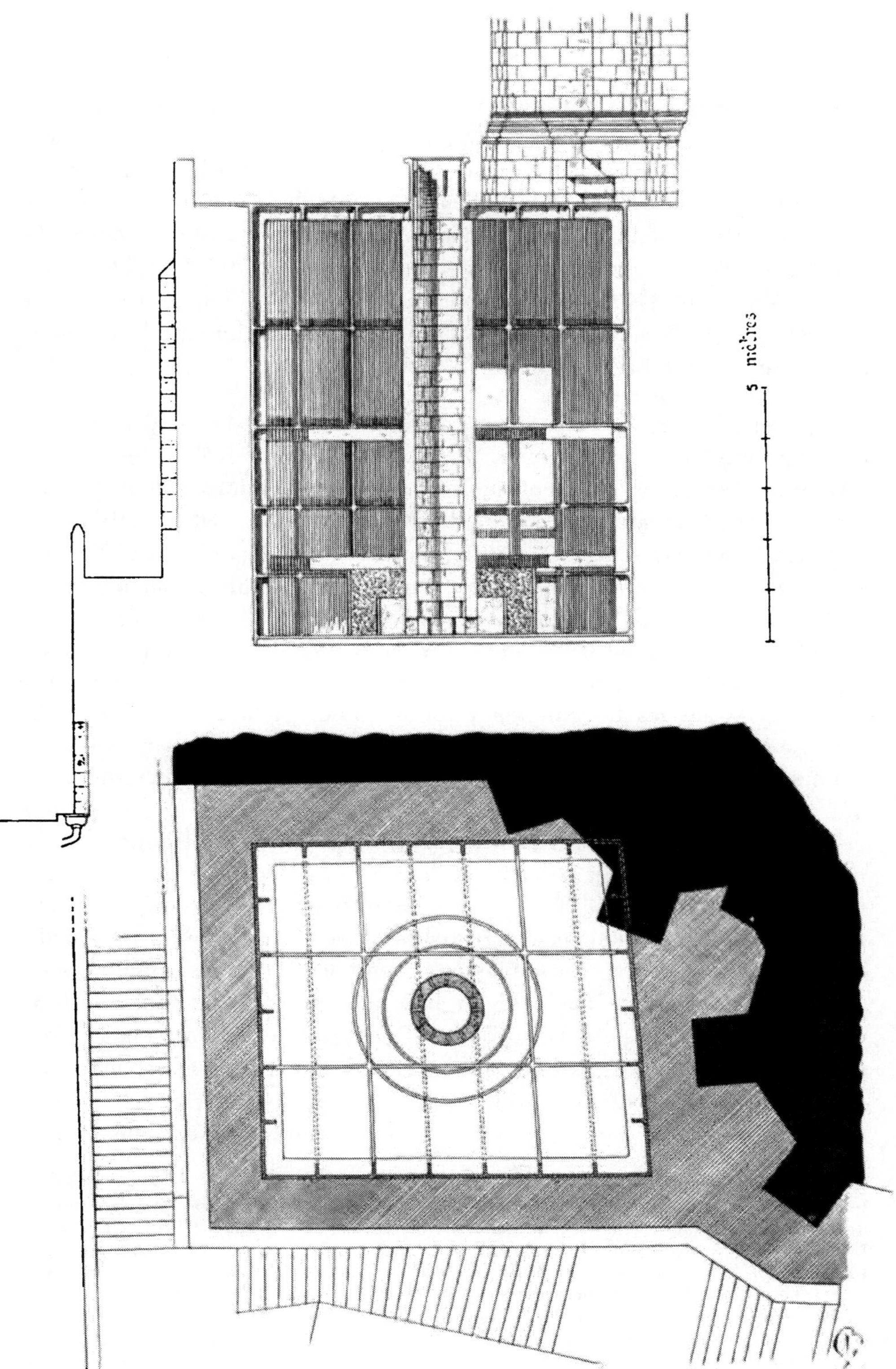

Fig. 459. — CITERNE DE L'ABSIDE. PLAN ET COUPE
indiquant le revêtement intérieur en ciment armé et le nouveau procédé de filtrage des eaux.

pression, d'abord dans la fontaine de la cour basse de la Merveille, puis ensuite se prolonge jusqu'au bas du grand degré extérieur pour desservir le robinet public de la courette des remparts. Cet énorme réservoir contient un cube de 347 mètres cubes d'eau potable. Au résumé, la provision que l'utilisation des eaux pluviales de l'abbaye vient de mettre à la disposition des habitants du Mont-Saint-Michel est de 226^{mc},300 d'eau non potable et de 473^{mc},140 d'eau potable, soit au total une réserve d'eau de 700^{mc},440 qu'il sera possible d'augmenter encore lorsque le moment sera venu de restaurer les bâtiments abbatiaux[1].

Découverte et dégagement de dispositions anciennes. — Il faut vivre dans l'intimité des vieux monuments pour qu'ils nous révèlent les secrets de leur existence. Les bâtiments au Nord de la nef abbatiale avaient éprouvé tant de péripéties au moyen âge, ils avaient subi de telles mutilations sous les Bénédictins de la Congrégation de Saint-Maur et sous l'administration pénitentiaire, qu'il était absolument impossible de rien discerner de leurs dispositions originelles. Après de longs mois passés dans l'abbaye à chercher, à fouiller et à méditer, nous pûmes faire la lumière dans cet inextricable amoncellement de murs, de planchers et de toitures établis en 1644 par les Bénédictins reformés, pour installer en ce point la procure à laquelle avaient naturellement accès toutes les personnes du dehors qui avaient affaire dans le couvent. Un mur longitudinal déterminait un passage pour clore, au profit des seuls religieux, la communication entre l'église et le cloître. Il était percé de deux portes dont l'une donnait dans une salle de niveau avec lui, et l'autre, plus large et cintrée, fermait l'escalier descendant à la salle des Chevaliers dont le couloir latéral servait de dégagement jusqu'au vestibule de la Merveille, principale entrée, à cette époque, du monastère proprement dit. Ce mur montait presque à la hauteur de celui du bas côté et supportait une toiture en appentis appliquée contre le transept Nord et se terminant, à son extrémité du côté du cloître, par un pignon en maçonnerie dans lequel s'ouvrait une fenêtre de forme ovale. Un comble à deux versants inégaux, couvrait l'espace restant entre ce mur et le pignon du vieux dortoir qui

1. L'une des conséquences les plus intéressantes de cet approvisionnement a été de permettre de pourvoir le Mont contre le danger d'incendie. Jusqu'ici, on était impuissant devant cette éventualité si menaçante, étant donné la densité de la population montoise, et le nombre des feux presque constamment allumés dans tous les hôtels. On ne se rappelait pas sans effroi que, depuis le xe siècle, c'était souvent par la ville, que le feu avait été communiqué à l'abbaye. Or parmi les mesures prises récemment par l'administration des Beaux-Arts, en vue de l'organisation régulière du gardiennage de l'abbaye, se trouve l'institution d'un service d'incendie ayant ses éléments dans le personnel des gardiens du monument sous le commandement de leur gardien chef. Les pompes, déposées dans des salles de l'abbaye à proximité des citernes et dominant la ville d'où peut surgir le sinistre, seront constamment prêtes à fonctionner sur tous les points des monuments, ou à projeter l'eau au dehors.

avait été surélevé de toute la hauteur nécessaire à cette nouvelle couverture. Quant aux anciens murs, toutes leurs ouvertures avaient été entièrement bouchées : la porte, la fenêtre du pignon du dortoir roman et les trois grandes baies du pignon du XIIIe siècle avaient disparu dans un remplissage de pierre; et le tout avait été recouvert d'un enduit et peint d'un épais badigeon qui ne laissaient transparaître aucune trace des anciennes ouvertures. Cependant un examen minutieux, secondé d'un grattage des enduits, finit par mettre nos recherches dans la voie où

Phot. Neurdein.

FIG. 460. — Découverte, en 1908, des pignons du dortoir des moines et du passage couvert entre l'église et le cloître.

elles devaient rencontrer le succès. Déjà la constatation des larmiers de pierre du XIIe siècle, dans le mur du collatéral Nord, nous avait amené à en chercher la contre-partie, du côté opposé, dans le mur du cloître. La disparition de l'enduit mit à nu, sur ce dernier, un fragment de larmier, entièrement bouché, il est vrai, mais indiquant nettement une toiture à deux pentes, s'étendant longitudinalement entre l'église et le cloître. Les autres larmiers longeant le mur et pourtournant les contreforts du transept Nord, y ajoutèrent l'indication manifeste de l'appentis qui s'y trouvait appliqué; et la gargouille traversant le mur pour déboucher sur le cloître, nous révélait l'emplacement d'un chéneau de noue, qu'accusait encore la petite fenêtre pratiquée, par les constructeurs du XIIIe siècle, dans le bouchement qu'ils avaient été entraînés à faire de la fenêtre du collatéral du XIIe siècle.

Qu'allions-nous faire de ces découvertes et de ces vestiges d'époques différentes? Les solins ou larmiers en pierre du bas côté Sud étaient les indices de la toiture établie par Roger II, au XIIe siècle, entre l'église et les bâtiments qu'il avait élevés au Nord. Mais la salle qu'elle recouvrait avait disparu dans l'incendie de 1203. En construisant le mur de clôture du cloître, on y avait bien préparé les larmiers nécessaires à la reconstruction de cette toiture, en lui adjoignant un appentis pour couvrir l'escalier accédant au couronnement du cloître. Fallait-il rétablir cette toiture suivant les dispositions projetées sinon réalisées au XIIIe siècle? Il n'y avait, suivant nous, aucun motif pour le faire; et il y en avait au contraire de très sérieux pour ne pas doter la vieille abbaye d'une sorte de nouvelle salle, en établissant sur cet emplacement une toiture ne répondant à aucun besoin immédiat. Les trois baies appelées jadis à l'éclairer, se trouvant aujourd'hui derrière le lambris du cloître, il n'était plus possible d'éclairer ce passage qu'en recourant à des procédés modernes devant lesquels eût reculé la conscience archéologique la moins timorée. D'autre part, toute indication faisait défaut sur le mode de structure de la charpente qui devait supporter cette couverture : ç'eût donc été une pure invention de la restauration et une composition toute moderne frappée du vice le plus condamnable de tous, celui de dissimuler aux yeux du visiteur les intéressants vestiges qui retracent l'histoire de toute cette partie

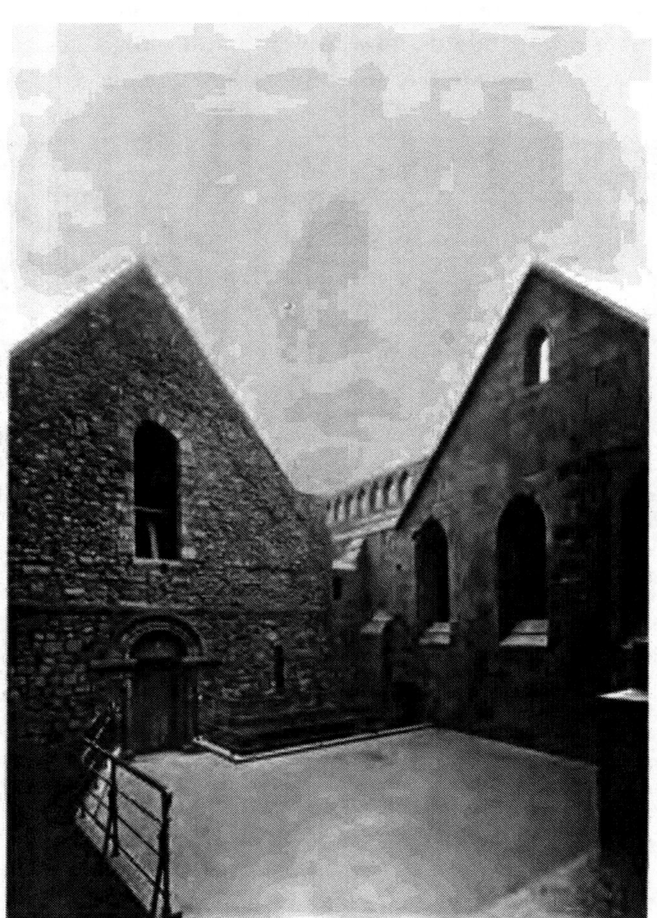

Phot. Ch. Besnard.

FIG. 461. — Pignons du dortoir des moines et du passage couvert entre l'église et le cloître restaurés en 1909.

des bâtiments conventuels. Rien ne justifiait donc la moindre hésitation dans la méthode de restauration : il fallait se borner à dégager nettement ces intéressants vestiges afin de mettre en lumière le plus clairement possible les phases historiques de ces constructions.

Tel fut le but de la restauration de toute cette partie comprise entre l'église et le cloître, et notamment de celle du pignon du vieux dortoir qui, après avoir formé, à son origine au XIe siècle, un simple avant-corps sur le flanc Nord de l'église, reçut au XIIe siècle l'adossement d'une toiture recouvrant une salle dont l'existence passée et les transformations demeurent écrites dans les éléments accessoires de leurs dispositions désormais lisibles. Il suffisait ensuite d'assurer l'écoulement normal des eaux pluviales sur le sol et de les y recueillir pour les transmettre aux tuyauteries d'alimentation des citernes.

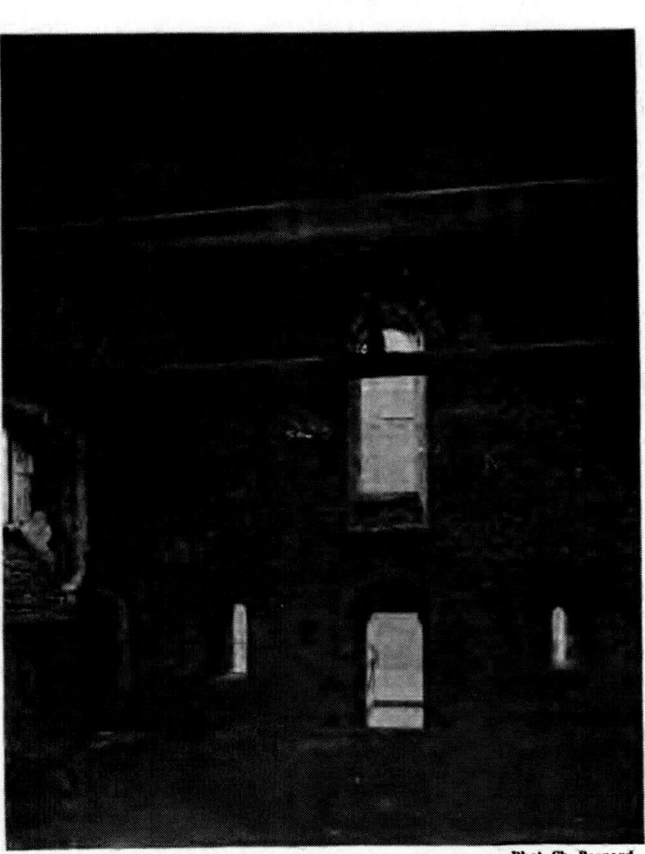

Phot. Ch. Besnard.

Fig. 462. — Vue intérieure du dortoir des moines restauré en 1909[1].

La restauration intérieure du vieux dortoir et de la petite salle qui lui est attenante, procéda des mêmes principes. Il restait, dans le dortoir, une des baies cintrées du XIe siècle : les autres avaient été refaites au XIIIe siècle avec un meneau central et couvertes de linteaux en pierre. Nous avons simplement consolidé les unes et les autres. Un jambage subsistait de la porte en segment de cercle qui faisait communiquer ces deux salles : nous avons rétabli le deuxième jambage. Bref, nous nous sommes attaché à conserver toutes les dispositions anciennes, à les consolider et à n'en faire disparaître que les mutilations qui les défiguraient.

1. On voit très distinctement, à droite, la trace du pignon originel du XIe siècle.

Nous avons appliqué partout la même méthode. Nous avons débarrassé l'ancien promenoir du mur dont on l'avait encombré au XVIIIe siècle pour fonder la façade clôturant sur la plate-forme de l'Ouest ce qui restait du vieux dortoir roman (salle de Souvré). Il a suffi pour cela d'un poitrail dissimulé dans la voûte même du promenoir qui a recouvré aujourd'hui toute la profondeur de sa perspective.

L'une des restitutions d'état ancien qui eurent le résultat le plus utile fut le rétablissement des circulations dans la galerie s'étendant du Nord au Sud et dans la galerie montant à l'entrée primitive de la nef abbatiale. Pour les desservir toutes deux, nous avons rétabli l'ancien accès du couvent aux XIe et XIIe siècles, par la réfection des emmarchements depuis la galerie basse qui abritait les abords de l'entrée primitive de l'abbaye romane. La galerie accédant au promenoir a recouvré les degrés qu'on gravissait à cette époque pour se rendre à la chapelle souterraine de Notre-Dame-sous-Terre, puis, plus haut, au parloir abbatial, et enfin à l'entrée du promenoir constituant alors l'entrée proprement dite des lieux réguliers. Mais pour qu'on puisse suivre l'histoire pas à pas et se rendre compte des transformations opérées au XIIe siècle, nous avons figuré, sur les murs de cette galerie, la trace du plancher au moyen duquel Robert de Torigni la divisa dans sa hauteur afin de la faire communiquer avec l'infirmerie qu'il établit au dernier étage du bâtiment de l'hôtellerie construit au Midi par ses soins. Nous avons fait de même dans la galerie montant à l'église, où Robert avait prolongé ce plancher pour qu'il desservît la chapelle des Morts (transformée et devenue plus tard la chapelle Saint-Étienne), en y ménageant toutefois une trémie qui laissait l'escalier descendre jusqu'au palier de la galerie que, par abréviation, nous avons désignée sous la dénomination de Nord-Sud.

Dans le rétablissement des emmarchements de la galerie du Midi, nous avons exactement suivi les arrachements de marches subsistant dans les murs. Mais ces arrachements étant ceux des degrés établis au XIIe siècle, par Robert de Torigni, pour la distribution de ses nouveaux bâtiments, on ne s'étonnera pas de les voir passer devant le pied des meurtrières accouplées au droit de tous les paliers de l'escalier du XIe siècle[1]. Bien qu'il existât encore des traces non équivoques des degrés de cette dernière époque, ils étaient tellement raides et peu praticables (dans un but intentionnel de fortification) que nous avons jugé préférable de rétablir ceux du XIIe siècle, qui nous permettaient en outre de fixer, d'une façon plus explicite, les dispositions générales des constructions abbatiales, à cette époque l'une des plus importantes de leur histoire. Tout le haut de la galerie montant à l'église avait été bouché, à un moment où l'état de sa voûte n'avait déjà pas paru devoir permettre de la surcharger du poids de

1. Voir pour l'intelligence de ces explications les figures 259 et 285.

l'affreuse façade élevée en 1780 sur la plate-forme de l'Ouest. Ce bouchement, en maçonnerie d'une très grande dureté, s'étendait jusqu'à l'arc de tête de la galerie. La voûte sur laquelle porte entièrement le mur du bas côté Sud était fort mauvaise en ce point; mais les piédroits n'étaient pas meilleurs, et il ne fallait pas songer à les charger du poids d'un poitrail. Le ciment armé nous offrit encore une fois un remède d'une parfaite efficacité. Sans faire, aux vieilles constructions, autre chose qu'un calage partiel et un rejointoiement, nous établîmes, à l'aide d'une succession d'épines épousant la forme de la galerie, un cintrage définitif, absolument indéformable, et sur lequel reposent la voûte et toutes ses surcharges, formant désormais un poids unique, uniformément réparti sur toute la surface de pose comprise dans la largeur de cette partie de la galerie.

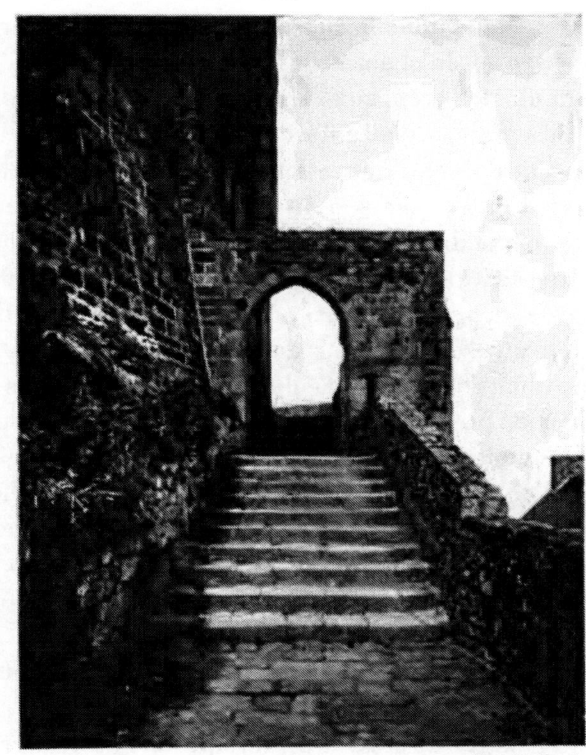

Phot. Berthaud.

FIG. 463. — La poterne du Sud. Avant restauration.

Nous ne rappellerons ici que pour mémoire les recherches et les fouilles opérées en 1908 et qui nous ont permis d'établir, d'une manière certaine et irréfutable, l'existence de la petite église collégiale presque entière, ainsi que des fondations de la vieille abbaye carolingienne. Le paragraphe III du chapitre I de notre troisième partie donne le résultat détaillé de ces opérations, résultat dont nous avons conservé des marques précises (en ce qui touche aux restes de cette abbaye subsistant dans le sol de l'église), en traçant, dans le dallage de la nef, la projection exacte de ces fondations. Nous nous promettons de continuer ce tracé à l'extérieur, comme l'indique notre figure 465 où l'on trouve aussi un projet de dégagement de ce qui subsiste des façades XIe et XIIe siècles, sous le dallage de la plate-forme de l'Ouest. Quant à la collégiale carolingienne, nous nous disposons à soumettre à son sujet, à la Commission des Monuments historiques, des propositions ayant pour but de faire réapparaître ses dispositions primitives par la disparition du mur fondant transversalement le portail de 1780 et qui en cache si malencontreusement les deux absides.

Travaux divers. — Nous croyons avoir suffisamment indiqué, par les exposés qui précèdent, l'ordre d'idées sur lequel s'est appuyée la méthode de restauration usitée au Mont-Saint-Michel, sans qu'il soit besoin d'insister par de nouveaux exemples pris parmi les autres parties restaurées. Nous nous bornerons donc à les signaler. Nous avons rétabli le crénelage et le chemin de ronde couronnant la barbacane du Châtelet. Les appuis des créneaux existaient, et la hauteur des merlons était donnée par leurs pierres d'attente dans le mur du Châtelet. Les remparts de la ville furent l'objet d'importantes reprises, et des travaux de restauration furent exécutés à la maison du Roi et au corps de garde des Bourgeois. Il en fut de même de la maison de l'Arcade, dont nous pûmes, en 1904, négocier l'acquisition par l'État[1]. Le délabrement, voisin de la ruine, où se trouvait cette dépendance des remparts, nécessita des travaux d'une certaine délicatesse. Les pans de bois étaient revêtus extérieurement d'un enduit de chaux qui les avait échauffés. Les solives des planchers étaient, en grande partie, pourries jusqu'au cœur, et la grosse poutre supportant la façade, très endommagée dans ses portées, avait dû être soulagée, en son milieu, par un poteau vertical reposant sur les marches de l'escalier. Ne remplaçant que les pièces absolument hors de service, nous consolidâmes toutes les autres avec des plates-bandes et des frettes de fer. Des cornières suppléèrent à l'insuffisance des assemblages dont les tenons étaient pourris.

Matériaux, procédés d'exécution. — Tous les matériaux employés à la restauration sont de première qualité. Il ne fallait pas songer à se servir du granit du rocher qui, lorsqu'il ne se désagrège pas, présente l'inconvénient d'être ferrugineux et de se couvrir alors de taches d'oxydation d'un effet désagréable. Le pierre est celle des carrières de Louvigné-du-Désert, d'où presque toujours elle arrive taillée, et le sable vient d'Antrain. Pour obtenir des mortiers d'une dureté absolue il n'est fait emploi, la plupart du temps, que de ciment de Portland. Les matériaux sont amenés par le tramway ou par voitures. Ils gravissent, dans des chariots attelés de solides chevaux, la rampe des Fanils jusqu'au pied du grand échafaudage. De là ils sont montés, à l'aide d'un simple treuil manœuvré à bras d'hommes, jusqu'à un premier palier où ils glissent sur des rails, puis achèvent leur ascension jusqu'au niveau de la plate-forme de l'Ouest, d'où un wagonnet les roule à pied d'œuvre. Ce procédé de montage primitif et lent sera abandonné quand l'achèvement des restaurations à hauteur

1. Cette maison, bien que faisant partie des remparts, s'était anciennement trouvée aliénée par prescription.

de la haute plate-forme abbatiale, rendra l'échafaudage inutile. Le nouveau mode, plus moderne et plus expéditif, utilisera le poulain existant, au moyen d'un appareil de montage actionné par un moteur.

S'effectuant dans un demi-isolement et à une pareille hauteur, les travaux de restauration de l'abbaye du Mont-Saint-Michel sont coûteux. L'État n'a cessé d'y consacrer des annuités variant entre 105 et 140 000 francs depuis 1898. Ces travaux, exécutés sous notre direction et la surveillance de M. l'architecte ordinaire Pariset, ont eu comme entrepreneurs depuis cette époque : pour la maçonnerie, la charpente, la menuiserie et la serrurerie, MM. Doucet et Lebailly; pour le ciment armé, M. G. Degaine; pour la couverture et la plomberie, M. Monduit ; pour la sculpture, MM. Chapot et Glaisse; pour les vitraux, M. Félix Gaudin.

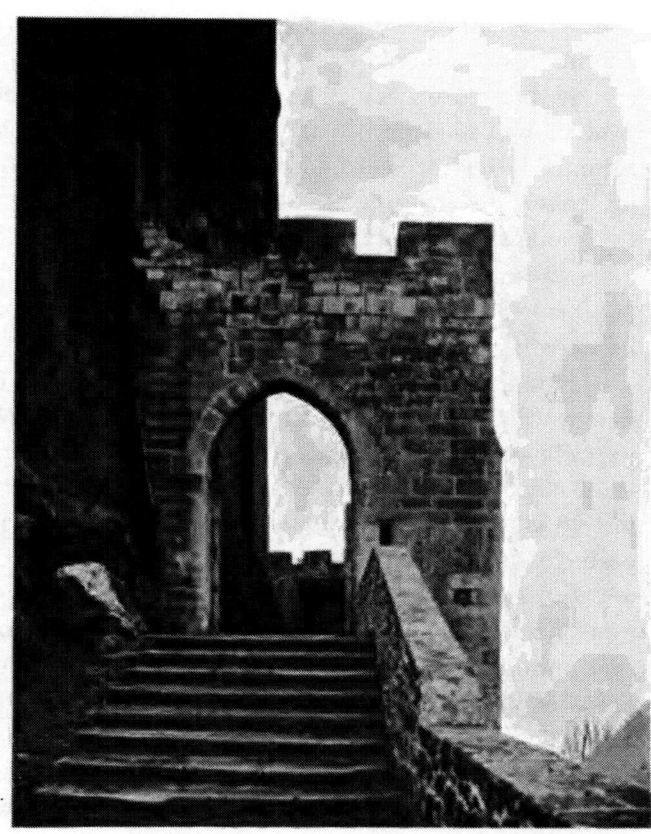

Phot. Ch. Besnard.

Fig. 464. — La poterne du Sud. Après restauration.

Achèvement de la restauration. — Les personnes qui ne sont pas allées au Mont-Saint-Michel depuis dix ans trouvent l'abbaye entièrement transfigurée. Des points qui leur étaient restés inaperçus ou dont elles n'avaient remporté que le souvenir de murailles sans intérêt attirent aujourd'hui leur attention : ce sont ceux qui ont été débarrassés d'additions plus ou moins modernes, qui travestissaient les formes et les dispositions originelles des édifices. Dans ce même ordre d'idées, il reste encore à dégager l'abside de la chapelle carolingienne, cachée, depuis le xviiie siècle, derrière la muraille qui fonde le portail de l'église sur la plate-forme de l'Ouest et qu'un fort poitrail en ciment armé permettra de faire disparaître. Il faudra en même temps consolider les parements des murs de cette vieille chapelle, en refaire l'ancien dallage de schiste et rétablir sa communication avec l'église haute, au moyen de l'escalier y montant par le caveau intermédiaire s'étendant sous le dallage de la nef.

A côté, la petite chapelle Saint-Étienne a besoin d'une restauration procédant de la réfection de la première travée en ruine et d'un dallage; car il ne faut malheureusement pas songer à rétablir le carrelage en terre cuite émaillée du XIIIe siècle dont, il y a quelques années, subsistaient encore des fragments que nous avons recueillis.

A proximité aussi, les vieilles substructions du Saut-Gaultier seraient à niveler et à pourvoir d'un dallage. Il serait intéressant et facile d'y rétablir l'escalier descendant à l'ancien vestibule de la vieille hôtellerie de Robert de Torigni.

Sous le transept Nord, la chapelle des Trente Cierges réclame quelques mesures de conservation et l'établissement d'un dallage de schiste conforme à celui dont en était revêtu le sol, avant de recevoir, au XIIIe siècle un carrelage de terre cuite vernissée.

L'une des entreprises les plus urgentes est celle qui aura pour effet de consolider les substructions de l'Ouest et du Nord, tout en assurant la parfaite étanchéité de ces substructions sous la plate-forme occidentale. Peut-être serait-ce une occasion d'exhumer les fondations de l'ancien portail du XIe siècle. En tout cas, ce sera celle d'indiquer, sur le sol de la dite plate-forme, la projection des piliers et des murs des trois travées de la nef détruite en 1780. Nos figures 465 et 466 projettent les dispositions que nous proposerions d'adopter dans ce but. Nous avons signalé l'état inquiétant du mur extérieur du promenoir sous l'action de la poussée de voûtes ogivales dépourvues de contreforts. A l'Ouest, les voûtes en berceau des salles construites par Robert, surchargées par un amas de terre et désagrégées par de fréquentes infiltrations, tendent à déverser les murs trop faibles et mal contrebutés. Le déblaiement de ces dessus de voûtes jusques aux fondations du vieux portail XIe siècle, allégerait leur charge et diminuerait d'autant leur poussée sur ces murs. Une dalle en ciment armé, s'étendant sur toute la plate-forme, procurerait une étanchéité parfaite à la couverture de ces constructions et constituerait, à leur sommet, un immense chaînage assurant la solidarité de toutes leurs parties composantes.

Les bâtiments abbatiaux, qui n'avaient jusqu'ici jamais été étudiés, ne laissent rien transparaître de la beauté et de l'intérêt qui s'attachent à leurs dispositions originelles. Il est d'autant plus urgent de rétablir ces dernières que les bois sont pourris dans les assemblages et les scellements, et menacent les planchers et les combles d'un effondrement prochain. Dans cette restauration, on procédera sans la moindre hésitation au rétablissement de dispositions qui ne font pas l'ombre d'un doute et transfigureront subitement toute cette région importante et peu connue de la vieille abbaye. Le grand pavillon des Abbés recouvrera son altière

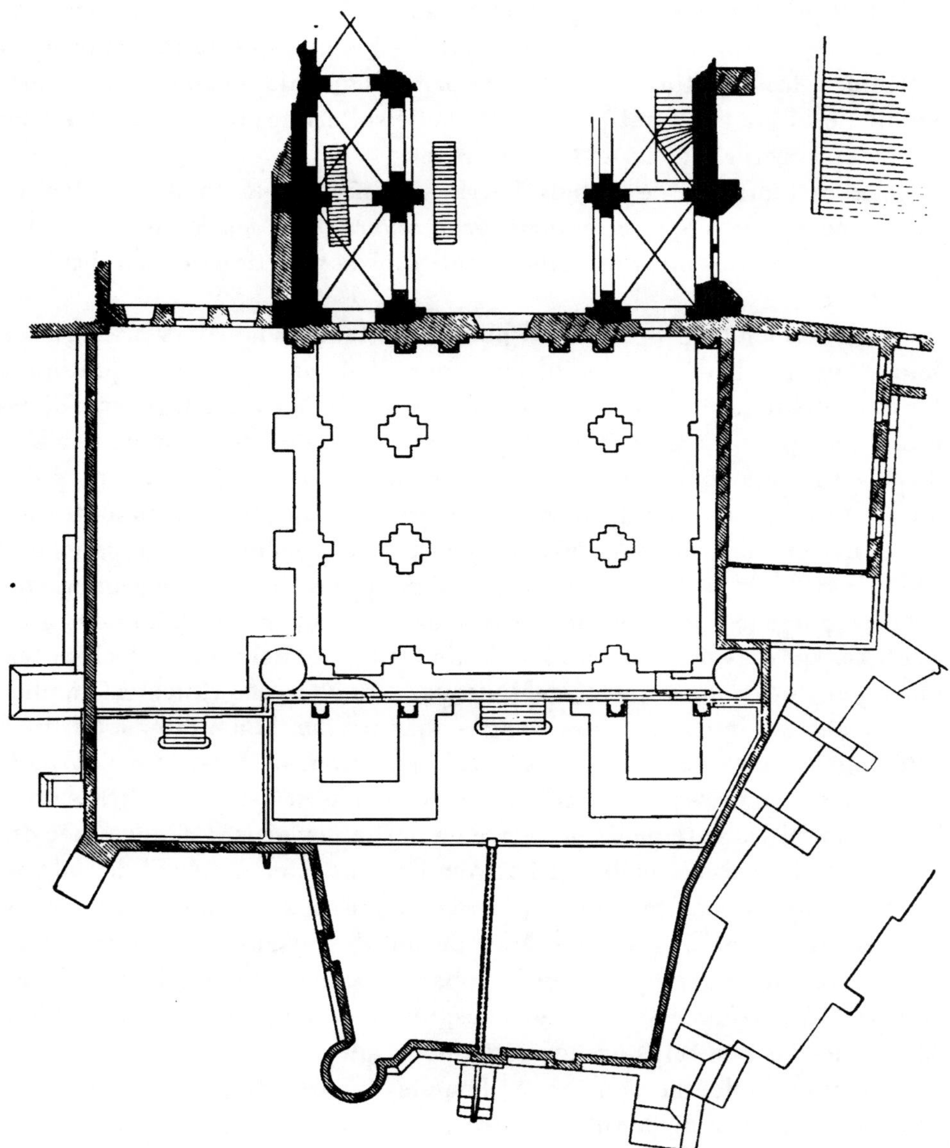

FIG. 465. — Plan de la plate-forme de l'Ouest indiquant le tracé de l'emplacement des trois travées détruites et donnant en outre un projet de dégagement des vestiges de la façade du XIe siècle et des tours du XIIe enfouis sous le dallage.

allure, sa jolie silhouette et ses salles merveilleuses. Le crénelage du pont reliant ces bâtiments à l'église basse sera rétabli suivant les vestiges qu'on en retrouve dans les murs, à ses deux extrémités.

La grande salle de l'Officialité ne peut plus attendre : son plafond et sa toiture, d'ailleurs modernes, menacent de s'effondrer. Il faut les refaire et rétablir le pignon en pierre devant lequel passeront le chemin dallé et la balustrade établissant la circulation au pied du comble. Un carrelage du sol, des reprises dans les encadrements des baies et au manteau de la cheminée, la fermeture des croisées par des menuiseries et leur vitrage, compléteront la restauration de cette belle salle que son état de ruine ne permet pas actuellement de laisser visiter.

La restauration de la tour Perrine ne présentera aucune difficulté; elle ne comportera guère, comme gros œuvre, que des reprises, le complément de parties de crénelage démolies et la réfection de combles hors de service.

Simultanément, il faudrait pouvoir attaquer la Merveille. Assez importants par la dépense qu'ils entraîneront et par les résultats pratiques auxquels ils tendront pour la conservation des édifices, ces travaux n'ajouteront pas grand'chose à l'intérêt que présente, à l'heure actuelle, la visite de ce magnifique bâtiment. Du moins en faciliteront-ils le parcours, puisqu'ils auront pour objet de poser du dallage et du carrelage dans toutes ces salles qui en sont dépourvues. Il pleut par les fenêtres de la salle des Chevaliers et de la salle des Hôtes, ainsi que par celles de l'étage inférieur. Il faut réparer les encadrements des baies, broyés par l'oxydation des barraudages qu'y avait encastrés l'administration pénitentiaire, et clore les vides par des menuiseries et des vitrages. La salle des Hôtes est la plus gravement atteinte. Ses murs, rongés au Nord par l'humidité, n'ont que vaguement conservé leurs formes architectoniques. Il est indispensable d'opérer des reprises, de ce côté où les maçonneries sont salpêtrées profondément et les parements de pierre en partie disparus. La cheminée du milieu est à rétablir; celles de l'extrémité Ouest sont à consolider adroitement. Nous connaissons le carrelage de terre cuite émaillée qui couvrait le sol de cette magnifique salle. Mais devant l'impossibilité pratique de le reproduire, mieux vaudra le remplacer par un dallage qui, d'ailleurs, s'harmonisera mieux avec la froideur des murs et des voûtes aujourd'hui dépourvus des peintures qui les décoraient jadis.

La restauration de l'ancienne chapelle Sainte-Madeleine devra avoir pour objet de faire disparaître les traces du plancher qui la divisait dans sa hauteur depuis le XVIIe siècle, la reprise des colonnes coupées et la confection d'un dallage.

Il reste à prendre un parti pour le vestibule d'entrée de la Merveille. Convient-il de lui rendre ses dispositions médiévales en le débarrassant de l'escalier dont l'encombra, en 1629, l'agent de l'abbé Henri de Lorraine? Ce n'est pas notre avis. Cet escalier est une des rares entreprises où les moines de Saint-Maur aient fait preuve de quelque goût. C'est en outre un des témoins les plus caractéristiques des dispositions que reçut

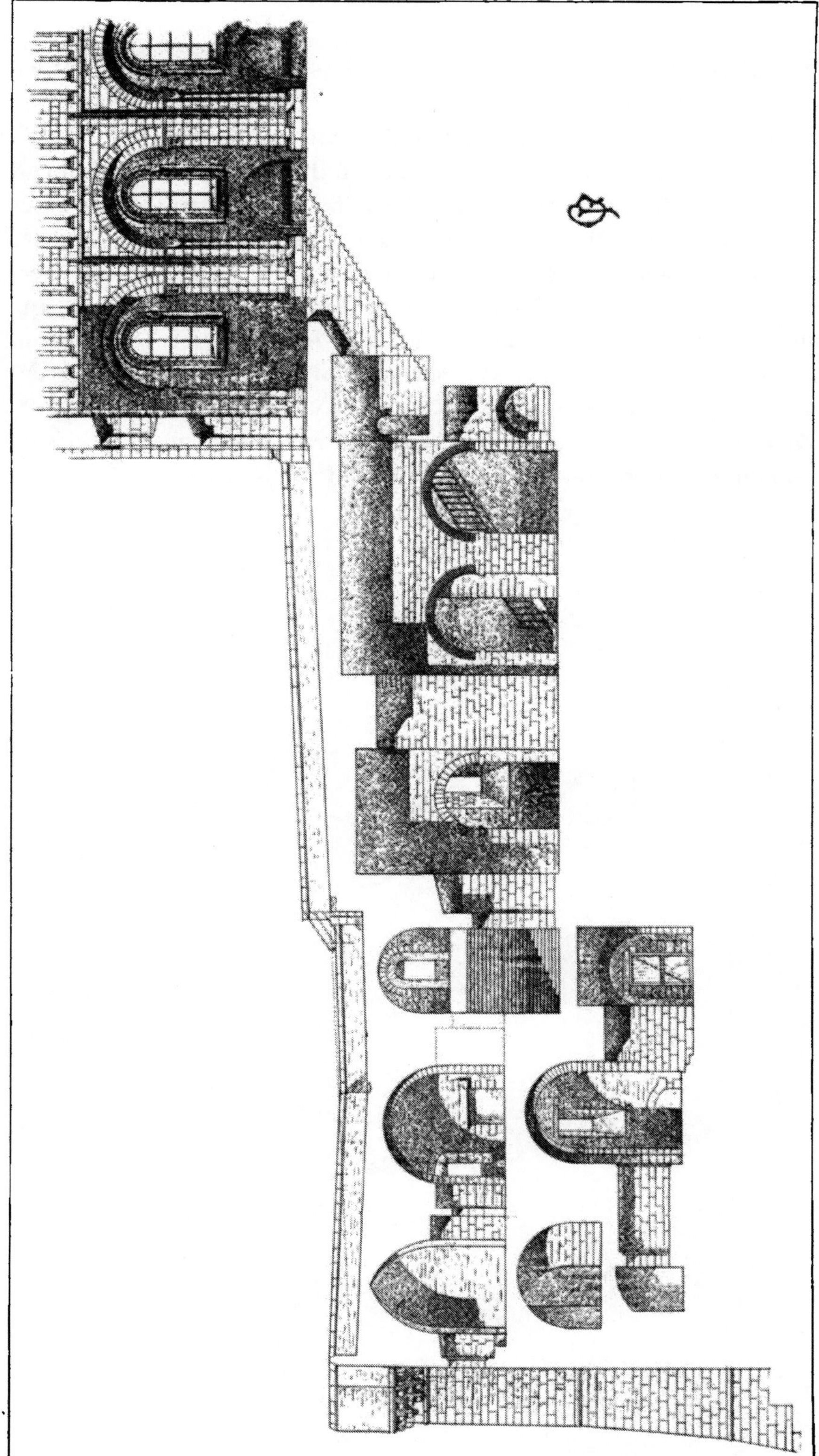

Fig. 466. — Coupe sur les substructions de l'Ouest.

Cette coupe présente l'état de ces substructions après une restauration ayant eu principalement pour but : 1° De débarrasser Notre-Dame-sous-Terre du mur du xviii° siècle qui en cache actuellement les deux absidioles ; 2° de dégager les vestiges de la façade du xi° siècle et des tours du xii° enfouis sous le dallage de la plate-forme de l'Ouest.

l'entrée de l'abbaye à l'une des principales phases de son histoire. Il est préférable de le conserver.

Une reconnaissance spéciale est due à nos deux prédécesseurs qui, indépendamment des remarquables travaux qu'ils ont exécutés, ont ouvert la voie aux études fécondes en opérant des déblaiements profitables à des recherches ultérieures. Mais ce travail minutieux et long n'avait pu, dès l'abord, atteindre tous les développements propres à renseigner avec certitude sur certaines dispositions à rétablir. De là quelques erreurs qui nous semblent appeler des retouches. La plus indispensable consisterait dans la substitution, au crénelage surmontant la Merveille, du garde-corps ajouré qui la couronnait au XIIIe siècle.

Il faudra, entre temps, s'occuper des remparts, qui exigent, sur divers points, quelques réparations et, partout, un entretien soutenu.

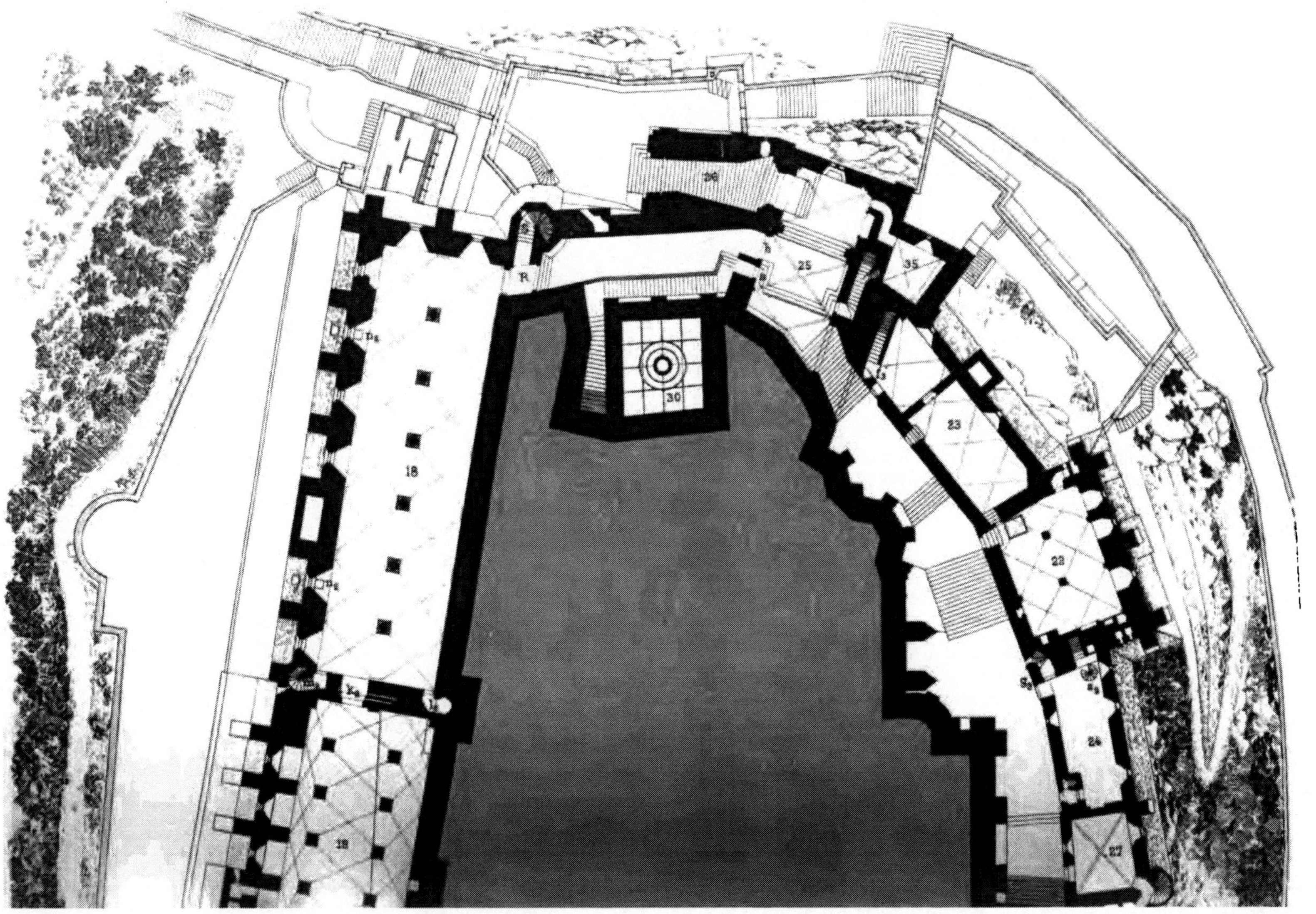
25
35
30
23
18
22
24
19
27
R

PLAN
A LA HAUTEUR
DE L'AQUILON,
APRES RESTAURATION

LIBRAIRIE ARMAND COLIN

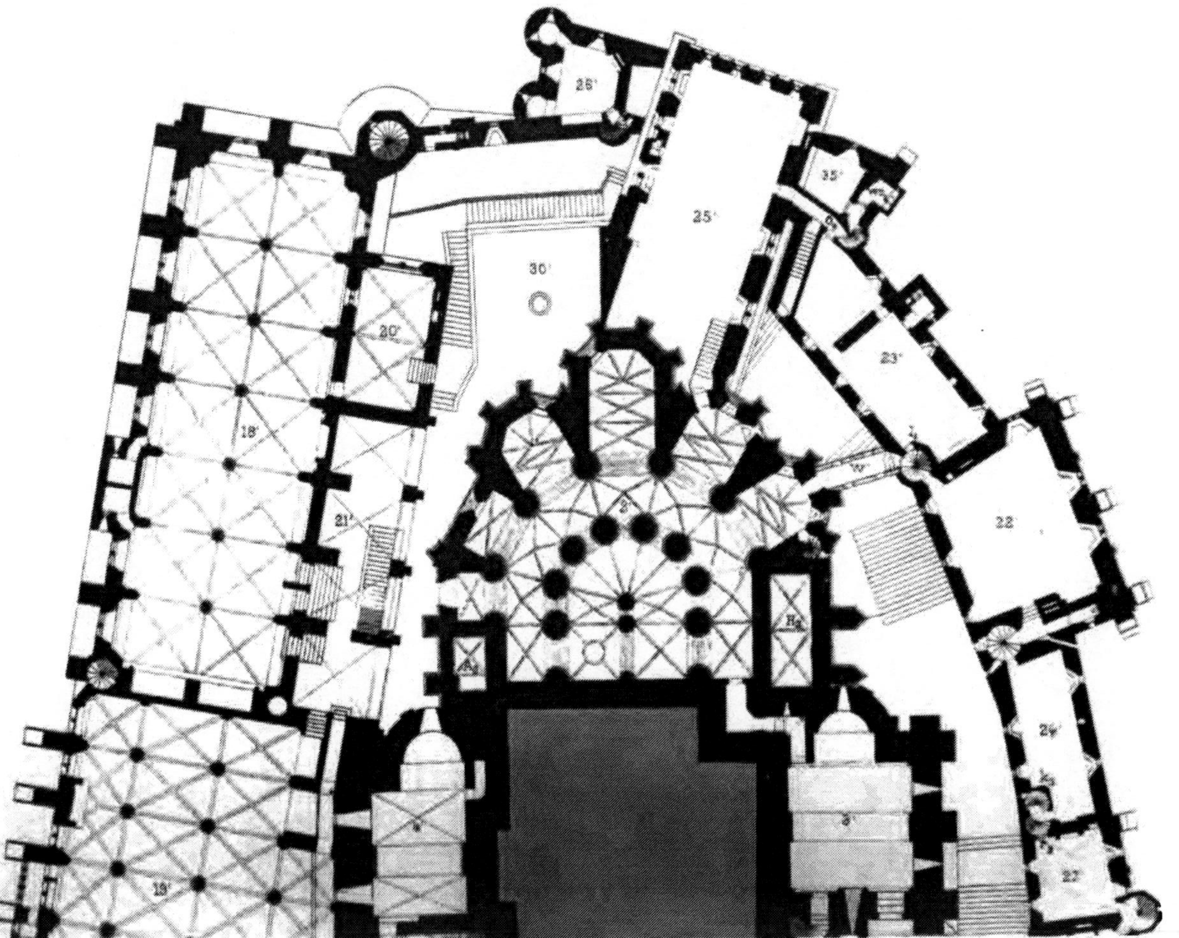
26'
35'
25'
30'
20'
23'
18'
21'
2'
22'
24'
27'
19'
3'

PLAN
A LA HAUTEUR
DU PROMENOIR
APRES RESTAURATION

LIBRAIRIE ARMAND COLIN

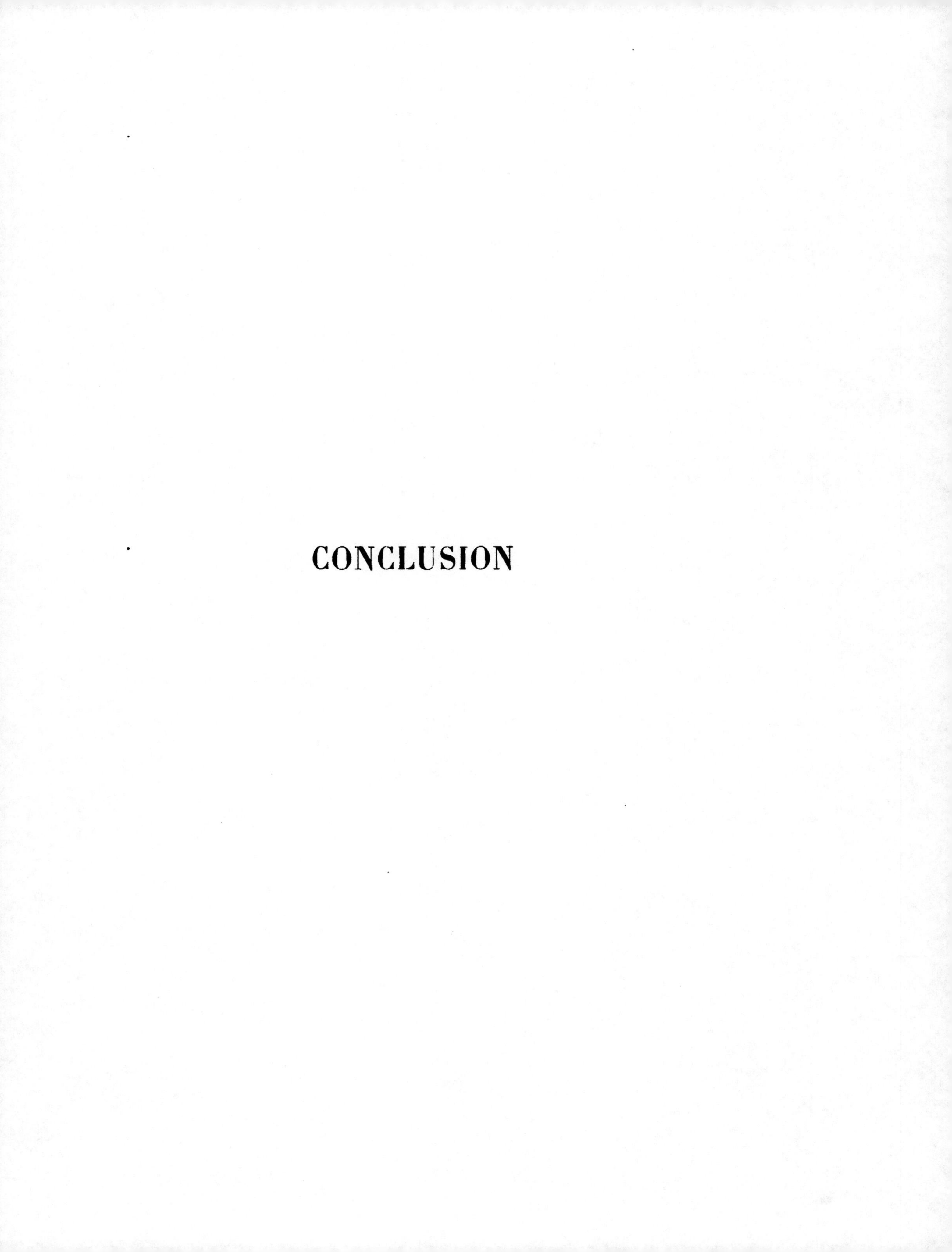

CONCLUSION

CONCLUSION

L'intérêt historique et artistique que présente le Mont-Saint-Michel fait de cet îlot célèbre une mine d'une richesse inépuisable. Loin de nous donc la prétention d'avoir dit le dernier mot sur ce sujet fertile en surprises, chaque jour d'étude pouvant amener encore de nouveaux aperçus. Cependant, nous pensons qu'indépendamment de la justification des mesures que nous avons prises pour dégager le caractère exceptionnel des monuments et leur assurer la plus longue perennité, nous aurons, par ce qui précède, fait avancer d'un pas l'état des connaissances sur ces merveilles de la nature et de l'activité humaine. Notre étude comparative de l'histoire locale et des édifices nous a permis de rectifier certaines erreurs et d'éclairer des points demeurés obscurs. Nous avons établi l'existence indiscutable de la vieille collégiale et des fondements du monastère carolingien, devenus les substructions de la basilique romane. Après avoir dégagé ce noyau originel, nous avons montré ses premiers développements suivis, au XIIe siècle, de transformations auxquelles le monastère roman dut un état complet perceptible aujourd'hui. Nous avons ensuite vu surgir, au XIIIe siècle, la conception générale d'une entreprise d'allure imposante et promettant d'atteindre des proportions gigantesques. Puis vint le XVe siècle qui ajouta la richesse de ses perfections plastiques aux mâles beautés de la première période ogivale; après quoi la Renaissance mit la dernière main au parachèvement d'une œuvre désormais complète et parfaite.

Après ces évolutions ascendantes survint la réformation de Saint-Maur qui, bienfaisante au point de vue intellectuel et moral, inaugura, dans l'ordre matériel, une décadence ininterrompue jusqu'à la chute finale de l'établissement monastique.

Dans une série de plans correspondant aux phases principales de l'histoire architecturale de l'abbaye-forteresse, nous avons indiqué la destination propre aux divers locaux, fixé la suite des modifications et des additions apportées aux constructions originelles et précisé la nature des transformations caractéristiques de chacun de ces états successifs. La comparaison de ces périodes a permis de constater que chaque phase de leur évolution marquait un nouveau pas dans le développement progressif d'un programme fixe dans ses données élémentaires. Elle a démontré, en outre, que ce développement s'était opéré suivant une proportionnalité constante entre les divers éléments de l'œuvre et sous l'influence manifeste d'une méthode sévèrement fidèle à ses principes et persévérante dans ses procédés. Partout et à tout moment, la volonté qui a présidé à la conception s'est exprimée avec la même énergie, la même puissance. L'œuvre a toujours été expansive parce qu'elle était fortement douée : son langage n'a cessé d'être clair, qualité essentielle pour ces édifices et bien précieuse pour nous qui réclamions d'eux tant de confidences.

C'est sur ces données, sur cet ensemble de considérations et de faits, que nous avons assis la méthode fondamentale d'une restauration. Cette opération ne pouvait pas se borner à des consolidations et à des reprises n'ayant pour objectif que la conservation d'un état qui comportait souvent des altérations regrettables. Il fallait dégager avec discernement ce qui, dans ces monuments, constituait leur véritable intérêt, pour en faciliter l'intelligence par des procédés de coordination, d'élimination judicieuse et d'exposition méthodique, inspirés d'une étude approfondie de l'histoire locale.

Notre conclusion consistera à extraire brièvement de la discussion du problème de restauration, dans laquelle nous avons pris comme exemples les monuments historiques du Mont-Saint-Michel, les enseignements didactiques qu'elle comporte.

Nous constaterons d'abord l'importance qu'il convient d'attribuer aux études historiques dans les investigations de l'architecte qui se spécialise dans la restauration des anciens monuments. Cette importance est primordiale pour la conception et décisive pour l'accomplissement méthodique de l'œuvre de restauration. L'a-t-elle toujours été jadis dans les préoccupations des maîtres de cet art spécial et l'est-elle habituellement dans la restauration de nos monuments historiques? Nous ne le pensons pas. La restauration des édifices s'est le plus souvent bornée à assurer leur stabilité : elle s'est bien rarement attachée à la conservation de ce qui perpétue leur principe essentiel et, pour ainsi dire, leur vitalité, c'est-à-dire leur authenticité matérielle et les souvenirs qu'évoque leur histoire. Comment pourrait-il en être autrement d'après la manière dont opère communément l'architecte dans ce genre de travaux. Bien rares sont ceux qui interrogent l'histoire du monument qu'ils sont chargés de restaurer. Cédant pour la plupart à l'habitude professionnelle de créer, ils songent plus à rajeunir les édifices qu'à les soigner. Semblables au chirurgien toujours enclin aux procédés ablatifs, ils engagent immédiatement les mesures curatives dans la voie opératoire de la construction, sans avoir tenté des moyens plus prudents d'une thérapeutique spéciale, ni s'être assuré du secours indispensable des documents écrits. Que de précieuses indications échappent alors et s'évanouissent à tout jamais, effacées par les résultats meurtriers de décisions arbitraires! Que d'ouvrages intéressants et de faits curieux sont menacés du néant de l'oubli le plus lamentable, par la faute de cette insouciance envers ces éléments moraux d'une restauration normale. Il est assurément plus laborieux d'opérer sous le contrôle de documents historiques dont l'autorité s'impose, que de trancher dans le vif suivant un parti arbitrairement adopté, pour restituer ensuite hypothétiquement ce qu'on admet avoir été ou ce qu'on suppose avoir pu être. Ce n'est pourtant qu'en prenant cette peine qu'on préservera certainement ces œuvres vénérables de tout traitement sacrilège.

Nous avons essayé de démontrer, par ce qui précède, que l'architecte faisant profession de restaurer les monuments historiques ne doit pas se contenter d'être un artiste consciencieux et un praticien consommé. Il ne lui suffit pas de posséder familièrement les secrets intimes des arts du passé auxquels il est appelé à collaborer dans la mesure qui doit assurer leur survivance aux vicissitudes des temps ou au vandalisme des hommes. Il faut encore qu'entraîné par un penchant naturel vers les études historiques, il y ait acquis des aptitudes particulières, ouvrant son esprit à une philosophie artistique d'un genre spécial. Cette extension des connaissances exigibles des architectes chargés de la conservation et de la restauration des monuments historiques, leur crée des devoirs proportionnés au prestige qui devrait légitimement s'attacher à cette catégorie peu nombreuse de professionnels de l'art de bâtir. Elle est de nature à les classer dans une sorte d'élite, mais leur impose l'exercice d'une conscience scrupuleuse au service d'un désintéressement et d'un dévouement absolus. L'architecte archéologue ne doit pas ménager sa peine, ni introduire dans ses préoccupations l'attente d'un gain presque toujours illusoire comparativement au temps qu'exige l'élaboration sérieuse de son œuvre. Son art est pour lui une sorte de sacerdoce fertile en joies compensatrices de bien des mécomptes. Il faut qu'il réunisse en lui l'expérience consommée du praticien, le goût délicat de l'artiste et la passion enthousiaste de l'érudit. On ne formera jamais une pépinière d'hommes susceptibles de restaurer convenablement nos monuments historiques, parmi de jeunes architectes désireux avant tout de posséder un titre qu'ils croient destiné à leur acquérir au dehors les faveurs de la clientèle particulière. L'intérêt de l'Administration exige qu'elle s'assure le concours d'hommes absolument dévoués à cette tâche spéciale et, pour cela, qu'elle opère par une sélection procédant des épreuves sévères d'un concours équitablement jugé; il lui commande de restreindre le nombre des architectes en exercice à un minimum permettant d'attribuer à chacun d'eux, dans la répartition des crédits disponibles, une somme de travail nécessaire pour alimenter son activité professionnelle, et suffisante pour qu'il puisse, lui et sa famille, vivre décemment du fruit de son labeur. Peut-être même y aurait-il lieu de substituer au mode de rétribution par honoraires proportionnels, un traitement fixe assurant aux dix ou douze architectes en chef qui suffiraient à assurer le service pour tous les monuments historiques de la France, des ressources les mettant équitablement à l'abri du besoin et leur procurant, avec cette sécurité du lendemain, la liberté d'esprit indispensable à l'homme qui consacre son dévouement à la culture scientifique.

Nous pensons en avoir assez dit pour affirmer l'impérieuse nécessité de ne confier la restauration de nos monuments anciens qu'à des architectes spécialistes possédant une compétence exceptionnelle et faisant pour ainsi dire profession exclusive de ce genre de travaux. A ces architectes spéciaux, il conviendrait d'adjoindre des collaborateurs spéciaux, ayant étudié et pratiqué les arts du Moyen Age et de la Renaissance, et en communauté de doctrines avec le « maître de l'œuvre » chargé de les diriger. Or, l'heure est proche où l'on ne trouvera plus aucun sculpteur ornemaniste ni aucun peintre décorateur ou verrier, capables de refaire, dans le caractère propre à leur époque, un crochet, ou un panneau de vitrail du XIIIe siècle. Chaque jour voit disparaître les derniers représentants d'une génération de praticiens de ces divers genres, qui s'était formée à l'école du génie de Viollet-le-Duc, et qui fournit longtemps à ses continuateurs des collaborations expérimentées et dévouées. Découragés par des errements administratifs qui avaient livré aux hasards des adjudications des travaux qu'ils se sont vu enlever par les faiseurs de rabais « du bâtiment », ils ont peu à peu abandonné une carrière incapable de les faire vivre et n'ont plus formé d'élèves.

Peut-être est-il encore temps de ranimer des défaillances et de réunir en faisceau des bonnes volontés dispersées. L'État le peut certainement par sa protection et ses encouragements. Lui qui fait tant pour une École nationale peu soucieuse, dans son enseignement, de ce qui en adviendra de la conservation de nos anciens monuments, peut bien faire quelque sacrifice pour assurer à la France la pérennité du riche patrimoine d'où l'art français dégage sa didactique la plus vivifiante. C'en est fini de notre art national si l'État laisse s'évanouir, dans un irrémédiable oubli, les doctrines écrites en caractères lapidaires sur nos monuments du passé. Il ne saurait donc être de sacrifice trop grand pour assurer la conservation de ces glorieuses traditions.

Nous souhaiterions de voir le Mont-Saint-Michel devenir le siège de cette œuvre de piété artistique et patriotique, et servir d'asile à une organisation de la préservation et de la culture de notre art national. Autrefois détenteur de tant de proscrits de nos dissensions politiques, il deviendrait aujourd'hui la suprême étape de l'exil infligé à cet art par nos désaccords artistiques.

Peu en vogue sinon proscrite à l'École nationale des Beaux-Arts, en dépit du talent des maîtres chargés d'y faire connaître son histoire, l'Architecture française du Moyen Age s'est réfugiée de l'autre côté de la Seine, à l'extrémité de Paris. Au sommet de la colline du Trocadéro, elle abrite, depuis plus de vingt ans (telle une forteresse défendue par des troupes d'élite), au milieu de moulages des plus purs spécimens de notre art, exposés dans le musée de sculpture comparée, son enseignement didactique envisagé sous le double point de vue de son analyse rétrospective et de ses conséquences réformatrices De cette glorieuse retraite, l'art français du Moyen Age répand, parmi tous ceux que passionnent les doctrines rationalistes qu'en dégage un maître éminent, les principes les plus vivifiants de l'art de bâtir.

On ne saurait souhaiter un enseignement répondant mieux au programme des connaissances techniques que doit posséder l'architecte des monuments historiques. Cependant, il serait à désirer qu'il existât, en outre, un foyer d'études, un terrain d'exercice préparant à ces fonctions spéciales. Ces études et ces exercices devraient se poursuivre dans un milieu approprié par sa situation, son caractère particulier, et par une accumulation de documents formés, soit des originaux, soit des copies des merveilles de notre art du Moyen Age et de la Renaissance. Sans dépouiller les provinces de ce qu'elles sont légitimement fières de posséder, on pourrait sauver bien des œuvres d'art d'un naufrage dont les menace une coupable incurie. Quantité d'objets mobiliers, boiseries qui pourrissent, émaux qui se brisent, orfèvreries qui se bossèlent, tapisseries qui moisissent, étoffes qui se déchirent dans les trésors mal gardés de nos églises, ou dans les sacristies de nos campagnes où ces objets n'éveillent que la convoitise des brocanteurs, pourraient être achetés par l'État. Des copies ou moulages de châsses, de devants d'autels, de reliquaires, de stalles et d'autres objets mobiliers qu'il importerait de laisser où ils sont ou qu'il serait impossible d'acquérir, des exemplaires des moulages qui figurent au musée du Trocadéro, et notamment les magnifiques modèles réduits d'édifices du Moyen Age qui y sont exposés; une collection de vieilles monnaies françaises et de sceaux; des fragments de sculptures anciennes recueillis sur les chantiers de restauration de nos grandes cathédrales; des reproductions de vitraux anciens, des dessins relevés de tous les monuments historiques de la France, et une collection complète de belles photographies les représentant sous tous leurs aspects et dans tous leurs détails, constitueraient un musée d'un intérêt inappréciable. Une bibliothèque de manuscrits et de livres, tant anciens que modernes, traitant d'archéologie, d'art et d'histoire, compléterait un ensemble de documents mettant sous la main de l'architecte spécialisé dans ce genre, tous les instruments de sa culture professionnelle. Chaque année, le lauréat d'un concours, ouvert entre les meilleurs élèves de l'enseignement de l'architecture française du Moyen Age, serait désigné pour aller passer, aux frais de l'État, deux années dans cette sorte de sanctuaire de l'art français. Il pourrait y être accompagné des lauréats de concours également institués dans les écoles d'arts décoratifs ou les cours des arts et métiers, pour la peinture, la décoration, la sculpture, les industries d'art et l'ameublement. Pour tous ces lauréats de spécialités diverses, la première année serait consacrée à l'étude analytique et synthétique des arts français du Moyen Age. Dans cette association studieuse d'allure démocratique, l'architecte et les futurs exécutants prendraient un premier contact aussi profitable aux uns qu'aux autres et qui serait comme le prélude de la collaboration d'où sortirait par la suite, sous la direction du maître, l'œuvre commune. Le futur « maître de l'œuvre » poursuivrait d'abord ses études sur les monuments du Moyen Age. Dans la liste des monuments sur lesquels les documents font défaut aux archives de la Commission des Monuments historiques, il choisirait à son gré le ou les édifices sur lesquels il devrait faire les études prescrites par le règlement pendant la première année de séjour à cette École française de France. Il voyagerait le temps nécessaire à ses levés graphiques, puis rentrerait exécuter ses dessins qui comporteraient des plans et détails divers d'état actuel et de restauration, accompagnés de devis et appuyés de mémoires historiques et descriptifs sur les édifices étudiés. D'autre part, les peintres, sculpteurs, décorateurs, et généralement tous les élèves des industries d'art choisiraient, dans des conditions analogues, les sujets ou objets d'art dont ils devraient apporter des copies ou des moulages destinés, comme les travaux des architectes, à prendre place, chaque année, dans les séries de collections des divers genres.

L'application, à des conceptions modernes, des méthodes rationnelles de composition puisant leur source dans l'étude analytique des arts du Moyen Age, ferait, pour tout le monde, l'objet des études de la seconde année. Instruit dans un contact journalier et une intimité toute spéciale avec les œuvres de cette époque où tout est fondé sur la simplicité, la sincérité et la logique, chacun abandonnerait alors toute forme, toute disposition architectonique ou décorative connue, pour s'exercer dans sa propre spécialité, d'après un programme donné, à l'exécution d'une œuvre exclusivement moderne, dans la conception de laquelle il se servirait des principes didactiques que l'analyse des œuvres du Moyen Age lui aurait rendu familiers. Quelle sève nouvelle cette innovation ne serait-elle pas capable d'introduire dans la pratique de l'art moderne à qui il ne manque qu'une seule chose pour produire de nouveaux chefs-d'œuvre : la méthode rationnelle de composition qui a fait la force de tous les arts du Moyen Age! Ce serait du même coup pour le Mont-Saint-Michel, sinon la résurrection, du moins l'apothéose. Le cadavre de l'antique abbaye, que toutes les restaurations demeureront impuissantes à ranimer, rouvrirait les yeux dans son cercueil de granit. De nouveaux religieux, prêtres du culte de l'art français, franchiraient alors le seuil du vieux monastère. Les deux « Exils » recueilleraient ces nouveaux exilés de l'intransigeance classique. Les salles de « la Merveille » se meubleraient de merveilles sans prix, et ses annexes, de collections vénérables; et dans l'église, toute désignée pour l'exposition des chefs-d'œuvre de l'art religieux, on verrait se dresser les riches autels, les vieilles châsses, et étinceler l'or et les pierreries des vases sacrés et des reliquaires. L'abbaye du Mont-Saint-Michel, devenant la gigantesque châsse où seraient exposées, à la dévotion des fidèles de l'idéale beauté, les plus vénérables reliques de l'art français, quel beau rêve! Mais, hélas, entrera-t-il jamais dans la domaine des réalités?

APPENDICE

A LA PARTIE ARCHITECTURALE

APPENDICE A LA PARTIE ARCHITECTURALE

VOCABULAIRE

DES DIVERSES PARTIES DE L'ABBAYE, DE LA VILLE ET DES REMPARTS[1]

Abbatial (Logis), 22 du plan, Pl. XXXVI. Bâtiment contenant les appartements de l'abbé, construit au XIIIe siècle sous la prélature de Richard Turstin.

Abside (Citerne de l'), 30 du plan, Pl. XXXVI. Construite en 1417 par ordre de l'abbé Robert Jolivet, en vue d'alimenter d'eau potable la forteresse assiégée.

Aigles (Hôtellerie des).

Aire de plomb, 19″ du plan, Pl. XXIV. Partie centrale du cloître qui était couverte en plomb et dont les eaux pluviales contribuaient à l'alimentation des citernes[2].

André (Chapelle Saint-), A'_2 du plan, Pl. XXIX.

Annonciation (Chapelle de l'), G'_2 du plan, Pl. XXIX. Cette chapelle reçut au XVIe siècle le vocable de Saint-Martin.

Antoine (Maison Saint-).

Aquilon (Salle de l'), 5 des plans, Pl. XV, XVIII et XXII. Nous n'avons trouvé aucun document permettant d'établir à quel moment cette dénomination lui a été donnée. Toutefois elle ne paraît pas antérieure au XVIIe siècle (Voir Aumônerie.)

Arcade (Tour et Maison de l'), T_1 du plan, Pl. XXXVI. Ce nom vient de l'arcade qui existe à l'intérieur de cette tour et sur laquelle repose le mur du premier

1. Cette nomenclature a pour but de préciser dans l'esprit du lecteur les dénominations attribuées, dans le texte et sur les plans, aux diverses parties du Mont-Saint-Michel et à ses monuments. Elle donne, lorsqu'il a été possible de la déterminer, l'origine de ces dénominations, ainsi que les circonstances intéressantes qui ont pu les motiver.

Les noms qui ne sont suivis d'aucune indication sont généralement ceux que relate le *Terrier*, ou *Livre de recettes du Mont-Saint-Michel* (Ms. n° 217 de la bibl. d'Avranches), mais sur lesquels nous ne possédons aucun renseignement.

2. « Claustri pratellum plumbo constratum est et sub eo fornix in quo tres cisternæ quæ pluviales aquas excipiunt. » (*Ann. bénédictines*).

étage de la maison attenante. Quelques auteurs modernes l'ont aussi appelée par corruption la tour de l'Escadre (Voir Tour Neuve).

Aubert (Chapelles Saint-). Trois chapelles étaient dédiées à saint Aubert. La première (54 du plan, Pl. XXXVI), située au bas du Mont au Nord-Ouest sur un rocher bordant la grève, est un petit édifice qui fut consacré au saint évêque sur un point de l'îlot où un éboulis de roches semble provenir des blocs de granit que celui-ci, à en croire la tradition, précipita du haut de la montagne (Voir notre figure 226, page 385). Les personnes assez agiles pour escalader les roches formant le soubassement de cette chapelle au Nord-Est remarqueront, sur l'une d'elles, une empreinte de pied humain que les guides montois ne manquent pas de donner comme celle du pied du petit *Bain*, en faisant toutefois observer que ses grandes dimensions proviennent du creusement opéré dans cette cavité par l'eau dont elle est presque constamment remplie.

Les deux autres chapelles dédiées à saint Aubert rayonnent autour du chœur de l'église abbatiale, l'une en I'_2 de l'église haute, plan, Pl. XXIX, l'autre immédiatement au-dessous, dans l'église basse[1].

Aubert (Fontaine Saint-), 29 du plan, Pl. XXXVI. Fontaine dont la légende attribue la découverte à l'évêque d'Avranches. Elle fut, au XIIIe siècle, entourée d'une tour dont il ne subsiste plus que de rares vestiges. Au XVIIIe siècle on éleva sur son emplacement le petit édicule qui existe aujourd'hui et sur la porte duquel on lit la date de 1757.

Aumônerie. La salle de l'Aquilon fut la primitive aumônerie du monastère au XIe siècle. Quand, au XIIIe siècle, l'immense développement qu'il prit donna lieu à la construction de la Merveille, la salle du rez-de-chaussée, à l'Est, fut affectée à la distribution des aumônes (Voir 18 du plan, Pl. XXII). Au XVIe siècle on désigna sous le même nom d'aumônerie la construction établie au Midi entre l'église et le Saut-Gaultier et qui servait au logement de l'aumônier.

Aumônerie (Citerne de l'), 50 du plan, Pl. XXXVI. Construite au commencement du XVIe siècle, sous la prélature de Guillaume de Lamps, contre les bâtiments affectés à l'aumônier du monastère. On l'a aussi appelée la *Citerne du greffe*, parce que les constructions dont on l'entoura au XIXe siècle contenaient le greffe de la maison de détention.

Bailliverie (ou Procure), 25 et 25' des plans, Pl. XXXIV, XXXV et XXXVI. Logis du bailli ou procureur du monastère.

Avancée. (Voir 53 du plan, Pl. XXXVI.) Ouvrage avancé construit au XVIe siècle par Gabriel du Puy, pour présenter un premier obstacle en avant de la porte de la barbacane ou boulevard.

Barbacane ou **Boulevard**, 48 du plan, Pl. XXXVI. Petite enceinte construite vers 1426, par Guillaume d'Estouteville, pour protéger l'entrée principale de la ville.

Barbacane du Châtelet, 56 du plan, Pl. XXXVI. Ouvrage protégeant l'entrée du Châtelet.

Barbe (Hôtellerie de Sainte-).

1. Les chapelles de l'église basse portaient les noms des saints sous le vocable desquels se trouvaient les chapelles correspondantes de l'église haute, avec l'addition de : *sous-terre*. Ces noms ont été donnés vers la fin du XVe siècle.

Basse (Tour), 45 du plan, Pl. XXXVI. Régley[1] dit qu'on l'appelait aussi la tour des Épines et qu'elle devint fameuse par l'évasion du condamné politique Colombat, qui, parvenu au rempart, descendit par cette tour Basse au moyen d'une corde attachée à une poulie qui servait à hisser les fardeaux. Avant les remaniements dont elle a été l'objet, elle s'appelait la tour Denis (Voir tour Béatrix).

Phot. Ch. Besnard

Fig. 467. — Tour Boucle. (Bastillon). Vue extérieure.

Bastillon. Voir Tour Boucle.

Béatrix (Tour), 44 du plan, Pl. XXXVI. (Voir Tour de la Liberté.) Plusieurs tours portent, dans les manuscrits du xve siècle[2], des dénominations qu'elles ont perdues. Il est assez difficile, d'après les textes, d'indiquer exactement, pour chacune d'elles, le nom qui lui était attribué. Voici cependant comment l'étude de ces documents appliquée aux lieux qu'ils désignent, nous semble devoir répartir ces appellations :

Au xve siècle, la Demi-Lune se serait appelée tour Chollet.
— la tour Basse — — — Denis.
— — de la Liberté — — — Béatrix.
— — de l'Arcade — — — Neuve.

Belle-Chaise ou **Belle-Chaire**, 25 et 25′ des plans, Pl. XXXIV, XXXV et XXXVI. Bâtiment contenant l'officialité abbatiale et ainsi nommé de la splendeur du siège du prétoire où l'abbé rendait la justice. On trouve, dès le xive siècle, ce bâtiment,

1. *Guide des voyageurs*, p. 19.

2. *Chron.* t. II, p. 131. *Vidimus par Guillaume Paynel, écuyer, garde des sceaux des obligations de la vicomté d'Avranches, d'une ordonnance de Louis, seigneur d'Estouteville et de Hambye*..... Comme en la ville, place et forteresse d'iceluy lieu du Mont ayons fait faire grandes et somptueuses repparacions, fortifficacions et emparemens, et en perceverant et prétendant la perfeccion fortifficatoire requise et necessaire en plousours endrois d'icelle ville, ait par nous esté advisé et déliberé faire doubler le mur et la tour par dedans deux piés d'espece d'entre l'ostel Boucan et la tour Chollet, iceluy mur et tour machicolleys, et depuis icelle tour ung mur fenissant à la tour Beatrix, fait à chaux et à sablon, de cinq piés d'espece depuis le fondement jusques au-dessus de la mer le dehors des maisons, iceluy mur fourny et rendu par hault de quatre piés d'espèce et auxi hault

désigné dans les manuscrits par le nom de *Bellacadra* ou *Belancadra*, ayant pour étymologie *Bella cathedra*. En français, ce fut Belle chieire, Belle chère, Belle chaire, Belle chèze et Belle chaise. Cette appellation remonte à la prélature de Pierre Le Roy qui fit mettre, dans le prétoire, le riche meuble dont le bâtiment tout entier tira bientôt son nom.

Depuis le XVIIIe siècle, ce prétoire a pris le nom de Salle du Gouvernement, parce qu'il servait de salle de réception aux gouverneurs de la place.

Benoît (Autel Saint-), d_4 du plan, Pl. XXIX.

Bidonnière (Hôtel de la), Z_3 du plan, Pl. XXXVI.

Boucan (Hôtel), B_3 du plan, Pl. XXXVI. Du nom d'un des défenseurs du Mont-Saint-Michel.

Boucle (Tour), ou de la Reine, 46 du plan, Pl. XXXVI. Nom tiré des anneaux dont elle était pourvue pour amarrer les embarcations. On l'appelle aujourd'hui le Bastillon et on a donné son nom à la Demi-Lune voisine.

Boulevard (Voir Barbacane).

Bourgeois (Corps de garde des), S_8 du plan, Pl. XXXVI. Petit bâtiment à l'entrée de l'Avancée, qui servait de corps de garde aux escouades formées de bourgeois de la ville.

Butor (Maison). Loge de marchand d'images.

Cachot du diable, 15' du plan, Pl. XXXV. Salle du XIIIe siècle précédant la chapelle des Trente Cierges et transformée, sous l'administration pénitentiaire, en salle de correction pour les détenus récalcitrants. Voir T. I, pages 361 et suiv.

Cage (Hôtellerie de la).

Caserne (La) (Voir les Fanils, 32 du plan, Pl. XXXVI.)

Catherine (Chapelle Sainte-), 27 du plan, Pl. XXVI et XXXVI. Construite en 1380 par Geoffroy de Servon.

Catherine (Couvent de Sainte-), C_3 du plan, Pl. XXXVI. Couvent de religieuses où les femmes venant en pèlerinage recevaient l'hospitalité.

Cellier, 19 du plan, Pl. XXII. Cette salle fut aussi appelée Montgomery après l'aventure de ce partisan huguenot relatée T. I. p. 247.

Chapeau blanc (Maison du), B_8 du plan, Pl. XXXVI.

Chapeau rouge (Hôtellerie du).

comme la tour Denis, alant de l'une tour à l'autre, à machicolleys, et la dicte tour Beatrix machicollée, et oultre d'icelle tour Beatrix jusques à la prouchaine massonnerie machicollée, et d'icelle haulce la muraille doublée par dehors de l'espesseur devant dicte et machicollée, comme dit est. Et avecques ce une massonnerie faicte et commencie ou ce deffault le machicolleys endroit Mauçon jusques à la Tour Neufve, icelle massonnerie machicollée, de l'espesseur et haulce devant dicte, et icelle Tour Neufve doublée par dedens de trois piés d'espoisse et machicollée, comme est devisé, et auxi machicoller tout le devant de la porte d'endroit le boullevert. »

Chartrier, 58' et 58" du plan, Pl. XXVIII.

Châtelet, 26 et 26' des plans, Pl. XXVI et XXVII. Défense établie à la fin du XIVe siècle en vue de protéger l'entrée de l'abbaye.

Chauffoir, 21" du plan, Pl. XXXVI. Fut aménagé par les Bénédictins de la Congrégation de Saint-Maur sur l'emplacement de l'ancienne cuisine de la Merveille.

Cheval blanc (Hôtellerie du), D_3 du plan, Pl. XXXVI.

Chevaliers (Salle des), 19' du plan, Pl. XXIII. On admet généralement que cette salle prit ce nom au XVe siècle, à la suite de la cérémonie de l'ouverture, par Louis XI, du premier chapitre de l'Ordre des Chevaliers de Saint-Michel. Nous avons exposé, dans l'appendice historique sur l'Ordre des Chevaliers, les raisons qui nous semblaient infirmer cette tradition. Il n'en résulte pas que cette salle n'ait pu avoir, à partir du XVe siècle, une affectation spéciale et de principe aux réunions de cet Ordre[1].

Chollet (Tour). Voir Demi-Lune, 47 du plan, Pl. XXXVI.

Cire (Maison de la). Loge de marchand d'images.

Claudine (Tour), ou **Liaudine** (par corruption), 57 du plan, Pl. XXXVI.

Cloche (Hôtellerie de la), E_3 du plan, Pl. XXXVI.

Cloître, 19" du plan, Pl. XXXVI.

Coquille (Hôtellerie de la), F_3 du plan, fig. 25.

Corbins (Tourelle des), ou **Corbeaux**, ou du Réfectoire, S' et S" des plans, Pl. XXII, XXIII et XXIV.

Corne de Cerf (Hôtellerie de la).

Corne du Blin (Hôtellerie de la). Le mot *blin* signifie bélier en patois normand.

Cornet (Hôtellerie du).

Couronne (Hôtellerie de la).

Croissant (Hôtellerie du).

Croix blanche (Hôtellerie de la), C_3 du plan Pl. XXXVI.

1. Voici, à titre de simple indication et sous l'expresse réserve que commande leur défaut d'authenticité, ce que disent, de cette salle, *les Souvenirs de la Marquise de Créquy*, édit. de 1840, t. I, p. 81 : « On y voit les trophées héraldiques de tous les chevaliers de l'Ordre du roi, depuis sa création par Louis XI, jusqu'à l'institution de celui du Saint-Esprit, par Henri III. Les casques et les cimiers des chevaliers sont placés sur la sommité de leurs stalles, dont ils forment les couronnements, et tout cela produit, de chaque côté de la galerie, une longue file de bannières, d'écus blasonnés, de casques, voiles de casques flottans, pennons, cimiers et lambrequins découpés, qui brillent de dorure, et de toutes couleurs, et qui produisent un effet admirablement noble et pittoresque. On dirait que toute la pompe féodale de la vieille France s'est réfugiée dans cette belle galerie du Mont-Saint-Michel. »

Croix de pierre (Hôtellerie de la).

Croix d'or (Hôtellerie de la).

Croix verte (Hôtellerie de la).

Crucifix (Autel du), l_4 du plan Pl. XXIX.

Cure (Jardin de la). R_2 du plan. Pl. XXXVI.

Cygne (Hôtellerie du).

Dauphin (Hôtellerie du), G_3 du plan, Pl. XXXVI.

Degré (Grand), 55 du plan, Pl. XXXVI. Se subdivise en grand degré extérieur avant le Châtelet et en grand degré intérieur ou abbatial depuis la salle des Gardes jusqu'au Saut-Gaultier.

Demi-Lune, 47 du plan, Pl. XXXVI. Elle était désignée au moyen âge sous le nom de tour Chollet. C'est par confusion avec sa voisine, qu'on l'appelle aujourd'hui tour Boucle.

Denis (Tour) (Voir Tour Basse, 45 du plan, Pl. XXXVI.)

Dentelle (Escalier de), fig. 401. Escalier établi sur un arc-boutant pour desservir le comble du chœur. Il doit son nom à la légèreté des découpures flamboyantes du garde-corps qui en borde les degrés.

Docteurs (Autel des), 4″ du plan, Pl. XXIX. Dans le transept Nord de l'église abbatiale.

Dortoir, XIe et XIIe siècle, 5″ des plans, Pl. XVII et XX. Il a conservé sa destination jusqu'à l'occupation de l'abbaye par les Bénédictins de la Congrégation de Saint-Maur. Il fut alors transformé en salle de récréation ou d'exercices, sous le nom de Salle de Souvré.

Écu-de-Bretaigne (Hôtellerie de l').

Épines (Tour des) (Voir Tour Basse).

Espée d'or (Hôtellerie de l'), H_2 du plan, Pl. XXXVI.

Espron-chapeau rouge (Hôtellerie de l'), I_3 du plan, Pl. XXXVI.

Espron-des-trois-Marie (Hôtellerie de l'), J_3 du plan, Pl. XXXVI.

Exil (Petit), 23 et 23′ des plans, Pl. XXII, XXIII et XXXVI. Bâtiments affectés, au XIXe siècle, à la détention des prisonniers politiques.

Exil (Grand), 22 et 22′ des plans, Pl. XXII, XXIII et XXXVI.

Fanils ou **Fenils**. Bâtiments 32 du plan Pl. XXXVI. Leur nom vient du latin *Fenum*, foin; ils contenaient les provisions de foin. Ils étaient rattachés à l'enceinte du monastère et reliés aux escarpements de l'Ouest par une muraille percée de meurtrières (Voir fig. 468). Sur leur emplacement fut élevée, en 1828, la caserne des troupes préposées à la garde de la prison centrale.

Fanils (Tour des), 55 du plan, Pl. XXXVI. Par consonnance cette tour a été appelée tour Stéphanie[1]. On lui a donné aussi le nom de tour des Pêcheurs.

Phot. Durand.

Fig. 468. — Muraille reliant les Fanils aux escarpements de l'Ouest (xive siècle).

Fourches patibulaires. Élevées sur les grèves, à côté de l'entrée du boulevard, le 5 juin 1426, par Richard Lombart, vicomte d'Avranches[2], elles furent transférées en y_5 du plan Pl. XXXVI, par Gabriel du Puy.

Gabriel (Tour), 52 du plan, Pl. XXXVI. Construite au xvie siècle par Gabriel du Puy, seigneur du Murmays.

Gardes (Salle des), 25 du plan, Pl. XXVI. Entrée de l'abbaye depuis le xiiie siècle.

Gobelin (Trou du), b_6 du plan, Pl. XXXVI. Ancienne citerne en partie remblayée en 1840 par l'abbé Lecourt, propriétaire du terrain, qui avait réservé au centre une sorte de puits recueillant des eaux d'infiltration. Depuis, elle a été entièrement bouchée.

Gouffre (Le), K_3 du plan, Pl. XXXVI. Escalier montant au monastère sous la voûte rampante du Châtelet.

Gouvernement (Salle du) (Voir Belle Chaise, 25' du plan, Pl. XXVII).

1. Régley l'appelle ainsi dans son *Guide des Voyageurs*, p. 95.
2. *Chronique*, t. I, p. 247.

Guet (Tourelle du), S_1 du plan, Pl. XXXVI. Tourelle contenant l'escalier de la Maison de l'Arcade.

Horloge (Tourelle de l'), D du plan, Pl. XX. Tourelle qui couronnait l'escalier du transept Sud avant notre restauration et qui contenait l'horloge. Elle datait de 1847[1] et présentait l'aspect le plus disgracieux, ainsi qu'on en peut juger par la vue, fig. 454.

Hôtellerie, 16' des plans, Pl. XVIII. Il s'agit ici de l'hôtellerie abbatiale du XIIe siècle construite par Robert de Torigni.

Hôtes (Salle des), 18' du plan, Pl. XXIII. Hôtellerie du XIIIe siècle. Transformée en réfectoire et cuisine par les Bénédictins de la Congrégation de Saint-Maur.

Ile des bas (Jardin de l'), A_8 du plan, Pl. XXXVI. Jardin entourant un îlot de constructions faites, au XVIe siècle, par l'abbé Guillaume de Lamps, au pied du monastère.

Jean-l'Évangéliste (Chapelle Saint-) Chapelle du transept Sud de l'église abbatiale, d_4 du plan, Pl. XXIX.

Joseph (Chapelle Saint-), E'_2 du plan, Pl. XXIX.

Julien (Hôtellerie du grand Saint-), M_3 du plan, Pl. XXXVI.

Julien (Hôtellerie du petit Saint-), L_3 du plan, Pl. XXXVI.

Lanterne (Maison de la). Loge de marchand d'images.

Levrier (Hôtellerie du).

Liberté (Tour de la), 44 du plan, Pl. XXXVI. S'appelait au XVe siècle, tour Béatrix, du nom d'un propriétaire voisin, Colin Béatrix, bourgeois de la ville. Elle prit le nom de la Liberté à la Révolution, époque à laquelle on y planta un arbre de la liberté.

Licorne (Hôtellerie de la), Q_2 du plan Pl. XXXVI. Le grand Condé y descendit.

Lion d'argent (Hôtellerie du).

Loges. Nom générique donné aux boutiques de « marchands d'imaiges ».

Loges (Les). Cellules de prisonniers, établies au XIXe siècle au-dessus de la galerie Nord du cloître (Voir fig. 222 et p. 576).

Loges (Chemin des), u_5 du plan, Pl. XXXVI. Chemin longeant le pied du grand degré extérieur, ainsi désigné à cause des loges de marchands de souvenirs dont il était bordé.

Loges (Hôtellerie des).

Madeleine (Chapelle Sainte-), 20' du plan, Pl. XXIII. Chapelle attenante à la salle des Hôtes et qui leur servait à faire leurs dévotions avant d'entrer. On a la preuve

1. Le Héricher, *M.-S.-M. mon. et hist.*, p. 217.

de cette dénomination antérieure à l'occupation des moines de Saint-Maur qui divisèrent cette chapelle dans sa hauteur pour y faire une chambre des Hôtes[1]. Le culte de sainte Madeleine fut alors transféré dans la chapelle du transept Nord.

Martin (Chapelle Saint-). 3' des plans, Pl. XVI, XIX et XXIII. Quand, au XVIe siècle, cette crypte du transept Sud fut transformée en moulin à chevaux, le culte de saint Martin fut transféré dans une des chapelles du chœur (G'_2 du plan, Pl. XXIX). Sous l'administration pénitentiaire on y avait installé une citerne hémisphérique en pierre, doublée de plomb, qui en occupait toute la surface.

Martin (Hôtellerie Saint-).

Méridien (Tour du), M'_1 du plan, Pl. XXXVI. On y avait établi un cadran solaire. Fig. 469.

Merveille (La). 18, 19, 18', 19', 18'' et 19'' des plans, Pl. XXII, XXIII XXIV et XXXVI. L'ensemble des deux bâtiments accolés l'un à l'autre, au XIIIe siècle, et contenant l'aumônerie, le cellier, la salle des Hôtes, la salle des Chevaliers, le réfectoire et le cloître.

Michel-en-la-nef (Autel Saint-), K_4 du plan Pl. XXIX.

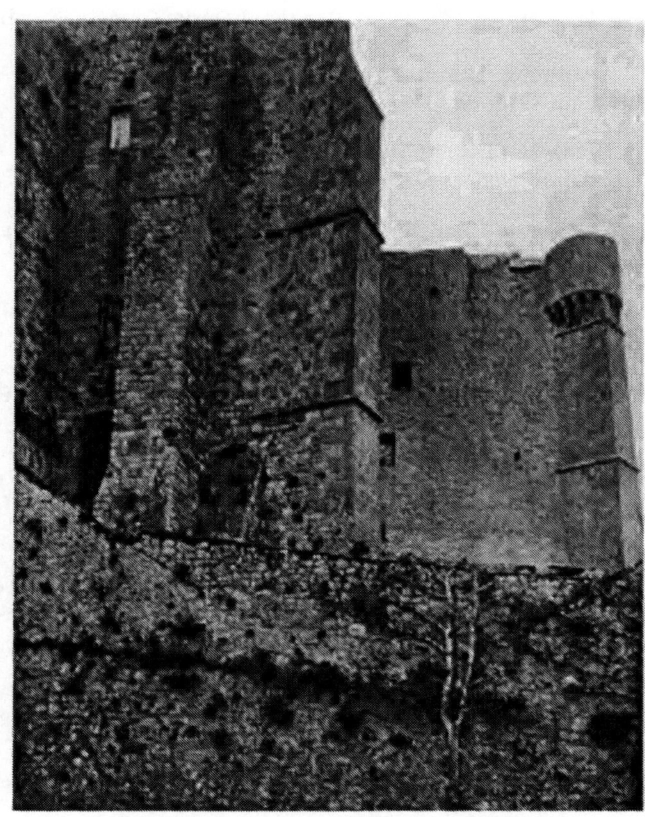

Fig. 469. — Contreforts de l'Ouest et Tourelle (dite du Méridien) à l'Ouest des substructions occidentales.

Michel-le-petit Chapelle Saint-), C'_2 du plan, Pl. XXIX. Ainsi nommée par opposition avec le grand autel de Saint-Michel.

Michel (Hôtellerie Saint-) ou de la Teste d'Or, O_3 du plan, Pl. XXXVI. Reconstruite en partie au XVIIe siècle, cette hôtellerie avait conservé ses cheminées du XVe siècle. Elle a été démolie en 1906 (Voir fig. 171).

1. « Item, il (le sieur de Brouhé) fit faire tous les degrez par où on monte du réfectoir aux dortoirs et à l'église, et pour cet effet il fit percer une voulte. Item de la chappelle de la Magdelaine il en fit faire l'hostellerie, comme elle se voit encore aujourd'huy, y faisant mettre une belle cheminée, vitrer la grande croisée et plancheyer le bas de l'estage de soliveaux qu'il avoit faict mettre avec des aisses de sapin, portes, fenestres, cloisons, et tout ce que l'on y voit tant en bas qu'en hault d'icelle chappelle. » (Dom Th. Le Roy, t. II, p. 173.)

Monteux (Escalier des), H_1 du plan Pl. XXXVI. Monteux est mis pour Montois. C'était, malgré la hauteur démesurée de ses marches, un escalier très fréquenté par les personnes qui avaient affaire dans le haut de la ville et principalement par les Montois, tandis que les visiteurs et pèlerins s'acheminaient naturellement vers l'abbaye par la rue de la Ville.

Montgomery (Voir Cellier).

Morilland (Tour) ou Marilland (Voir Tour du Nord)

Mouton blanc (Hôtellerie du), D_3 du plan, Pl. XXXVI. Voir ci-après une vue prise en 1910, fig. 470.

Neuve (Tour). Nom donné au xve siècle à la tour de l'Arcade, nouvellement construite par les ordres de Louis d'Estouteville (Voir Tour de l'Arcade).

Nicolas (Chapelle Saint-) du transept Nord de l'église abbatiale (Voir 4'' du plan, Pl. XXIX).

Nord (Citerne du), O du plan, Pl. XVII. Citerne établie au Nord de la crypte du chœur au xve siècle.

Nord (Échauguette du), K_1 du plan fig. 25. Construite par Louis d'Estouteville à l'angle Nord-Ouest du rempart (Voir fig. 385).

Nord (Tour du) 34 du plan XXXVI. Construite au xiiie siècle et remaniée aux xive et xve. A la fin du xviiie siècle on l'appelait tour Morilland, du nom d'un officier municipal dont le jardin était contigu à cette tour.

Nord-Sud (Galerie), 7' des plans, Pl. XVI, XIX, XXII et XXIII. Galerie s'étendant du Nord au Sud et par laquelle on accédait au monastère aux xie et xiie siècles.

Notre-Dame des Anges (Autel de), d_4 du plan, Pl. XXIX.

Notre-Dame de Pitié (Autel de), e_4 du plan, Pl. XXIX. Transféré en O_4.

Notre-Dame du Circuit ou **du Rosaire** (Chapelle), E'_2 du plan, Pl. XXIX.

Notre-Dame-sous-Terre (Chapelle de), 1 et 1' des plans XV, XVI, XVIII, XIX, XXIII. La petite église carolingienne contenait deux chapelles. Celle qui occupait la nef méridionale était dédiée à la Sainte Trinité; et comme son autel se trouvait être, suivant la tradition, celui sur lequel saint Aubert avait officié, et que, d'autre part, les reliques de ce saint évêque étaient exposées au-dessus, on donna parfois à cette chapelle le vocable de Saint-Aubert. L'autre chapelle était vouée à la Vierge pour laquelle les Bénédictins témoignaient d'une dévotion spéciale. Lorsque, au xie siècle, l'ecclésiole carolingienne devint souterraine par rapport à l'église romane construite au-dessus, cette dernière chapelle conserva son affectation patronale sous la dénomination de Notre-Dame-sous-Terre[1], pour la distinguer sans doute du sanctuaire de Notre-Dame situé sous le transept Nord de la basilique. La célébrité de la chapelle de Notre-Dame-sous-Terre fit bientôt attribuer son nom à l'ancienne ecclésiole tout entière. D'où la méprise de certains auteurs qui confondaient les deux autels de cette même chapelle souterraine.

1. Pour le même motif, l'autel de Saint-Aubert reçut des auteurs l'appellation de *Saint-Aubert-sous-Terre*.

méprise qui pourrait bien n'en être pas une si, comme on est tenté de l'imaginer, l'autel de la Vierge avait été, lors du dépôt des reliques dans le trésor abbatial, transféré dans l'absidiole méridionale, plus favorisée que sa voisine dont l'escalier montant à l'église haute n'était pas sans encombrer un peu les abords.

Quoi qu'il en soit, l'emplacement de « la chappelle Nostre-Dame-soubs-Terre..., au-dessoubs de la nef de l'église de ce Mont » est désigné formellement par Dom Th. Le Roy[1] qui déclare y voir encore « l'autel (quoyque à moitié démoly) sur lequel ce sainct (Aubert) célébra. » Cet historien précise en outre la place de l'autel spécialement dédié à la Vierge, en s'exprimant comme il suit au sujet de la statue de l'autel des Trente Cierges qui y avait été transportée : « Cette image de bois se voit, dit-il, encor aujourd'hui sur l'autel de *la chapelle de Notre-Dame soubs terre, en la nef de l'église, vers le septentrion*[2] ». Un procès-verbal de Frère François Gingatz, religieux de l'abbaye, en date du 19 avril 1694, signale la présence de cette même image derrière un retable de bois qui vint, dans l'intervalle, décorer cet autel. Voici ce curieux document qui ajoute une preuve à la désignation du lieu qui nous occupe; il est écrit sur une feuille de papier intercalée dans les pièces sur parchemin du manuscrit n° 211 :

Phot. Ch Besnard

Fig. 470. — Hôtellerie du Mouton Blanc.

« Le lundy, 19e jour d'avril de l'an 1694, je trouvay derrière la boiserie de l'autel de la Vierge, en la chapelle sous terre, une ancienne image de bois représentant la sainte Vierge avec le petit Jésus, qui fut miraculeusement préservée des flammes lors de l'incendie général tant de l'église, avec une chapelle dite des Trente-Cierges, que de tous les lieux réguliers, arrivé par la foudre du ciel l'an 1112. J'ai fait mettre la dite ancienne image dedans une niche en la dite chapelle sous terre, avec un châssis de verre au-devant. Il y vient un grand concours de pèlerins en voyage, et y font leurs dévotions, et plusieurs ont obtenu des effets miraculeux, des guérisons, par l'assistance de la Très Sainte Vierge. J'ai dressé une déclaration ample de cette découverte, laquelle j'ai signée le 20 juin 1694. Frère François Gingatz. »

Enfin, comme dernier argument précisant nettement cette désignation, nous citerons le passage suivant de Piganiol de la Force[3] qui écrivait en 1754 : « Dans

1. T. I, p. 81.
2. T. I, p. 142.
3. T. IX, p. 525.

la nef, il y a un escalier qui conduit à une chapelle basse nommée *Notre-Dame dessous terre.* »

Officialité ou **Prétoire** (Voir Belle-Chaise).

Perrine (Tour), 53 des plans, Pl. XXVI, XXVII et XXXVI. Elle tire son nom de celui de l'abbé Pierre Le Roy qui la fit construire à la fin du XIVe siècle.

Pierre (Chapelle Saint-), E'_2 du plan, Pl. XXIX.

Pierre (Église Saint-) 41 du plan, Pl. XXXVI. Église paroissiale. C'était au XIe siècle l'église d'un monastère que Guillaume de Saint-Pair désigne sous le nom de « Mostier de Seint Perron ».

Pigeon blanc (Hôtellerie du), P_3 du plan, Pl. XXXVI.

Piliers (Maison des). Loge de marchand d'images.

Pillette (Terrasse et échauguette de la), Q_1 et P_1 du plan, Pl. XXXVI. Cette plate-forme servait au jeu de paume ou de boule : de là lui vient son nom dérivé du latin *pila*.

Plan ou **plomb du four ou du fond**, 7'' (des plans XX, XXIV et XXXVI). Actuellement plate-forme de l'Ouest. Cette plate-forme était jadis couverte en plomb

Plat d'étain (Hôtellerie du), Q_3 du plan, Pl. XXXVI.

Plomb du chevet, ou **tour des chapelles**. Les chapelles de l'abside et le déambulatoire étaient couverts en plomb.

Porterie, 17' du plan, Pl. XVIII. Construite au XIIe siècle par Robert de Torigni.

Pot de cuivre (Hôtellerie du).

Pot d'étain (Hôtellerie du).

Poulain (Le), W_1 du plan, Pl. XXXVI. Plan incliné sur lequel glissait un chariot servant à monter à l'abbaye les approvisionnements de la prison. Ce chariot était élevé au moyen d'une corde passant sur une poulie et s'enroulant sur le moyeu d'une grande roue actionnée par six prisonniers qui, y marchant, provoquaient le mouvement rotatif de l'écureuil dans sa cage (Voir fig. 220).

Procure. Voir Bailliverie.

Promenoir des Moines, 5' des plans, Pl. XVI, XXIII et XXVII.

Quatre fils Esmond (*sic*) (Hôtellerie des), R_3 du plan, Pl. XXXVI (Voir fig. 211).

Queue du renard (Maison dite de la). Loge de marchand d'images.

Ravelin, 51 du plan, Pl. XXXVI. Avancée construite au XVIe siècle par Gabriel du Puy, en avant des Fanils.

Réfectoire des moines du XIIIe siècle, 18'' des plans, Pl. XXIV, XXVII et

XXXVI. Transformé en dortoir et divisé en cellules par les Bénédictins de la Congrégation de Saint-Maur en 1629.

Roch (Chapelle Saint-). « Proche de la tour de l'église », où fut inhumé le gouverneur de Querolland.

Roi (Porte, logis et tour du), 43, R'$_1$ et 42 du plan, Pl. XXXVI. Porte principale de la ville contenant le logis du préposé à sa garde par le roi de France. Cette entrée de la ville date du XVe siècle et fait partie de l'enceinte conçue sinon exécutée par Robert Jolivet; la tour a été dérasée et remaniée au XVIIe siècle.

Roue (Grande). Voir Poulain.

Saint-Sauveur (Chapelle), e_4 du plan, Pl. XXIX.

Saut-Gaultier (Plate-forme du), **Beauregard** ou **Mirande** (ces deux derniers noms tirés de la beauté de la vue dont on y jouit), 6'' des plans, Pl. XVII, XX, XXIV, XXVII et XXXVI). Nous avons vu que cette plate-forme existait dès le XIe siècle. Nous n'avons pu trouver à quelle source autre que leur imagination, certains auteurs avaient emprunté l'anecdote d'un prétendu sculpteur du nom de Gautier qui, au XVIe siècle, prisonnier à l'abbaye, se serait, dans un accès de désespoir, précipité du haut de cette plate-forme sur le rocher. Nous considérons comme beaucoup plus plausible une tradition plus ancienne, rapportée en chaire par un prédicateur du XIIIe siècle qui se serait écrié, avec l'assurance d'être compris de ses auditeurs[1] : « Vous ressemblez à un certain Gaultier qui, pour montrer à son amante combien il l'aimait, se précipita d'un rocher très élevé dans les profondeurs de la mer, d'où le nom de Saut Gaultier donné à ce lieu par les Normands chez lesquels il se trouve ».

Si l'on s'en rapporte à cette explication, Dom Jean Huynes aurait fait erreur en attribuant à une fantaisie de Guillaume de Lamps, l'attribution à cette plateforme d'un nom qu'elle portait de très longue date avant les travaux qu'y fit exécuter cet abbé[2].

Dom Thomas Le Roy, qui semble y faire allusion, se montre cette fois d'un scepticisme qui contraste avec son habituelle crédulité. Il trouve plus simple d'adopter l'opinion de Dom Jean Huynes, et croit aussi, sans dire pourquoi, que le Saut-Gaultier a reçu son nom lors des remaniements que fit subir Guillaume de Lamps à cette plate-forme. Et il ajoute : « On m'en a dit quelque raison, laquelle je n'ay voulu insérer en ce lieu, pour estre un roman et un conte de vielle, comme beaucoup d'autres contes qui sont rapportées par les anciens et le vulgaire des habitants de la bicquoque de ce Mont qui sont tout à fait ridicules et proférées sans aulcune raison ni fondement. Ce qui toutefois est occasion de scandale aux pèlerins et gens d'esprit qui ne croiant telles fourbes, s'en retournent mal-satisfaits en leurs pays de ce qu'on leur a raconté de ce sainct lieu[3]. » La réserve de cet annaliste semble, dans la circonstance, l'avoir éloigné de la question.

En partie couverte au XVIe siècle par la galerie qui mettait en communication les bâtiments abbatiaux de Guillaume de Lamps avec le portail méridional de l'église, cette plate-forme eut un rôle important comme vedette sur les grèves.

1. Vos estis similes cuidam Gualtero, qui ut ostenderet amasie suæ quantum diligeret eam, de cacumine altissimo rupis precipitavit se in mare profondissimo, unde locus a quo se precipitavit dicitur adhuc a Normanis, apud quos est, saltus Gualteri. » (Lecoy de la Marche. *La chaire française au XIIIe siècle*, p. 330, 331.)

2. On lit, en effet, dans l'*Histoire générale*, t. I, p. 208 : « le sault Gaultier ainsi nommé parce que tel fut le plaisir de cet abbé (Guillaume de Lamps). »

3. *Curieuses recherches*, t. II, p. 17.

C'est du Saut-Gaultier que les aventuriers protestants, déguisés en pèlerins, firent les signaux convenus au capitaine Le Touchet[1]. C'est de cette terrasse que les sentinelles signalaient l'arrivée de l'ennemi, c'est sur elle aussi, qu'on allumait les feux de joie ou qu'on tirait les feux d'artifice. C'est d'elle enfin que les religieux voyaient venir les pèlerinages, suivaient les combats et les escarmouches dans les grèves, ou s'intéressaient aux tournois dont elles étaient le théâtre[2].

Scubilion (Chapelle Saint-). B'_2 du plan, Pl. XXIX (Voir Saint-Sébastien).

Sébastien (Chapelle Saint-). Semble se confondre avec celle dédiée à saint Scubilion.

Sirène (Hôtellerie de la), T_3 du plan, Pl. XXXVI.

Soleil levant (Hôtellerie du), S_3 du plan, Pl. XXXVI.

Soleil royal (Hôtellerie du).

Sollier (Citerne du), H_2 du plan Pl. XXVII. Citerne au Sud de l'église basse. Elle prit le nom de Guillaume du Sollier, lieutenant du gouverneur, qui occupait en face les logements appelés, au XIXe siècle, le Petit Exil.

Souvré (Salle de). Voir Dortoir des Moines.

Symphorien (Fontaine Saint-), B_1 du plan, Pl. XXXVI. Cette fontaine marque approximativement l'emplacement de l'oratoire du même nom. Son eau avait la réputation d'une action salutaire pour les yeux.

Stéphanie (Tour). Corruption du nom de la tour des Fanils.

1. Nous avons raconté en détail cet incident dans notre exposé historique à sa place chronologique. Voir pages 241 et suiv.

2. La Colombière, chevalier de l'Ordre de Saint-Michel, né à la fin du XVIe siècle, a traduit (tome I, p. 252), d'après un vieux texte de Jean de Marmoutier (*Vita gaufredi andegav.* liv. 1er), le récit d'une de ces joutes entre les comtes de Flandre, de Blois, et de Mortain réunis sur les grèves avec les chevaliers normands pour tenir la lice contre Geoffroy d'Anjou et les Anglais. « Le tournoi commence. Les chevaliers des deux partis se mêlent et se frappent furieusement; tout le camp et les barrières retentissent du cliquetis des armes, du hennissement des chevaux, du son des trompettes, et de la voix des chevaliers et des écuyers qui crient chacun le cri de guerre de leurs seigneurs. Le tournoiement s'anime, les lances de frêne volent en éclat au premier choc; chacun s'échauffe en son harnais; on met la main aux épées; à force de rudes et pesans coups, on les émousse, on les rompt; on tâche de se porter mutuellement à terre. Alors les chevaux échappés et sans maîtres, gagnent la campagne, rompent les rênes et se donnent carrière. Geoffroy, plus furieux qu'un lion, frappe sur les Normands de toute sa force. Il arrive à l'endroit où ceux de son parti étaient mal menés; il fait vider les arçons à ses ennemis avec sa lance ou les transperce; puis il opère des merveilles avec son épée; il éclaircit les rangs. Tout le monde fuit.... Les Normands, indignés d'avoir été vaincus, envoient défier les Anglais au combat à outrance. Ils se fient sur la force d'un géant venu des parties d'outre-mer. Ce géant donc arrive et se plante de pied ferme sur une motte placée hors du camp des Normands.... Geoffroy lui offre seul le combat : le géant lève sa lance aussi grosse que l'ensuble d'un tisserand et en porte à Geoffroy un si rude coup que, faussant sa cuirasse et son écu, il arrose la terre de son sang. Cependant le comte se soutient dans les arçons sans être ébranlé. Il donne à son tour de sa lance une si forte atteinte au colosse qu'il le renverse à terre tout de son long. Soudainement il descend de cheval, il lui ôte son casque, lui tranche la tête, et se saisit de son cheval qu'il amène à sa troupe pour lui servir de dépouille et de trophée. » (Le Héricher, *Le M.-S.-M. mon. et hist.*, p. 143-144.)

Teste d'Or (Hôtellerie de la). (Voir Hôtellerie de Saint-Michel).

Teste noire (Hôtellerie de la).

Tiphaine (Maison de dame). U_3 du plan, Pl. XXXVI. Maison qu'on dit avoir été celle de la femme de Du Guesclin. Rien ne nous semble moins prouvé.

Trente Cierges (Chapelle des). 4' des plans, Pl. XXIII et XXVII. Dom Thomas Le Roy s'exprime avec une précision absolue touchant la chapelle qui portait cette dénomination. « Cette chapelle, dit-il[1], autrefois dédiée à la Vierge, était située sous l'aisle de l'église, du côté du septentrion, où est à présent la sacristie. » Ce qui veut dire qu'elle n'est autre que celle située au dessous du transept Nord dans lequel, en effet, les moines de Saint-Maur avaient installé la sacristie. Et il ajoute : « Elle fut destruite, il y a bien quinze ans, pour de bonnes raisons, et l'on transféra à la chapelle du circuit, autrefois du rosaire, la messe qui se souloit chanter chacun jour en icelle ». Cette description est donnée à propos de l'incendie qui consuma cette chapelle le 25 avril 1112, laissant toutefois intacte la statue de bois de la vierge qui fut dès lors transportée sur l'autel de la chapelle de Notre-Dame-sous-Terre. Elle est suivie de l'explication de l'appellation donnée à cette chapelle où on « chantoit chaque jour une messe avec trente cierges ardents, d'où elle dérivoit son nom ».

Plus loin[2], le même auteur, dans une relation circonstanciée d'un nouveau transfert de l'image de Notre-Dame des Trente Cierges, confirme nettement ce renseignement dans les termes suivants qui précisent en outre la date de la désaffectation de ce sanctuaire :

« L'an 1629, sur la fin dud. mois de septembre, led. Mr de Brouhé, de l'advis, conseil et consentement de tous les moynes de l'Abbaye, il fit ruyner la chappelle de Nostre-Dame-des-Trente-Cierges, pour beaucoup de raisons importantes à l'honneur de Dieu et du monastère, fit porter l'image de Nostre-Dame sur l'autel de la chappelle soubs terre et fit faire, au lieu de la chappelle des Trente Cierges, un passage pour passer les provisions venant des poulains par la roue. » Il s'agit là bien évidemment de la destruction des absidioles haute et basse du transept Nord que les moines de Saint-Maur démolirent pour l'établissement des communications entre les lieux réguliers de la Merveille qu'ils occupaient, et les vieux bâtiments abbatiaux du XIe siècle qu'avaient à traverser leurs provisions montées par la roue. Car il ne faut pas oublier que le poulain était alors au Sud dans le sous-sol de l'hôtellerie de Robert de Torigni.

Le transfert réitéré de la Vierge miraculeuse, au sacellum de Notre-Dame-sous-Terre montre que cette statue avait repris sa place sur l'autel des Trente Cierges, après que les dégâts du sinistre de 1112 eurent été réparés. Cette restauration fut l'œuvre de Robert de Torigni, sous la prélature duquel, le 16 juin 1156, Hugues d'Amiens, archevêque de Rouen, consacra dans cette « crypte du Nord l'autel de la bienheureuse Marie nouvellement réédifié »[3].

1. T. I, p. 142.
2. T. II, p. 174.
3. « Cum autem archiepiscopus exinde ad Montem Sancti Michaelis orationis et nos visitandi gratia venisset, et nos sua jocunda exhortatione et collocutione per quatuor dies exhilarisset, altare crucifixi fecit consecrari ab Herberto Abrincatensi episcopo sexta feria; ipse vero, sequenti Sabbato, *altare beatæ Mariæ in cripta aquilonali noviter reædificatum consecravit*. In quo altari reposuimus reliquias vestimentorum, ut putamus, ipsius Dominæ Nostræ, quas in pixide plombea in veteri ara ibidem reppereramus. » (*Chronique de Robert de Torigni*, t. I, p. 299). Maints auteurs ont traduit les mots *in cripta aquilonali* par *dans la crypte de l'Aquilon*. Or l'adjectif *aquilonalis* veut simplement dire : du nord. D'autre part l'« Aquilon » n'est pas une crypte mais bien une salle dans laquelle il n'y avait guère place pour un autel.

Il reste à déterminer l'époque à laquelle cette chapelle des Trente Cierges reçut son nom. Nous venons de voir que, vers la fin du XIIe siècle, Robert de Torigni ne lui en donnait pas d'autre que celui de crypte du Nord. Lorsque, par suite de la construction de la Merveille, elle ne reçut que le jour que lui transmettait la salle des Chevaliers, les religieux suppléèrent au défaut d'éclairage naturel par un luminaire composé de trente cierges. Cette dénomination ne remonte donc pas au delà du XIIIe siècle.

Cette chapelle, qui tenait une grande place dans la vie religieuse des moines montois, fut l'objet, de la part des abbés, d'un soin tout particulier et reçut, en raison même de son rôle, une décoration luxueuse.

Nous avons vu, en effet, que, couverte de riches peintures décoratives dès le XIIe siècle, elle fut repeinte encore au XIIIe, après les remaniements opérés dans sa voûte, consécutivement à la construction du pignon du transept Nord.

Trinité (Autel de la). Un autel à la Trinité existait, dès le Xe siècle, dans l'absidiole méridionale de l'église carolingienne. Quand l'église romane fut construite, un autel de la Trinité fut érigé dans l'absidiole du transept Sud, en e_1 du plan Planche XXIX.

Tripot (Le). X_2 du plan, Pl. XXXVI.

Trois Rois (Hôtellerie des). V_3 du plan, Pl. XXXVI.

Trou du Chat. C_1 du plan, Pl. XXXVI. Poterne de la tour Boucle.

Truie qui file (Maison de la). X_3 du plan, Pl. XXXVI. Loge de marchand d'images.

Yves (Maison Saint-). Loge de marchand d'images.

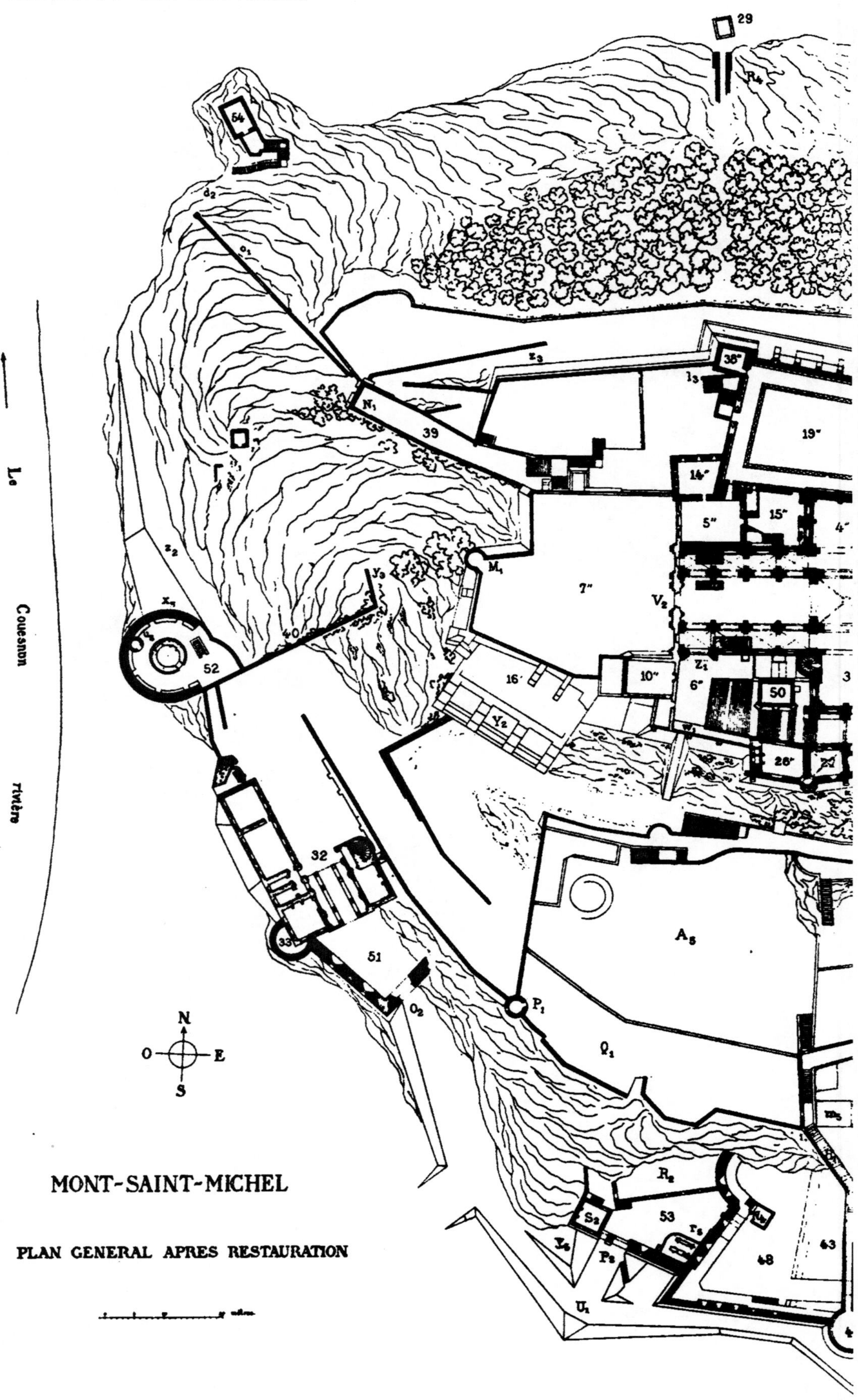

MONT-SAINT-MICHEL

PLAN GENERAL APRES RESTAURATION

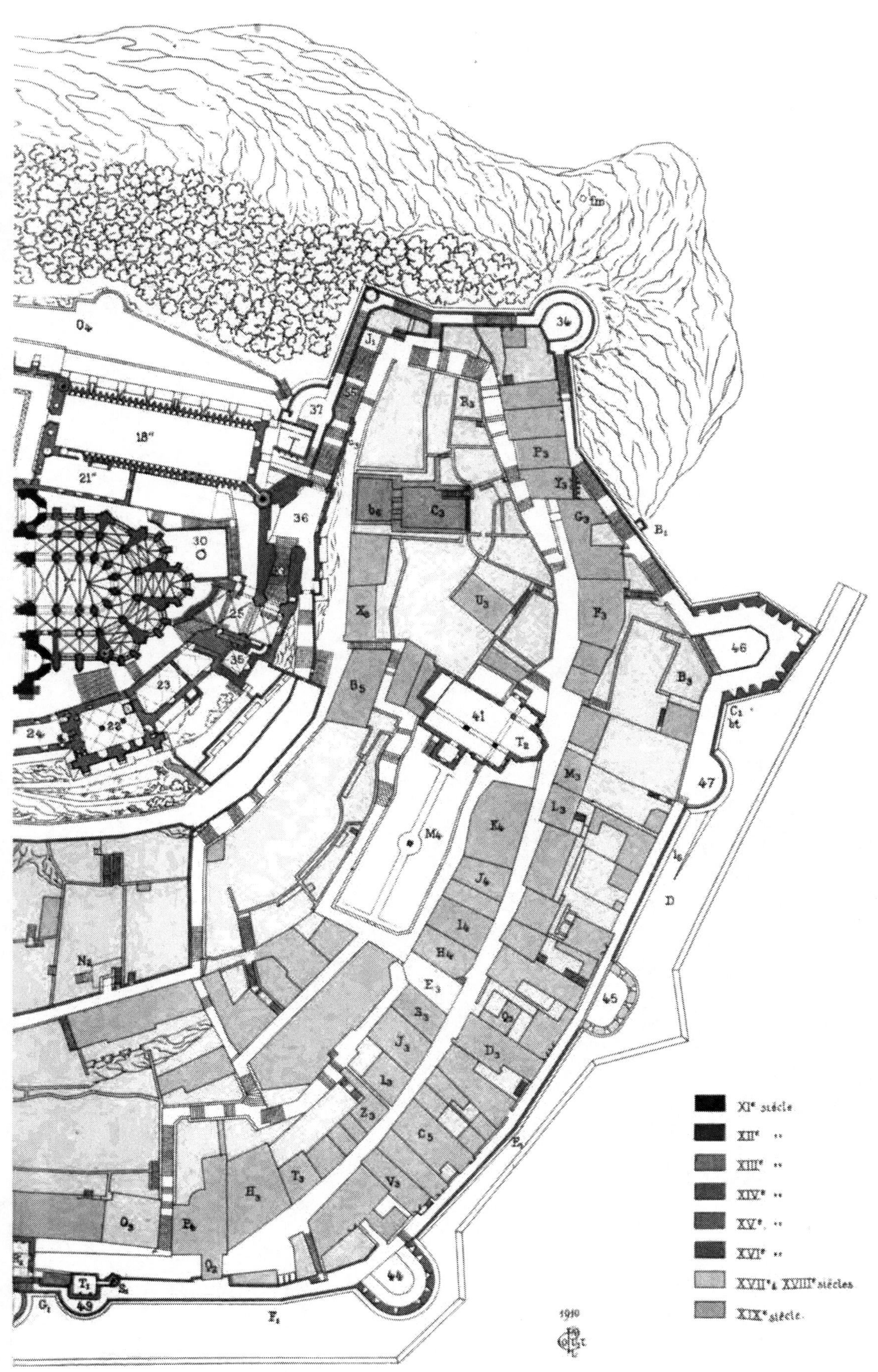
XIe siècle
XIIe "
XIIIe "
XIVe "
XVe "
XVIe "
XVIIe & XVIIIe siècles
XIXe siècle
1910

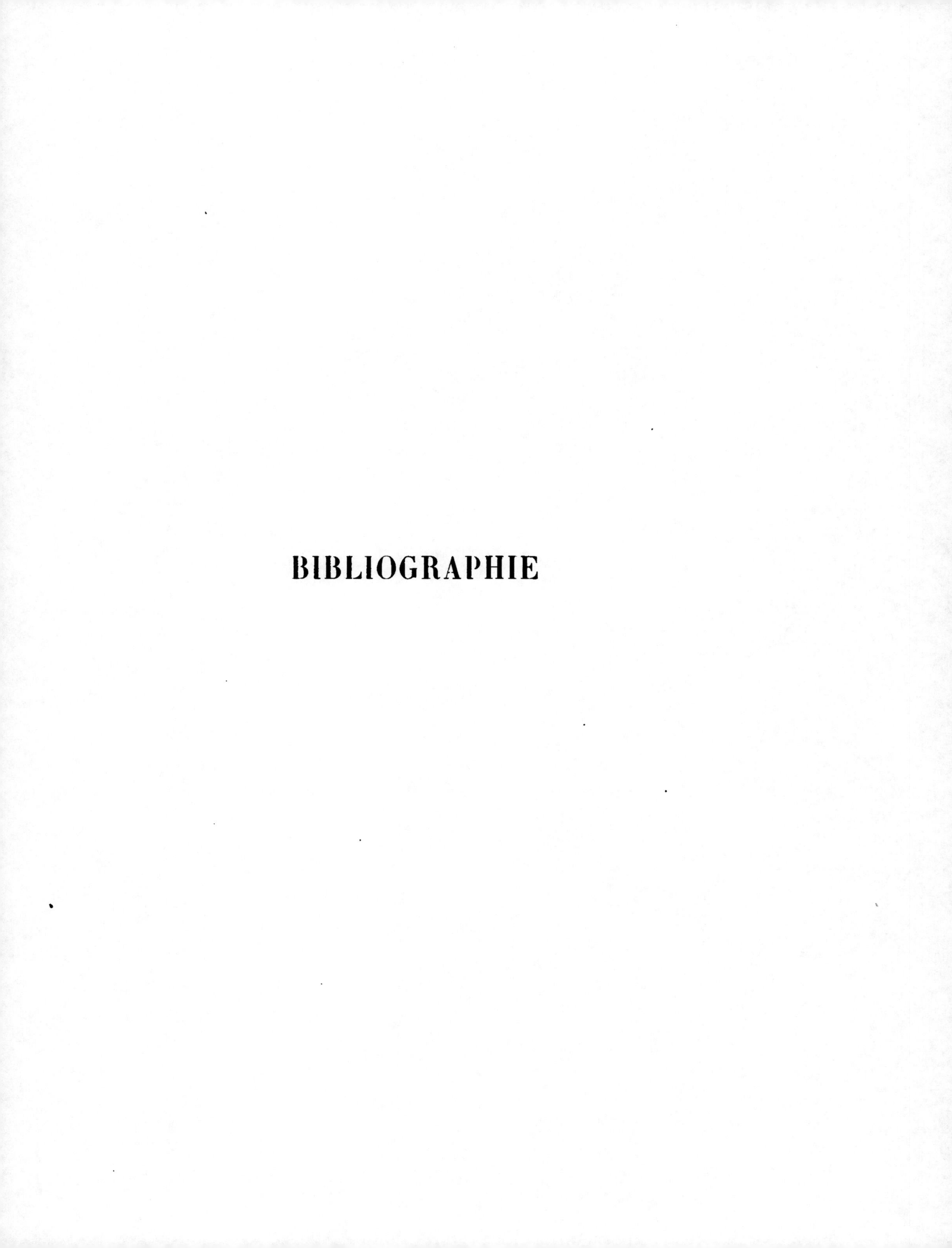

BIBLIOGRAPHIE

BIBLIOGRAPHIE

I. — SOURCES MANUSCRITES

A. — MANUSCRIT DES ARCHIVES DE LA MAIRIE DU MONT-SAINT-MICHEL

Livre blanc de la commune du Mont-Saint-Michel pendant la grande Révolution. Petit in-folio de 301 feuillets.

B. — MANUSCRITS DE LA BIBLIOTHÈQUE D'AVRANCHES[1].

N° 149. *Decretales et varia ad Normanniam spectantia.* XIIIe siècle. In-folio sur parchemin. Lettres à des abbés du monastère, folios 2, 78, 118, 149, 150 et 151.

N°s 172 à 192. 20 volumes, fin du XVIIIe siècle. Notes sur l'histoire locale écrites par Pierre Cousin, curé de Saint-Gervais d'Avranches, mort interné au Mont-Saint-Michel à l'âge de 90 ans. Le deuxième volume du recueil manque; le vingtième est resté inachevé; le vingt et unième est une table des matières. Ce recueil ne présente d'intérêt que pour l'histoire d'Avranches et de l'Avranchin.

N° 209. *Histoire de la célèbre Abbaye du Mont-Saint-Michel au péril de la mer.* XVIIe siècle. In-folio sur papier. Cet ouvrage est divisé en quatre parties, le tout recueilli des anciens titres, chartes et pancartes de cette abbaye, par un religieux bénédictin de la Congrégation de Saint-Maur. En note au bas de la page : « L'auteur est François-Jean Huynes, natif de Beauvais. Il fit profession à vingt et un ans au monastère de Saint-Sauveur de Rhedon le 21 mars 1630; il composa son histoire en 1648, et mourut en l'abbaye de Saint-Germain-des-Prés le 18 août 1651. Dom Louis de Camps, religieux de la même Congrégation, a transcrit la présente histoire, où il n'a changé que quelques phrases sans altérer l'essentiel de l'histoire. » Il l'a continuée jusqu'en 1664. Cette copie a longtemps été confondue avec l'original de Dom Jean Huynes, n°s 18947 et 18948 du fonds français de la Bibliothèque Nationale. Son intérêt ressort des additions faites à cet original par Dom Louis de Camps.

N° 210. *Chartularium monasterii Montis Sancti Michaelis*, ouvrage rédigé en partie de 1154 à 1186 par ordre de Robert de Torigni, abbé du Mont-Saint-Michel. In-folio sur parchemin de 158 feuillets, écrit à longues lignes, sauf les pièces

1. Une grande partie des manuscrits que possède la Bibliothèque d'Avranches provient de l'Abbaye du Mont-Saint-Michel. Indépendamment des numéros du catalogue ci-après indiqués, on trouvera des renseignements intéressants dans les numéros 24, 46, 150 et 151.

Ce transfert de la Bibliothèque abbatiale à Avranches pendant la Révolution explique la richesse de la Bibliothèque municipale de cette ville en ouvrages anciens (56 incunables; 256 manuscrits). Pour plus de détails sur la Bibliothèque d'Avranches et pour la description détaillée des manuscrits, on peut consulter : Félix Ravaisson, *Rapport au Ministre de l'Instruction publique sur les Bibliothèques des départements de l'Ouest.* Paris, 1841, in-4°; *Catalogue des manuscrits des départements :* Bibliothèque d'Avranches. Tome IV (1872). pp. 427-562, notice rédigée en 1841 par Taranne, revue par M. Léopold Delisle (1867-1869); *Catalogue général des manuscrits des Bibliothèques publiques de France* (H. Omont). Paris, Plon-Nourrit, tome X (1889), p. 1 à 155.

ajoutées après coup. Il contient une table des matières sur papier. Page 1, cinq notes historiques du XIIe siècle; pages 2 et 3 fragment historique du XIIIe siècle sur la translation du corps de saint Malo, évêque d'Aleth, au monastère de Lehon, lors des invasions normandes. Au verso du 2e feuillet, dessin au trait avec dorures représentant la vision de saint Aubert. Au folio 1 du cartulaire commence la légende qui est copiée du manuscrit du Xe siècle (n° 211). Suit, au folio 6, la notice historique sur la Normandie, qui se trouve également dans ce dernier manuscrit. comme introduction au récit des miracles opérés par saint Michel. Au folio 13 commence le texte proprement dit du cartulaire dans lequel sont intercalés trois dessins à la plume. Au verso du folio 108, l'écriture change. Cette partie du volume contient les actes de l'administration de Robert de Torigni. On y a joint diverses pièces jusqu'à la fin du XIIIe siècle[1].

N° 211. *Historiæ Montis Sancti Michaelis volumen majus.* Du Xe au XVe siècle. Grand in-quarto sur parchemin :

1° Manuscrit à deux colonnes, réglé en noir; grands caractères; majuscules ornées; titres en rouge. Titre moderne le long de la marge : *Historia Montis Gargani et hujus Montis Tumbæ*;

2° Au verso du dernier feuillet, note signée : *François Gingatz*, religieux qui retrouva, le 19 avril 1694, la statue en bois de Notre-Dame sous Terre miraculeusement préservée de l'incendie;

3° Sur le recto du feuillet suivant récit en français d'une coutume du couvent;

4° Verso, prière de la messe;

5° Annales du Mont-Saint-Michel commençant à Saint-Jean-Baptiste et continuées par différentes mains jusqu'à l'an 1292;

6° Gestes de Pierre Le Roy, abbé du Mont-Saint-Michel de 1385 à 1410, écrits en latin à longues lignes et tenant 4 pages;

7° Note en français sur les entreprises des protestants contre le Mont-Saint-Michel de 1589 à 1626;

8° *Registrum litterarum sub sigillo nostro confectarum, ab anno* 1309 *ad annum* 1327. 30 feuillets. Au verso du dernier feuillet commence un inventaire de tous les privilèges, concessions, donations accordés à l'abbaye. Au folio 54, *Nota abbatiarum de societate nostra existentium.* Au folio 55, le registre des lettres recommence pour les années 1329 à 1335 et se prolonge jusqu'au verso 69 inclusivement;

9° Légende de la fondation du Mont-Saint-Michel. Manuscrit sur parchemin le plus souvent appelé « manuscrit du Chanoine », mais remontant au dernier tiers du Xe siècle; écrit sur deux colonnes et réglé à la pointe sèche. Il commence par les mots suivants dont les premiers en grands caractères et une magnifique initiale : *Memoriam beati Michaelis archangeli toto orbe venerandam ipsius et opere condita et consecra a nomini demonstrat ecclesia....* Cette légende débute par l'histoire de l'abbaye de Saint-Michel au Mont-Gargan, semblable, sauf en ce qui concerne le premier chapitre, à celle qui occupe les huit premières pages du volume. A la leçon IX est une homélie de Claude, évêque de Turin, sur un verset de l'évangile de saint Mathieu. A la suite, et de la même écriture : *Incipit revelatio.... Postquam gens Francorum.* Le récit est divisé en huit leçons. Suit une homélie de Bède sur un passage de l'évangile de saint Luc. Le volume se termine par deux fragments de sermons de saint Augustin, le premier sur la dédicace.

N° 212. *Varia ad historiam Montis Sancti Michaelis spectantia.* Fin du XVe siècle. In-quarto sur parchemin. Écrit à longues lignes en longues lettres gothiques; réglé en noir :

1° Légende latine abrégée de celle qui commence et termine le manuscrit 211 sur la fondation du monastère du Mont-Saint-Michel;

1. Une table de ce registre se trouve aux fol. 243-249 du manuscrit français 4922 de la Bibliothèque Nationale. (Henri Stein, *Bibliographie générale des cartulaires français ou relatifs à l'histoire de France.* Paris, Picard, 1907, in-8° : Abbaye du Mont-Saint-Michel, p. 277.)

2° *De scuto et ense sancti Michaelis.* En marge est cette note : « *Cette relation de Baldric est icy abrégée et n'est conforme à l'original ;* »

3° *De muliere quæ in medio maris peperit.* Et autres miracles racontés dans la première légende du manuscrit 211 ;

4° *Sequuntur multa miracula anno 1333 per beatum Michaelem patrata ;*

5° *Alia miracula nuper patrata.* Le premier est de l'an 1445 ;

6° Au folio 46, chronique en français traduisant en abrégé la légende latine du commencement. La situation du lieu est ainsi décrite : *Anciennement cest rocher estoit une montaigne eslevée en hault de la Terre, laquelle estoit toute avironnée de boys et forets six leuez de long et quatre de large ;*

7° (Folio 54). *Si ensuient les indulgences données et octroïées par plusieurs papes en perpétuité à tous visitans en estat de grace l'église du Mont-Saint-Michel au peril de la mer ;*

8° Bulle du pape Nicolas V relative à ces indulgences, 22 septembre 1455 ;

9° Procès-verbal d'une guérison miraculeuse (5 pages) ;

10° (Folio 62). Légende de saint Michel en français : *Au nom du Père et du Fiz... Ci s'ensuit la légende célébrée en Sainte église d'ycelui benoit archange monseigneur saint Michel, extraite de plusieurs livres ;*

11° *Ci s'ensuit oroisons aux angels de paradis, et premierement à l'ange qui de nous est garde ;*

12° Prières en vers à Jésus-Christ et à la Vierge.

N° 213. *Historiæ Montis Sancti Michaelis volumen minus.* Petit in-quarto sur parchemin écrit vers 1400. Les feuillets 20, 99, 128, 129 et 182 manquent. Sur le dos on lit ce titre : *Historiæ hujus monasterii volumen minus*, par opposition au manuscrit 211 qui formait le *volumen majus.* Recueil de pièces composées par des auteurs différents et sur diverses matières, qui ont été réunies à la fin du XIV° siècle ou au commencement du XV° siècle sous l'administration de l'abbé Pierre Le Roy.

Première partie, comme préambule, généralités sur le salut, la vie contemplative, l'archange, les anges, Dieu, la Vierge, etc... Seconde partie (fol. 90) : *Ponitur præambulum descendendo ad propositum ; De aliquibus famosis montibus ; Quomodo ad sensum spiritualem possunt montes intelligi ; De solemnitatibus angelorum devota consideratio, etc...* A partir du folio 117 sont exposés tous les titres du Mont-Saint-Michel à la vénération publique, *Notabilis hujus loci commendatio.* On rencontre dans ce chapitre des détails importants pour l'histoire du Mont-Saint-Michel parmi des longueurs sans intérêt.

Lectiones IX de revelatione et fundatione hujus loci (fol. 130). C'est le récit de la fondation du Mont-Saint-Michel par saint Aubert, tel qu'il est dans le manuscrit 210 et ailleurs. Note sur la consécration de l'église du Mont-Saint-Michel par l'Archange (fol. 132 verso). *De gestis principum et miraculis de quibus magis habetur in antiquis libris deintus et cronicis* (fol. 133). Sur ce titre est copié le récit des miracles exposés dans le manuscrit 211, récit commençant par l'éloge de la Normandie et finissant par le miracle de l'épée et du bouclier. Puis viennent : *Capitulum de sanctis reliquiis*, un intéressant inventaire des reliques de l'abbaye ; une *Chronique du Mont-Saint-Michel* allant de l'année 506 à l'année 1154 (fol. 170) ; une autre *Chronique du Mont-Saint-Michel* allant de l'année 421 à l'année 1056 (fol. 172) ; *Copia scripturarum in vasis argenteis quibus reponuntur sacræ reliquiæ* (fol. 173 verso) ; *De juridictione archidiaconi. Compositio inter episcopum Abrincensem et abbatem anno* 1236 (fol. 178) ; *De abbatibus hujus loci rubrica abbreviata* (fol. 178). Cette chronique s'arrête à l'année 1411 et a été publiée en partie d'après ce manuscrit dans le *Recueil des Historiens*, t. XXIII, p. 570. Note sur le cardinal de Joyeuse (folio 183). *Miracula quædam nova* (fol. 184). Relation de miracles se trouvant dans les manuscrits 211 et 212.

Troisième partie (fol. 193). *De angelis IV capitula ; De Lucifero et aliis malis angelis XII capitula....* Folio 247 verso : Indulgences accordées au Mont-Saint-Michel. Folio 250 verso : Note sur le privilège des moines au sujet de l'élection de l'Abbé.

Folio 253 verso : Certificat du P. Gingatz touchant une statue de la Vierge retrouvée le 19 avril 1694. Folio 254 verso : Note sur la hauteur du Mont-Saint-Michel.

N° 214. *Cæremoniale, constitutiones, etc., monasterii Montis Sancti Michaelis.* xive siècle. In-quarto sur parchemin. Écrit à longues lignes, réglé en noir; initiales majuscules de couleur; plusieurs écritures :

1° Calendrier écrit au xive siècle.

2° *Constitutiones abbatiae Montis Sancti Michaelis.*

3° Martyrologe d'Usuard copié au xiiie siècle avec des notes nécrologiques des xiiie et xive.

4° *Secuntur nomina abbatum hujus loci defunctorum, et dies obitus eorumdem per ordinem*, depuis Maynard jusqu'à Geoffroy de Servon (1385). On a ajouté ensuite Pierre Le Roy (1410) et Robert Jolivet (1444).

5° *Nomina societatum hujus monasterii de quibus post combustionem ipsius litteras invenimus.* Il s'agit de l'incendie de 1374.

6° Règle de Saint-Benoît du xiiie siècle.

7° Notes relatives à des associations de prières.

8° Leçons des évangiles pour tous les jours.

9° Obituaires de l'abbaye du Mont-Saint-Michel écrit au xiiie siècle

10° Cérémonial du Mont-Saint-Michel.

11° Statuts arrêtés dans le chapitre général de Saint-Benoît des provinces de Tours et de Rouen tenu dans l'abbaye de Saint-Pierre-de-la-Couture au Mans en 1337.

12° Notes du xive siècle indiquant les divers faits à l'abbaye du Mont-Saint-Michel.

13° *Taxationes ad decimam abbatiae Montis et membrorum ejusdem secundum moderationem per dominum Urbanum papam V factam.*

14° *Ecclesiae quarum jus patronatus spectat ad abbatem et conventum monasterii Sancti Michaelis.*

15° Lettres et règlements de Pierre Le Roy et autres abbés pour les offices divins du monastère.

16° Donations faites dans l'église de Saint-Michel.

17° Extraits de règlements de Pierre Le Roy.

18° Règlement de Nicolas II le Vitrier, abbé du Mont-Saint-Michel en 1337.

N° 215. *Collectarium et obituarium Montis Sancti Michaelis.* xve siècle. In-quarto sur parchemin. Écrit sur 2 colonnes, réglé en noir; quelques majuscules ornées, couverture en bois. Texte en partie effacé par l'usage. Il est divisé en deux parties : la première, le collectaire, est un recueil de capitules et d'oraisons; la seconde est un nécrologe : elle commence au folio 159 pour finir au folio 175; les moines y ont relaté les accidents survenus aux pèlerins.

N° 216. *Ceremoniale et ordinationes Montis Sancti Michaelis, vel ordo divini officii recitandi.* (xiv et xve siècle). In-quarto sur parchemin.

N° 217. *Terrier* ou livre de recettes de l'abbaye du Mont-Saint-Michel. Fin du xviie siècle et commencement du xviiie. In-folio sur papier. C'est le livre des recettes et des dépenses de l'abbaye. On y trouve l'énumération de toutes les dépendances du monastère et la liste des personnes de ses fiefs qui, de 1666 à 1723, lui payaient redevance.

N° 248. *Inventaire de toutes les reliques et autres argenteries de la Thrésorerie du Mont-Saint-Michel.* xviiie siècle. In-folio sur papier.

C. — MANUSCRITS DES ARCHIVES DÉPARTEMENTALES D'ILLE-ET-VILAINE A RENNES.

Liasse C. 173. Lettre du frère Surineau, prieur du Mont-Saint-Michel en 1761, relatives à différentes fournitures de livres faites à un prisonnier par le sieur Vatar, imprimeur à Rouen.

Liasse C. 184. Lettre du frère Surineau, prieur du Mont-Saint-Michel, en date du 11 août 1760, à M. l'intendant de Bretagne Le Bret, au sujet de l'incarcération d'un gentilhomme de Guingamp du nom de Kmen Gigeon. On y trouve que « les pensions qui sont payées sur le Trésor royal par ordre de Sa Majesté, pour les prisonniers d'État, sont de six cents livres par an et c'est sur ce pied que les pensions ont toujours été payées jusqu'à présent. »

D. — MANUSCRITS DE LA BIBLIOTHÈQUE NATIONALE

a) FONDS FRANÇAIS

N° 4.902. Recueil de documents concernant les abbayes de Fontenay, Barbery, Aulnay, Troarn, Lessay, Ardenne, *le Mont-Saint-Michel*, la Luzerne, le bourg de Villedieu, l'église paroissiale de Vire et l'abbaye de Savigny par la copie d'un manuscrit qui s'y trouvait au temps de l'intendant de Basse-Normandie, Foucault, pour qui ces documents ont été rassemblés à la fin du XVIIe et au commencement du XVIIIe siècle.

N° 18.947. Travaux de Dom Jean Huynes et diverses pièces sur l'abbaye du Mont-Saint-Michel, XVIIe siècle. Papier et 208 feuillets. D. rel. (Saint-Germain, fr. 924[1].)

N° 18.948. *Histoire générale de l'Abbaye du Mont-Saint-Michel au péril de la mer* divisée en six traités composée l'an 1638 au susdit Mont-Saint-Michel par Dom Jean Huynes. (C'est d'après ce manuscrit 18947 qu'a été faite l'édition de Robillard de Beaurepaire) (Saint-Germain, fr. 924[2]).

N° 18.949. *Histoire du Mont-Saint-Michel depuis sa fondation par saint Aubert en* 708 *jusqu'à l'année* 1744, composée par un religieux Bénédictin de l'abbaye royale du Mont-Saint-Michel de la congrégation de Saint-Maur. (Pièces justificatives, bulles pontificales, actes royaux.) Papier. 675 pages (Saint-Germain, 924[3]).

N° 18.950. *L'histoire de l'abbaye du Mont-Saint-Michel au péril de la mer, des origines à* 1648, par Dom Th. Le Roy. Papier, 228 pages, rel. parch. (Saint-Germain, lat. 530).

b) FONDS LATIN

N° 1.120. *Chronique de l'Église de Dol*, par Balderic, archevêque de Dol. Légende du dragon d'Irlande.

N° 1.159. *Livre d'heures de Pierre II, duc de Bretagne.* Miniature du folio 160 donnant une vue du Mont-Saint-Michel au commencement du XVe siècle.

N° 1.318. Brefve histoire de l'abbaye du Mont-Saint-Michel par Dom Th. Le Roy. In-folio.

N° 5.430^a, pages 1-19; 53-67; 295-305. Recueil de titres et extraits faits pour Gaignières, d'après le cartulaire du XIIe siècle. (Bibliothèque d'Avranches, ms. 210), et un autre cartulaire (ms. du XVe siècle) dont l'original est perdu.

Manuscrit du XVIIIe siècle, sur papier, contenant des textes depuis le Xe siècle jusqu'en 1509. In-fol. Dans ce recueil, on trouve des textes relatifs aux nombreux prieurés dépendant de l'abbaye et situés presque tous à la limite de la Normandie et de la Bretagne[1].

N° 14.832, p. 177-184. Fragment d'un cartulaire de l'abbaye du Mont-Saint-Michel, ms. du XIIe siècle sur parchemin in-4°.

Ce manuscrit renferme des chartes très anciennes[2].

1. Voir le détail dans H. Stein, *op. cit.*

2. « Le volume a une reliure en parchemin avec les armoiries de Saint-Victor sur le plat. » H. Stein, *op. cit.*

II. — OUVRAGES IMPRIMÉS

Achery (Dom Luc d') et Dom Mabillon, *Acta Sanctorum Ordinis S. Benedicti, in sæculorum classes distributa*. Paris, 1647, in-folio.

Acta Sanctorum, publiés par les Bollandistes (58 volumes). Cf. *Historia Montis Tumbae*. Tome III, p. 84-88. Paris, 1675, in-folio. — Tome VIII, p. 78.

Actes de la chancellerie d'Henri VI, concernant la Normandie sous la domination anglaise (1422-1435), extraits des registres du Trésor des Chartes aux Archives Nationales, publiés avec introduction et notes par Paul Le Cacheux. — Tome I. Paris et Rouen, 1907, in 8°.

Andresen (H.). Voir : Wace (Robert).

Annales Ordinis S. Benedicti, ad. 708 et 991.

Annales (Rédaction des) du Mont-Saint-Michel, *Histoire du Mont-Saint-Michel au péril de la mer*. Chez les RR. PP. du Mont-Saint-Michel, 1876, in-8°.

Balme (le P.). Voir : Belon.

Baude (J.-J.), *Les côtes de la Manche* (Revue des Deux-Mondes, 1er juillet 1851).

Baudot (A. de) et A. Perrault-Dabot, *Archives de la Commission des Monuments historiques*, publiés sous le patronage de l'Administration des Beaux-Arts. Paris, (1899-1904), H. Laurens, éditeur, 5 volumes (par provinces).

Beaurepaire (Charles de Robillard de), *Recherches sur le procès de condamnation de Jeanne d'Arc*. Rouen, 1869, in-8°.

Notes sur les juges et les assesseurs du procès de condamnation de Jeanne d'Arc. Rouen, 1890, in-8°.

Beaurepaire (Eugène de Robillard de), *Étude sur Guillaume de Saint-Pair, poète anglo-normand du* XIIe *siècle*. Caen, 1851, in-4°.

Étude sur la poésie populaire en Normandie et spécialement dans l'Avranchin. Avranches, 1856, in-8°.

Documents sur la captivité et la mort de Dubourg dans la cage de fer du Mont-Saint-Michel. Caen, 1861, in-8°.

Les miracles du Mont-Saint-Michel. Fragment d'un mystère du XIVe siècle, publié avec une introduction. Avranches, 1862, in-8°.

Notes pour servir à l'histoire archéologique de l'ancien diocèse d'Avranches. Avranches, 1873, in-8°.

Fragments d'un mystère du XVe *siècle*, représenté à l'abbaye (Mémoires de la Société d'Archéologie d'Avranches, IV, 1873, p. 17-41).

Miracula Sancti Michaelis in Monti Tumba, XIIIe siècle (Mémoires des Antiquaires de Normandie, XXIX, 1877, p. 864-892).

Essais historiques des moines de la Congrégation de Saint-Maur au XVIIIe *siècle*. Caen, 1877, in-8°.

Les découvertes au Mont-Saint-Michel. Avranches, s. d., plaquette in-8°.

Rapport sur l'ancien trésor de l'abbaye du Mont-Saint-Michel (Mémoires de la Société d'Archéologie d'Avranches, tome II, p. 555).

Voir : De Camps; Guillaume de Saint-Pair; Huynes (Dom Jean); Jehan de Vitel; Jobart (Dom Étienne); Le Roy (Dom Thomas).

Beautemps-Beaupré, *Rapport sur deux brochures relatives à la Baie du Mont-Saint-Michel* (Mémoires de la Société d'Archéologie d'Avranches, tome II, p. 51).

Belon (R. P. Marie-Joseph) et Balme (le P.), *Jean Bréhal, grand inquisiteur de France et la réhabilitation de Jeanne d'Arc*. Paris, Picard, 1893, 1 vol. in-4°.

Bernard (Martin), dit Martin-Bernard, *Dix ans de prison au Mont-Saint-Michel et à la citadelle de Doullens*. Paris, 1852, in-8°; et Londres, 1884, in-12.

Besse (Dom), *Les Bénédictins en France*. Paris, 1905, in-8°.

Saint Wandrille (vi°-vii° siècles). Paris, Lecoffre, 1904, in-12.

Blondel (Louis), *Notice historique du Mont-Saint-Michel, de Tombelène et d'Avranches*. Avranches, 1816, 1 vol. in-12, 2° édition, 1823.

Blouet (A.-C.), *Le Mont-Saint-Michel*. Paris, 1850, in-8°.

Boisyvon (F.-Ch.), gentilhomme né à Avranches, *Éclaircissement de l'abyme du flux et reflux de la mer, contre deux nouvelles opinions de leur cause, amplement réfutées au commencement de ce livre*, avec un agréable portrait géographique en général, par F.-C.-D.-B. Avranches, Philippe Motays, (1662), 1 vol. in-8°.

Boudent-Godelinière, *Notice historique sur le Mont-Saint-Michel et le mont Tombelène*. Avranches, 1841, in-8°; 2° édition, 1842, 144 pages, 1 vue.

Essai historique sur l'Avranchin. Avranches, 1844, 2 vol.

Bouillet (Abbé C.), *La Normandie monumentale et pittoresque*. Le Havre, 1896, 6 vol. in-folio.

Bourdon (Ch.). Voir : Le Héricher.

Brin (Abbé). Voir : Germain (Mgr).

Cahier (P. Ch.), *Caractéristiques des saints dans l'art populaire*. Paris, Poussielgue, 1866-1868, 2 vol. gr. in-4°.

Camps (Dom Louis de), *Additions à l'Histoire générale de l'abbaye du Mont-Saint-Michel au péril de la mer par Dom Jean Huynes*, publiées par Eug. de Robillard de Beaurepaire, d'après le manuscrit d'Avranches, n° 209. Rouen, 1873, in-8°.

Carné (G. de), *Les chevaliers bretons de l'Ordre de Saint-Michel, depuis la fondation de l'Ordre en 1469*. Nantes, 1884, in-8°.

Castel, *Notice sur le Mont-Saint-Michel*. Bayeux, 1845, in-8°.

Chèvremont (Alexandre), *Les mouvements du sol sur les côtes occidentales de la France et particulièrement dans le golfe normanno-breton*. Paris, Leroux, 1882, in-8°.

Chroniques Nationales Françaises (*Collection des*) du xiii° au xvi° siècle. Tomes V et XXXIV. Paris, 1827, in 8°.

Clinchamp (de), *Essai archéologique et artistique sur le Mont-Saint-Michel*. Avranches, 1842, in-8°.

Colombat (L.-A.-E.), *Souvenirs d'un prisonnier d'État*. Caen, 1845, in-8°.

Corroyer (Édouard), *Description de l'abbaye du Mont-Saint-Michel et de ses abords*. Paris, Lechevallier, 1877, in-8°, avec gravures.

Guide descriptif du Mont-Saint-Michel avec une notice historique. Paris, Ducher, 1883, in-8°, 160 p., 62 figures.

Voir : Germain (Mgr).

Cosneau (E.), *Le connétable de Richemont (Artur de Bretagne)*, 1393-1458. Paris, Hachette, 1886, in-8°, xv-712 p. [Thèse de doctorat ès lettres].

Cotman (John Seb.), *Architectural antiquities of Normandy*. Londres, 1820-1822, 2 vol. in-fol., avec texte explicatif de Dawson Turner.

Coville (A.), *Recherches sur la misère en Normandie au temps de Charles VI*. Caen, 1886, gr. in-8°, 34 pages.

Crépeaux (C.), *Les polders du Mont-Saint-Michel* (La Nature, 10 septembre 1892, p. 225-227, avec cartes et gravures).

Crosnier (Mgr), *Le culte aérien de saint Michel* (Bulletin monumental, tome XXVIII, p. 605 à 700).

Dambreville (Étienne), *Abrégé chronologique de l'histoire des Ordres de chevalerie*. Paris, 1807, in-8°.

Delisle (Léopold)[1], *Études sur la condition de la classe agricole et l'état de l'agri-*

1. Pour plus de détails bibliographiques sur les travaux de Léopold Delisle, voir : P. Lacombe, *Bibliographie des travaux de Léopold Delisle*. Paris, Picard, 1901, in-8°. N° 421, 560, etc., pages 95, 96, 221, etc.

culture en Normandie au moyen âge. Évreux, 1851, in-8°, 818 pages. Réimpression anastatique. Paris, Champion, 1905, in-8°.

Pèlerinages d'enfants au Mont-Saint-Michel (Mémoires de la Société des Antiquaires de Normandie, 2ᵉ série, tome VII, 7ᵉ vol. de la collection, 1847, p. 388-394).

Notes sur les poésies de Baudri, abbé de Bourgueil. Nogent-le-Rotrou, Gouverneur, s. d. (1872), in-4°, 28 pages (Extrait de la Romania, 1ʳᵉ année, 1872, p. 23-50).

Communication sur *Deux sépultures d'abbés du* XIIᵉ *siècle au Mont-Saint-Michel*; Robert de Torigni et Martin « de Furmendeio » (Académie des Inscriptions. Comptes rendus, 4ᵉ série, tome III, 1876, 19ᵉ volume de la collection, séance du 1ᵉʳ octobre 1875, p. 287).

Communication sur des *Disques de plomb trouvés dans les tombeaux de Robert de Torigni et de Martin « de Furmendeio », abbés du Mont-Saint-Michel* (XIIᵉ siècle) (Bulletin de la Société des Antiquaires de France, 1875, p. 151-152, avec 3 planches).

Voir : Gerville (de) ; Peigné-Delacourt ; Robert de Torigni.

Demay (G.), *Inventaire des Sceaux de la Normandie recueillis dans les dépôts d'archives, musées et collections particulières de la Seine-Inférieure, de la Manche et de l'Orne, avec une introduction sur la paléographie des Sceaux*. Paris, Imprimerie Nationale, 1881, in-4°, 16 planches, hors texte.

Denifle (le P. Henry), *La désolation des églises, monastères et hôpitaux en France pendant la guerre de Cent ans* : I. Documents relatifs au XVᵉ siècle ; II. La guerre de Cent ans jusqu'à la mort de Charles V (1380). Paris, Picard, 1897-1899, 2 tomes en 3 vol. gr. in-8°.

Depping (G.-B.), *Histoire de la Normandie sous le règne de Guillaume le Conquérant et de ses successeurs, depuis la conquête de l'Angleterre jusqu'à la réunion de la Normandie au royaume de France*. Rouen, 1835, 2 vol. in-8°.

Déric (Abbé Gilles), *Histoire ecclésiastique de Bretagne*, dédiée aux seigneurs évêques de cette province. Saint-Malo, P. H. Hovius, 1777-1789, 6 vol. in-12 (réimprimée en 1847, Saint-Brieuc, Prud'homme, 2 forts vol. in-4°, 1200 pages).

Deschamps du Manoir (Abbé J.), *Histoire du Mont-Saint-Michel au péril de la mer et du Mont Tombelaine*. Avranches et Paris, 1877, in-8°.

MM. Quinette de la Hogue et leurs concessions dans les grèves du Mont-Saint-Michel. Avranches, 1864, in-8°.

Desroches (Abbé), curé de Folligny, *Histoire du Mont-Saint-Michel et de l'ancien diocèse d'Avranches, depuis les temps les plus reculés jusqu'à nos jours, publiée d'après les chartes, cartulaires et manuscrits trouvés au Mont-Saint-Michel, à la Tour de Londres et dans les bibliothèques de la France et de l'étranger*. Caen, Mancel, 1840, 2 vol. in-8°, 1 atlas gr. in-4°, 18 planches.

Annales civiles, militaires et généalogiques du pays d'Avranches et de toute la Basse-Normandie. Caen, A. Hardel, 1856, in-4°.

Devoir (Cap. de frég. Alfred), *Essai sur les changements de niveau de la mer aux abords du Mont-Saint-Michel, époques actuelle et préhistorique*, etc. Bulletin de l'Institut océanographique de Monaco, 15 nov. 1908, 36 pages, 8 figures, cartes, schémas et diagrammes.

Dubosc (G.), *Notice historique et descriptive sur le Mont-Saint-Michel*. Saint-Lô, [illegible], in-8°.

Dusouchet, *L'Abbaye du Mont-Saint-Michel*. Paris, Lethielleux, [illegible], in-12.

Du Breil de Pontbriand (Vte), *[illegible] du Mont-Saint-Michel [illegible] l'ordre du Roi*. Notes et documents. Paris, Champion, [illegible], in-8°.

Du Moulin (Gabriel), curé de Manneval, *Histoire générale de la Normandie* jusqu'à Philippe-Auguste. Rouen, 1631, in-fol.

Du Moustier (Arthur), du couvent des Récollets de Rouen, *Neustria pia seu de omnibus et singulis abbatiis et prioratibus totius Normaniae*. Rothomagi, 1663, in-fol.

Cf. Le Mont Saint-Michel (diocèse d'Avranches) p. [illegible].

Histoire abrégée du Mont-Saint-Michel, avec les motifs pour en faire le pèlerinage par un religieux de la Congrégation de Saint-Maur. Paris, 1668, in-12.

DUPONT (ÉTIENNE), *Le Mont-Saint-Michel, la légende de Tombelaine*. Cherbourg, 1895, in-8°.

Autour du Mont-Saint Michel. Saint-Malo, 1895, in-8°; nouvelle édition, 101 p.

Le Mont-Saint-Michel et les Pays étrangers : Angleterre, Belgique, Allemagne. Bruxelles, 1902, in-8°, 121 p.

Montgommery. Épisode de l'histoire du Mont-Saint-Michel. Tours, 1901, gr. in-8°.

Bibliographie générale du Mont-Saint-Michel. Avranches, 1905, gr. in-8°, 62 p.

L'hospitalisation des pèlerins du Mont-Saint-Michel (La France médicale, n° 16, 52° année, août 1905).

Recherches historiques et topographiques sur les compagnons de Guillaume le Conquérant. Répertoire de leurs lieux d'origine. Saint-Servan, 1907, 1 vol. gr. in-8°.

Première partie : Bretagne, Poitou, Flandre, Boulonnais, Artois.

Les pèlerinages d'enfants allemands au XV° siècle, le récit de Baudry, archevêque de Dol. Paris, 1907, in-8°, 44 p.

Les prisons du Mont-Saint Michel. Nantes, 1908, gr. in-8°, 24 p.

Tombelaine. Caen, 1909, in-8°.

Une astrologue bretonne au Mont-Saint-Michel (1565-1570). (Revue de Bretagne, mai-juin 1910, p. 259-278).

DUPONT (G.), *Le Cotentin et ses îles. Étude sur leurs origines historiques jusqu'au XIII° siècle*, suivie de pièces justificatives inédites. Caen, 1870-1885. 4 vol. in-8°.

DURAND (DOM). Voir MARTÈNE (DOM).

DUTILLEUX, *Note sur un manuscrit du XVI° siècle contenant le texte des statuts de l'Ordre de Saint-Michel, appartenant à la Bibliothèque de Saint-Germain-en-Laye*. (Mém. de la Soc. des Sciences morales de Seine-et-Oise, tome XIV, 1885).

ENLART (CAMILLE), *Manuel d'archéologie française, depuis les temps mérovingiens jusqu'à la Renaissance*. L'architecture. Tome I : Architecture religieuse; tome II : Architecture civile et militaire. Paris, Picard, 1902-1904, 2 vol. in-8°.

ESTAINTOT (VTE ROBERT D'), *La Ligue en Normandie* (1588-1594), avec de nombreux documents inédits. Paris, 1862, in-8°.

Recherches historiques sur les sires et le duché d'Estouteville. (Mémoires de la Société des Antiquaires de Normandie, 5° série, XXIV).

FAVYN (ANDRÉ), *Le théâtre d'honneur ou de la chevalerie, ou histoire des ordres militaires, joutes et tournois*. Paris, 1620, in-8°.

FEUARDENT (Frère FRANÇOIS), cordelier. *Histoire de la fondation de l'église et abbaye du Mont-Saint-Michel*. Coutances, 1604, in-12. Plusieurs éditions parurent entre 1604 et 1664.

FÉVAL (PAUL), *Les Merveilles du Mont-Saint-Michel*. Limoges, s. d. (1879), in-8°, illustré.

FORGEAIS (ARTHUR), *Collection de plombs historiés trouvés dans la Seine*. Paris, 1862-1866, 5 vol. in-8°. Cf. 2° série, tome II : Enseignes de pèlerinages, p. 46-51, 75-89.

FRANCE (ANATOLE), *Vie de Jeanne d'Arc*. Paris, Calmann-Lévy, 1908. 2 vol. in-8°.

GALLIA CHRISTIANA, *in provincias ecclesiasticas distributa*. Paris, 1758, in-fol. Sur le Mont-Saint-Michel (diocèse d'Avranches) voir le tome XI, col. 466-563 et preuves 106-124.

GAY (VICTOR), *Glossaire archéologique du Moyen Age et de la Renaissance*. Tome I (A-Guy). Paris, 1882, in-4°, fig. Le premier volume seul a paru.

GENÉE, *Mes marais de Dol*.

GERMAIN (MGR), évêque de Coutances, l'abbé BRIN et Éd. CORROYER, *Saint Michel et le Mont-Saint-Michel*. Paris, 1880, gr. in-8°.

GERVILLE (DE), *Recherches sur le Mont-Saint-Michel et les anciens châteaux du département de la Manche*. Caen, 1828, in-8° et atlas.

Des villes et voies romaines de Basse-Normandie. Valognes, 1858, in-8°.

Études géographiques et historiques du département de la Manche. Cherbourg, 1854, 1 vol. in-8°. En tête : *Notice sur la vie et les ouvrages de M. de Gerville*, par M. Léopold Delisle.

Girard (Fulgence), *Histoire d'Avranches et de ses environs.* Avranches, 1842, in-16, 280 p.

Histoire géologique, archéologique et pittoresque du Mont-Saint-Michel. Avranches, Tostain, 1843, in-8°, orné de 3 fig. lith.

Histoire du Mont-Saint-Michel comme prison d'État, avec les correspondances inédites des citoyens Armand Barbès, Auguste Blanqui, Martin-Bernard, Flotte, Mathieu d'Épinal, Béraud, etc. Paris, 1849, in-8°.

Gout (Paul), *L'Histoire et l'Architecture française au Mont-Saint-Michel.* Paris, Aulanier, 1899, in-8°, 250 p., 84 grav.

Guide du visiteur au Mont-Saint-Michel. 2° éd. Paris, Neurdein, 1909, in-12, 74 p.

Guettard (J.-B.), *Description des salines de l'Avranchin*, 1798.

Guillaume de Saint-Pair, *Le Roman du Mont-Saint-Michel.* Manuscrit du British Museum, n° 10.289, 64 premiers feuillets, xive siècle, publié pour la première fois par Francisque Michel, avec une étude sur l'auteur par Eug. de Robillard de Beaurepaire. Caen, 1856, in-8°.

Le Roman du Mont-Saint-Michel. Éd. Redlich. Marburg, 1894 (Ausgaben de Stengel, n° 92).

Havard (Oscar), *Le Mont-Saint-Michel. Guide du pèlerin et du touriste*, 1875, in-16.

Hélyot (le R. P.), *Histoire des ordres monastiques, religieux et militaires, et des congrégations de l'un et l'autre sexe qui ont été établies jusqu'à présent.* Paris, 1714-1719, 8 vol. in-4° avec figures. Une autre édition, avec notices par Philipon de la Madeleine, a paru en 1829, en 7 vol. gr. in-8°.

Hœberlin, *Selecta quædam de Sancti Michaelis festis et cultu.* Helmstædt, 1758.

Hoffbauer, *Paris à travers les âges.* Paris, Didot, 1869-1883, 2 vol. in-folio.

Hoffmann, *Les monnaies royales de France, depuis Hugues Capet jusqu'à Louis XVI.* Paris, 1878, in-folio.

Howlett (Richard). Voir Robert de Torigni.

Hucher. *Des enseignes de pèlerinage.* 1853, in-8°.

Hugo (Victor). *France et Belgique.* Le Mont-Saint-Michel, lettre datée de Coutances le 28 juin 1836. Paris, Hetzel, s. d., in-16, p. 50-53.

Huynes (Dom Jean). *Histoire de l'abbaye du Mont-Saint-Michel au péril de la mer*, publiée pour la première fois avec une introduction et des notes par Eug. de Robillard de Beaurepaire, d'après les manuscrits nos 18947 et 18948 de la Bibliothèque Nationale (fonds français de Saint-Germain). Rouen, A. Le Brument, 1872-1873, 2 vol. grand in-8°.

Jacques (V.-D.), de Genest, *Le Mont-Saint-Michel en poche.* Avranches, 1884, in-8°.

Janin (Jules), *La Normandie historique, pittoresque et monumentale.* 1843, gr. in-8°.

Jeanjean (A.), *L' « éternel révolté », Barbès au Mont-Saint-Michel.* (La Révolution de 1848, tome IV, juillet-août 1907.)

Jehan de Vitel, *La prinse du Mont-Saint-Michel.* Paris, 1588, petit in-12, publiée avec une introduction et des notes par Eug. de Robillard de Beaurepaire. Avranches, 1861, in-12.

Jobart (Dom Étienne), *Additions à l'histoire générale de Dom Jean Huynes*, publiée par Eug. de Robillard de Beaurepaire, d'après le manuscrit d'Avranches n° 209. Rouen, 1875, in-8°.

Labbey de la Roque, *Le siège du Mont-Saint-Michel par les Anglais.* 2e édition par le vicomte Maurice d'Auxais. Valognes, 1886, in-8°.

La Borderie (A. de), *L'Historia Britonum attribuée à Nennius, et l'Historica britannica avant Geoffroi de Monmouth.* Paris, 1883, in-8°, VII, 155 p.

Histoire de Bretagne, continuée par M. Barth. Pocquet. Rennes, Plihon et Hommay, 1896-1906, tomes I à IV, 4 vol. in-4°.

Langerak (de), *Le Mont-Saint-Michel, son histoire et sa légende.* Paris, Lefort, 1880, in-12.

L[a] R[oque] (de), *Voyage en Basse-Normandie et description historique du Mont-Saint-Michel*, par M. de L. R. (Mercure de France, nov. 1727, p. 2384-2394).

La Roque (A. de), *Histoire généalogique de la maison d'Harcourt.* Paris, 1662, 4 vol. in-folio.

Le Bouteiller (Vicomte), *Recherches sur la date des envahissements de la mer. Formation de la Baie du Mont-Saint-Michel.* Saint-Brieuc, 1910, in-8°.

Le Breton (G.), *L'Avranchin pendant la guerre de Cent Ans.* 1880, in-8°.

Lebreton, *Une visite au Mont-Saint-Michel*, 1874, in-12.

Le Brigant, *Dissertation sur la ville d'Avranches*, 1792, in 8°.

Lecestre (Léon), *Abbayes, prieurés et couvents d'hommes en France.* Liste générale d'après les papiers de la Commission des Réguliers en France en 1768. Paris, Picard, 1901, in-8°.

Lecointre-Dupont, *Lettres sur l'histoire monétaire de la Normandie.* Niort, 1854, in-8°.

Lecourt, *Histoire de la fondation du Mont-Saint-Michel.* Avranches, 1818, in-8°.

Lecoy de la Marche, *La chaire française au moyen âge.* Paris, 1868, in-8°; 2° édition, 1886.

Ledain (Bélisaire), *Notice historique et archéologique sur l'abbaye de Saint-Jouin-de-Marnes.* Poitiers, 1886, in-8°.

Le Goffic (Charles), *Les Polders du Mont-Saint-Michel.* (L'âme bretonne, 3° série, p. 111-134. Paris, Champion, 1910, in-18).

Le Héricher (Édouard), *Avranchin monumental et historique.* Avranches, 1845-1846, 2 vol. gr. in-8°. Voir, dans le tome II, p. 197-412, la monographie du Mont; texte et notes *passim.*

Mont-Saint-Michel monumental et historique. Avranches, Anfray, 1847, in-8°.

Histoire et description du Mont-Saint-Michel. Dessins de G. Bouet, publiés par Ch. Bourdon. Caen, Lecrène, 1849, in-folio, 12 lithographies.

Itinéraire descriptif et historique du voyageur dans le Mont-Saint-Michel. Avranches, Anfray, 1857, in-16, orné de lithographies.

Avranches, ses environs, son histoire, ses fêtes. Avranches, 1861, in-18.

Avranchin historique et descriptif, ou guide de Granville à Saint-Malo par Saint-Pair, Genest, Avranches, Pontorson, la baie du Mont-Saint-Michel, Dol, Cancale, Saint-Servan; suivi d'un *Guide dans Jersey et Guernesey.* Avranches, Anfray, 1867, in-8°.

Le Noir (Dom), *Preuves généalogiques et historiques de la Maison d'Harcourt*, publiées par M. le marquis d'Harcourt, avec une lettre de M. Léopold Delisle. Paris, Champion, 1907, in-4°, XLIX, 542-76 p.

Lenoir (Albert), *Instructions sur l'architecture monastique au moyen âge.* Paris, 1852-56, 2 vol. in-4°. [Collection des Documents inédits sur l'Histoire de France.]

Leroux de Lincy. Voir Wace (Robert).

Le Roy (Dom Thomas), *Les Curieuses Recherches du Mont-Saint-Michel.* Publiées pour la première fois avec une introduction et des notes par Eug. de Robillard de Beaurepaire, d'après le manuscrit n° 1557 de la bibliothèque de Caen. Caen, Le Gast, 1878, 2 vol. in-8°.

Letellier (Charles). Voir Raoul (Maximilien).

Locard (Arnould), *Recherches historiques sur la coquille des pèlerins.* Lyon, 1888.

Luce (Siméon), *Histoire de Bertrand du Guesclin et de son époque. La Jeunesse de Bertrand* (1320-1364). Paris, 1876, in-8°. Le premier volume seul a paru.

Chronique du Mont-Saint-Michel (1343-1468). [Société des anciens textes français]. Paris, 1879-1883, 2 vol. in-8°.

Jeanne d'Arc à Domrémy. Recherches critiques sur les origines et la mission de la Pucelle, accompagné de pièces justificatives. Paris, Champion, 1886, in-8°.

La France pendant la Guerre de Cent Ans. Épisodes historiques et vie privée aux XIV° et XV° siècles. Paris, 1890-1893, 2 vol. in-18.

Mabillon (Dom), *Annales Bénédictines*, d'après les anciens manuscrits (de 1652 à 1707). Paris, 1703-1739, in-fol. Voir Achery (Dom Luc d').

Male (Émile). *L'art religieux du XIII° siècle en France*. Étude sur l'iconographie du moyen âge et ses sources d'inspiration. 3° édition. Paris, A. Colin, 1910, in-4, 500 p., 189 grav.

L'art religieux de la fin du Moyen Age en France. Étude sur l'iconographie du moyen âge et ses sources d'inspiration. Paris, A. Colin, 1908, in-4°, 560 p., 250 grav.

Mancel (G.), *Journal d'un bourgeois de Caen* (1652-1733), publié pour la première fois d'après un ms. de la bibliothèque de Caen et annoté. Caen, Woinez, 1848, in-8°.

Mandrot (Bernard de), *Ymbert de Batarnay, seigneur du Bouchage, conseiller des rois Louis XI, Charles VIII, Louis XII et François I*er (1438-1523). Paris, 1886, in-8°.

Manet (Abbé F.), né à Pontorson en 1764, *De l'état ancien et de l'état actuel de la baie du Mont-Saint-Michel et de Cancale, des marais de Dol et de Châteauneuf, et en général de tous les environs de Saint-Malo et de Saint-Servan, Cap Fréhel jusqu'à Granville*. Saint-Malo, chez l'auteur. Paris, Éverat, 1829, in-8°, 183 p., 1 carte, 2 plans, avec un portrait de l'auteur.

Martène (Dom) et Durand (Dom), *Voyage littéraire de deux religieux bénédictins de la Congrégation de Saint-Maur*. Paris, 1717-1724, 2 vol. in-4°.

Masseville, *L'Histoire sommaire de Normandie*. Rouen, 1698-1704, 6 vol. in-12. Cette histoire va jusqu'en 1704.

Mathieu (d'Épinal), *Mes nuits au Mont-Saint-Michel*. Rouen, 1844, in-12.

Maud'huy (V. de), *Du Mont-Saint-Michel au péril de la mer dans son état actuel, physique et social*. Paris, 1835, in-8°, 280 p.

Ménard (V.). *Histoire religieuse, civile et militaire de Saint-James de Beuvron*. Paris, Le Chevallier, 1897, in-8°.

Mérian, *Topographiæ Galliæ sive descriptionis et delineationis famosissimorum locorum in potentissimo regno Galliæ principaliora ac notiora oppida et loca continens*. Francfort, 1667, 3 tomes in-4°.

Michel (André), *Histoire de l'art depuis les premiers temps chrétiens jusqu'à nos jours*, publiée sous la direction de M. André Michel (en cours de publication). Paris. A. Colin, 1905 et suiv. Tomes I, II, III, 6 volumes parus.

Michel (Francisque). Voir : Guillaume de Saint-Pair.

Montalembert (Comte de), *Les moines d'Occident depuis saint Benoît jusqu'à saint Bernard*. Paris, Lecoffre, 1892, 7 vol. in-12.

Montfaucon (Dom Bernard de), *Bibliotheca bibliothecarum manuscriptorum nova*. Paris, 1739, 2 vol. in-fol.

Les monuments de la monarchie française. Paris, 1729-1733, 5 vol. in-fol.

Motet (Alexandre), *Avranches, ses vues, ses environs*. 1842, in-8°.

Nodier (Charles). *Le Mont-Saint-Michel dans les Annales romantiques*. Paris, 1825.

Noual de la Houssaye (Alexandre), *Voyage au Mont-Saint-Michel, au Mont-Dol et à la Roche-aux-Fées*. Paris, A. Johanneau, 1811, in-8°, 96 pages.

Pasquier (Abbé), *Un poète latin du XI° siècle, Baudri, abbé de Bourgueil, arche-*

vêque de Dol (1046-1130), d'après des documents inédits. Paris, Thorin, 1878, in-8°.

PEIGNÉ-DELACOURT, *Monasticon Gallicanum*. Collection de 168 planches de vues topographiques répresentant les monastères de l'Ordre de Saint-Benoît, congrégation de Saint-Maur, avec deux cartes des établissements bénédictins en France. Le tout reproduit par les soins de M. Peigné-Delacourt. Préface (I à L) de LÉOPOLD DELISLE. Paris, V. Palmé, 1871, 40, L, 16 pages, 169 planches, 2 vol. in-4°.

Tableau des Monastères d'hommes en France. Arras, 1876, in-fol.

PERRAULT-DABOT (A.). Voir DE BAUDOT.

PETITS POÈMES (Extraits de plusieurs), *écrits à la fin du XIVe siècle par un prieur du Mont-Saint-Michel*. Caen, 1837, gr. in-8°[1].

PIGANIOL DE LA FORCE, *Nouvelle description de la France*. Paris, 1re éd. 1715; 3e éd. 1753, 13 vol. in-12. — Sur le Mont-Saint-Michel, voir le tome IX.

PIGEON (Abbé E.-A.), *Les abbayes mérovingiennes de Sessiac et de Mandane*. [Keapsake avranchinais]. Avranches, 1863, in-8°.

Nouveau guide descriptif et historique du voyageur dans le Mont-Saint-Michel. Avranches, Anfray, 1864, in-12, 121 pages, avec 4 planches lithographiées.

Description historique et monumentale du Mont-Saint-Michel, de la basilique de l'Archange et de l'église souterraine de Notre-Dame du mont Tombe. Avranches, 1865, in-16.

Le diocèse d'Avranches. Coutances, 1888, 2 vol. in-8°, 1 carte.

Texte français et latin des vies des saints des diocèses de Coutances et d'Avranches. Avranches, 1898.

Le Mont-Saint-Michel et sa baronnie de Genest-Tombelaine. Avranches, 1901, in-8°.

PIOLIN (DOM PAUL), *Les pèlerinages au Mont-Saint-Michel accomplis par des Angevins et par des Manceaux aux XVIe et XVIIe siècles*. Angers, 1868, in-8°.

PLUQUET (FR.). Voir WACE (ROBERT).

POLI (O. de), *Les défenseurs du Mont-Saint-Michel* (1417-1453). Paris, 1894, in-18.

PORÉE (Chanoine), *L'abbaye du Bec et ses écoles*. Évreux, 1892, in-8°.

Histoire de l'abbaye du Bec. Évreux, Hérissey, 1901, 2 vol. in-8°.

POTICHE (Vicomte DE), *La Baie du Mont-Saint-Michel et ses approches*. Paris, 1891, in-8°, 308 pages, 46 cartes. [Le général de la Noë a publié un compte rendu critique de l'ouvrage dans le *Bulletin de géographie historique et descriptive*, 1891, p. 510-513].

PRENTOUT (HENRI), *La Normandie*. Étude critique et bibliographique, I, II, III, IV, V (Revue de synthèse historique, août, octobre 1909; février, avril, juin 1910).

QUATREMÈRE (DOM), *Histoire abrégée du Mont-Saint-Michel en Normandie*. Paris, 1668, in-12.

QUINETTE DE LA HOGUE, *Concessions dans la Baie*. 1864.

RAOUL GLABER, *Les cinq livres de ses histoires* (900-1044), publiés par M. PROU. Paris, Picard, 1886, in-8°. [Collection de textes pour servir à l'enseignement de l'histoire].

RAOUL (MAXIMILIEN), pseudonyme de CHARLES LETELLIER, *Histoire pittoresque du Mont-Saint-Michel et de Tombelène*. Paris, Éverat, 1833, in-8°, orné de 14 lithographies par Boisselat.

RÈGLE (la) *du B. P. Saint-Benoist*. Paris, 1645, in-18.

RÉGLEY, directeur de la maison centrale, *Guide des visiteurs du Mont-Saint-Michel et de Tombelaine*. Paris, 1834, in-8°.

RENAULT (ÉMILE), *Note sur un morceau de cuivre attribué au chapitre de l'abbaye du Mont-Saint-Michel* (Mémoires de la Société des Antiquaires de Normandie, XIX, 1851, p. 483-484).

RING, *Quelques notes sur les légendes de Saint-Michel*. Gand, 1853, in-8°.

1. Ces pièces se trouvent également à la suite de l'ouvrage de l'abbé DESROCHES, cité ci-dessus : *Histoire du Mont-Saint-Michel....*, tome II, p. 337-397.

ROBERT DE TORIGNI, *Chronique de Robert de Torigni, abbé du Mont-Saint-Michel, suivie de divers opuscules de cet auteur et de plusieurs religieux de la même abbaye*, publiée d'après les manuscrits originaux par LÉOPOLD DELISLE. Rouen, Le Brument, 1872-1873, 2 vol. in-8°.

The chronicle of Robert of Torigni, éditée par RICHARD HOWLETT. Londres, 1899, in-8°. [Rerum britannicarum medii ævi scriptores].

ROUAULT (Abbé LAURENT), *Vie abrégée de saint Gaud, avec saint Pair, saint Senier et saint Scubillon*.

RUPRICH-ROBERT, *L'architecture normande aux* XI*e et* XII*e siècles en Normandie et en Angleterre*. Paris, Lib.-Imp. réunies, [1887], 2 vol. in-4°, avec planches.

SICARD (Abbé), *La vieille France monastique, ses derniers jours, son état d'âme.* — 1. *Les religieux* (Revue des Deux-Mondes, 15 novembre 1909, p. 424-456).

SIGEBERT DE GEMBLOUX, *Sigeberti Gemblacensis cœnobite chronicon ab anno 381 ad 1113, cum insertionibus ex historia Galfridi et additionibus Roberti abbatis Montis, centum et tres sequentes annos complectentibus, promovente egregio patre D. Guillelmo Parvo, doctore theologo, confessore Regis*. Paris, 1513, in-4°. L'édition moderne à consulter est celle de BETHMANN, qui a paru dans les *Monumenta Germaniæ historica* de Pertz (Tome VI).

STENGEL, *De Michaelis archangelis principatu, apparitionibus, templis, cultu et miraculis*. Augsbourg, 1629.

TESSON (ALF. DE), *L'émigration dans l'Avranchin*. Avranches, Durand, 1902, in-8°.

THUILLERIES (Abbé DES), *Description du Mont-Saint-Michel*, publiée par Le Mercier dans le *Mercure de France*. Paris, 1727, in-8°.

TOSTI (DOM LUIGI), *Saint Benoît, son action religieuse et sociale*, traduction de l'italien par le chanoine Labis. Paris, 1897, in-4°, avec pl. et fig.

TOULMOUCHE, *Histoire archéologique de l'époque gallo-romaine de la ville de Rennes*. Rennes, Jausions, 1846, in-4°, 326 pages, 25 planches et cartes. Sur le Mont-Saint-Michel, cf. pages 250-262.

TRÉBUTIEN (G.-S.), *Le Mont-Saint-Michel au péril de la mer*. Caen, Hardel, 1841, in-8°.

TRIBOUILLARD (AIMÉ), *Histoire de la fondation du Mont-Saint-Michel*. Avranches, 1827, in-8°.

VACHON (MARIUS), *La vérité sur la digue du Mont-Saint-Michel*. Paris, 1884, in-8°.

Le Mont-Saint-Michel. Rapport au comité des sites et monuments pittoresques du Touring-Club de France. Paris, 1908, gr. in-8°.

VESLY (LÉON DE), *Les fana ou petits temples gallo-romains de la région normande*. Rouen, 1909, in-8°.

VIOLLET (PAUL), *Histoire des institutions politiques et administratives de la France*. Paris, Larose, 3 vol. in-8°.

VIOLLET-LE-DUC (E.), *Dictionnaire raisonné de l'architecture française du* XI*e au* XVI*e siècle*. Paris, 1854-1868, 10 vol. in-8°, gravures.

Dictionnaire raisonné du mobilier français, de l'époque carlovingienne à la Renaissance. Paris, 1858-1875, 5 vol. in-8°, gravures.

VORAGINE (le Bienheureux JACQUES DE), *La Légende dorée*, traduite du latin d'après les plus anciens manuscrits par TEODOR DE WYZEWA. Paris, Perrin, 1909, in-8°.

VULSON (MARC), chevalier, sieur de la Colombière, *Le vray théâtre d'honneur et de chevalerie, ou le miroir héroïque de la noblesse*. Paris, 1648, 2 vol. in-fol.

WACE (ROBERT), *Roman de Brut*. Édition LEROUX DE LINCY. Rouen, 1836.

Roman de Rou (*Geste des Normanz*). Édition FR. PLUQUET. Rouen, 1827, 2 vol. in 8°, ou mieux, édition H. ANDRESEN. Heilbronn, 1877-1879.

III. — DOCUMENTS ICONOGRAPHIQUES

A. — CARTES

On trouve dans l'ouvrage du vicomte de Potiche : *La baie du Mont-Saint-Michel et ses approches*, une série de 46 cartes géographiques du Cotentin par ordre semi-chronologique de leur rédaction. Nous avons reproduit tome I, page 29 (fig. 9) la carte de 1406 trouvée au Mont-Saint-Michel en 1714. Nous citerons encore parmi celles qui offrent le plus grand intérêt documentaire au point de vue des transformations de la Baie :

Tables théodosiennes de Peutinger, de 360 ou 385 après J.-C. (N° 1);

La carte du Cotentin et des Iles, d'après Levasseur de Beauplan, 1653, et Cassini, 1735-1780 (N° 9);

La Gaule romaine, par Sanson, 1720, corrigée et complétée en voies romaines par Dom Bouquet, 1738 (N° 10);

Tabula topographica antiqua, dessinée par Dalencour en 1792 (N° 15);

État ancien de la Baie, d'après Manet, 1829 (N° 19);

La Gaule Romaine, d'après de Gerville, 1830-1838 (N° 21);

Côtes de France officielles, par les ingénieurs hydrographes. Directeur : Beautemps Beaupré, 1838 (N° 25);

La Gaule ancienne, d'après l'abbé Desroches, 1839-1846 (N° 27);

La Gaule romaine, par Toulmouche, 1846, (N° 29);

Avranchin et Cotentin gallo-romains, d'après Le Héricher, 1847-1857 (N° 30).

Carte des envahissements de la mer près la cité d'Aleth, par Charles Cunat, 1851;

Gaule au v° siècle, par une commission spéciale sur l'ordre de l'empereur, 1865 (N° 35);

État présumé de la Baie au VIII° *siècle*, par les ingénieurs de l'État (Ministère des Travaux publics), 1874 (N° 37);

Carte romaine, par E. Desjardins de l'Institut, 1876 (N° 39);

Voies romaines autour de la Baie, par A. Chèvremont, 1882 (N° 41);

Carte des fonds de la Baie, d'après A. Chèvremont, 1882 (N° 42).

B. — PLANS ET DESSINS

BIBLIOTHÈQUE NATIONALE (Cabinet des Estampes).

Plan du Mont-Saint-Michel datant du XVIII° siècle et indiquant l'escalier complet de la Fontaine Saint-Aubert enfermée dans une Tour ronde (Folio 129).

Gravure de Chastillon donnant la vue générale (Folio 130).

Gravure de N. de Fer donnant la vue générale (Folio 130).

Jolie eau-forte de Taiée donnant la vue générale (Folio 131).

Deux gravures sur la même planche tirées du T. I des *Annales bénédictines* page 75 (Folio 132).

Gravure du XVIII° siècle donnant une vue générale (Folio 133).

Gravure de Peteers (Folio 133).

Gravure datant de 1834 et indiquant une sorte de chaussée autour du Mont (Folio 134. 12).

Gravure évidemment inspirée de celle du *Monasticon gallicanum* (Folio 134. 15).

Gravure d'Aveline datant du XVIII° siècle (Folio 135).

Dessin au crayon de Martellange indiquant la Tour et les trois travées de l'église aujourd'hui démolies et, dans le lointain, des constructions importantes à Tombelaine (Folio 136. 12).

Décret ordonnant des réparations aux murailles du Mont-Saint-Michel et daté du 21 août 1731 (Folio 137. 12).

Lithographie de 1836 montrant le Mont-Saint-Michel envahi par les terres (Folio 138. 6).

Lithographie de Deroy tirée de *la France en miniature* (1830) et indiquant que le grand degré se serait prolongé à cette époque jusqu'au niveau du chemin des Loges, tel que nous l'avons construit en 1907 (Folio 162).

Plan général du Mont-Saint-Michel par N. de Fer (Folio 131. 12).

Gravure indiquant la Citerne de l'Aumônerie dégagée comme nous l'avons fait en 1904 et extraite d'un journal d'Architecture publié vers 1840 par Bance (Folio 138. 16).

Une planche du même journal donnant le détail d'une travée de la clôture du chœur de l'église abbatiale faite en 1549 (Folio 138. 18).

Une autre planche du même journal donnant l'ensemble de trois travées de la même clôture (Folio 138. 19).

COLLECTIONS PARTICULIÈRES.

Plans dressés en 1775 par l'ingénieur Fontiac et représentant trois sections horizontales de l'Abbaye du Mont-Saint-Michel faites à trois hauteurs différentes. Ces plans, où sont indiqués les locaux réputés à l'abri de la bombe, semblent avoir été dressés principalement en vue de renseigner sur les dispositions défensives de la forteresse. Ils font partie de la collection de l'abbé E.-A. Pigeon, et ont été photographiés pour les Archives de la Commission des Monuments historiques.

Plans et dessins divers exécutés vers 1865 par M. Sagot et appartenant aujourd'hui à M. le maire du Mont-Saint-Michel.

Collection de gravures françaises et anglaises donnant des vues du Mont-Saint-Michel, réunie à la Préfecture de Saint-Lô, par M. Lem, préfet de la Manche.

ARCHIVES DE LA COMMISSION DES MONUMENTS HISTORIQUES.

Plans, coupes, élévations et dessins divers de MM. Sagot, Viollet-le-Duc, Éd. Corroyer, V. Petigrand et Paul Gout, exécutés de 1865 à 1906 et faisant partie des Archives de la Commission des Monuments historiques. Pour le détail, voir le Catalogue de la Bibliothèque de la Commission.

INDEX ET TABLES

INDEX ALPHABÉTIQUE[1]

A

1. Pour éviter le développement excessif qu'eût pris une Table analytique détaillée, nous avons dû nous borner à un Index alphabétique limité aux noms propres cités (noms de personnages et noms de lieux). Pour les différentes parties de l'abbaye, de la ville et des remparts, le lecteur trouvera dans le *Vocabulaire* des notions historiques sommaires, qu'il est aisé de compléter par le texte à l'aide de la Table analytique des Matières.

B

Bernard (Martin), dit Martin-Bernard, compagnon de lutte de Barbès et de Blanqui dans l'insurrection du 12 mai 1839, incarcéré au M.-S.-M., p. 371 et n. 2. — Sa description des cachots, p. 375-376. — Sa tentative d'évasion, p. 376-377.

Bernard du Bec, 13e abbé du Mont-Saint-Michel (1131-1149), p. 136-140; il enrichit l'abbaye, p. 136-137; sa conduite dans la guerre entre Mathilde, fille d'Henri Ier, et Étienne, comte de Blois, neveu d'Henri Ier, p. 138-139.

Bernier (Bernehère), chanoine de la collégiale primitive, constituée par saint Aubert. — Il cache le corps de saint Aubert, p. 104, 108, 112-113.

Bérulle (Pierre de), cardinal, supérieur général de l'Oratoire. Son rôle dans la réforme de l'abbaye en 1617, p. 254-255.

Besnard (Jacques), curé constitutionnel du M.-S.-M., prête le serment (4 octobre 1792), p. 295.

Bibliothèque de l'Abbaye du M.-S.-M., p. 152.

Bizien (Dom René), prieur de l'abbaye (1751-1754), p. 290, n. 2.

Blanqui (Auguste), leader du parti démocrate dans les insurrections de la monarchie de Juillet, incarcéré au M.-S.-M (1840), p. 374 et n. 4.

Boissuzé, gouverneur du Mont-Saint-Michel, disgrâcié, et remplacé par le sieur de la Chesnaye-Vaulonet (1592), p. 248. — Il passe au parti huguenot, assiège l'abbaye, est repoussé et tué, p. 249.

Boucey (Richard de), revêt l'habit monastique et dote l'abbaye (1143), p. 137, 312.

Bouette (Odin), sous-prieur du monastère, fait exécuter des œuvres d'art (1474), p. 223, 544.

Boucher (Geoffroi), évêque d'Avranches, bénit l'abbé Guillaume du Château (1299), p. 175.

Bourbon (Henri de), prince de Condé, vient au Mont-Saint-Michel (2 juin 1631). Les circonstances de sa visite, p. 262.

Bourgey (Raoul du) (Radulphus de Borgueyo), succède à Nicolas Famigot, qui s'était démis de sa charge d'abbé (en 1279), d'après la *Neustria pia*, p. 173.

Boyvin (Henri de), évêque *in partibus* de Tarse, neveu et coadjuteur de François de Péricard, évêque d'Avranches, installe le nouveau prieur Dom Noël Georges (8 mai 1618), p. 255-256. — Le conflit entre Henri de Boyvin et le prieur Dom Bède de Fiesque (1630), p. 261.

Bradley (Humphrey), « maître des digues ». Son projet pour construire une digue sur le Couesnon (1609), p. 39, n. 2.

Bréhal (Jean), grand inquisiteur de France, poursuit, avec Guillaume d'Estouteville, la réhabilitation de Jeanne d'Arc (1452-1456), p. 220-221.

Briand de Chateaubriand, sire de Beaufort, amiral de Bretagne, passe une convention avec Geoffroy de Malestroit et Raoul de Coetquen, pour armer une flottille contre les Anglais (1423), p. 202.

Briant (Dom Michel), prieur de l'abbaye (1678-1679), p. 286, n. 4. — Il démissionne pour cause de maladie, p. 287.

Briancourt (Dom Hyacinthe), prieur de l'abbaye (1742-1745), p. 290, n. 2.

Bricqueville (Gabriel de), fils de Henri de Bricqueville, succède à son père, dans les fonctions de gouverneur du Mont-Saint-Michel (1642), p. 269.

Bricqueville (Henri de), marquis de la Lucerne et d'Amanville, promu par Louis XIII gouverneur de la ville et château du Mont-Saint-Michel (septembre 1636); il nomme comme lieutenant le sieur du Laurier, p. 264. — Il se rend au Mont pour châtier les Nu-pieds (2 décembre 1639), p. 267. — Il meurt en 1642, p. 269.

Brion, manoir que possédait l'abbaye dans la baronnie de Genest, p. 228. — Produisait le vin appelé « vin de Brion », p. 178 et note 1. — Travaux qu'y fait exécuter Guillaume de Lamps, p. 609.

Brisson (B.), ingénieur des Ponts-et-Chaussées, son projet, pour canaliser les rivières de la Baie du M.-S.-M. (1829), p. 43.

Broglie (Charles-Maurice de), 47e abbé du M.-S.-M. (1721-1766), p. 290-292.

Brouché (le sieur de), agent de l'abbé Henri de Lorraine, fournit les fonds nécessaires aux réparations faites par le prieur Dom Placide de Sarcus, p. 260-261. — Il meurt le 10 mars 1638, p. 265.

Bruneau (Mathurin), le prétendu Louis XVII, incarcéré au M.-S.-M. (1818-1825), p. 370 et n. 1.

Burdett (Nicolas), bailli du Cotentin, dirige le siège du Mont-Saint-Michel et l'occupation de l'Avranchin, p. 200-201. — Il est fait prisonnier (12 mai 1425), p. 201.

C

Camps (Dom Louis de), bénédictin montois, continuateur de l'histoire de Dom Jean Huynes, p. 15, 16.

Carton (Claude), ci-devant religieux bénédictin, prête le serment à la Constitution (4 octobre 1792), p. 295.

D

E

F

G

H

J

K

L

M

N

O

P

Q

R

S

T

V

FIN DE L'INDEX

TABLE DES MATIÈRES

INTRODUCTION

PREMIÈRE PARTIE

TOPOGRAPHIE

CHAPITRE I

LA FORÊT — INVASION DE LA MER — LA BAIE

CHAPITRE II

LE MONT

CHAPITRE III

TOMBELAINE

DEUXIEME PARTIE

HISTOIRE

CHAPITRE I

LES TEMPS ANCIENS

CHAPITRE II

ORIGINES ET PREMIERS DÉVELOPPEMENTS DU CULTE DE SAINT MICHEL AU MONT-TOMBE

CHAPITRE III

LE MOYEN AGE

CHAPITRE IV

LA RENAISSANCE ET LES TEMPS MODERNES

APPENDICES A LA PARTIE HISTORIQUE

I. LA VIE MONASTIQUE AU MONT-SAINT-MICHEL

II. LES PÈLERINAGES AU MONT-SAINT-MICHEL DEPUIS LE MOYEN AGE JUSQU'A NOS JOURS

III. L'ORDRE MILITAIRE DES CHEVALIERS DE SAINT-MICHEL (1469-1830)

IV. LES PRISONS DE L'ABBAYE (XIIe SIÈCLE-1863)

TROISIEME PARTIE

ARCHITECTURE

CHAPITRE I

PÉRIODE ANTÉRIEURE A L'ABBAYE ROMANE

CHAPITRE II

LE MOYEN AGE

I. L'ABBAYE ROMANE AU XIe SIÈCLE

CHAPITRE III

LA RENAISSANCE ET LES TEMPS MODERNES

CHAPITRE IV

LA CONSERVATION ET LA RESTAURATION

CONCLUSION

APPENDICE A LA PARTIE ARCHITECTURALE

VOCABULAIRE DES DIVERSES PARTIES DE L'ABBAYE, DE LA VILLE ET DES REMPARTS

TABLE DES GRAVURES

DANS LE TEXTE

Nous tenons à remercier ici MM. Neurdein frères du concours éclairé et dévoué qu'ils nous ont prêté par leurs beaux travaux photographiques.

TABLE DES PLANCHES

HORS TEXTE

TOME I

1. Nous exprimons ici nos remerciements à Mme Veuve Corroyer, qui a bien voulu nous autoriser à reproduire les quatre vues photographiques constituant les planches IX, X, XI, XII, représentant l'état ancien des édifices, à l'époque où furent commencés les premiers travaux de restauration.

NOTE GÉNÉRALE POUR LA LECTURE DES PLANS

La méthode suivie pour se reporter du texte aux plans est la suivante :

Les chiffres désignent les grandes salles de l'abbaye et les parties notables du Mont.

Les constructions sont d'autant plus anciennes qu'elles sont désignées par des chiffres ou nombres plus faibles.

Les lettres majuscules sont réservées aux points principaux et les lettres minuscules à ceux de moindre importance.

Enfin les signes (') et (") indiquent la superposition exacte des locaux dans les différents plans.

Dans ces plans qui donnent les états successifs des constructions, les murs pochés en noir plein ou hachurés représentent les parties existantes. Les murs figurés par de simples traits rétablissent des dispositions du passé qui résultent de nos recherches.

TOME II

ERRATA ET ADDENDA

Page 16, note 2. — Au lieu de : *au VIIIe siècle*, lire : *au Ve siècle*.

Page 42-43, Pl. IV. — Au lieu de : *Montidier*, lire : *Montitier*.

Page 52, en note (au bas d'une déclaration du maire du Mont-Saint-Michel). — Au lieu de : *Chenon*, lire : *Chenin*.

Page 56, note 3. — Au lieu de : *M. Louis Mesnard*, lire : *M. Louis Ménard*.

Page 77, ligne 37. — Au lieu de : *Mérian*, lire : *Peters* (gravure tirée de la *Topographie de la France*, de Mérian).

Page 79, note 1. — Au lieu de : Forgeais, *Collection de plombs historiés*, t. III, p. 46, lire : Forgeais, *Collection ..., 2e série*, t. II, p. 46-51.

Page 96, note 1. — Au lieu de *Huysne*, lire : *Huynes*.

Page 107 (sommaire). — Au lieu de : *Renaut*, lire : *Renaud*.

Pages 182-183. — Au lieu de : Pl. VIII, lire : Pl. VII.

Pages 198-199. — Au lieu de : Pl. VII, lire : Pl. VIII.

Page 286, ligne 26. — Au lieu de : *Jacques de Souvé*, lire : *Jacques de Souvré*.

Page 464, fig. 292. — *Plan de l'Aumônerie*. Rétablir le chiffre de renvoi du texte (18).

Page 476, fig. 303. — *Plan du Cellier*. Rétablir le chiffre de renvoi du texte (19), et les deux lettres *a* et *b* aux extrémités de la ligne oblique.

Page 684-685. — *Plan général du Mont-Saint-Michel*. Les murs de la salle numérotée 38'' (Chartrier de l'abbaye) doivent être pochés en vert et non en bleu, car cette salle date du XIVe siècle et non du XIIIe.

CPSIA information can be obtained at www.ICGtesting.com
Printed in the USA
LVOW031630190412
278347LV00016B/2/P

9 781169 796270